CULTIVATION OF COLLEGE
STUDENTS' CREATIVITY

大学生创造力培育

李庆丰◎著

科学出版社
北京

内 容 简 介

如何培育大学生的创造力，着力造就拔尖创新人才，全面提高人才自主培养质量与能力，事关党和国家第二个百年奋斗目标的实现进程。

本书系统阐释了大学生创造力培育研究的时代意义和价值，探求了契合新时代大学生创造力培育特征和发展规律的教育理论基础，借鉴“创造力=创造性人格+创造性思维”理论，围绕大学生创造力培育问题进行了实证调查与理论探讨，既为大学生创造力培育研究与实践改革提供了一手材料和实践论据，也较好地体现了理论研究回应教育实践、教育实践反馈理论研究之良性互动特征。

本书适合教育研究者与一线教师及学生阅读，也可供对教育感兴趣之士阅思。

图书在版编目（CIP）数据

大学生创造力培育/李庆丰著. —北京：科学出版社，2023.9
ISBN 978-7-03-076493-5

Ⅰ.①大… Ⅱ.①李… Ⅲ.①大学生-创造能力-能力培养-研究
Ⅳ.①G640

中国国家版本馆 CIP 数据核字（2023）第 188550 号

责任编辑：朱丽娜 冯雅萌 / 责任校对：郑金红
责任印制：徐晓晨 / 封面设计：润一文化

科学出版社出版
北京东黄城根北街 16 号
邮政编码：100717
http:// www.sciencep.com
北京建宏印刷有限公司 印刷
科学出版社发行 各地新华书店经销
*
2023 年 9 月第 一 版 开本：720×1000 1/16
2023 年 9 月第一次印刷 印张：19 1/4
字数：356 000
定价：99.00 元

序　言

天底下没有两片完全相同的树叶，世界上也无两个完全一样的个体。人之成长经历的差异性与发展的复杂性，一方面使教育对于个体的培育效果具有滞后性和长期性，另一方面也恰恰是这种滞后性和长期性成就了教育的无限可能性和学生发展的多彩丰富性。大学生创造力培育是一项十分复杂的系统工程，受到很多可知与未知、确定与不确定因素的影响；既受到学校教育的影响，又受到学校教育系统之外的家庭、社会及其成长环境的影响；教育的影响既来自各种正规的教育，也来自各种非正规的教育；既来自各种正式的教育活动，也来自各种非正式的教育活动；既与各种显性的教育活动相联系，又与各种隐性的教育活动有关联。也许正是基于这些原因，李庆丰先生特别将他的专著命名为《大学生创造力培育》，以强调教育之“育”。从词源学上来讲，“育”更强调育人环境的营造和育人体系的建设。

李庆丰先生长期耕耘在大学管理、研究与教学一线，具有强烈的问题意识且积累了丰富的实践经验，其专著《大学生创造力培育》就来自其对实践问题的探寻和深入思考。该书遵循“基于实践提出问题—实证调查分析问题—回归实践解决问题”的基本思路，借鉴心理学领域关于“创造力=创造性思维+创造性人格”的概念框架，采用国内外通用性强、信效度高的创造力测量工具，以北京市某所以工科为主的高水平大学为对象进行全样本调查，并将统计结果与已有相关研究进行比较，旨在把握大学生创造力培育的实际发展状况，发现培育发展过程中存在的问题；在此基础上，通过多元回归分析进一步发现，大学生的性别、所属专业、是否独生子女及生源地等人口学背景因素，对大学生创造力及其创造性人格与创造性思维的发展变异解释力甚小。那么到底是哪些因素导致了这些发展变异呢？该书通过对大学育人过程中主要影响因素的理论探讨，并与已有相关实证研究结果进行对比分析，最终聚焦于教育过程中的培养目标设计、课程改革、教学改进以及文化建设四个关键影响因素上，并就此展开对大学生创造力培育发展的理论分析与实践改进路径探讨。

该书通过对大学生创造力培育发展进行实证分析所得出的结果及据此提出的改进路径，对于深入反思我国大学教育教学过程中培养目标设计、课程建设、教学改进和校园文化建设，以及相关评价制度和质量保障体系的建设具有参考价值。例如，实证分析结果表明，大学生创造力整体发展良好，这说明我国大学创新人才培养改革整体上取得了一定成效，印证了清华大学钱颖一教授观察后所得出的中国学生整体发展水平“均值高”的基本判断①。统计分析也发现，大学生创造性思维发展良好，个体差异相对较大，创造性人格发展一般，个体差异相对较小，创造性思维的发展要显著好于创造性人格；创造性人格构成模块中的挑战性发展较好，个体差异相对较大，想象力发展较差，个体差异相对较小；创造性思维构成模块中的评估力和投射未来发展较好，个体差异相对较大，独创性发展较差，个体差异相对较小；想象力与独创性的发展均呈现出随年级的升高而逐渐下降的趋势，且想象力的发展在专业、性别、生源地和是否独生子女上均无显著差异；等等。这些多维的分析结果指向或聚焦于大学教育过程对学生想象力与独创性培育严重不足甚至整体有所缺失的问题。诸多研究表明，想象力与独创性既是创造力特别是原始创新产生的重要心理条件，也是创造创新成果与产品的外部重要社会表征。因此，想象力与独创性培育严重不足，是大学生创造力培育发展过程中的核心问题。核心问题不解决，创造力培育难奏效。无疑，这是大学生创造力培育发展的一个重要突破口。找到了突破口，如何行动就成为关键，由此该书将相当篇幅聚焦于大学教育过程中的四个关键因素对大学生创造力发展的影响分析及

---

① 钱颖一. 对中国教育问题的三个观察——均值与方差[J]. 基础教育课程，2015（1）：9-10.

路径策略探寻。大学教育管理者、教育研究者、一线教师和关注大学生创造力培育发展者，如有兴趣深入阅读该书，或许能有一些收获，甚至会有意想不到的发现和感悟。

教育兴则国家兴，教育强则国家强；建设教育强国，高等教育是龙头。习近平总书记在中央人才工作会议上强调："我们比历史上任何时期都更加接近实现中华民族伟大复兴的宏伟目标，也比历史上任何时期都更加渴求人才。"①站在百年未有之大变局、两个百年奋斗目标交接转换、全面开启实现伟大"中国梦"的中国式现代化建设当下，加强教育创新，开展创新教育，大量培育各级各类创造性人才已成为当前高等教育改革与发展重要而紧迫的任务。创造力是创造性人才的核心素养，理顺创造力研究相关理论，明确大学生创造力发展情况及主要问题，探索促进创造力发展的教育关键因素及改进路径，对于全面深化综合改革，深化"双一流"建设内涵，切实提高人才培养质量，加快高等教育强国建设，无疑具有十分重大的理论价值和现实意义。

当然，对于大学生创造力培育发展的研究，同于创造力本身的研究，既是一个世界性的话题，也是一个非常复杂的研究领域。在当下的中国，高等教育已全面进入普及化阶段，全面提高人才自主培养质量，着力造就拔尖创新人才，加快建设高质量教育体系，已成为高等教育发展的根本目标，对大学生创造力培育开展广泛而深入的理论研究与具体实践就显得尤为重要。李庆丰先生的专著基于实证调查分析发现大学生创造力培育发展存在想象力和独创性两方面的突出问题，通过理论探讨凝练的培养目标设计、课程改革、教学改进、文化建设四个教育关键影响因素，只是影响大学生创造力培育的一部分因素，尚需更多的理论研究者和一线教师的加入，以进一步深入和拓展相关研究。当前，至少有以下三个方面需要拓展：一是开展案例研究。案例往往更加鲜活且更具针对性和借鉴性，作为世界规模第一的中国高等教育，有着不同类型与层次的丰富实践，从学校、院系和教育教学具体活动三个层面，定有一些针对大学生创造力培育的成功经验需要

① 新华社. 习近平出席中央人才工作会议并发表重要讲话[EB/OL]. https://www.gov.cn/xinwen/2021-09/28/content_5639868.htm.（2021-09-28）.

发现、需要挖掘，故创造力培育的典型案例研究是一个亟须拓展的领域。二是对人工智能背景下大学生创造力培育的理论研究。随着大数据驱动教育的发展，自媒体、“互联网+教育”和“人工智能+教育”对教育领域的影响日益深化，扮演着传统学校教育难以完成的任务角色，大大拓展了大学生创造力培育发展的时空域，这些新变化、新趋势对大学生创造力培育发展有什么新的影响？是否会诞生一些新渠道与新模式？三是对于以上两方面的研究需要做一些国际比较，看看高等教育发达国家在大学生创造力培育方面有哪些可资借鉴的成败经验。通过多维度、多视角、多层次的研究和实践探索，大学生创造力培育的内容与形式、理论与实践将会更加丰富多彩。

2023年（癸卯）春于北京

目　录

图 目 录

表 目 录

绪 论

大学生创造力培育：世纪之问与时代使命

2018年9月10日，在全国教育大会上，习近平总书记明确指出："培养什么人，是教育的首要问题。"[①]"培养什么人"，既是教育历史发展与理论研究上的一个经典命题，也是不同民族、不同国家的教育在不同历史发展阶段必须回答的问题。面对"百年未有之大变局"，处在"全面建成小康社会"第一个百年奋斗目标已经实现、"建成富强民主文明和谐美丽的社会主义现代化强国"第二个百年奋斗目标全面开启之"两个一百年"交接转换实现伟大"中国梦"的新时代，"培养什么人"这一问题需要我们又一次直面、反思和应答。

① 新华社. 习近平出席全国教育大会并发表重要讲话[EB/OL]. http://www.gov.cn/xinwen/2018-09/10/content_5320835.htm?tdsourcetag=s_pctim_aiomsg.（2018-09-10）.

一、圆梦新百年奋斗目标：我们需要培养什么人？

从人类社会发展历史及不同时期国际竞争态势考察，自农业社会到18世纪后期以机械化为代表、19世纪后期以电气化为代表、20世纪中期以自动化为代表，再到21世纪以来以信息化、智能化为代表的各种工业社会，所有这些社会阶段的发展，无不是以创新作为驱动的。这个过程造就了17世纪意大利复兴，18世纪英国兴起，19世纪法德领先，20世纪美国崛起，21世纪的当今多国竞跑、多帆进发。那么，谁将在竞跑中胜出，成为21世纪引领世界的创新主人呢？

半个多世纪以来，世界众多国家都在各自不同起点上，努力寻求实现工业化和现代化之路。一些国家主要靠丰富的自然资源增加国民财富，如中东产油国家；一些国家主要依附于发达国家的资本、市场和技术，如一些拉美国家；还有一些国家把科技创新作为基本战略，大幅度提高科技创新能力，形成日益强大的竞争优势，如欧美发达国家，国际学术界把这类国家称为创新型国家。

面向未来，建国家创新体系，走创新型国家之路，已为世界诸多国家之共识与政府政策之共同实践选择。20世纪80年代初，美国兰德公司就指出，一个国家没有经济独立就没有政治独立；今日这说法依然成立，但还应加上无科技独立就无经济独立，从而也无政治独立。[①]美国深谙其道，早在2004年出台的《创新美国——在充满挑战和变革的世界中繁荣昌盛》（Innovation America：Thriving in a World of Challenge and Change）报告就指出，创新是美国的灵魂，是确保美国在21世纪取得成功最重要的一个因素[②]；2007年，《行动呼吁——美国为什么必须创新》（A Call to Action：Why America Must Innovate）文件进一步指出，“美国的竞争力尤其依赖于我们进行创新的速度；创新的过程是一个多维发展的过程，远远超越了发明本身”[③]。2020年美国两党议员联合抛出《无尽前沿法案》（Endless Frontier Act）以来，美国围绕如何增强其创新竞争力，连续出台了《国家科学基金会未来法案》（The National Science Foundation for the Future Act）《2021年美国创新和竞争法案》（United States Innovation and Competition Act of 2021）《2022年美国竞争法案》（America Competes Act of 2022）等有关“创新与竞争”的系列法案，其中对各类创新人才，尤其是科技创新人才的发展与成长进行了系统性布局和连贯性

---

① 朱蕴茝. 核心技术的自主创新才是正途[J]. 开放潮，2006（Z2）：11-13.

② 罗晖，程如烟，侯国清. 优化整个社会 建设创新经济——《创新美国——在充满挑战和变革的世界中繁荣昌盛》述评[J]. 中国软科学，2005（5）：156-158.

③ 埃弗里特·埃利希，赵中建，黄丹凤. 行动呼吁——美国为什么必须创新[J]. 教育发展研究，2007（19）：50-55.

培养的顶层设计与一体化部署。①第二次世界大战以来，美国逐渐在全球诸多领域处于利润丰厚的上游，这与其较为成功的创新人才培养机制关系密切。美国不仅培养了比尔·盖茨、乔布斯、扎克伯格、马斯克等一大批科技和商业精英，还培养了一大批诺贝尔科学奖获得者，使其在科技领域保持领先地位。当然，这也与其在第二次世界大战以来对全世界科技精英的掠夺不无关系；同时，以上一些法案在强调创新的同时，也充斥着冷战思维和意识形态偏见，往往打着“创新和竞争”旗号，行遏制他国发展之实。概言之，美国自 2019 年起挑起中美贸易战、金融战及至科技战，已赤裸裸地说明了这一点：核心科技的发现发明及其专利永远是换不来和买不来的，且是主导方手中制裁的“卡脖子”王牌。对此我们不仅不能回避，而且必须直面。

应该说，经中华人民共和国成立初期工业化基础性布局、改革开放 40 余年重点突破，我国的科技发展已取得了很大成就。我国的基础研究和原始创新不断加强，一些关键核心技术实现突破，战略性新兴产业发展壮大，载人航天、探月探火、深海深地探测、超级计算机、卫星导航、量子信息、核电技术、新能源技术、大飞机制造、生物医药等取得重大成果，进入创新型国家行列。②我国在部分战略必争领域抢占制高点，在某些方面和领域正实现从“跟跑”到“并跑”“领跑”的跃升。③“可上九天揽月、可下五洋捉鳖”正逐渐变成现实。

看到祖国取得如此伟大成就，有人说，21 世纪是中国世纪。确实，正如习近平总书记所说：“我们比历史上任何时期都更接近中华民族伟大复兴的目标，比历史上任何时期都更有信心、有能力实现这个目标。”④自然，这些成就使人心情激荡与自信陡增，但也应看到，与发达国家相比，我国在科技与经济社会发展方面还存在一些差距。据中国科学技术大学袁岚峰和李玲介绍，中国总体上在世界不同类别产业国际竞争格局中的位置大体如下：第一类是美国占据垄断地位，典型的就是芯片和操作系统这一硬一软两大产业；第二类是多国竞争，中国作为一个重要跟随者，这样的领域有很多，如机械、石油、航运、飞机、手机等；第三类是多国竞争，中国作为领先者，但这样的领域还不是特别多，如通信、高铁、港口机械、民用无人机、数字安防等；第四类是双头格局，一般是中美两国远领先于

---

① 罗仙凤. 美国“创新与竞争”系列法案科技人才政策研究[J]. 竞争情报，2022（3）：9-16.

② 习近平：高举中国特色社会主义伟大旗帜 为全面建设社会主义现代化国家而团结奋斗——在中国共产党第二十次全国代表大会上的报告[EB/OL]. http://www.gov.cn/xinwen/2022-10/25/content_5721685.htm.（2022-10-25）.

③ 袁岚峰. 迎接中国科技领先的时代[J]. 中国经济周刊，2020（1）：8-17.

④ 习近平：在庆祝中国共产党成立九十五周年大会上的讲话[EB/OL]. http://www.gov.cn/xinwen/2021-04/15/content_5599747.htm.（2021-04-15）.

其他国家，典型的如互联网和人工智能；第五类是中国开创的，这一类从公开报道上目前还只看到一个例子，就是量子保密通信，但相信还会有第二个、第三个。①

同时还应看到，我国的产业发展水平在全球市场中仍不具比较优势，且工业化还未完成，一些制约产业发展的问题还未彻底解决。②长期跟踪中国现代化进程的中国科学院中国现代化研究中心发布的第 19 部报告——《中国现代化报告 2020——世界现代化的度量衡》，构建了世界现代化的度量衡体系、指标体系和定量标准体系③，并以此完成了世界和中国现代化关键指标的实证分析和前景预测等。该报告显示：2017 年，中国处于发展中国家的中间位置，具有初等发达水平，在人口超百万和统计数据比较齐全的 131 个国家中排名第 60 位左右，不同指标的排名不同。其中，2017 年，中国第一次现代化指数约为 99，在世界 131 个国家中排名第 48 位；第二次现代化指数和综合现代化指数分别约为 44 和 45，分别排名第 47 位和 64 位。中国与中等发达国家差距比较小，但与发达国家差距仍然较大。同时，不仅中国现代化指标发展很不平衡，2015—2018 年，在统计数据比较齐全的 64 个水平指标中，中国在约 12 个指标上已达中等发达水平，在 33 个指标上达到初等发达水平，在 19 个指标上为欠发达水平；而且中国地区现代化不平衡性非常突出，2017 年，北京、香港、澳门 3 个地区具有发达水平的部分特征，上海、台湾、天津、江苏、浙江、广东、福建、重庆 8 个地区达到中等发达水平，湖北等 20 个地区达到初等发达水平，另有 3 个省级地区发展水平比较低，同年，中国有 12 个地区完成第一次现代化，其中，北京、香港、澳门、上海、台湾 5 个地区进入第二次现代化，22 个地区没有完成第一次现代化，其中 20 个地区基本实现第一次现代化。④

更为重要的是，我国在很多领域尚处于价值链低端。据 2017 年报道，全球生产的苹果手机，中国在整个制造环节中所获价值约为 55 美元，其中还包括中国工人辛勤劳动的 3 美元工钱。以 iPhoneX 在美售价 999 美元来算，每销售一台，中国只能赚约 1/20 的价值。外贸数字也说明了这一点，中国已成为世界第一大贸易

---

① 袁岚峰，李玲. 中国科技的真正实力[J]. 中国经济报告，2018（9）：114，116-117.

② 种国双，段珺，高振，等. 中国三大产业结构演进规律与发展趋势研究[J]. 科学管理研究，2020（2）：84-90.

③ 世界现代化指标体系包括 100 个核心指标，涉及现代化的 6 个领域、15 个主题、35 个亚主题，以及行为、结构、制度、观念和副作用 5 个维度。其中，6 个领域分别是经济、社会、政治、文化、环境和个人生活；100 个指标包括水平指标 50 个、特征指标 28 个、状态指标 22 个。世界现代化指标体系可为探索和建立中国特色的现代化指标体系提供科学参考。详见：何传启，刘雷，赵西君. 世界现代化指标体系研究[J]. 中国科学院院刊，2020（11）：1373-1383.

④ 何传启. 中国现代化报告 2020——世界现代化的度量衡[M]. 北京：北京大学出版社，2020：4.

国，而据经济合作与发展组织（Organization for Economic Co-operation and Development，OECD）测算，我国出口产品的国内附加值比重约为68%，在主要经济体中处于中等偏低水平。[①]我国的很多国产化产品在很大程度上只解决了有无问题，但在细节和可靠性上与发达国家的差距还很大。大而不强、全而不优的局面还未得到根本改变，基础能力依然薄弱，关键核心技术受制于人，"卡脖子""掉链子"风险还有很多，我国制造业总体上仍未摆脱规模拉动的发展路径。中国信息通信研究院发布的《中国工业经济发展形势展望（2020年）》指出：虽然在世界500种主要工业产品中，中国有220多种，居世界第一，从2010年起连续保持世界第一大工业国地位，产业结构也在优化，但在关键核心技术上受制于人，在核心基础零部件、关键基础材料、基础技术和工业等产业对外依存度在50%以上，集成电路的进口依赖占比为80%，大型优质铸锻件的进口占比为90%，高档液压件、密封件进口占比近100%，特别是我国的企业中还非常缺乏"隐形冠军企业"[②]。[③]正因为我国还有众多产业居于全球价值链低端，党的十九大报告提出，"促进我国产业迈向全球价值链中高端"，可以说既明确了方向，也切中了要害。

中国是世界上人口最多的国家之一，也是世界上高等教育在校生最多的国家。一方面，2005年，中国高等教育毛入学率达21%，在校生2300万人，跃居世界第一[④]；2021年，中国高等教育毛入学率达57.8%，在学总规模4430万人[⑤]。另一方面，自2010年起，中国国内生产总值（gross domestic product，GDP）总量上升至全球第二[⑥]；2020年，中国GDP首次超过100万亿人民币，占世界经济总量的比重在17%左右，人均GDP连续两年超过1万美元，进入中等偏上收入国家行列[⑦]。但相对于巨大的人口规模和经济总量，我国的创造性人才规模，无论是在科学技术成就、社会科学成果、人文艺术贡献方面，还是在新产品、新品牌、新商业模

① 少挖"地矿"多挖"脑矿"（各抒己见）[N]. 人民日报，2017-11-13（19版）.

② 隐形冠军企业，最早由德国管理学家赫尔曼·西蒙提出，是指那些不为公众所熟知，却在某个细分行业或市场占据领先地位，拥有核心竞争力和明确战略，其产品、服务难以被超越和模仿的中小型企业。

③ 中国信息通信研究院. 中国工业经济发展形势展望（2020年）[EB/OL]. http://www.caict.ac.cn/kxyj/qwfb/bps/202011/P020201113414642086245.pdf?continueFlag=e7006e1bf78207cd3fa6590ab7fc563d.（2020-11-13）.

④ 吕诺，刘丹. 全国高等教育总规模超过2300万人 位居世界第一[EB/OL]. http://www.gov.cn/jrzg/2006-07/13/content_335144.htm.（2006-07-13）.

⑤ 教育部. 2021年全国教育事业发展统计公报[EB/OL]. http://www.gov.cn/xinwen/2022-09/15/content_5710039.htm.（2022-09-15）.

⑥ 李金磊. 中国GDP十年跃升至全球第二 创造人类经济史纪录[EB/OL]. https://www.chinanews.com.cn/cj/2012/10-26/4278023.shtml.（2012-10-26）.

⑦ 国家统计局. 国家统计局局长就2020年全年国民经济运行情况答记者问[EB/OL]. http://www.stats.gov.cn/tjsj/sjjd/202101/t20210118_1812480.html.（2021-01-18）.

式等方面，都还显得很不相称。

2006年，国家明确提出建设创新型国家的重大战略构想，并把推进自主创新、建设创新型国家作为落实科学发展观的一项重大战略决策，建设创新型国家由此成为国家决策和国家意志。党的十九大报告进一步指出，“加快建设创新型国家”，“要瞄准世界科技前沿，强化基础研究，实现前瞻性基础研究、引领性原创成果重大突破”；“加强国家创新体系建设，强化战略科技力量”；“倡导创新文化，强化知识产权创造、保护、运用”。

可见，建设创新型国家，我们不缺国家意志和国家战略，21世纪以来，国家出台了一系列创新战略和创新举措；我们也不缺创新热情，改革开放以来，靠政策而全面释放的生产力成就了中国制造，但要在知识与信息时代继续保持制造业世界地位，并从制造走向“智造”，需要中国制造全面转型升级，诸多中小型企业乃至大中型企业对此都热情满满；我们也不缺创新市场、创新资金，中国最大优势就是市场优势，同时改革开放和市场经济造就了一批企业家，也培育了一批资本市场；我们更不缺创新激情与动力，2014年夏季达沃斯论坛上，李克强总理第一次提出“大众创业、万众创新”，强调要借改革创新的“东风”，在960万平方公里土地上掀起“大众创业”“草根创业”的浪潮，形成“万众创新”“人人创新”的新态势①，并进一步体现在2015年政府工作报告的“大众创业、万众创新”政府力推工作中，让国人在创造物质财富的过程中同时实现精神追求。

那我们缺什么呢？最缺的是具有创造力的大量人才。因此，教育，特别是高等教育理当承担起这一历史重任，深化改革，积极探索和推进创造力教育模式，大量培育具有创造力的人才，这是建设创新型国家的前提，也是圆梦新百年奋斗目标的基础。回顾世界工业革命和现代化的历史进程，我们错过了以机械化为代表的第一次工业革命和以电气化为代表的第二次工业革命，抓住了以自动化为代表的第三次工业革命的尾巴，积极参与了以智能化为代表的第四次工业革命，我们期待新一轮工业革命能够首先在中国诞生，中国也能够引领新一轮工业革命的发展。

二、重回“李约瑟之谜”：为何科学和工业革命没在近代中国发生？

“李约瑟之谜”也叫“李约瑟悖论”，是由英国生物化学和科学史学家李约瑟

① 马梅若．“大众创业万众创新”战略扎实推进[EB/OL]．http://www.gov.cn/xinwen/2015-09/21/content_2935982.htm．(2015-09-21)．

在其主持撰写的《中国科学技术史》中提出的，并经 1976 年美国经济学家肯尼思·博尔丁称之为“李约瑟难题”而流行开来。其具体表述是：尽管中国古代对人类科技发展做出了很多重要贡献，但“为什么现代科学只在欧洲文明中发展，而未在中国或印度文明中成长？”“为什么在公元前 1 世纪到公元 15 世纪期间，中国文明在获取自然知识并将其应用于人的实际需要方面要比西方文明有成效得多？”①

据李约瑟研究，直到中世纪末，在科技发明创造能力和系统观测自然（如记录太阳黑子）方面，中国至少不次于并在许多地方超过西欧。中国在发展造纸术和印刷术、火药、机械钟、制图学、地震学、初期药物学、磁性发现（罗盘）、数学的某些方面，以及许多手工艺和铸青铜、制陶瓷和织造丝绸等方面的完善程度都曾在世界领先。除此以外，对于独轮车、带风帆的手推车、弩、风筝、钻井技术、铸铁、铁索桥、运河船闸、前后帆装、防水船舱、船尾柱舵、连接杆和活塞杆做旋转运动和纵向运动转换的两心圆装置，中国也比其他地方早得多。这些史料证明：中国在公元前 3 世纪到 13 世纪之间保持着西方望尘莫及的一种科学知识水平，中国科学远超同时代欧洲，特别是 15 世纪之前更是如此；但欧洲在 16 世纪以后诞生的近代科学，被证明是形成近代世界秩序的基本因素之一，而中国文明却未能产生相似的近代科学，中国的科学为什么持续停留在经验阶段，并只有原始型或中古型理论，其阻碍因素是什么？②费正清更是将其具体描述为：中国早期的辉煌成就，“并没产生有组织的科技研究，也没有出现一整套科学原理”，即“并没有把科研作为一项持续进行的工作制度，建立一种由社会传播的、有意识地加以发展和利用的理论与实践的体系。欧洲 17 世纪初在这方面有了突破，为什么中国没有这样做呢？”③与此相似的问题还有：许多经济学家和历史学家都认为 14 世纪的中国已具备那些被认为是产生了 18 世纪末英国工业革命的所有主要条件，但为什么最终这场深刻的技术革命没在中国爆发？很多人将其进一步推广，出现了“中国近代科学为什么落后”“中国为什么在近代落后了”等问题。各国学者从不同学科领域出发，对“李约瑟之谜”进行了研究和解读。归纳来说，主要有以下几种解释。

从政治学领域出发，一些学者认为，中国封建社会的官僚政治是造成科学和工业革命没在中国近代产生的主要原因。例如，李约瑟本人认为，中国古代的体制主要是为了维护灌溉体系的需要，有利于农业社会，而不利于工商业社会，工

① 李约瑟，徐汝庄. 东西方的科学与社会[J]. 自然杂志，1990（12）：818-827.

② [英]李约瑟. 中国科学技术史（第一卷 导论）[M]. 北京：科学出版社，1990：1-2.

③ [美]费正清. 美国与中国[M]. 张理京，译. 北京：世界知识出版社，2009：71.

匠们的技艺与学者们发明的数学和逻辑推理方法没能结合在一起，因此无法由原始型或中古型的经验科学上升为近代意义上的理论自然科学。而欧洲是贵族式封建体制，这种体制非常有利于工商业的发展和商人阶层的产生，当贵族衰落之后，近代科学随着贵族式封建体制被打破以及资本主义的兴起而诞生。[①]另外，钱文源和其他一些学者的观点也与此类似。他们认为，帝国和意识形态的统一阻碍了现代科学在中国成长，欧洲的教会与政府、教会与教会，以及政府与政府之间都有竞争，对新思想的排斥也不那么有效。因此，许多封建的和独立的政权存在非常有利于科学发展。与此相反，“虽然中国人在机械技能和技术方面非常具有创造力，传统的政治和意识形态障碍仍然使得他们无法为现代科学的理论方法基础作出直接的贡献”[②]。戴念祖先生曾指出，中国在近四五百年间科学不发达的原因，不是中华民族愚笨，而是专制封建官僚政治扼杀了科技的发现发明与创造。[③]

从经济学领域出发，一些学者认为，中国封建社会缺乏资本主义生产强大推动力的经济制度，是中国没产生近代科学的根本性因素之一。古代农耕时代，中华农业文明处于世界领先地位，人口高速增长，从公元 800 年到 1200 年（跨越唐宋时期），人口翻了一倍多，从约 5000 万人增长到 1.15 亿人，是当时欧洲人口总数的两倍，人口密度是欧洲的近 5 倍。[④]由于中国人多地少，靠人力资源优势完全可胜任农活，对减轻体力和手工劳动量的技术进步的市场需求不大；特别是长期占统治地位的自给自足的自然经济、“重农抑商”的经济政策，严重阻碍着技术的交流传播与社会化。在欧洲 16—17 世纪的工场手工业时期，资本主义生产和市场对新技术的巨大需求，促进水力和风力的广泛利用，以及机械、纺织、冶金、采矿、造船技术的出现，使得近代经典力学得以迅速发展。商业航海和地理大发现促进了天文学和博物学的发展。没有早期资本主义生产的发展，就没有欧洲近代科学。[⑤]

从社会学领域出发，一些学者认为，社会心理、信仰之间的差异及相关社会制度是造成科学和工业革命在欧洲中世纪而不是中国近代产生的主要原因。例如，韦伯（Weber）在《儒教与道教》《新教伦理与资本主义精神》等著作中对近代资本主义以及相应的工业革命没有在中国发生进行了探讨。他总体上将其归结为“官

---

① 魏屹东. 李约瑟难题与社会文化语境[J]. 自然辩证法通讯，2002（3）：15-20，95.

② Qian W Y. The Great Inertia：Scientific Stagnation in Traditional China[M]. London：Croom Helm，1985.

③ 戴念祖. 谈中国近代科学技术落后的原因[J]. 大自然探索，1983（1）：155-165.

④ [美]詹姆斯·E. 麦克莱伦第三，[美]哈罗德·多恩. 世界史上的科学技术[M]. 王鸣阳，译. 上海：上海科技教育出版社，2003：134-137.

⑤ 李建珊. “李约瑟问题”的多视角解读[J]. 科学·经济·社会，2018（3）：1-8.

僚制的阻碍”、“卡里斯玛的巫术取向”、“城市共同体被压制”以及“救赎宗教的缺失”四个方面。[①]另外，伊懋可（Elvin）提出了“高水平均衡陷阱”（high-level equilibrium trap）假说，认为“被历史学家通常看作对西北欧工业革命起过主要推动作用的每一个因素，在中国几乎也曾存在过……如果中国人具有或者发挥了 17 世纪欧洲人那种追求实验和改进的狂热，他们本来可能很容易地根据王祯所描述的原始模型制造出高效的纺纱机……制造蒸汽机会困难些，但是对于在宋朝就已经制造出双向活塞喷火器的民族来说，这不会成为不可逾越的困难。关键问题是没有人尝试去做。农业是个例外，在基本科学知识的贫乏成为严重障碍之前，中国大部分领域的技术早已停止前进了”[②]。因此，在伊懋可看来，基础科学与发明的关系是直接的，中国有足够的科学知识使发明前进，问题在于缺少经济刺激，阻止了必要的“实验和改进”，而这种缺少经济刺激的根源在于社会制度。此外，还有学者提出，不同历史时期科技发展所依赖的基础不同。中国在现代时期落后于西方，大多是因为中国技术发明仍然依靠经验，而欧洲在 17 世纪科学革命的时候就把技术发明转移到主要依靠科学实验上来了。正因为依靠科学实验，专门从事实验的研究人员重复实验，消除了人数规模对于技术发明的重要性，“一位发明者在实验室里一年的试错数量，也许比得上数以千计的经验丰富的农夫或工匠一辈子的试错次数”[③]。

从文化学领域和价值论角度出发，一些学者认为，中国传统文化的价值取向偏人事而轻自然是造成科学与工业革命没在中国近代产生的主要原因。例如，冯友兰在《为什么中国没有科学——对中国哲学的历史及其后果的一种解释》中指出，中国没有自然科学的原因，应归之于中国人的价值观：道主自然，墨主人为，儒主中道；后墨家失败，人为路线消亡；特别是新儒家强调存天理、灭人欲，只求控制内心，不寻求控制外部世界；只在人心之内寻求善与幸福，而不寻求认识外部世界的确定性。[④]梁漱溟认为，中国文化属于早熟现象，其主要特征在于“心思偏于理性，但短于理智”，“忽失于物，而看重人”，“科学不得成就”并“把农

---

① 孙晨光. 再探“韦伯命题”：中国为何没有出现资本主义？——基于《中国的宗教：儒教与道教》的一种解释[J]. 东方论坛，2015（1）：110-114.

② Elvin M. The Pattern of the Chinese Past[M]. Stanford：Stanford University Press，1973.

③ 贺敏，许晨. 破解“李约瑟难题”的法学视角——论知识产权法制的功能及产生原因[J]. 电子知识产权，2005（7）：15-17.

④ Fung Y L. Why China has no science—An interpretation of the history and consequences of Chinese philosophy[J]. The International Journal of Ethics，1922，32（3）：237-263. 转引自：刘钝，王扬宗. 中国科学与科学革命——李约瑟难题及其相关问题研究论著选[M]. 沈阳：辽宁教育出版社，2002：9.

工商划出学术圈外”。[①]费正清认为，“中国人治学一直以社会和人与人之间的关系为中心，而不是研究人如何征服自然”，“从13到19世纪理学盛行的一段时间内，朱熹的教导主张诚意在于‘格物’（考察事物），之后就可以进而了解自身。但‘格物’这个词的意思并非指科学观察，而是指研究人事”[②]。虽然在世界“轴心时代”，中西方几乎不约而同地都发展出了科学的思想萌芽，但在历史长河中中西文化在价值观层面所选择和发展出的明显差异，使得科学思潮最终未能在中国封建社会中获得正常和主流的发展。此外，封建专制社会中“学而优则仕”的教育价值取向，使知识界唯以科举八股文为尚，难有科技创新的动力与空间。遗憾的是，如姚蜀平所言，“科举制废除后，中国读书做官的流弊仍然未减”[③]。这种现象似乎在近年高校毕业生的主流职业追求中又呈现出来。

以上不同解释主要是不同学者从各自擅长之学科领域所做出的具有明确学科特征的解释，都有其合理性；但这些不同解释由于角度单一，不乏遭到后来研究者的质疑。例如，针对李约瑟政治经济制度的解释，罗斯托（Rostow）就认为有以下三处错误：一是中国商人实际地位并不低，中国自古就有许多成功大商人和实业家，中国古代“商而优则仕”是一种普遍现象，用钱捐官、捐学位在多数时候是一种正常渠道；二是行会在传统社会中的确有助于保护商人和手艺匠人的利益，但行会不是产生和迅速推广新技术的良好媒介；三是18世纪欧洲技术革新的增加，同贸易扩展和商人地位上升等因素无关，因为许多国家（如日本、俄国和土耳其）的技术创新后来主要是从上层——由官僚、军人和具有现代化思想的政治家推动——而不是由商人推动的。[④]因此，虽然以上不同学者从自身所属学科都给出了具有一定信服力的解释，但同时也存在学科偏见和狭隘。如果将不同学科解释加以综合可发现，大致可以分为制度说，包括官僚政治、小农经济及重农抑商制度、科举制度等；资源约束说，主要指人多地少的资源短缺，导致对机器需求动力不大；文化价值说，主要指儒家思想及“学而优则仕”的文化价值导向。

深入考察李约瑟本人提出的问题以及后来学者持续加以解释的问题，并非可以从某一个单一学科就能解释清楚，而必须首先要从“人”（既包括单数人，也包括复数人）的角度，即置于人（类）生存、生活与生命意义追寻与发展所必须处

---

① 梁漱溟. 中国文化要义[A]//中国文化书院学术委员会. 梁漱溟全集（第三卷）[M]. 济南：山东人民出版社，1990：284-288.

② [美]费正清. 美国与中国[M]. 张理京，译. 世界知识出版社，2009：72.

③ 姚蜀平. 华裔美籍物理学家对现代物理的贡献及其某些社会原因初探[J]. 自然辩证法通讯，1985（1）：20-30，35.

④ 转引自：MBA智库·百科. 李约瑟之谜[EB/OL]. https://wiki.mbalib.com/wiki/%E6%9D%8E%E7%BA%A6%E7%91%9F%E4%B9%8B%E8%B0%9C.（2022-11-23）.

理和首要解决的矛盾问题出发；其次要放在人类社会发展历史的长河中来综合考察。概言之，需要综合运用横向哲学方法和纵向历史方法来深入剖析，其核心则关涉社会、文化与思想体系。

首先从人、自然与社会三者之间的关系分析，中国社会首要关注的是人与社会（他人）之间的关系。在人类与个人（依马克思主义观点，个体发展在某种程度上是人类整体生存与发展的浓缩版）生存、生活与发展历程中，任何一个社会需思考、处理和平衡好三对关系：人与自然、人与社会（他人）、人与自身的关系。在这三对关系中，中国圣贤先哲首先关注和深入思考人与社会（他人）的关系，或者人与社会（他人）的关系认识首先被统治阶级选择而成为社会主流价值观，其次是人与自身的关系，最后才是人与自然的关系。为何会出现这种秩序？因为中国古代农业的发展主要依赖自然、靠天吃饭，在历史长河中，通过人力来改变自然、促进农业增收的大变革微乎其微，所以中国的圣贤先哲首先采用的是顺从自然的方法，而不同于西方采用对抗的方法，即学者所言的农耕文明与商业文明或者说大陆文明与海洋文明之差异。是故春秋战国百家之说，特别是儒、道、墨三家，最终得以被选择与流传的是儒家与道家，儒家处理的是人与社会（他人）的关系，道家处理的是人与自身的关系，墨家处理的是人与自然的关系。汉朝通过“罢黜百家，独尊儒术”的政治策略，使儒家成为维系秩序的官方意识形态，这在某种程度上压缩了其他学术的发展空间和机会。关于这一点，有学者研究发现：“从汉朝至宋朝，知识存量不断增加，但科技知识的比例却不断下降。特别是宋代以后，知识存量与科技知识比例呈现同时下降的趋势，说明了宋代之后中国科技发展逐步停滞的史实。”故作者认为，“科技停滞是中国制度变迁的轨迹使然，维护这种制度的动机只会排斥而不是鼓励科技创新行为”。①另外，科举制作为人才选拔的主要体制（或者说“指挥棒”），虽在构建文官体制等方面发挥了关键作用，但也将社会精英引向远离自然科学的知识领域。换句话说，中国传统文化是一种以追求人与社会、自然的和谐和人与内心的宁静之美德为核心的伦理道德文化，即“礼”文化。英国著名哲学家罗素（Russell）认为：“中国在世界上的衰弱，在很大程度上归为中国人的美德。”“中国人本质上有一种宽容和友好的态度，他们表现出谦恭有礼，并希望别人礼尚往来。”②

其次从科学、技术和工程三者之间关系考察，中国社会更重于依经验积累而成的技术与工程。科学、技术和工程三者之间的关系（表 1）中，科学的本质是发

---

① 熊秉元，叶斌，蔡璧涵. 李约瑟之谜——拿证据来？[J]. 浙江大学学报（人文社会科学版），2018（1）：173-182.

② 伯特兰 • 罗素. 中西文明比较（节选）[J]. 民主与科学，2003（4）：38-39.

现，是人类通过实践对自然的认识与解释，是人类对客观世界规律的理论概括，是关于天然自然的理论知识体系，是社会发展的一般精神产品，是人类理论的进步。科学生产力是人类认识自然与利用自然的革命的力量、解放的力量，其目的是认识世界。技术的灵魂是发明，是人的本质力量的对象化，是人类自我塑造的方式，一般是指人类为满足自己的物质生产、精神生产以及其他非生产性活动的需要，运用自然和社会规律所创造的一切物质手段及方法的总和，其目的是改造世界。工程的核心是建造，是人们综合运用科学理论和技术方法与手段，有组织、系统化地改造客观世界的具体实践活动，以及所取得的实践成果，其所追求的目标是社会实现。

表 1 科学、技术和工程的联系与区别

研究维度	科学	技术	工程
研究的目的与任务	认识世界，揭示自然界的客观规律；解决了解自然“是什么”“为什么”的问题	改造世界，实现对自然物和自然力的利用；解决变革自然“做什么”“怎么做”的问题	头脑中观念态的东西转化为现实，并以物的形式呈现给人们
研究的过程与方法	追求精确的数据和完备的理论，从认识的经验水平上升到理论水平；主要运用实验、推理、归纳、演绎等方法	追求比较确定的应用目标，利用科学理论解决实际问题，认识由理论向实践转化；多用调查、设计、实验、修正等方法	工程目标的确定、工程方案的设计和工程项目的决策等，其实现需考虑方方面面的因素
成果性质和评价标准	知识形态的理论或知识体系，具有公共性或共享性；评价是非正误，以真理为准绳	科学知识和生产经验的物化形态，某种程序或人工器物，具有商品性；评价利弊得失，以功利为尺度	遵循“计划—实施—观测—反馈—修正”路线评价成败，工程达不到预期目标就意味着失败

从以上分析可以看出，科学与技术、工程是两种不同的知识传统，技术和工程是可以凭经验独立发展的，主要是依据社会经济发展的需要，可以凭科学基础而获得发展，但两者发展的速度却相差甚远。满足实际需要的中国古代技术比较发达，但这不一定会直接带来科学知识的变革。在人类文明起源和长期发展历程中，技术的发明往往先于科学知识的形成。人们对自然现象的观察和认识，基本上要经历一个由直觉知识到经验知识，再到理论知识的过程。知识只有到了理论化阶段，才算是比较发达了。例如，天平在我国春秋战国时期已经是一种主要的称重工具，甚至可能出现了不等臂天平。那时中国先贤还没有提出定性阐释的杠杆原理，但这并不影响天平的广泛应用。天平是经验知识的工具化，而不是科学理论（杠杆原理）的应用。再如，早在 8000 多年前，中国先人就掌握了酿制含酒精饮品的技术，但直到近代，科学家才弄清楚了酿酒工艺中的化学反应机理，这也说明科学的滞后发展未必就会妨碍技术的改进和广泛应用。因此，技术（或所

谓自然知识的应用）领先不一定会导致近代科学的产生。在古代，学者的科学传统与工匠的技术传统尚未结合，技术与科学的互动要比今人想象得少得多。在当代，科学和技术相互融合、相互渗透，形成一个更大的体系。但科学和技术依然各有特质。换句话说，中国古代对自然的探究或者说对自然规律的认知是不够的，特别是缺少了西方科学史上的特殊精神，即长期而系统的、通过数学化来探求宇宙奥秘的科学或科学家精神。这从某种意义上说明，中国历史上虽有不少合乎科学原理的技术发明，但并未发展出一套体用兼备的系统科学。换言之，中国传统文化在发生、发展与演变的过程中一直缺少“求真”的科学精神，而更崇尚基于实际用途的工具主义。

三、再思钱学森之问：为何我们大学老是“冒”不出杰出人才?

缺少创造性人才，教育首先受到诟病。2005 年 7 月 29 日，钱学森对温家宝总理说：“现在中国没有完全发展起来，一个重要原因是没有一所大学能够按照培养科学技术发明创造人才的模式去办学，没有自己独特的创新的东西，老是‘冒’不出杰出人才。这是很大的问题。”[①]此即“钱学森之问”。

无独有偶，2018 年 7 月 14 日，在清华大学物理系“基科班 20 年 • 学堂班 10 年庆典活动暨拔尖人才培养论坛”上，杨振宁说：“对于创建（培养）一流科学家不太成功这件事，是值得讨论的。”他连发三问，“第一，是否有这样的现象？为何存在这样的现象；第二，是否有可以改进的地方？第三，这个问题是否重要，是否值得我们进行研究？”[②]有人将其概括为“杨振宁之思”，进一步将创新人才培养聚焦到人才培养的具体过程。虽如此，笔者以为两者异曲同工，问的是同一问题的不同方面，从宏观的大学与社会创新环境到更为聚焦与具体的中观和微观培养过程，故这里还是统一用“钱学森之问”来表述。

“钱学森之问”是怎样产生的？是什么原因造成了它的出现？解开难题背后的谜团才是我们真正需要做的。“钱学森之问”后被一些学者概括为“为什么我们学校总是培养不出杰出人才”，虽有些偏颇，但也因正切合时代之需与时代之问，故就这样流传了下来。从某种程度上说，钱学森也正是通过对国内外科技发展现状

① 李斌. 亲切的交谈——温家宝看望季羡林、钱学森侧记[N]. 人民日报，2005-07-31（1 版）.

② 邓晖. 清华举行基科班 20 年庆典 杨振宁三问“一流科学家培养”[EB/OL]. http://edu.people.com.cn/n1/2018/0718/c1053-30154371.html.（2018-07-18）.

做出充分的了解、思考之后才说出了他的疑问的。

20世纪中期，在科技发展最前沿的美国率先刮起了一场以信息论、控制论、系统论为代表的科技革命风暴，这场风暴很快在全球蔓延开来，人们通常把它称为“第四次科技革命”。这次科技革命给世界带来了巨大影响，使世界科技发展呈现出自身特点：现有知识范围内重新建构了知识体系，科学技术升级换代速度日益加快，不同技术领域相互交叉和融合；涌现出了大批新兴高技术群体，涉及信息技术、生物技术、新型结构材料技术、新能源开发技术等领域；信息技术已成为决定科技发展的主导力量，信息产业随着计算机相关产业的发展，确立了在社会产业中的主导地位。

回顾20世纪的世界不难发现，决定国家兴衰荣辱的正是国家的经济发展实力，而影响国家经济与社会发展速度的因素有很多，但在科技发展迅猛的当今时代，真正决定国家经济发展的背后推手正是科学技术本身。因此国外的科技发展速度对我国的知识分子产生了巨大影响，环顾周围使得他们倍感焦虑。

“钱学森之问”正如“李约瑟之谜”一样，是社会发展实践凝练出的命题。站在历史与逻辑相统一的视角来看，“李约瑟之谜”与“钱学森之问”的形成、发展以及解答，都体现出社会历史发展的逻辑，也体现出思想发展的逻辑。两者都是从历史发展的逻辑出发，凝结出思想发展的逻辑，都经历了从实践命题到学术命题的发展脉络，而最后落实到社会实践上。

虽然“李约瑟之谜”与“钱学森之问”两者有着深刻的本质联系，但是其具体的差异性也是显而易见的。首先，两者提出的时代背景有差异，两者的追问虽然都落在了科学技术发展的问题上，但前者是在中华民族面临危机的时刻提出的，而后者是在中华人民共和国成立之后面对社会实际发展提出的；其次，两者的追问目标有差异，前者追问的核心是“为什么没有”，解决目标是“如何才能有”，后者是在我国已经有了一定科学技术的前提下提出的，目标是怎么解决科技创新型人才培养的问题；最后，对两者的解答有差异，前者着重对过去历史的反思，有人把原因归结为封建制度，有人归结为儒家保守观念等，而后者着重对当代社会问题的反思，把最终原因落实到高等学校的人才培养上。

国际竞争就是创新之争，此为“李约瑟之谜”和“钱学森之问”所直面的问题。“钱学森之问”涉及一个大学如何才能培养出杰出人才，促进科学技术创新；“李约瑟之谜”涉及一个国家的科学技术如何才能进步，如何走进世界前列。两问虽都引起了广泛探讨，也无统一答案，但教育问题特别是高等教育问题都被认为是其根本问题之一。它们共同的本质是：中国如何发掘与发挥创造性人才的社会功能与价值，即如何培育创造性人才。换句话说，这两个问题可以演化为一个更为一般的问题，那就是：相对于我们对教育的投入，相对于我们的人口规模，相对于我们的经济总量，“无论是科学技术成就、人文艺术贡献还是新产品、新品牌、新商业模式，我们的创新人才不是没有，而是太少，为什么从我们的教育体制中走出来的创造性人才这么少？”①

科技是随着时代不断发展而变化的，各国也将培养科技创新人才作为强国之根。从“李约瑟之谜”到“钱学森之问”，体现了我国在科技发展和科技人才培养中遇到的瓶颈。“钱学森之问”既是“李约瑟之谜”的继续，也是对“李约瑟之谜”的某种解答。两者既有精神本质上的一致性，也呈现出具体的差异性。从某种意义上说，“钱学森之问”从人才培养的角度解答了李约瑟的问题，但是，他本身提出的问题没有得到解决，需要后来人为其寻找答案。

“李约瑟之谜”和“钱学森之问”也从反面诘问我们：近现代以来，中国为何未能涌现杰出的创造性人才？中国人为何未能对人类近现代文明的进步做出更大的创造性贡献？这就迫使我们不得不从正向思考：中国如何才能培育出全球一流的创造性人才和战略科学家，引领新一轮科技革命的发展，从而为构建“人类命运共同体”及人类文明进步做出更大、更多的创造性贡献？换言之，培育创造性人才需要何种土壤及生态条件？特别是在“百年未有之大变局”的新时代，正逢“中华民族伟大复兴”之最佳时机，于实践中回答无疑更显紧迫。

---

① 钱颖一. 为什么创造性人才这么少？[J]. 南方企业家，2017（7）：114-117.

第一章

大学生创造力培育：研究范式与发展趋势

“创造力”是一个研究历史不长、研究成果却非常丰富的领域。它自诞生那一刻起就广受关注，并随着现代社会的发展而成为越来越多的组织机构、众多的学科、各行各业的专家学者和个人研究、谈论和关注的对象。但它也是一个最不严格、含义最模糊不清的术语之一，不同研究者从不同学科视野出发，对创造力采取不同的研究思路与范式，形成对创造力的不同理解，同时也不断丰富和深化对创造力的认识。

第一节　创造力研究的传统范式及其转换

20世纪50年代创造力研究（creativity research）开始纳入专门研究领域以来，一直存在着研究范式难以确定的情形。一方面，创造力的提出及其作为一门学科来研究，产生于心理学，并成为心理学研究的一个重要组成部分，且时至今日依然是心理学研究，特别是实验心理学、认知心理学、教育心理学等心理学分支学科研究中的特色领域；另一方面，创造力自身的复杂性，也导致其研究方法的多样化，并成为除心理学之外诸如教育学、社会学以及生物学乃至管理学等不同学科的重要研究内容。正因为此，不同学科、不同研究理论在回答“创造力领域研究什么和怎样研究”这个问题时，尚未形成能被大家普遍认可的统一理论体系，或者说还没有形成统一的研究范式。随着时代发展，学者对创造力研究的重视程度日益增加，并呈现出快速发展的趋势。伴随着创造力理论的提出和发展，关于创造力的研究也有了极大发展。

“范式”是由美国科学哲学家库恩（Kuhn）提出的一个比较含混晦涩的概念，但正如法国当代思想家莫兰（Morin）指出的：“在任何意识形态或理论体系中，范式都扮演着一种‘地基工程’的角色；虽然范式概念有其含混性与晦涩性，但也正是如此，我才保留了它，因为它不仅瞄准了个体和集体潜意识的东西，还将我们引向包括语言、逻辑、大脑、心理、社会文化与意识形态在内的多种根基。”[①]综合库恩及后续的研究，范式可被理解为科学运作的理论基础、实践规范、研究技术、研究方法的集合，也指从事某科学研究的科学群体共同遵从的世界观和行为方式。[②]对于常规科学来说，范式通常为科学工作者提供了主体决策的认知方向、判断标准和价值依据，从而增强了科学研究的目的性。根据这一理解，对大学生创造力培育的已有研究范式总体上可归为以下五种：心理学研究范式、教育学研

---

① [法]埃德加·莫兰. 方法：思想观念——生境、生命、习性和与组织[M]. 秦海鹰，译. 北京：北京大学出版社，2002：228.

② [美]托马斯·库恩. 科学革命的结构[M]. 金吾伦，胡新和，译. 北京：北京大学出版社，2004；曾令华，尹馨宇. “范式”的意义——库恩《科学革命的结构》文本研究[J]. 武汉理工大学学报（社会科学版），2019（6）：72-77.

究范式、社会学研究范式、生物学研究范式和文化学研究范式。

一、心理学研究范式

创造力研究主要是从心理学肇始，且是心理学的重要研究领域，历史较长，成果颇丰，且又逐渐形成了各具特色的创造力研究心理学分支，如认知心理学重点关注无意识在创造性思维过程中的作用，发展心理学重点关注创造力在不同年龄阶段的发展特点，差异心理学重点关注认知和人格因素在个体差异中的作用，社会心理学则从重视个体创造力逐渐转向重视创作创造力。[①]这里，笔者主要从范式，特别是学者所采用的方法论的角度将心理学研究范式大致分为两类。

（一）测量范式

心理学上，创造力研究的测量范式主要是通过简单、易于操作且较客观的文字测验对创造力进行研究，首先由吉尔福特（Guilford）提出，并首创了创造力的发散思维测验，认为可以采用心理测量的方法，如通过纸笔测验来完成书面任务，以研究普通人的创造力。随着一些心理学家转向从认知心理学角度研究创造力，认为创造力是内隐于人脑中的一种能力，而能力是人格结构中的一个重要组成成分，由此，创造力测验逐渐朝着两个方向发展，即创造性思维测验和创造性人格测验，具有明显的认知研究特色。[②]

1. 创造性思维测验

创造性思维测验又分为两种主要测量指向：一是主要指向创造性过程。它通过成套的发散思维测验来寻求对创造性过程的量化，测验要求个体对特定刺激做出多种反应，强调的是产生新颖、适当作品的系列认知活动。其本质上是以个体思维发展水平为基准，强调个体思维过程的流畅性、灵活性、独创性和精致性。[③]20世纪60—70年代，发散思维测验是创造力测量的主要工具，大部分创造力研究使用的是发散思维测验，如吉尔福特基于其智力结构（Structure of Intellect，SOI）模型而设计的系列发散思维测验、托兰斯创造性思维测验（Torrance Tests Creative Thinking，TTCT）、非常规用途测验（Unusual Usage Test，UUT）、远距离联想测

---

① 贾绪计，林崇德. 创造力研究：心理学领域的四种取向[J]. 北京师范大学学报（社会科学版），2014（1）：61-67.

② 赵春音. 关于创造力研究的“范式”转换问题[J]. 社会科学家，2004（2）：8-14.

③ 田友谊，李荣华. 创造力测评研究 70 年：回顾与展望[J]. 中国考试，2022（5）：81-89.

验（Remote Associates Test，RAT）等。其中，由于使用便捷，适用于各年龄段的人，且测量内容广泛，TTCT 被广泛用于各学段学生的创造力水平测量。[①]二是主要指向创造性产品的特征。创造性产品是由创造性活动衍生出来的具有新颖性和价值性的产品或结果，其基本假设是：高创造性的人应该能够生产具有高创造性的产品，故通过确定某一产品是否具有创造性，可以判断该产品创造者的创造力。其主要的测量工具有创造性产品语义表、学生作品评估量表、同感评估技术等。其中，基于同感对产品的创造性进行等级评定的同感评估技术又称主观评价法，是艾曼贝尔[②]（Amabile）在 1982 年提出的评价创造力的一种方法。她认为，一个人的作品能很好地反映其创造力，而作品的创造性主要体现在作品的新颖性和适宜性两个方面；专家通过对该作品的评价反映该作品的新颖性和适宜性，评价的主要依据是评价者对创造力所持的内隐标准，在评价时要求评价者根据自己对创造力的内隐理论，对产品或反应的创造性做出独立评价；最常采用的是利克特五点量表，这种方法的评分者一致性较高。[③]在心理学研究中，同感评估技术主要用于评价儿童的言语创造力和艺术创造力。

2. 创造性人格测验

创造性人格既是产生创造性行为的重要基础，也是影响个体创造性的重要因素。[④]究其实质，创造性人格的测验是对“什么样的人是具有创造性的”这一问题的回应，其基本假设是：创造力高的人一般具备优良的个性心理品质，具有与高创造性人才相似人格特征的人更倾向于取得创造性成就。[⑤]因此，创造性人格测验主要指向与创造力相关的人格和行为特征，包括对过去行为、动机、需要、兴趣、个性等方面的测量，主要采用团体潜力调查量表、团体兴趣调查表、威廉斯（Williams）创造性倾向量表、创造性行为调查表、超常学生行为特征评价量表、被试创造力自评等级量表、创造性人格量表、柯顿（Kirton）的创造力风格问卷、迈尔斯-布里格斯（Myers-Briggs）人格类型量表、高夫（Gough）的形容词检核表、

---

① Kim K H. Can we trust creativity tests? A review of the Torrance tests of creative thinking（TTCT）[J]. Creativity Research Journal，2006，18（1）：3-14.

② 英文名为 Teresa M. Amabile，不同学者有不同的翻译，有翻译成“艾曼贝尔”的，有翻译成“阿玛布丽”的，本书采用最早被翻译成中文的著作（《创造性社会心理学》）的译法，取“艾曼贝尔”。参见：[美]特丽萨・M. 艾曼贝尔. 创造性社会心理学[M]. 方展画，胡文斌，文新华，译. 上海：上海社会科学院出版社，1987，但在参考文献中尊重原作者译法。

③ [美]特丽萨・M. 艾曼贝尔. 创造性社会心理学[M]. 方展画，胡文斌，文新华，译. 上海：上海社会科学院出版社，1987：119-144.

④ Feist G J，Barron F X. Predicting creativity from early to late adulthood：Intellect，potential，and personality[J]. Journal of Research in Personality，2003，37（2）：62-88.

⑤ 田友谊，李荣华. 创造力测评研究 70 年：回顾与展望[J]. 中国考试，2022（5）：81-89.

托兰斯等编制的创造知觉调查表等。

由于测量标准多种多样及测量过程中的种种原因，许多量表的预测效度和实证效度并不理想[①]：从创造性思维测验来说，同一个人在不同领域会有不同的创造性水平表现；从创造性人格测验来说，其评分凸显了个人主观意识对自己创造力得分的影响。同时，创造性人格测验列举的人格特征是否越多、越完备越好？抑或创造力只是某些人格特征的组合？针对大众的一般态度，测验量表能够在多大程度上反映人们对待特定问题，特别是创造性问题的态度？更致命的是，在创造性人格测验中获得高分数的个体在实际创造活动中并没有表现出高创造性。

（二）实验范式

心理学上的创造力实验研究是在特定情境下将个体的创造性行为与环境条件作为自变量并对其进行控制，了解什么因素能够对创造力的发生和发展产生影响，主要采用实验室研究和准实验研究两种方法：前者主要研究个体的皮层唤醒与注意水平、去抑制性与反应性等；后者主要研究在问题解决过程中个体的内部动机、情绪等因素对创造力的影响，证实哪些因素会对创造力产生影响。[②]

通过实验技术，可以将创造力的认知因素、问题解决因素、创造力产品等因素从复杂的创造力系统中分离出来进行单独操控，主要聚焦于创造性思维、创造性动机等方面的实验研究。对创造力的实验研究主要有以下四种方式：①通过向被试呈现问题情境，要求被试解决问题，在这个过程中，实验者通过对问题解决所需信息的多少和问题呈现方式、时间等（自变量）的操控来测量被试解决问题的时间、对问题的重构程度和解决方案的独创性（因变量），以此来研究被试的创造力；②通过考察被试在不同情绪状态下解决问题的能力和方式来研究个体创造力，即研究情绪状态和创造力的关系；③通过调动被试的内部动机来研究个体创造力，自变量是主试的指导语，因变量是被试对实验结果的期待；④在被试完成任务过程中向他呈现无关刺激，分散其注意力，以此来研究个体的注意程度对创造力的影响。但是，从已有实验研究成果来看，创造力实验室研究的预测效度与实证效度还不够理想，因为目前还无法确定在实验情境下所引起的创造力与真实情境中激发的创造力能有多大程度的一致性。

---

① 张景焕，林崇德，金盛华. 创造力研究的回顾与前瞻[J]. 心理科学，2007（4）：995-997.

② 张景焕，林崇德，金盛华. 创造力研究的回顾与前瞻[J]. 心理科学，2007（4）：995-997.

二、教育学研究范式

如果说心理学主要是从创造力如何构成（即构成成分）和如何测量来研究创造力的话，那教育学范式则主要是从创造力培育和发展的角度来研究创造力。从创造力研究起源来看，其实最早研究创造力的方法就是教育学方法，即传记范式。

所谓传记范式，是指研究者通过收集创造性人才的个案，然后采用量化分析和历史文献分析的研究思路对这些个案进行分析，目的是检验人类行为的普遍规律，发现创造力形成或发展的规律。最早的传记研究是 1869 年高尔顿（Galton）关于创造人才与创造力的研究，该研究的对象主要集中在著名的历史人物上。传记研究主要沿着两条路线、三个方向进行：第一条路线是聚焦于创造性成果产生的研究历史，着重考察创造性人才创造性观点的产生。它又包括两个方向：一是通过研究创造性人物的个别作品来考察其创造力；二是通过广泛研究创造性人物的全部作品，来把握创造者思想的总体动向，从而实现对创造力的研究。第二条路线是对具有创造性的历史人物的传记资料进行定量分析，以检视创造性人才的成长规律。该条路线的方向为，把创造性人物看作一个整体，对其多个方面进行研究，包括其生活环境及其所处的时代背景、与他人的关系、性格特点、走向成功的历程、思想发展轨迹、不同时期的作品等。第一条路线以格鲁柏（Gruber）和他的同事首创的系统进化方法为代表，致力于在深层次上揭示创造者在创造过程中是如何工作的；第二条路线以西蒙顿（Simonton）首创的历史测量法为典型，主要是定量化地研究创造者经历与环境对其创造性表现的影响，从而揭示创造力产生的一般规律。①

三、社会学研究范式

社会学研究范式主要考察环境与个体创造性的交互作用，从影响创造力培育的因素或者说从文化角度来研究创造力，即主要考察创造力的社会生成。其具体又可分为两类：一类是比较经典的系统范式；另一类是适应知识与信息社会的人工智能范式。

---

① 张景焕，林崇德，金盛华. 创造力研究的回顾与前瞻[J]. 心理科学，2007（4）：995-997.

（一）系统范式

该范式也被称为创造力研究的社会-人格方法。心理学家认为，创造力不仅是心理事件，同时也是文化和社会事件，创造力产生的速度受到经济、政治和社会事件的影响，因此，对创造性产品的界定，我们必须考虑到其产生的时间、地点、原因以及文化背景。创造力的系统模型是这样一种模型，即创造力的产生是个人背景、文化氛围、社会环境交互作用的结果，为了促进创造力的产生，一系列法则和实践必须由文化传递给个体。研究发现，多样化的社会经验有助于弱化社会常规的限制，挑战性的经验有助于强化个体在困难面前的坚持性。[①]这方面的研究有格鲁柏等运用系统进化方法对创造者的研究[②]，加德纳（Gardner）等对 7 个典型的创造者的研究等[③]，这些研究认为创造是一个系统的进化过程，创造过程与领域、周围环境以及创造者的情感有关。

（二）人工智能范式

此范式认为，采用人工智能技术可把人的创造性思维变成计算机程序，这是对创造力研究的一种发展和补充。其核心思想是：创造力就是心理计算，通过找到一些能够模拟创造力的算法规则或者通过使用启发或特殊的程序，指导个体在问题空间中进行探索，从而模拟创造力。这种研究技术的显著特点是注重建立有规则的计算机模型。从广义上讲，创造力的计算机模型又可分为三类：第一，“组合式”计算机模型，该模型指新观念是已有熟悉观念之间的一种不同寻常的组合，或者它们之间存在一种不同寻常的联想；第二，“探索-转换”模式的计算机模型，该模型是在有着丰富结构的概念空间的基础上建立的；第三，联想和类比的计算机模型，该模型一般由简单的、相互平行的计算单元组成，每一个计算单元通过兴奋通路和抑制通路与邻近的单元相联系，系统的知识并非以比特的方式储存在数字化的内部存储器中，而是以可变权重的方式储存在无数的联结之中。

随着人工智能的发展，特别是机器学习研究的进展，智能机器人或者说类人机器人不仅在外观上像人，甚至自己还会“想”、会思考、有智慧，在某些领域，

---

① Simonton D K. Scientific creativity as constrained stochastic behavior：The integration of product，person，and process perspectives[J]. Psychological Bulletin，2003，129：475-494.

② Gruber H E，Wallace D B. The case study method and evolving systems approach for understanding unique creative at work[A]//Sternberg R J（Ed.）. Handbook of Creativity[M]. Cambridge：Cambridge University Press，1999：93-115.

③ Gardner H W，Csikszentmihalyi M，Damon W. Good Work：When Excellence and Ethics Meet[M]. New York：Basic Books，2001.

如象棋、围棋以及战场等，有些智能机器人甚至已经战胜了人类。当然，尽管如此，且总体上智能机器人还在人类的控制之下，但未来不可预知，关于智能机器人的创造力研究有必要在加强科技伦理研究的基础上加强社会伦理研究。就创造力研究范式的发展来说，计算机模拟无疑提供了另一种了解创造过程的途径，使人们可视化地认识到思维的逻辑与规则、信息的储备与搜索在创造过程中起着重要作用。

四、生物学研究范式

生物学研究范式的基本思想是：创造力被理解为伴随着创造性问题的解决而发生的生理变化，其显著特征之一就是关注生理测量，如通过脑电（electroencephalogram，EEG）技术测量大脑皮层的激活水平，采用正电子发射断层成像（positron emission tomography，PET）技术对大脑的葡萄糖代谢率进行测量，以此来观测个体在解决创造性问题时的生理变化。

创造力的生物学研究范式主要研究以下几个方面：①认知的初级加工，一些研究者指出，与缺乏创造力的人相比，富有创造力的人更容易在初级过程和次级过程思维模式间进行转换[①]；②联想层次，大脑中有许多不同的概念，富有创造力的人的联想层次相对平缓，能够对刺激有更多的联想，更容易将两个表面上不相关的概念联系到一起，而缺乏创造力的人联想层次相对陡峭，对刺激做出的反应相对较少，且消失较快[②]；③大脑皮层的激活或唤醒水平，已有研究表明，右半球采用的是初级加工方式，左半球采用的是次级加工方式，右半球比左半球更多地包括了意象的产生，富有创造力的人在创造性活动期间右半球比左半球显示出更明显的激活状态[③]；④通过研究大脑两个半球的对称性来考察创造力，研究指出，大脑左右半球通过胼胝体（连接两个半球的结构）相连，并非独立运作，左右脑的不同认知特征非常融洽，有创造力的人会同时使用两个半球来解决问题[④]，左右

① Wild C. Creativity and adaptive regression[J]. Journal of Personality and Social Psychology，1965，(2)：161-169.

② Mednick S A. The associative basis of the creative process[J]. Psychological Review，1962，69：220-232.

③ Martindale C. Biological bases of creativity[A]//Sternberg R J（Ed.）. Handbook of Creativity[M]. Cambridge：Cambridge University Press，1999：137-152.

④ Singh H，O' Boyle M W. Interhemispheric interaction during global-local processing in mathematically gifted adolescents，average-ability youth，and college students[J]. Neuropsychology，2004，18（2）：371-377；武志峰. 神经科学知识在教育中的迷思与解蔽[J]. 苏州大学学报（教育科学版），2021（3）：73-82.

半球优势学说由对切除胼胝体的裂脑患者处理不同类型信息的误读所致[①]；⑤通过测量皮肤电反应的波动和脑电图上 α 波的振幅变动来考察创造力，创造力高的人在想象任务中有高振幅的前额叶的 α 波活动[②]。生物学研究范式的具体研究内容主要包括顿悟、发散思维、远距离联想、言语创造性和图画创造性的对比等脑机制研究[③]。近年来，对创造力的脑机制研究也成为国内学者的一个重要热点领域，主要包括三部分：一是有关创造力个体差异的脑结构与功能特征研究，如围绕创造力思维、创造性人格、创造性成就、成就动机和思维闪现等方面对脑结构进行探究；二是创造力认知过程对应的大脑激活模式研究，包括顿悟、发散思维、远距离联想、冥想和创造性观念产生，特别是对顿悟的神经机制、认知机制和脑生理特征等的研究；三是创造力的分子遗传学研究，如考察 COMT rs4680 的不同等位基因与创造力和个体想象力之间的关系，DRD2 基因、TPH 基因与一般创造力的关系，以及多基因多位点的联合作用等[④]。生物学研究范式的相关成果显示，创造性思维需要多个脑区的参与，因认知任务不同，其关键脑区也有所不同[⑤]；右中央后回的体积、右小脑的局部一致性、左侧丘脑放射束和右侧下额枕束的微观结构变化可能是大学生创造性思维发展变化的神经基础[⑥]。创造灵感发生于这样一种心智状态——聚焦的注意力、联想的思维和许多心智表征同时被激活，通常通过三种方式表现：低水平的皮层激活、相对高的右半球激活和额叶的低水平激活。[⑦]

五、文化学研究范式

文化学研究范式的基本思想是：创造力即使不完全是文化的，也大部分是文化的，创造力的研究除了要横向研究其认知结构、纵向研究其生成与发展之外，还必须从创造力发生和发展的社会背景以及历史-文化的境脉中来寻找其发生发展的原因。显然这是受苏联维果茨基（Vygotsky）的历史文化心理学的影响，并发源于 20 世纪 80 年代艾曼贝尔出版的著作《创造性社会心理学》。

---

① Gazzaniga M S. The split brain revisited[J]. Scientific American，1998，279（1）：50-55.

② 张庆林，Sternberg R J. 创造性研究手册[M]. 成都：四川教育出版社，2002：238.

③ 刘春雷，王敏，张庆林. 创造性思维的脑机制[J]. 心理科学进展，2009（1）：106-111.

④ 李品，施建农，张又雪. 基于知识图谱的中国创造力心理学研究的可视化分析[J]. 成都师范学院学报，2019（7）：61-68.

⑤ 刘春雷，王敏，张庆林. 创造性思维的脑机制[J]. 心理科学进展，2009（1）：106-111.

⑥ 李永杰. 普通高校学生创造性思维变化规律及其神经基础[D]. 天津：天津师范大学，2021：86.

⑦ 王根顺，高鸽. 近 60 年来的创造力研究回顾[J]. 高等理科教育，2008（5）：8-12.

文化学研究范式下的创造力研究主要包括五个领域：①社会文化与创造力的关系研究，文化环境是个体与社会创造的“基因”；②社会文化差异对创造力的影响研究，文化差异对创造力行为具有重要影响，文化的多样化与开放性能够促进创造力的发展；③多元文化经验对创造力的影响研究，多元文化经验能够有效提高创造力；④掌握多种语言对创造力的影响研究，双语或多语能力水平高的个体的适应性、创新性和创造潜能较高；⑤涵化（文化适应）对创造力的影响研究，通过对多元文化的积极适应与认知整合，有效促进创造性的发生和发展。文化学研究范式的发展给创造力研究的未来发展带来了启示：创造力是社会发展的基础；创造力是文化互动的行为；创造力是一种物质、心理、社会并存的现象；人类的创造性行为在任何时候都不是独立的，依赖于直接的、中介的或隐含的社会互动或社会交换；创造力的意义和实践都是动态发展的；旧文化资料应该被重新审视而不是被放弃；创造性研究领域需要定量和定性相结合的方法体系；创造力研究需要规范化。心理学对社会文化与创造力关系的研究，主要是将实验或社会研究的方法运用在创造力研究中，运用文化启动等范式来研究创造力。[①]

六、新时代创造力研究需要范式转换

自创造力研究被正式提出，其研究方法、研究范围一直在不断发展和丰富。各种范式都有优缺点：心理学研究范式中的测量范式是目前应用最广的范式，该范式简便、易操作，评分具有客观性，但它只是测量个体创造力的流畅性、灵活性，难以反映出创造力的本质特征。实验范式将创造力中的各种因素分离了出来，降低了创造力研究的复杂性，有利于研究者做出明确的因果推论；但由于创造力本身是一个不断发展变化的心理过程，而且实验中抽样行为的代表性和实验环境的代表性也是影响实验外部效度的重要因素，所以研究者一般会非常谨慎地使用该法。创造力的文化学研究范式和生物学研究范式是对创造力研究方法论体系的丰富，但由于文化学研究范式适用的创造力研究范围异常广泛，这就需要研究人员查阅大量文献，并且需要研究人员具有不同专业的知识基础，这就给他们带来了很大挑战。通过生物学研究范式来研究创造力，需要用到各种仪器设备，成本较高，实施起来较为困难。因此，我们在研究创造力的时候，应该根据研究对象和研究情境的实际情况，选择最适合的研究方法。

① 贺腾飞，刘文英. 创造力研究的社会文化新视角及其启示[J]. 山西大同大学学报（社会科学版），2020（2）：121-126.

从以上对创造力研究范式以及相关文献的梳理可发现，现有研究虽已逐渐意识到并已明确提出要拓展视野，并已开始将有关人的因素以及社会文化等各方面因素考虑在内，特别是文化学研究范式已成为近年来国内外创造力研究的热点，但整体上大都仍坚持以实证的研究传统或认知的研究方法为根本，并在此前提下努力协调各方面因素之间的关系，以进一步完善创造力研究方法。实证的研究传统或认知的研究方法对人的创造或创造力的看法主要还是建立在纯自然科学视角的基础上。这样的创造观认为，离开了因素分析、测量评估、数理统计等科学的或数字的方法和手段来研究创造，便违背了科学的基本原则，是不可取的。但人的创造不可能离开人的主体性作用，而人的主体性又难以单纯依靠数理方法来对其进行有效测量，这也构成了创造力研究长期以来无法摆脱的理论困境。

正是在此意义上，创造力研究便存在一个转型问题，转型的目标则应是形成一种以人为本的创造观和交叉学科的研究观。以人为本的创造观，简而言之，便是视创造为人的一种内在本性，是人的本性充分释放时必然达到的一种境界。它强调创造力的个体生成，强调个体与环境的互动特征，如兴趣的发展、知识的个人化构建、个体对某些问题的执着思考等，即强调认知和动机的情境性、发展性。“人不仅像皮亚杰所论述的那样，建构人类共通的认知结构；人还通过自身的个体与文化经验建构独特的知识结构和世界观，创造性即是从这种差异发展中产生的新质。”①这在某种程度上可归结为文化学研究范式，但又超越了文化学研究范式。换句话说，研究者在重点关注可测量、可分析的创造力重要构成因素——创造性思维之外，可能更需要重点关注创造性人格和创造性环境等影响创造力发展的因素，这在中华人民共和国成立以来“两弹一星”功勋奖章获得者等老一辈科学家身上得到了充分体现，正如钟南山院士在2022年给中小教师谈科学教育与创新能力培育时说到的，有一种使命感或者说高度的社会责任感。②

事实上，随着对创造力发展研究的深入，诸多范式已然超出了传统的单一学科范畴，而进入不同学科交叉的多学科、跨学科研究层面，在我国，交叉学科也顺应知识生产的模式变化，已于2021年正式进入学科目录，相信在不久的将来，创造力研究一定会有很大的发展。交叉学科研究范式已成为创造力研究的重要趋势，故本书研究总体上运用的是一种多学科交叉的综合范式。

---

① 戴耘. 总序[A]//Beghetto R A，Kaufman J C. 培养学生的创造力[M]. 陈菲，周晔晗，李娴，译. 上海：华东师范大学出版社，2013：8.

② 钟南山. 科学教育从使命中培养兴趣[N]. 中国教育报，2022-11-02（5版）.

第二节　大学生创造力培育的相关研究

大学生创造力及其培育研究是创造力研究的一个重要分支领域，并随着国家间的竞争逐渐聚焦于教育与科技领域而日益受到各民族国家及其高等教育界和研究者的关注。综合而言，对大学生创造力及其培育的研究主要经过了一个从对创造力既有理论的直接应用的研究到逐渐对其特殊规律开展的研究，从对少数天才创造力的研究到对部分或全体大学生创造力的研究的过程。

一、关于创造力的相关研究

（一）关于创造力的内涵研究

“创造力”一词源于拉丁语“creare”，意思是创建、创造。不同研究者从不同学科和视角对“创造”的定义与内涵进行了解读：从心理过程理解，创造就是心理感觉的重新融合、经验的重新组合、新见识的产生等；从结果角度认识，创造即“新颖和价值的统一体”“新颖而适于作为问题解决的方法”①；从创造目的角度看，创造是一种寻求真理的脑力科学劳动；从社会价值角度理解，创造是提供新颖的具有社会意义的产物的活动。而在创造学中，“创造”至今仍未有统一的定义。但我们可以从上述不同理解中发现其存在一些共同的要素，主要包括独特性、超越性、突破性、前瞻性、预期性、新颖性，以及符合客观规律、有益于社会进步发展并经得起实践检验的适用性。②

综合梳理已有创造力的相关研究，我们可以发现，研究者对创造力的内涵理解大致可分为前后衔接、相辅相成的三种类型，且从某种程度上来说，这三种对创造力的不同理解分别对应社会和人们对创造力的研究与认识逐步发展并日趋成熟的三个不同的发展阶段。

---

① 贺善侃. 创新思维概论[M]. 上海：东华大学出版社，2006：15.

② 贺善侃. 创新思维概论[M]. 上海：东华大学出版社，2006：16.

1. 创造力的心理过程论

这种观点认为，创造力的发生是具有创造潜能的人的一种智力因素与非智力因素相互作用的综合性心理过程。例如，心理学家雷伯（Reber）认为，创造力是形成独特、新颖的解决方案，并伴随新观念、理论或产品的产生的心理过程。①斯滕伯格（Sternberg）②等认为，创造就是把自己的心理资源投入到那些新颖的、高质量的主意上去；创造力的心理资源包括智力、知识、思维风格、人格特征、动机和环境，这六种心理资源与环境要素结合在一起，共同决定着创造力。③托兰斯也认为，创造力是对问题和知识上的不足、缺陷以及对基本元素的不匹配等现象变得敏感后找出问题所在并寻找解决方法的心理过程。④甘自恒认为，创造力是主体在创造活动中表现和发展出来的各种能力的总和，主要是指能产生设想的创造性思维能力和能产生成果的创造性技能。⑤姚远认为，工程创造力即具有科技或工程相关背景知识的个人，在一定的工程资源的限制下，依赖于其人格特质、动机，凭借其已有的知识和信息并在此基础上产生出新颖、独特的问题解决方法的一种能力。⑥这些国内外学者对创造力的定义一般归属于创造力的心理过程论。

2. 创造力的产品结果论

这种观点认为，当创造活动发生并呈现具体结果时，才能说具有创造力。古希腊时期，亚里士多德就将创造定义为“产生前所未有的事物”⑦。20 世纪 50 年代，吉尔福特在其就职演说《创造力》（Creativity）中发表有关创造力的学说，认为创造力是正常人都具有的能力，所有人都具有产出创造性行为的潜能且所有人都发生过创造性行为。⑧德国学者厄本（Urban）认为，创造力是人在解决某个特定问题时能创造出新的不寻常的和令人吃惊的产品的能力。⑨心理学家德雷夫达尔

---

① Reber A S. The Penguin Dictionary of Psychology[M]. Harmondsworth：Penguin Books，1985.

② 也有译为“斯腾伯格”的，“滕”“腾”是同音字。本书参考北京师范大学知名心理学家张厚粲教授在其《教育心理学》教材中的译法，统一译为“斯滕伯格”，但在具体参考文献中则尊重原作者，保留“斯腾伯格”的译法，特此说明。

③ Sternberg R J，Lubart T I. Defying the Crowd：Cultivating Creativity in a Culture of Conformity[M]. New York：Free Press，1995.

④ Torrance E P. The creative personality and the ideal pupil[J]. Teachers College Record，1963，65：220-226.

⑤ 甘自恒. 创造学原理和方法——广义创造学（第二版）[M]. 北京：科学出版社，2015：49.

⑥ 姚远. 工程人才创造力内涵及其测评研究[D]. 杭州：浙江大学，2014：9

⑦ 张庆林，Sternberg R J. 创造性研究手册[M]. 成都：四川教育出版社，2002：4.

⑧ [美]吉尔福德. 创造性才能：它们的性质、用途与培养（第 2 版）[M]. 施良方，沈剑平，唐晓杰，译. 北京：人民教育出版社，2005：11. 因音译不同，本书对“吉尔福德”“吉尔福特”不做统一。

⑨ Urban K K. Recent trends in creativity research and theory in Western Europe[J]. Europe Journal for High Ability，1990，10（1）：99-113.

(Drevdahl)认为，创造力是人产生任何一种思维结果的能力，而这些思维结果在本质上是新颖的，是产生它们的人事先所不知道的。[①]张庆林等认为，创造力是人类所特有的，是利用一定条件产生新颖独特、可行适用的产品的心理素质。[②]姚威等对工程创造力进行了界定，认为工程创造力是指“个体在一定的资源条件约束下，在工程科技领域提出新颖独特兼具实用性的解决方案或设计出实用性的新产品的一种能力”[③]。还有学者认为，“创造，是用新鲜的观点解决各种各样的问题，发现和发明出更好的东西的活动；是以独特的设想和努力去开拓对个人、集体、国家和人类未知的领域，以造福社会的活动。创造可以定义为有目的的、能够提供新颖的、有意义的事物的活动”[④]。这类创造力定义在创造力研究取向中将创造力视为个人产品，归属于创造力的产品结果论。总体而言，产品结果论从产品的创造性特征方面反映了创造力发生者应具备的智力、非智力及环境的特点。

3. 创造力的人格论

此观点是在创造力的心理过程论的基础上衍生出来的，更强调创造力发生时所具备的非智力因素，如吉尔福特总结的高度自觉性和独立性、旺盛求知欲、强烈好奇心、广博知识、理性准备性和严格性、丰富想象力、富有幽默感、意志品质出众等八条创造性人格。[⑤]斯滕伯格提出创造性人格包括内在动机、冒险精神等七个方面；马斯洛(Maslow)认为，自我实现的创造力需直接从人格中产出，任何人做任何事都有创新倾向，但并不是每一个人都能够产生创造性成果，这就需要人作为主体本身应具备解决问题或产出性的特质，即人格倾向。[⑥]契克森米哈(Csikszentmihalyi)在对91位具有较高创造力的人物进行深入访谈研究后认为，开放和敏锐、热情主观和冷静客观、叛逆和传统、坚强和敏感、谦虚和骄傲、内向和外向、幻想和现实、责任心和游戏心、聪明和天真、精力充沛和沉静自如是可以从创造性人物身上归纳出的10组相对明显的人格特点。[⑦]上述学者对创造力的定义一般归属于创造力的人格论范畴。与人格论相类似的是创造力的社会环境论，它主要从社会心理、教育和环境三大因素展开研究，

---

① 转引自：林崇德. 创新人才与教育创新研究[M]. 北京：经济科学出版社，2009：26.

② 张庆林，Sternberg R J. 创造性研究手册[M]. 成都：四川教育出版社，2002：8.

③ 姚威，姚远，韩旭，等. 工程创造力的理论建构及量表编制[J]. 高等工程教育研究，2014(6)：20-27.

④ 张忠有，陈桂芝，刘波. 创造原理与方法[M]. 徐州：中国矿业大学出版社，2009：23.

⑤ 林崇德. 创造性心理学[M]. 北京：北京师范大学出版社，2018：20，187.

⑥ 转引自：骆方. 中学生创造性思维能力测评问卷的编制——一个典型表现测验[D]. 北京：北京师范大学，2003：6.

⑦ Csikszentmihalyi M. Creativity：Flow and the Psychology of Discovery and Invention[M]. New York：Harper Collins Publishers，1996.

目标是识别特殊的社会条件对人的创造力发挥的正面和负面作用；就其实质来说，“此一研究取向与人格特征研究取向没有质的区别……都聚焦于对创造力的影响因素的探讨上”[①]。

从以上国内外学者对创造力内涵的相关研究中可以看出，由于研究者的研究重点不同、理论依据有别、研究方法各异、判断标准不一，他们对创造力的定义也是多样化的，没有统一的标准。尽管众多定义存在着分歧，但研究者比较一致地认为，创造力一般应包含以下四方面的内容：创造性过程、创造性产品、创造性个人（人格）和创造性环境。[②]研究者在研究过程中一般会将这四个方面中的两个或多个方面结合起来。[③]实际上，上文将创造力的定义分为三种类型来阐释，也只是为了分析的方便和深入，实际上三种类型之间是彼此交叉的。例如，斯滕伯格认为，创造力不仅是产生新思想的一种能力，而且是要求创造性智力、分析性智力和实践性智力相互平衡并能应用的一个过程[④]；林崇德也认为，创造力是根据一定的目的和任务，运用一切已有信息，在产生出某种新颖、独特且有社会意义或个人价值的产品的过程中表现出来的智能品质和能力[⑤]。这些定义把创造性的心理过程、创造性产品和创造性人格三者有机结合了起来。

综合以上分析，对创造力的内涵可做出这样的概括性理解：创造力是个体在已有相当知识的积累下，在进行创造性活动并产生创造性产品的过程中体现出来的，融合创造性思维和创造性人格，共同创造性地解决问题的过程。进行创造的过程实质上是一个问题解决的过程，只不过它不是一般的问题解决过程，而是具有创新意义、超乎寻常的问题解决过程，是一个发现问题、阐述问题和解决问题的过程。综合而言，这种理解融合了创造力的产品结果论、心理过程论及人格论三类理解。对于大学生的创造力培育来说，创造性思维与创造性人格则是创造力培育的两个核心要素，从某种程度上说，创造性产品则是这两个核心要素共同发挥作用之后水到渠成之结果的显现罢了。

---

① 寇冬泉. 论创造力的研究取向[J]. 高教论坛，2003（6）：18-22.

② Mackinnon D W. The personality correlates of creative：A study of American architects[A]//Vernon P E（Ed.）. Creativity[M]. Harmondsworth：Penguin Books，1970：289-311. Brown R T. Creativity：What are we to measure[A]//Glover J A，Ronning R R，Reynolds C R（Eds.）. Handbook of Creativity[M]. New York：Plenun Press，1989：3-32.

③ 胡卫平. 青少年科学创造力的发展与培养[M]. 北京：北京师范大学出版社，2003：3.

④ Sternberg R J. Successful Intelligence[M]. New York：Plume，1997.

⑤ 林崇德. 教育与发展——创新人才的心理学整合研究[M]. 北京：北京师范大学出版社，2002：459-479.

（二）关于创造力的结构及主要构成要素研究

1. 关于创造力的结构

不同学者分别从各自不同的研究领域和视角提出了创造力的不同结构及其要素，有从静态结构开展创造力的构成成分分析的，也有从动态结构进行创造力心理活动过程的阶段分析的。

从创造力的静态结构看，国内外对此进行了比较深入的探讨。在国外，斯坦福大学的哈斯特（Hurst）认为，创造力需要抽象能力、写作能力、敢于犯错、换位思考、绘图能力、想象力、提出问题、表述问题等方面的能力。[①]艾曼贝尔认为，个体创造力主要包括领域相关技能、创造性相关技能和任务动机三个成分。[②]国外还有一些研究人员认为，创造力需要高深知识、创造性思维、创造力人格三个因素。[③]在国内，董奇认为，创造力主要由敏锐的洞察力、集中的注意力、高效的记忆力、创造性想象能力、批判性评价能力以及一定的元认知监控能力组成。[④]清华大学的林健认为，创新能力主要包括知识视野、创新意识、创新思维、创新技能（创新实践）和创新素质等五个要素，是这些要素相互作用而形成的一种复杂的综合能力；创造性思维的特征包括求异性、灵活性、开放性；创造性思维的构成包括逆向思维、批判性思维、超前思维、发散思维、灵感思维。[⑤]林崇德及其研究团队经长期研究认为，创造性人才（创造力）=创造性思维（智力因素）+创造性人格（非智力因素），即创造性思维和创造性人格是构成创造力的两大要素。[⑥]

创造力的动态结构主要指创造活动的过程，其中代表性的观点如下。华莱士（Wallas）提出创造过程的四阶段理论，认为任何创造活动的过程都包括准备阶段、孕育阶段、明朗阶段和验证阶段。[⑦]托兰斯在华莱士四阶段理论的基础之上，认为

---

① Hurst J. Ways to boost college students' creativity[EB/OL]. http://collegepuzzle.stanford.edu/?p=4778.（2015-08-19）.

② Amabile T M. The social psychology of creativity：A componential conceptualization[J]. Journal of Personality and Social Psychology，1983（2）：357-376. 也见：[美]特丽萨・M. 艾曼贝尔. 创造性社会心理学[M]. 方展画，胡文斌，文新华，译. 上海：上海社会科学院出版社，1987：80-92.

③ Lisa-Rivero M A. The creative college student—Develop and enhance your creative thinking in and out of the classroom[EB/OL]. https://www.psychologytoday.com/blog/creative-synthesis/201309/the-creative-college-student.（2013-09-15）.

④ 董奇. 儿童创造力培养心理[M]. 杭州：浙江教育出版社，1993.

⑤ 林健. 卓越工程师创新能力的培养[J]. 高等工程教育研究，2012（5）：1-17.

⑥ 林崇德. 创造性心理学的几项研究[M]. 山东师范大学学报（人文社会科学版），2014（6）：5-14，2.

⑦ Wallas G. The Art of Thought[M]. New York：Harcourt，Brace & Company，1926.

创造力分为以下四个过程：①觉察和明确事物中的问题、困难、信息链缺口、元素缺失、不协调以及不一致的过程；②从解决问题的角度出发，探寻解决途径、做出猜想和构建假设的过程；③评估并验证猜想和假设，做出可能的修改并进行再验证的过程；④分享和交流结果的过程。[①]他还依此而建立起更具情境性和可操作性的科学性定义。[②]艾曼贝尔认为，创造性过程包括提出问题或任务、准备、产生反应、验证反应、产生结果五个阶段。[③]国内学者俞国良认为，创造过程包括发现问题、阐述问题、组织问题、输出问题解决方案。[④]

2. 关于创造力的主要构成要素

现在一般认为，创造性思维与创造性人格不仅是构成创造力的两个核心要素，也是参与创造性心理过程的两个重要的结构性要素。

（1）创造性思维

从心理学上有关创造性思维的研究发展来看，创造性思维来源于创造力的研究，是创造力研究的重点，甚至有很多学者认为创造力就是创造性思维的能力。[⑤]心理学上关于创造性思维的研究主要包括创造性思维的构成与创造性思维的发生过程两大方面。

就创造性思维的构成来看，1956 年，吉尔福特提出，发散思维和聚合思维是进行创造活动所必需的两种思维方式，发散思维一般指从已知信息中产生独特且大量变化的新信息的一种不同于以往方向、范围的思维方式；聚合思维一般指从已知信息中产生的符合现有资料的方式、范围的一种合乎逻辑的思维方式。[⑥]1960 年，吉尔福特开始用发散思维代表创造力，并提出了影响创造力的六个因素：流畅性、灵活性、独创性、精致性、对问题的敏感性和再定义能力。[⑦]在此基础上，关于创造性思维的研究在很长时间内聚焦在发散思维上，个体在利用发散思维解

---

① Torrance E P. Guiding Creative Talent[M]. Englewood Cliffs：Prentice-Hall，1962.

② 衣新发，于尧，王冰洁，等. 托兰斯及其创造力的测量与教学研究[J]. 贵州民族大学学报（哲学社会科学版），2019（4）：74-106.

③ [美]特丽萨·M. 艾曼贝尔. 创造性社会心理学[M]. 方展画，胡文斌，文新华，译. 上海：上海社会科学院出版社，1987：93-97.

④ 俞国良. 创造力心理学[M]. 杭州：浙江人民出版社，1996：26.

⑤ Sternberg R J. Wisdom，Intelligence，and Creativity Synthesized[M]. Cambridge：Cambridge University Press，2003.

⑥ 转引自：骆方. 中学生创造性思维能力测评问卷的编制——一个典型表现测验[D]. 北京：北京师范大学，2003：7.

⑦ Guilford J P. Basic conceptual problems in the psychology of thinking[J]. Annals of the New York Academy of Sciences，1960，91（1）：6-21.

决问题时会体现出流畅力、变通力、独创力、敏锐力等。随着研究的深入，研究者发现发散思维只是创造性思维中的一种，创造性思维实际上还包括多种思维形式，如解析思维（interpretation thinking）、联想思维（synectics thinking）、直觉思维（intuition thinking）、评估思维（evaluation thinking）等。[①]林崇德教授认为，创造性思维具有以下五个特点及表现：①新颖、独特且有意义的思维活动；②通过构思及想象解决别人未能解决的问题；③灵感的产生；④分析思维和直觉思维的统一；⑤聚合思维和发散思维的统一。[②]

相比于静态的创造性思维的构成研究，有关动态的创造性思维的发生过程的研究较少。例如，斯滕伯格在他提出的创造力三元智力理论中将创造性思维定义为：创造性思维是个体在创造性活动中所必须具有的思维方式或过程。[③]这就是从创造性思维构成与创造性思维过程两个角度来给创造性思维下定义的。另外，托兰斯认为，创造性思维是指敏感地察觉或意识到问题，组合有效的信息，产生新的关系以找到解决问题的方法，并做出验证，加以改进，最后得到适用结果[④]；米龙（Malone）认为，建立目标与现实之间的距离后的不断尝试，能够促使创造性思维的发生[⑤]。

创造性思维的横向构成部分与纵向发生过程统一于人们创造性地解决具体问题的实践过程当中。换言之，当人们在运用这些组成创造性思维的各种思维模式来解决问题时，具体会以不同的创造性思维能力呈现出来，比如，解析思维具体表现为概要解释的能力等，联想思维具体表现为联想力等，直觉思维具体表现为洞察力等，评估思维具体表现为评估力等。[⑥]这些思维模式及其表现出来的能力在心理学上也常被作为指标，用来测量个体的创造性思维能力。正是在这个意义上，很多学者认为创造力就是创造性思维的能力。综上所述，心理学研究表明，创造性思维所包含的每一种思维模式都可通过相应的能力表现出来，个体表现出来的

---

① 骆方. 中学生创造性思维能力测评问卷的编制——一个典型表现测验[D]. 北京：北京师范大学，2003：8-11.

② 林崇德. 创新人才与教育创新研究[M]. 北京：经济科学出版社，2009：27.

③ Sternberg R J. Wisdom，Intelligence，and Creativity Synthesized[M]. Cambridge：Cambridge University Press，2003.

④ 转引自：童秀英，张艳莲，姜雅东，等. 创造性思维的心理学研究（综述）[J]. 河北职业技术师范学院学报，2003：71-75.

⑤ Malone M. The crux of college creativity[EB/OL]. http://www.collegexpress.com/interests/performing-and-visual-arts/articles/academics-arts/crux-college-creativity/.

⑥ 骆方. 中学生创造性思维能力测评问卷的编制——一个典型表现测验[D]. 北京：北京师范大学，2003：14.

能力高低，对应于以相应思维形式所呈现的个体思维能力的高低，个体创造性思维中所有思维形式的思维能力的整合，就是个体创造性思维能力的水平。

（2）创造性人格

随着创造力研究的发展，很多创造力研究者认为创造性问题的解决需要个体全身心投入，这使得心理学家逐渐开始从人格、情感、环境等方面综合考虑创造力的发生。吉尔福特最早提出了“创造性人格”的概念，认为创造性人格是指个体在创造性行为中表现出的品质类型。①创造性人格即创造力的非智力因素，是人格（个性特征）在创造性活动中的表现②。费斯特（Feist）在研究人格对艺术和科学创造力的影响时，发现创新人格具有一定的稳定性，通常可以预测一个人在相关领域所能取得的创造性成就。③对于创造性人格的结构或构成要素来说，吉尔福特提出具有创造力的人所应具备的八种人格：①有幽默感，表现出文艺天赋；②要求理性、准确和严格性；③意志出众，能排除外界干扰，长时间专注于某个感兴趣的问题之中；④知识广博，善于观察；⑤强烈的求知欲；⑥想象力丰富，直觉敏锐，喜欢抽象思维，对智力活动有广泛的兴趣；⑦高度自觉性和独立；⑧旺盛的好奇心。④美国心理学家斯滕伯格提出的创造力三维（智力维、方式维、人格维）模型理论中，创造性人格是其中的一个维度，它由七个要素组成：①期望被人认可；②活动受内在动机的驱动；③有超越自我的愿望；④愿意克服障碍；⑤愿意为争取再次被认可而努力；⑥对含糊的容忍；⑦有适度的冒险精神。⑤

国内代表性观点主要有以下几种。董奇将创造性人格特征概括为八个方面：①具有浓厚的认识兴趣；②情感丰富，富有幽默感；③勇敢、甘愿冒险；④坚持不懈、百折不挠；⑤独立性强；⑥自信、勤奋、进取心强；⑦自我意识发展迅速；⑧一丝不苟。⑥林崇德认为，创造性人格包括五个方面的表现：①健康的情感；②坚强的意志；③积极的兴趣、动机和理想；④刚毅的性格；⑤良好的习惯。⑦北京师范大学中国教育创新研究院与美国 21 世纪学习联盟合作提出了 5C 模型，对创造性人才的典型人格特征进行了概括：①好奇；②开放；③冒险；④挑战；

---

① Guilford J P. Creativity[J]. American Psychologist，1950（9）：444-454.

② 林崇德. 创造性心理学[M]. 北京：北京师范大学出版社，2018：210.

③ [美]费斯特. 人格对艺术和科学创造力的影响[A]//罗伯特·J. 斯滕博格. 创造力手册[M]. 施建农，等译. 北京：北京理工大学出版社，2005：238-244.

④ Guilford J P. Measurement and creativity[J]. Theory into Practice，1966，5（4）：185-189.

⑤ Sternberg R J. Implicit theories of intelligence，creativity and wisdom[J]. Journal of Personality and Social Psychology，1985，49（3）：607-627.

⑥ 董奇. 儿童创造力发展心理[M]. 杭州：浙江教育出版社，1993：199-200.

⑦ 林崇德. 创新人才与教育创新研究[M]. 北京：经济科学出版社，2009：28.

⑤独立；⑥自信；⑦内驱。①

综合国内外对创造性人格的基本内涵界定，吉尔福特、林崇德及5C模型课题组等学者和机构的看法基本一致，将创造性人格界定为与创造性相关的非智力因素，指个体具有好奇心、开放心态、勇于挑战和冒险、独立自信等特质。另外，浙江大学的王加微教授和袁灿在其创造学研究著作中提到了“创造性品格”的概念，认为创造性品格是指创造主体良好的智力因素和非智力因素的结合。②还有学者提出了“创造性行为”的概念，其包括创造动机、创造技巧和创造能力。③显然，这里的“创造性品格”与“创造性行为”两个概念的内涵等同于创造力的内涵，也是创造性思维与创造性人格两大因素的综合。

（三）关于创造力的类型和层次研究

根据创造的不同标准，可划分出不同的创造力种类和层次，代表性的分类有如下几种。④

1. 根据创造的主体分类

根据创造的主体，一般可将创造力分为学习者的尝试性创造力和从业者的目标性创造力，也可分为个体创造力和群体创造力等。对于大学生这一主体来说，从前者看，其属于学习者的尝试性创造力；从后者看，其既属于个体创造力，也属于群体创造力。当然，大学生群体创造力培育水平是建立在大学生个体创造力培育水平的基础之上的。

2. 根据创造的过程分类

根据创造的过程，一般可将创造力分为潜在创造力和现实创造力。对于大学生来说，其更多地拥有潜在创造力，当然也不排除有现实创造力。一方面，从大学培养目标来看，其主要还是培育和开发大学生的创造力或创新潜质，而不是一定要苛求大学生有现实创造力，大学生的现实创造力在很大程度上是在创造性环境下水到渠成的一种结果罢了；另一方面，从大学生创造力的呈现现实看，在大学学习阶段，能真正将其创造力转化为现实的、满足市场或社会经济发展需要的创造性产品的大学生很少。

---

① 甘秋玲，白新文，刘坚，等. 创新素养：21世纪核心素养5C模型之三[J]. 华东师范大学学报（教育科学版），2020（2）：57-70.

② 王加微，袁灿. 创造与创造力开发[M]. 杭州：浙江大学出版社，1986.

③ 张忠有，陈桂芝，刘波. 创造原理与方法[M]. 徐州：中国矿业大学出版社，2009：26.

④ 夏昌祥，鲁克成. 点燃创新之火：创造力开发读本[M]. 北京：科学出版社，2005：25-26.

3. 根据创造的内容分类

根据创造的内容，一般可将创造力分为科学发现创造力、技术发明创造力、艺术创作创造力和社会变革创造力。这四种在总体上又可以分为两类：一类具体是指科学新现象、新事实、新效应的发现，新原理、新理论的发明，新概念、新假说的提出和新方法的实施，主要涉及的是科学，英文里通常用“creation”来表示，对应的中文翻译通常用“创造”；科学主要是从自然界、实验室或社会上的各种现象去寻找其表现形式、作用机制、运动变化规律、因果关系，从而使人类能认知、掌握和驾驭它，所以科学探索的目标往往是不清楚的，结果往往也是难以预测的，科学认知要不断追问“有什么”、“是什么”和“为什么”，是求真探理的过程。另一类具体是指新产品、新服务的推出，新技术、新工艺、新工具的发明和新材料的使用等，大都是关于技术的，英文里多用“innovation”来表示，着重“出新”，中文通常用“革新”来表述；它主要是人类对客观事物的知识的应用，表现为制造产品、器物和服务等，其目的是满足人的物质和精神需要，实现人的福祉，所以技术创新的目标是非常明确或比较明确，重在对为达到目标而进行的方法、途径、手段和资源的探寻。[①]对于大学生群体来说，他们每个人都存在着这些类别的创造力潜能，未来都可能成为某一创造力类别中的一员。

4. 根据创造的产品及其对人类社会的贡献来划分

根据创造的产品及其对人类社会的贡献，一般可将创造力分为三个不同的层次：一是最高层次的创造力，如国内以钱学森为代表的中国“两弹一星”功勋奖章获得者，被誉为“汉字激光照排系统之父”的计算机汉字激光照排技术创始人王选院士等，像钱学森、王选这类不但自身创造力强且带领整个团队创造力强的科学家被称为“战略科学家”；国外如众所周知的牛顿、爱因斯坦、爱迪生、贝多芬、马克思、比尔·盖茨等的创造力。二是高层次的创造力，指在科技及其他方面的创造力，如中国古代四大发明（火药、指南针、印刷术、造纸术）的发明人、新四大发明（高铁、支付宝、共享单车和网购）的创始人及其团队等。三是一般的创造力，指普通人的创造力。对于大学生来说，他们未来可能会居于这三个层次中的某一层，且对于大学，特别是“双一流”大学来说，要尽可能地培育具有第一和第二层次创造力的人才。

5. 根据创造力的属性分类

根据创造力的属性分类，这是人本主义心理学家马斯洛的分类方法，一般可

① 王义遒. 高等教育培养目标中的“博通”与“专精”[J]. 北京大学学报（哲学社会科学版），2008（3）：5-15.

将创造力分为特殊才能的创造力和自我实现的创造力。所谓特殊才能的创造力，是指创新成果对于整个人类社会历史进程来说是新颖的、前所未有的，它常见于对创新有突出贡献的杰出人物身上，对于推动人类文明进步有重要意义，如被誉为“改变世界的三个犹太人”的马克思、爱因斯坦与弗洛伊德，再如中国的孔子等。所谓自我实现的创造力，是指创造力不拘泥于创新目标的大小、创新行为的成果，而是尝试采用一种新颖的态度和方式对待生活中的一切领域，以谋求新颖的感受、乐趣和享受。这种自我实现的创造力促使个体在处理每一个生活细节时都能展示出新颖别致、趋新求美、独一无二的巧妙机智，使个体形成一种崭新的生活景观和精神境界。相对而言，马斯洛更为推崇自我实现的创造力，赞美它是一种足以令个体获得发自内心的快乐的创造力，是深邃的自我及其价值的整合，是更新生命乐章的旋律，是富于魅力的生活方式。[①]这就是一种创新的生活，这样一种创新的生活也应成为新时代全社会所共同追求的生活方式和样态。

二、关于大学生创造力培育的相关研究

对于大学生的创造力而言，它与通用的创造力相比有什么特别的地方吗？它的发生与发展又有何特点呢？

（一）关于大学生创造力的内涵及其构成研究

因学界对创造力概念的理解尚未有统一认识，故对大学生创造力的内涵理解也不统一，且有一定难度。有学者在综合已有研究成果后认为，大学生创造力即大学生在创造活动中表现出来、发展起来的各种能力的总和，是大学生运用一切已知信息，开展能动思维活动，产生出某种新颖、独特、有个人或社会价值的物质产品或精神产品的能力。[②]有研究认为，大学生创造力包括主动性、实践性、协作性与发展性，影响大学生创造力的要素包括创新学习能力、创新知识基础、创新思维能力、创新技能和创新环境。[③]基于对创新人才科学内涵的认识，有研究认为，具备较强的创新意识与创新能力是大学生创造力的核心问题。[④]有研究认为，

---

① Maslow A H. The Farther Reaches of Human Nature[M]. New York：The Viking Press，1972.

② 王婕. 大学生领导力对创造力影响机理——基于结构方程模型的实证研究[J]. 中国高教研究，2014（1）：84-89.

③ 曹颖颐. 大学生创新能力指标体系的构建研究[D]. 武汉：武汉理工大学，2008：9.

④ 蒋新华. 应用型本科工程类创新人才培养的探讨[J]. 福建工程学院学报，2008（5）：422-425.

大学生创造力的结构包括创造性思维、创造性行为能力和创造性人格倾向三个维度，其中创造性思维涵盖了思维的独创性、变通性和流畅性；创造性行为能力，即创造力需要匹配一定的行动能力，是把创造性思维理论转化为实践的能力，包含探索、分析和总结等；创造性人格倾向主要包含想象力、好奇心和冒险性等。[①]从以上不同界定中可以看出，研究者对大学生创造力的内涵界定虽不统一，但基本上还是围绕创造力的核心特征而展开的，即大学生创造力主要包括创造性思维和创造性人格两方面。

（二）关于大学生创造力培育的特点研究

从理论上讲，人人都具有创造性，创造性普遍存在，大众的创造性是可以培育与开发的。[②]大学生也一样具有创造力，但能够运用它们并能产出创新结果的人并不多，因此大学生的创造力需要被开发与挖掘。[③]哈佛大学的研究发现，大学生创造性思维与人际交往、培养模式、主观能动性、个人才华、社交媒体以及场域的创造性有关。[④]还有研究者认为，大学生创造力的心理特点是：思维敏捷但思维方式单一，具有较高智力水平，较好的思维习惯，但对灵感的出现缺乏敏感；大学生的创造欲望很强烈，但不善于利用创造环境，缺乏对周围环境条件的利用。[⑤]有研究者用创造意识、创造潜能和创业精神来界定大学生的创造力，认为创造力需要个体的知识与能力储备积累到一定程度才能发生，而大学生处于知识学习与能力养成阶段，其创造力还不具备发生的条件，处于一种潜能状态。[⑥]林崇德教授则认为，西方教育更多地强调学生的知识面、创造力、适应性、独立性与实践能力；东方教育更多地强调学生的逻辑思维、知识深度、书本阅读、统一规范与集体主义，但创造力的培育往往需要东西方教育模式融为一体，培养“T”型人才。[⑦]特别是知识生产模式已从传统的学科知识生产模式（模式Ⅰ）转向了跨学科甚至是超学科知识生产模式（模式Ⅱ、模式Ⅲ）[⑧]，集体创新和聚集创新越来越成为知识与信息时代的创新主流模式，在此

① 谭建伟，付杰，牟胜东，等. 基于改进SEM模型下大学生创造力对就业能力影响的实证研究[J]. 重庆理工大学学报（社会科学），2020（11）：52-64.

② 赵卿敏. 创新能力培养[M]. 武汉：华中科技大学出版社，2002：77.

③ 李景山. 论大学生创新能力培养[D]. 长春：东北师范大学，2003：2.

④ Pachucki M A，Lena J C，Tepper S J. Creativity narratives among college students：Sociability and everyday creativity[J]. The Sociological Quarterly，2010，51（1）：122-149.

⑤ 何薇. 大学生创造力：学校教育与家庭教养影响研究[D]. 西安：西安石油大学，2014：5.

⑥ 张智，郭磊魁. 大学生创新意识、创造潜能与创业精神[J]. 昆明大学学报，2001（2）：82-84.

⑦ 林崇德. 创造性人才特征与教育模式再构[J]. 中国教育学刊，2010（6）：1-4.

⑧ 蒋逸民. 新的知识生产模式对大学教学和科研的影响[J]. 中国高教研究，2010（2）：16-19；王晓玲，张德祥. 试论学科知识生产的三种模式[J]. 复旦教育论坛，2020（2）：12-17.

背景下，东方教育智慧必将发挥更大的功能。

（三）关于大学生创造力培育的影响因素研究

大多数研究认为，大学生创造力的发展受多种因素的影响，如刘华杰和崔岐恩认为，当前我国教育中存在多种影响创造力生成的阻滞因素，主要包括教育价值观中的效率至上论、教育过程中的封闭化教学设计、教育评价中的区分性考试三个方面①；周新虎和刚志荣认为，大学生创造力培育主要受师承关系、高校管理理念和校园文化等因素的影响②；刘东菊等认为，大学生创造力受学校因素、教师因素与学生自身因素的影响③。还有研究者对影响大学生创造力培育的某一种因素进行了专门深入的探讨，如王雁等利用实证调查数据专门探讨了大学生学习成绩与其创造力之间的关系④；李寿欣和李涛对个人认知方式与大学生创造力之间的关系进行了探讨⑤。2021 年底，《中国创新人才指数 2021》报告发布，该报告从中国高校培养的顶尖学术人才、商业管理人才、商业创业类人才和大国工匠四个维度来评估中国高校创新人才的培养情况，一些“双非”院校脱颖而出，引起了强烈的社会反响。同时，该报告也在很大程度上揭示出我国高校对大学生创造力培育的一个关键影响因素，即我国高校对创新人才的认识存在误区，创新人才不只是顶尖学术人才，即使就学术领域来说，创新人才也不仅仅是科技领域的顶尖学术人才，还包括人文社会科学研究的学术人才；就企业来说，企业中的科研与专业技术人才和管理人才也都是创新的主力军。所以，不同类型高校创新人才究竟是什么，非常值得探索，不能只尊重科学家、企业家的创新，而忽略专业技能人才的创新；无论是“双一流”大学，还是职业技术院校，都应该把创新人才作为培养的核心。⑥

（四）关于大学生创造力培育与开发研究

1. 关于创造力培育相关理论在大学生创造力培育中的应用研究

刘畅探讨了斯滕伯格提出的创造力投资理论在大学生创造力培育中的运用，

---

① 刘华杰，崔岐恩. 我们的教育有利于创造力的培养吗——对创造力阻滞因素的审视[J]. 教育发展研究，2010（6）：8-11.

② 周新虎，刚志荣. 大学生创造力的影响因素及培养途径分析[J]. 江苏高教，2014（5）：110-111.

③ 刘东菊，汤国明，刘荣欣. 制约大学生创造力发展的因素探析[J]. 职业教育研究，2004（11）：17-18.

④ 王雁，王兴芬，白菁. 大学生学习成绩与其创造力关系的研究[J]. 教育与职业，2013（26）：175-176.

⑤ 李寿欣，李涛. 大学生认知方式与人际关系及创造力之间关系的研究[J]. 心理科学，2000（1）：119-120.

⑥ 温才妃. 《中国创新人才指数 2021》发布——创新人才培养的“短板”在哪里[N]. 中国科学报，2022-01-25（4 版）.

该理论认为，每个个体都是具有创造力的，只是创造力的领域和层次不同；创造性工作需要运用与平衡分析能力、创造性能力和实践能力这三种能力；创造力行为的产生需要六种不同但有内在联系的资源：智力、知识、思维风格、人格、动机和环境。[①]张建卫等根据实践提出了团队科学创造力培育的VOBPS理论模型，即培养愿景（vision）、培养目标（objective）、培养信念（belief）、培养过程（process）和指导策略（strategy）五个因素，其中涉及的理论包括全人教育理论、最近发展区理论与成长型心理定向理论、心流理论、团队情境领导理论等，涉及教育学、心理学和管理学等多学科领域的理论交叉与综合。[②]王蓉花对具身创造力理论的内在逻辑及其在大学生创造性思维训练中的应用进行了探讨。[③]郭元祥和李新对学科想象的生成以及如何通过想象教学来培养学生的想象力方面进行了前沿性研究。[④]

2. 关于大学生创造力培育的具体路径和策略

贾黎斋认为，高校大学生的创造力培育可通过以下途径进行：优化学生知识结构，进行创造力培育；激发学生的创造动机，培养学生的创造性人格；提高教师的素质，形成良好的创造氛围；促进大脑左右半球的协同活动，全面开发学生的潜能；鼓励学生积极参加实践活动，努力提高学生的实践能力。[⑤]莫甲凤对世界一流大学通过多样性学习经历来培育大学生的创造力进行了较为系统的梳理，认为多样性学习主要体现在课程内容的前沿性和整合性、学术体验的参与性和挑战性、教学模式的多元性和探究性、学习评价的过程性和综合性等方面。[⑥]李薇薇和郭艳菊对培育大学生创造力的教学方法进行了专门探讨。[⑦]

3. 关于大学生创造力培育的课程开发研究

王秀勤对创造力课程的概念、课程开发的理论依据，以及创造力课程开设的现状、体系构建、原则等进行了探讨。[⑧]杨井峰对大学生创造力培育的课程设置进行了研究。[⑨]秦志敏和朱志宏对文科课程在理工科大学生创造力培育中的作用进行

---

① 刘畅. 创造力投资理论与大学生创业能力培养[J]. 辽宁行政学院学报，2015（5）：68-72.

② 张建卫，任永灿，赵辉. 理工科大学生团队科学创造力的理论探索与培养路径——北京理工大学光电创新教育实验基地的模式及启示[J]. 现代教育科学，2016（11）：74-80.

③ 王蓉花. 具身创造力的内在理路与培养样态——以大学生创造性思维训练为例[J]. 现代大学教育，2021（2）：24-30.

④ 郭元祥，李新. 遇见与预见：学科想象的生成及想象教学[J]. 教育研究，2021（9）：39-49.

⑤ 贾黎斋. 大学生创造力的培养途径探析[J]. 华北水利水电学院学报（社科版），2004（3）：90-92.

⑥ 莫甲凤. 世界一流大学如何以多样性学习经历培养大学生创造力[J]. 湖南师范大学教育科学学报，2019（2）：27-30，105.

⑦ 李薇薇，郭艳菊. 培养大学生创造力的教学方法探讨[J]. 高教学刊，2020（1）：110-112.

⑧ 王秀勤. 大学生创造力课程研究[D]. 南京：河海大学，2006.

⑨ 杨井峰. 大学生创造力培养课程设置研究[D]. 广州：暨南大学，2009.

了探讨。[①]还有些学者对通过具体课程培育大学生的创造力进行了一些探讨。[②]但整体而言，从课程角度来探讨大学生创造力培育的研究还不多。

三、对已有研究的评价

根据以上对国内外创造力相关研究文献的梳理可以看出，创造力是一种较为复杂的心理现象，随着时间的推移及心理学的发展，特别是其他多学科研究的加入，国内外学者对创造力的定义目前还很难达成共识。不同研究者从不同角度对创造力进行了研究，这在不断深入推进创造力研究的同时，也使得创造力研究自身一直处于一种未饱和状态，不少研究成果因难以穷尽创造力的多个方面而时常受到质疑。已有创造力的相关研究都离不开创造性过程、创造性思维、创造性人格和创造性环境等几个主要方面，且主要是从创造性思维这一角度来开展研究的。

关于大学生创造力的相关研究大都建立在心理学对创造力研究的基础上。这些与大学生创造力相关的研究提到了“创新知识”“创新能力”“创新技能”“创新意识”“创新素质”“创新潜能”等关键词。这些词都是根据创造力研究的不同心理学角度来描述创造力的构成要素的，总体上，这些要素可以被归纳为智力因素与非智力因素两种，“创新知识”强调智力因素，“创新意识”强调非智力因素，“创新能力”“创新技能”“创新素质”“创新潜能”等均包含智力与非智力两种因素，只是侧重有所不同。根据以上分析可发现，国内对大学生创造力的研究大多是从智力因素与非智力因素两个方面来考虑的。

第三节　大学生创造力培育研究趋势及本书研究视角

从以上文献梳理可发现，未来对创造力的研究明显向着多学科、多方法综合

---

① 秦志敏，朱志宏．理工科大学文科课程与大学生创造力的培养[J]．太原理工大学学报（社会科学版），2003（S1）：45-46.

② 王玉萍，秦建华．“跨文化交际学”课程中大学生创造力培养的实证研究[J]．外语教学，2011（3）：57-61；刘云．浅谈“微波技术与天线”课程中的创造力培养[J]．电气电子教学学报，2011（2）：8-9.

的方向发展。大学生创造力的研究也成为一个多学科交叉的综合研究领域。

一、大学生创造力培育研究趋势

从以上对国内外已有相关文献的分析，我们发现，对创造力内涵的研究形成了创造力产品的结果论、心理过程论和人格论等不同理论，但这些理论均认为，创造性思维和创造性人格是创造力的核心组成要素。由此可见，创造力虽然是作为一种较为复杂的心理现象存在的，但创造性思维和创造性人格一直是创造力研究的核心。在研究的过程中，创造性思维由最早的包括发散思维和聚合思维两种思维方式，已经逐渐发展成为现在的多种思维方式的整合。

大学生创造力培育具有独特的特征，会受到来自天赋因素和外部环境，特别是外部教育因素的影响。已有研究充分证明了大学生创造力培育是可测量的，但相关成果中的思辨和理论研究远远多于经验和实证研究，而将实证研究与理论研究相结合开展综合性的研究还比较少，这些为本书研究的深入开展留下了宽广的空间。

展望未来大学生创造力培育研究，理论上将以人本主义心理学和融合多学科而成的新学科——创造学[①]的相关理论为基础，并结合脑科学、神经科学、信息科学等新学科关于创造力研究的最新成果，树立以人为本的创造观；实践上将结合“双一流”建设、一流本科教育、新时代创新型教师培养、大学生创新创业教育、大学教育评价改革、大学生创造力培育环境营造等各层面深入推进，在此基础上开展一些专题性的纵向历史研究，从而不断优化大学生创造力培育的教育环境，为大学生创造力培育注入强大动力。

二、本书的研究视角

当前学术界从多学科视角对大学生创造力培育的相关问题所进行的研究为后

① 创造学是研究人类创造能力、创造发明的过程、方法及规律的新兴学科，涉及哲学、思维科学、脑科学、心理学、逻辑学、行为科学、教育学、未来学和科学技术史等学科，是一门综合性很强的学科。创造学以创造发明为研究对象，是人类创造发明的思维和实践经验的总结。详情请参阅国家级规划教材：甘自恒. 创造学原理与方法：广义创造学（第二版）[M]. 北京：科学出版社，2015. 类似教材主要还有：郭业才，等. 创造学教程[M]. 北京：清华大学出版社，2017；陈吉明. 创造学与创新实践（第二版）[M]. 北京：科学出版社，2019；李洪奎，迟宝倩，佟永丽，等. 创造学基础[M]. 哈尔滨：哈尔滨工程大学出版社，2020.

续研究奠定了很好的基础和较为宽广的视野。但从一定程度上讲，已有研究也还存在可进一步深入研究的空间。

首先，已有研究针对创造力某一因素的研究较多，缺乏将大学生创造力培育作为一个整体进行理论建构的研究。本书研究既将创造力视为一个有机整体，同时也将其视为可操作模型，即“创造力=创造性人格+创造性思维”。

其次，从实证调查来看，已有研究开展的实证调查大多数样本偏少，且在不少研究中将统计学上的相关关系与主要是逻辑学[①]上的因果关系相混淆。在解释统计学上的相关关系时，用了逻辑学上的因果关系的表述，这实际上是混淆了两个因素之间的相关关系和因果关系。从科学的角度看，因果关系是指某个因素的存在一定会导致某个特定结果的产生，两者之间的关系是充分而必要的关系；相关关系是统计学上的一个概念，是指某个因素的变化会导致另外一个因素的变化，但是这个因素的变化是不是另外一个因素变化的原因，是不能被确定的。前一个因素的变化很大程度上只是后一因素变化的必要条件而非充分条件。如果以此为标准，那么在我们的日常教育教学活动中，把相关关系误认为因果关系，或者用相关关系冒充因果关系，还真有点“司空见惯”，如努力与学习成绩、严师与高徒等之间的关系。“事实上，常常有人说，我们可以确定的所有关系都是相关关系，但我们无法得出因果性结论。但是，在相关关系和因果关系之间，我们能做而且也必须做出区分……因此，我们必须重新表述因果关系，使因果关系不仅仅是一种相关关系。假如在条件 C 下的任何时候，只要事件 X 发生，事件 Y 就会发生，加上假如 X 没有发生，那么 Y 也不会发生，或者假如 Y 没有发生，那么 X 也没有发生。那么就可以说 X 是 Y 的原因。因此，事件之间不仅有强的相互关系，也有充分和必要的条件关系。给定条件 C，那么 X 是 Y 发生的充分条件，Y 是 X 发生的必要条件。”[②]教育的科学研究必须讲逻辑，论说必须谨慎，论证要有证据，不能绝对化，因为教育不大可能有自然科学研究中存在的明确因果关系，教育更多的是事件之间的相关关系。从某种程度上说，所谓的教育规律实际上是指那些大概率的相关关系。所以本书研究在根据调查统计结果分析大学生创造力培育发展基本特征的基础上，将重心放在影响大学生创造力发生发展的必要条件的探讨上，即重点分析影响大学生创造力发展的关键教育因素。

最后，已有研究成果中，单独研究理论与单独开展实践的研究较多，缺乏将

---

① 也有学者认为“因果关系”是一个跨学科概念。详见：靳冬雪，刘恩山．跨学科概念“因果关系”的内涵及其生物学教学建议[J]．生物学通报，2023，58（2）：5-8．笔者认为，“因果关系”是逻辑学的概念，作为一种思维逻辑，它在不同学科均有运用，故也就成为一个跨学科的概念。

② ［英］理查德·普林．教育研究的哲学[M]．李伟，译．北京：北京师范大学出版社，2008：62.

创造力培育的理论与实践相统一的研究，从而使得大学生创造力的理论研究相对零散，实践跟踪分析不够。正因为如此，学术界关于创造力的多学科研究成果未能在大学生创造力研究中得到有效整合，信息与智能时代教育新时空的生成特点与规律及其对大学生创造力培育的影响也未能及时地被吸收到当前研究中来。

综上分析，本书研究尝试将实证分析与理论研究相结合，且主要从人才培养过程对创造力产生重要影响的关键因素的角度，对大学生的创造力培育开展综合研究，希冀能够在一定程度上为现有大学生创造力的理论研究进行整合，同时为实证研究和教育实践提供一些新的研究资源与实践论据。

第二章

大学生创造力培育：理论基础与研究设计

“创造力”和“大学生创造力”均是十分复杂的系统性概念。创造力研究成果虽已比较丰富，但至今仍未有一个比较公认的统一定义，其相关理论也多种多样，作为创造力研究分支领域的大学生创造力研究也是如此。本章在综合梳理、清晰界定“创造力”“大学生创造力”等相关概念，系统归纳已有创造力研究相关理论，特别是在相对成熟的心理学研究理论的基础上，形成本书研究的基本思路与研究设计。

第一节　创造力相关概念界定

本书研究主要有四个核心概念：大学生、创造性人格、创造性思维和创造力。

一、大学生

“学生”在《30000词现代汉语词典》中的意思是“在学校读书的人”或“向老师或前辈学习的人”①；在《当代汉语词典（国际华语版）》中的解释为“在校求学的人”或“向老师或前辈学习的人”②。一般而言，大学生是学生群体中的一种类型，大学生在《当代汉语词典（国际华语版）》中被解释为“在高等学校就读的学生”③；《柯林斯COBUILD高阶英汉双解学习词典（第8版）》将大学生（An undergraduate）解释为“is a student at a university or college who is studying for his or her first degree”（在大学或学院攻读学士学位的学生）④。从两者对“大学生”内涵的界定来看，我们经常将大学和普通高等学校混用，事实上两者之间有很大差异。这在2002年修订的《普通高等学校设置条例》中可见一斑。该条例中所称的普通高等学校是指，通过国家规定的专门入学考试招收高级中等教育毕业或具有同等学力考生，实施高等学历教育的学校，包括全日制大学、独立设置的本科学院、高等专科学校（主要指师范、医学高等专科学校）和高等职业学校。该条例还明确规定了称为大学的普通高等学校应该具备的条件，其中实施本科及本科以上教育、培养本科及本科以上专门人才为首要条件。从这些分析中可以看出，大学和普通高等学校是有差异的，只有具备了一定条件的高等院校才能称为大学，大学主要培养的是本科及以上的专门人才。

鉴于此，本书研究所指的大学生是指在公办全日制普通本科院校就读的在校

---

① 汉语大字典编纂处. 30000词现代汉语词典[M]. 成都：四川辞书出版社，2014：591.

② 龚学胜. 当代汉语词典（国际华语版）[M]. 北京：商务印书馆，2007：2106.

③ 龚学胜. 当代汉语词典（国际华语版）[M]. 北京：商务印书馆，2007：327.

④ 英国柯林斯出版公司. 柯林斯COBUILD高阶英汉双解学习词典（第8版）[M]. 柯克尔，等译. 北京：外语教学与研究出版社，2016：2172.

本科大学生，不包括民办高校、高等专科学校、高等职业学校和其他高等教育机构的大学生。当然，本书研究的过程、分析及结论对于具有某些共同特质的民办高校、高等专科学校等其他高等教育研究机构的学生的创造力培育也具有一定的参考和借鉴意义。

二、创造性人格

创造性人格的研究最早始于吉尔福特在 1967 年提出的智力三维结构理论。他认为，智力包括内容、操作和产物三个维度：内容是指个体智力活动的材料和对象，具体包括视觉、听觉、符号、语义和行为五个方面；操作是指个体智力活动的过程，是由智力的内容所引起的，具体包括认识、记忆、发散思维、聚合思维和评价五个方面；产物是指智力操作的结果，这些结果可以表现为单元、类别、关系、系统、转换和蕴涵六个方面。[①]吉尔福特强调，个体工作追求准确性、条理性、严格性，具有出众的意志品质，能够排除外界干扰，是典型的创造性人格特征。[②]该理论打破了以前多数智力测验中仅测试聚合思维的传统，提出了发散思维的概念，认为发散思维是使个体能够想出多种贴合问题情境的正确答案的思维能力，这种思维能力具有流畅性、变通性和独创性的特征，并且认为这种能力与个体的创造力密切相关。

在该理论的基础上，创造力研究专家威廉斯提出了创造力倾向理论，该理论是在充分借鉴和吸收吉尔福特智力三维结构理论的基础上加以发挥而设计出来的，其根本目的在于检验个体发散思维在情、意两方面的行为表现。[③]威廉斯认为，个体创造力倾向与其他心理特征之间存在紧密联系，创造力倾向通常表现为个体在活动中所呈现出来的积极的创造力人格特征，它对个体的心理过程起着重要的调节作用，为个体创造力的发挥提供心理条件，通过引发、促进、调节和监控来对创造力发挥作用；他还认为，具有高度创新能力的个体一般有丰富的想象力、充分的好奇心、强烈的挑战性和高度的冒险性这四种主要特质，因此在其创造力倾向量表中将创造力分为想象力、好奇性、挑战性、冒险性四个模块。[④]在中国用

---

① 廖波. 普通心理学[M]. 北京：航空工业出版社. 2012：213-214.

② [美]吉尔福德. 创造性才能：它们的性质、用途与培养（第 2 版）[J]. 施良方，沈剑平，唐晓杰，译. 北京：人民教育出版社，2005：11.

③ 转引自：BIO 国际组织教材编写组. 实用心理测评[M]. 北京：人民日报出版社，2007：200.

④ 林幸台，王木荣. 威廉斯创造力测验[M]. 台北：心理出版社，1994：88-89.

得比较多的创造性人格量表就是经台湾师范大学林幸台主持修订的威廉斯创造性倾向量表。

借鉴威廉斯的观点，本书研究所指的创造性人格是创造力倾向的同义语，是指主体在后天学习活动中逐步养成的，在创造性活动中表现和发展起来的，对促进人的成才和创造性成果的产生起导向和决定作用的各种非智力因素的总和，主要包括冒险性、想象力、好奇性、挑战性四个特质。

三、创造性思维

在心理学界，创造力通常被理解为创造性思维能力，这种能力是个体在创造过程中所体现出来的认知品质。尽管目前很多研究者使用“创造性思维”这一表达，但对其内涵界定尚未达成统一意见，目前主要有以下几种代表性观点：一是认为创造性思维是能够产生新颖性思维结果的一种思维；二是认为创造性思维是从事创造活动的主体，通过有意识与无意识的交替作用和辩证统一的过程而产生全新观念的一种思维过程；三是认为创造性思维是能够产生新思维的一种思维活动，它使个体往往不拘泥于现有结论，能够打破常规和传统局限，以一种新颖和独特的方式解决新的问题；四是认为创造性思维是相对于日常思维而言的，是对日常思维的一种突破；五是认为创造性思维是一种新颖、独特且有意义的思维；六是认为创造性思维是集灵感思维、形象思维和逻辑思维于一身的复合性思维活动，是这三种思维的综合运用；七是认为创造性思维是以灵感为诱导，通过综合运用多种思维方式而产生新颖性思维成果的思维。①

北京师范大学心理学院骆方老师在综合分析已有相关研究的基础上来定义创造性思维，认为创造性思维会在个体日常生活中通过典型的行为表现出来，因此可以通过典型行为表现进行测验。在界定创造性思维的结构中，骆方和孟庆茂在借鉴托兰斯的创造性思维测验中鉴别创造力的 13 项指标的基础上，引入了心理学领域对创造性思维研究的最新成果，如联想思维、直觉思维和批判性思维等，并将这些指标结合起来加以考虑。他们认为，创造性思维是由多种思维形式构成的思维体系，其能力表现也有很多种类型，并将创造性思维分为把握重点、综合整理、联想力、通感、兼容性、独创性、洞察力、概要解释、评估力和投射未来这 10 个模块。②

---

① 汤建民. 创造性思维的定义、源泉和方法[J]. 浙江树人大学学报，2005（3）：95-98.

② 骆方，孟庆茂. 中学生创造性思维能力自评测验的编制[J]. 心理发展与教育，2005（4）：94-98.

本书研究借鉴骆方和孟庆茂的研究与理解，对创造性思维做出如下界定：创造性思维是指能产生新颖性思维结果的思维，与一般的思维相比较，它具有积极的求异性、创新性、灵活性，是逻辑思维与非逻辑思维的巧妙结合，是发散思维与聚合思维的统一。

四、创造力

国内外对创造力的研究较多，但对于创造力的内涵却众说纷纭、莫衷一是，至今没有达成统一意见。通过对相关研究的总结（表 2.1）可看出，研究者多从人格、认知过程或操作、生活方式和个人发展等视角来界定创造力，并且依据其界定开发出相应的测量工具，这些概念虽有所差异，但有其内在的一致性。在宏观上，研究者主要从创造性过程、创造性产品、创造性个人和创造性环境四个角度中的一个或多个角度出发来界定创造力的内涵，只是在具体研究中的侧重点有所差异；在微观上，研究者多从思维过程、人格特质和心理倾向等方面来分析创造力。①

表 2.1　创造力的概念及主要关注点

代表人物	视角	主要关注点	测评内容
斯滕伯格，吉尔福特，卡特纳，马克金农	人格	富有创造力的个人特征	观测创造性的人格特质
吉尔福特，托兰斯，威廉斯，琼菲格尔，林崇德，陈国鹏，严月娟	认知过程或操作	创造性思维和解决复杂问题的能力	对具体的创造性思维及问题解决态度和能力的测量
马斯洛，罗杰斯	生活方式和个人发展	自信、个人健康和进步，自我实现和创造性的环境	测量个人自我调整、心理健康和自我想象；测量培育或阻碍创造性的气氛或环境
加德纳，卡特纳	创造性产品	结果、成果或创造性的成就	测评产出或描述成就
阿曼贝尔，莫尼，阿本，俞国良	创造性的人、过程、环境和结果之间的相互作用	具体的人、环境和任务的多重因素	采用各种工具通过不同侧面来对各个维度进行测量

资料来源：卢珂，杨玉琼. 青少年科学创造力的概念内涵及模型构建[J]. 上海教育科研，2010（6）：20-23，19。本书在参考时，在内容上有所修正与调整

① 卢珂，杨玉琼. 青少年科学创造力的概念内涵及模型构建[J]. 上海教育科研，2010（6）：20-23，19.

这些研究中，吉尔福特、托兰斯和林崇德的研究得到了广泛认可。其中，吉尔福特主要从个体的人格和思维过程角度来理解创造力，认为“创造力是指最能代表创造性人物特征的各种能力”①。经过不断研究与修正，最终吉尔福特认为，创造性人格是反映创造性人物认知风格、气质品质和动机特征等特质的组合方式，这些特质在不同范围内有不同的结合方式。②托兰斯则从创造性过程的角度来界定创造力的操作性内涵，认为创造力是个体意识到困难、问题、信息缺口或成分缺失，并在此基础上形成假设，不断地进行修正和再验证，最终形成结论的过程。③

林崇德在已有研究的基础上，从创造性过程、创造性产品和创造性个人三方面对创造力进行了界定，认为创造力是个体根据一定目的，应用一切已知信息，产出某种新颖独特的、有社会意义或个人价值的产品的智力品质。④他结合自己多年研究经验，提出了“创造性人才=创造性思维+创造性人格”的重要结论。其研究认为，创造性人才在人格方面表现出健康的情感、坚强的意志、合理的个性心理倾向、顽强的性格和良好的创新习惯等特征，在思维方面也表现出五方面特征：①创造性活动的新颖性、独特性和有意义性；②思维和想象是创造性的主成分；③新形象和新假设的产生在创造性思维过程中具有突然性（在实践中，这种突然性常常被称为“灵感”，在心理学上，这种“灵感”属于“顿悟”的范畴，在一定意义上说，它是有意注意的产物）；④创造性在思维意识的清晰性上是分析思维与直觉思维的统一；⑤创造性思维在形式上是聚合思维和发散思维的统一。⑤

笔者比较赞同林崇德的观点，认为其对创造力的界定，以及对创造性人格和创造性思维的理解与本书研究具有内在一致性。基于此，本书研究所指的创造力在操作层面上主要包括创造性人格和创造性思维两方面，前者是指创造性人才的非智力因素，在实施过程中使用威廉斯的创造力倾向量表开展实证调查与分析；后者指创造性人才的智力因素，在实施过程中使用骆方的创造性思维量表开展实证调查，两者的有机统一便构成了本书研究中的创造力概念体系。

需要补充说明的是，在众多研究文献中，“创新能力”也被频繁使用，与之相对的是“创新人才”的概念。“创新能力”通常指的是一个人或组织提出具有创新性的思想、产品或问题解决方案的能力。正如前文所说，尽管“创造力”研究肇

---

① Guilford J P. Creativity[J]. American Psychologist，1950（9）：444-454.

② 傅世侠，罗玲玲. 科学创造方法论：关于科学创造与创造力研究的方法论探讨[M]. 北京：中国经济出版社，2000：570-571.

③ Torrance E P. Guiding Creative Talent[M]. Englewood Cliffs：Prentice-Hall，1962.

④ 林崇德，刘春晖. 创新人才的成长规律与培养模式[J]. 中国教师，2012（17）：25-29.

⑤ 林崇德，罗良. 建设创新型国家与创新人才的培养[J]. 北京师范大学学报（社会科学版），2007（1）：29-34.

始于心理学，但目前已发展成为心理学、教育学、社会学、生物学、管理学、脑科学、文化学等多学科研究的重要领域，甚至不同学科交叉发展形成了一门崭新的学科——创造学。因此，不同学科的学者在使用创造力和创新能力时就表现出不同的偏好，例如，“创新”这一概念多出现于管理学领域的论文中，且倾向于关注组织层面；而“创造力”或“创造性”这一概念则主要出现在心理学领域的论文中，且多着眼于个体层面。①在教育学和社会学领域中，这两个概念都有使用。事实上，林崇德教授认为，在心理学领域，创新和创造性或创造力也被视为同义语。②尽管如此，考虑到这两个概念的含义基本一致，所以，创造力和创新能力在本书中被当作同义概念，视语境不同而变换使用，在引用或参考其他学者的研究成果时，遵照学者本人的原始用法。

第二节　创造力研究的相关理论

创造力理论研究兴起于各大心理学派对创造力的分析与解释。世界各国关于创造力的研究在 20 世纪中叶开始加速发展，尤其是吉尔福特于 1950 年美国心理学年会上就任主席时发表《创造力》演讲后，极大地推进了其研究进程。③由此，包括精神分析学派、人本主义学派和格式塔学派等在内的各大心理学派，都结合自身核心理论，围绕创造力本质及其形成的内在原因和机制进行了较为深入的研究，提出了各自的独到见解，推动了创造力理论研究的快速发展。笔者以为，根据新时代高等教育发展的趋势与规律以及大学生的身心发展特点，与大学生创造力培育相关的理论主要有以下几种。

一、高尔顿的创造力遗传素质论

高尔顿的创造力遗传素质论强调遗传因素在创造力产生和发展中的决定性作

① [美]罗伯特·J. 斯滕博格. 智慧，智力，创造力[M]. 王利群，译. 北京：北京理工大学出版社，2007：120.

② 林崇德. 创造性人才特征与教育模式再构[J]. 中国教育学刊，2010（6）：1-4.

③ 段培京. 吉尔福特论创造力[J]. 心理发展与教育，1986（2）：42-45.

用。高尔顿是英国著名生物学家，他认为一切生物的后代和上一代之间，无论是在外部形态结构上还是在内部生理特征上，都会呈现出一些相似特征，此即遗传作用。[①]遗传为个体心理的产生和发展提供了生理基础，而创造力作为个体心理内容的重要组成部分，也必须要有一定的生物学基础，这也是遗传作用。

高尔顿是世界上最早对创造力进行系统研究的学者，其1869年出版的《遗传的天才》(Hereditary Genius)一书是学者用科学方法研究创造力的开端。在该书中，高尔顿通过对英国历史上977位名人家谱的调查发现，名人亲属中成为名人的比例显著高于普通家庭中的名人比例，因此得出个体遗传素质在创造力培育中起着决定性作用的结论，并认为天才是遗传的。1883年，高尔顿出版了《人类才能及其发展的研究》(Inquiries into Human Faculty and Its Development)一书来进一步支持他的遗传决定论。他通过对比同卵双生子和异卵双生子分别在相同环境和不同环境中的抚养情况发现，在相同环境中成长的同卵双生子在能力上的相似性要高于异卵双生子的相似性，在不同环境中成长的同卵双生子各方面能力依然具有很高的相似性。根据该发现，高尔顿进一步认为这是某种遗传基因在发挥重要作用。后因他人批评，高尔顿在其1874年出版的《英国科学家：他们的天赋与教养》(English Men of Science：Their Nature and Nurture)一书中对遗传决定论有所修正，提出潜能虽是遗传得来的，但也必须在适当环境中得到培养。[②]即便如此，总体而言，在研究与学术史上，高尔顿更多是作为遗传论者、优生学和心理测量学的创始人而被后世记住的。

高尔顿作为系统研究创造力的第一人，尽管其观点难免有所局限，但在历史上占有十分重要的地位。从其对创造力研究的贡献来看：一方面，他提出的遗传决定论第一次系统地对创造力的相关问题进行了理论分析，开创了系统研究创造力理论的先河；另一方面，他所采用的谱系研究法和双生子研究法也具有开创性意义，对这些科学方法的使用推动了理论界借助科学手段研究创造力的进程，为后续研究者的深入研究提供了方法上的指导。其研究和理论的局限主要表现在研究方法和研究结论方面：在研究方法上，他所使用的名人家谱调查法，在名人的选取上主观性较强，往往选择与自己存在特殊关系或者资料容易获得的名人，致使研究对象的典型性和代表性较差，也使得研究结论的可靠性受到影响；在研究结论上，他提出的遗传决定论，虽在一定程度上肯定了遗传素质在个体创造力培育中的重要作用，但又过分夸大了其作用。

---

① 刘钝，苏淳. 博学的绅士——弗朗西斯・高尔顿[J]. 自然辩证法通讯，1988（6）：57-70.

② 转引自：潘岳. 心理测量学的先驱：弗朗西斯・高尔顿[J]. 世界文化，2005（11）：20-21.

后续众多研究均已表明，在创造力的发展中，遗传因素只是为个体创造力的发展提供了生理基础，更重要的是后天良好环境和教育因素的作用。在我国，为实现从人力资源大国向人力资源强国转变，在高等教育普及化的今天，除了要在教育实践中进一步优化高考选拔，通过科学手段遴选出具有较大创造潜能的大学生以进行特殊的、有针对性的培养①之外，高校更需要将大量精力投入到全体大学生的创造力培育与发展之上，持续不断地创建和优化有利于创造力培育的整体教育与社会环境，这正是下面三个理论涉及和强调的内容，也是理论研究与教育实践需要重点关注的问题，更是本书研究重点关注的一个问题。

二、艾曼贝尔的创造力成分理论

艾曼贝尔的创造力成分理论（也称创造力结构模式理论）特别关注与创造性有关的技能。1983 年，艾曼贝尔在其《创造性社会心理学》②一书中首次提出了创造力成分理论。她认为，以往的创造力研究往往只注重创造性思维和创造性的人格倾向，而相对忽视了与创造性相关的技能。针对此缺陷，她将创造力理论与创新研究结合起来，从而形成了一种更为完善的创造力成分理论，强调与创造性有关的技能成分在创造性活动过程中的作用，并指出这些技能对任何领域的创造性活动和产品都是必要而充分的。她通过研究认为，创造力的组成成分主要包括领域相关技能、创造性相关技能和任务动机三部分。③

领域相关技能是在特定领域中进行创造活动的基础，决定着创造行为的方向，主要包括三个组成成分：一是事实性知识，指事实、原则，以及关于这一领域各种问题的观点等；二是特定领域所需技能，如实验技术和写作技能等；三是相关领域的特殊“天赋”。领域相关技能构成了个体可能产生创造性反应的完整信息系列，并能够在个体心中合成新反应，同时根据这些信息对新反应做出判断。

---

① 在高等教育普及化的今天，各高校普遍传承精英教育模式，在高校招生录取过程中或在入学后重新进行选择，建立起各种精英式的荣誉学院、实验班、基地班、卓越工程师班等，以培养各类拔尖创新性人才。例如，北京大学的“元培学院”，清华大学的“姚钱数”（姚期智计算机科学实验班、钱学森力学实验班、数学物理基础科学班）实验班，北京工业大学的“樊恭烋荣誉学院”，北京外国语大学的“北外学院”，西北大学的“经济学、历史学基地班”，华中师范大学的“汉语言文学基地班”，辽宁科技大学“冶金工程卓越班”、桂林电子科技大学的“测控技术与仪器、通信工程、计算机科学与技术卓越工程师班”等。

② Amabile T M. The Social Psychology of Creativity[M]. New York：Springer Verlag，1983.

③ [美]特丽萨·M. 艾曼贝尔. 创造性社会心理学[M]. 方展画，胡文斌，文新华，译. 上海：上海社会科学院出版社，1987：80-92；李传新. 阿玛布丽创造力思想研究[J]. 自然辩证法研究，1996（10）：43-47.

创造性相关技能主要包括有利于创新的认知风格、产生新奇思想的启发式知识和有助于产生创造性成果的工作风格三方面。创造性成果的产生不仅要具备相关领域的技能知识，还要有创造性技能，创造性技能决定着个体的创造性成果或反应超过该领域中前人的创造性成果或反应的可能和水平；提高个体的创造性相关技能，还有赖于个体的个性特征、个人经验和教育训练，这揭示了创造力的可培育性。

任务动机是决定个体完成某一特定任务、达成某一行动目标的动机变量，领域相关技能和创造性相关技能决定着个体“能做什么”，而任务动机则决定着个体在具备相关能力的基础上“会去做什么”。任务动机是个体创造力中最重要的构成要素，主要包含个人对任务的基本态度和对从事这一任务动机的感知两个方面。其中前者的强度与个体的偏好和兴趣相匹配，后者则在很大程度上依赖于外部环境因素。任务动机之所以重要，原因有二：一方面，它通常被创造主体自身所忽略，也为创造学研究者所忽视。另一方面，也是更为重要的方面是，如果领域相关技能和创造性相关技能欠缺，只要有足够动机，主体就可以通过适当的学习和训练加以弥补；但是，如果动机不足，即使有较高水平的领域相关技能和创造性相关技能，主体也难以取得高水平的创造成果。

基于以上分析可知，创造力的三种组成成分在具体创造过程中所处的层次和水平是有所不同的，不仅会受到个人天赋、兴趣等因素的诱导，而且会受到具体任务情境和环境因素的影响。为描述和解释创造力各组成成分影响创造性活动过程的机制，艾曼贝尔提出了创造力组成成分影响创造过程的理论框架。通过这个框架，她把创造力三个成分在创造性过程中的作用与创造过程的五个阶段结合起来，形成了创造性活动的运作模型。①

第一个阶段是确认所要参与的任务或要解决的问题。任务动机在此阶段发挥着重要作用，当对该任务具有较大的兴趣时，个体则更倾向于去参与该任务。在这种情况下，个体就会向自己提出问题，自己提出的问题更有可能被创造性地解决。故这一阶段，个体自己提出基于内心兴趣的问题非常重要。

第二个阶段是做出实际反应或产生解决办法的准备阶段。这一阶段，领域相关技能发挥着关键作用，个体要通过建立或恢复其所具备的与这一问题或任务有关的信息储存，包括研究该领域问题的反应规则知识，来为创造性活动做好准备。如果领域相关技能贫乏，这就会是一个漫长的过程。

---

① Amabile T M. The Social Psychology of Creativity[M]. New York：Springer Verlag，1983；Amabile T M. A model of creativity and innovation in organizations[A]//Staw B M，Cummings L L（Eds.）. Research in Organizational Behavior（Vol. 10）[M]. Greenwich：JAI Press，1988：187-209.

第三个阶段是反应产生阶段。这一阶段决定着产品或反应的新颖程度，因此，创造性相关技能和任务动机会产生重要作用。创造性相关技能越多，创造的内部动机越强，则个体探索创新的灵活性越大、积极性越高。需要注意的是，在此阶段，各种可能性的产生往往要经历一个盲目或随机探索的过程，因而，一定数量的盲目探索是必需的。

第四个阶段是验证反应阶段。由于对反应适当与否进行验证是一种较为专业性的活动，所以领域相关技能会再度发挥作用，个体在这一阶段会利用该领域的分析技术和领域相关技能等，对反应的正确性或适宜性进行检验。正是这一阶段决定着结果或反应在什么程度上是有用的、正确的或有价值的。

第五个阶段是结果与决策阶段。这一阶段可能出现三种结果：当第四个阶段的验证通过时，则目标达成，创造性活动就此结束；当第四个阶段的验证没有通过，即没有产生合理的反应时，这一过程也会停止；当发现对接近目标有些促进作用时，则会回到第一个阶段，个体会对该问题进行再一轮的探索。

创造力成分理论将个体的创造力与领域相关技能、创造性相关技能以及任务动机结合了起来，提出了一个较为完整的理论模型，依据该模型能更好地预测个体产品、反应或解决方法的创造性水平，以及由此可能产生对未来任务参与的行动特点。另外，将创造力三成分与五阶段结合起来，可推理出预测个体参与创造性任务的原则：①创造力各成分水平越高，创造性产品就越具创造性；②领域相关技能主要影响创造性活动的适宜性和正确性，这些技能决定了个体参与创造性活动的具体途径及其对各种反应的认识；③创造性相关技能决定着创造性活动成果的新颖性；④任务动机的水平和类型不仅决定着个体是否参与这一任务，而且会通过创造性相关技能影响创造性成果的新颖性；⑤个体对整个任务的参与过程是循环往复的；⑥初次尝试后的内部任务动机水平会影响个体随后参与类似创造性活动的程度。[①]

艾曼贝尔关于创造力的领域相关技能、创造性相关技能、任务动机三大构成成分类似于当前高等教育实践中的知识（特别是专业领域的宽广的知识基础）、能力（特别是与创造性相关的思维与认知模式，以及科学方法、技能等）及情感和价值观（特别是价值观中的成就动机等）三大构成成分，这恰恰需要我们运用系统教育观来对它们进行统筹设计并落地到具体教育教学过程与各类活动中。其创造性活动的五个阶段理论对于创造力培育的具体策略与方法的提出也很有启发。需要特别说明的是，艾曼贝尔的创造力成分理论最具特色的是把任务动机概念引

① 张文新，谷传华. 创造力发展心理学[M]. 合肥：安徽教育出版社，2004：35-50.

入创造力理论中，并将其创造力的全部研究都与动机问题相关联，很多创造力突出的杰出人才所做出的贡献都证明了任务动机的重要性。本书研究后续的对策部分也从这里得到启发，将从培养大学生的任务动机（学习与创造的内部动机）上做些探索。

三、吉尔福特的创造力结构理论

吉尔福特是20世纪最早对创造力开展系统科学研究的心理学家。关于创造力的研究，尽管1869年高尔顿就出版了《遗传的天才》一书，由此拉开了理论界对创造力研究的帷幕；但真正对创造性的心理机制进行科学深入研究，并成为规范的科学理论，则是从吉尔福特的研究开始的，他出版的《创造力》一书被西方心理学界视为现代正式研究个体创造力的先锋巨著。

吉尔福特先是提出和分析了创造力的两个重要特征：一是创造力具有普遍性。在此之前，人们一般认为一种创造性行为必然会导致产生一种创造性产品，且认为这种产品对所有人来说都是新颖的，且对社会是有用的。针对此观点，吉尔福特指出，以前所认为的新颖性是指某一种观念对于这一观念的拥有者来说是全新的；至于对社会的有用性，从心理学上来看是不合理的。这一观点扩大了创造力的研究对象和范围，极大地促进了创造力的研究。二是创造力与人格之间具有密切关系。吉尔福特认为，创造性才能仅仅决定了个体是否有能力做出创造性行为，而具备这种能力的个体能否产生创造性结果，实际上取决于个体的动机和气质特征，良好人格特征在创造力的产生中发挥着重要作用。①

在分析创造力特征的基础上，吉尔福特提出了创造力结构理论。吉尔福特采用不同程序对创造力进行了多方面研究，在对创造力本质提出多个假设之后，得出了创造力的本质特征。他提出的智力结构模型将智力分为内容、操作和产品三个维度，每个维度又由多种因素构成。吉尔福特认为，创造力的核心就是第二个维度中的发散思维，具体是指从已知信息中产生大量变化的、独特的新信息，不因循守旧、不拘泥于传统的一种思维方式。他认为，创造力是一种心理能力，具体来源于发散思维的流畅性、灵活性和独创性三个重要特征。其中，流畅性是指思维敏捷、反应迅速，对于问题和情境能够快速地做出多种反应；灵活性是指具有较强的应变能力和适应性、灵活定向能力较强；独创性是指产生新颖、独特思

① 李小平. 创造技法的理论与应用[M]. 武汉：湖北教育出版社，2002：70-71.

想的能力。在后续研究中，吉尔福特又新加入了敏感性、再定义性和洞察性特征，认为敏感性是指容易接受新现象、发现新问题；再定义性是指能够想象与描述事物或事件的具体细节；洞察性是指能够透过事物的表面现象认清其本质。吉尔福特最终认为创造力具有流畅性、灵活性、独创性、敏感性、再定义性和洞察性的特征。[①]在分析创造力特征的同时，他也提出了创造性个体的人格具有高度的自觉性和独立性、有强烈的好奇心、善于观察、工作认真、想象力丰富、富有幽默感、意志品质出众等特征。

吉尔福特的创造力理论对创造力研究做出了重要贡献。作为20世纪中期创造力研究的重要理论，吉尔福特的创造力结构理论对创造力的研究做出了以下四方面的重要贡献：①提出发散思维是创造力的核心的观点，推动了创造力测验的推行和应用；②提出了创造性思维包括发散思维和聚合思维的观点，强调思维加工在创造性思维中的重要作用，为创造力多维理论奠定了理论基础；③强调转换在创造性思维中的作用，指出创造力取决于从新的角度看问题；④开创了在人类智慧整体中研究创造力的先河。总体来看，吉尔福特的研究为创造力研究提供了一个基本框架，为创造力理论的发展奠定了基础。[②]

吉尔福特关于创造力的两个重要特征的观点为教育特别高等教育培育大学生的创造力提供了科学的理论支撑，其关于创造性思维主要包括发散思维和聚合思维的观点，特别是对发散思维的论述为我们在教育过程中培养学生的创造性思维提供了可直接操作的理论基础，其关于创造性人格的研究与论述对新时代培育大学生的创造力也很有启迪作用。

四、斯滕伯格的创造力模型理论

斯滕伯格是20世纪80年代中期研究创造力的代表性心理学家。随着1950年吉尔福特极大地唤起了学界研究创造力的热情之后，对创造力的研究就一直是心理学界的热点话题。直至20世纪80年代，美国心理学界再度激起对创造力研究的热情，出现了一大批具有代表性的人物和理论。斯滕伯格及其创造力理论就是其中最具典型性的代表。[③]

斯滕伯格早期提出了创造力的三维模型理论。1988年，斯滕伯格在其《创造

① 李植霖. 现代心理学中的创造力理论述评[J]. 科技经济市场，2007（3）：365-367.
② 张文新，谷传华. 创造力发展心理学[M]. 合肥：安徽教育出版社，2004：44-45.
③ 孙雍君. 斯腾伯格创造力理论述评[J]. 自然辩证法通讯，2000（1）：29-37.

力的性质》(The Nature of Creativity)[①]一书中提出了创造力三维模型理论。他认为以往研究多从创造性活动产品的角度来界定创造力，因为这种方式明显不能涵盖创造力的心理特征构成，且有很多研究发现创造力与个体心理特征相关，所以他通过创造力内隐理论分析法提出了创造力的三维模型理论：第一个维度是创造力的智力维度。智力的心理过程是创造力的基础，要想理解创造力，首先必须理解那些与创造力相关的智力过程。该维度具体包括内部关联型智力、经验关联型智力和外部关联型智力三个方面：内部关联型智力是指与内部心理过程相联系的智力，包括元成分(metacomponent)、执行成分(performance component)和知识获得成分(knowledge-acquisition component)三个方面，其中元成分因在创造性地解决问题的过程中起计划、监控和评价作用而与创造力的关系最为密切，执行成分主要是执行由元成分所设定的问题解决过程，知识获得成分中的选择性编码、选择性整合与选择性比较等要素与创造力紧密相关，三者构成了顿悟的基础；经验关联型智力是指与个体已有经验相联系的智力，既有知识经验与创造力之间的相关呈倒U形；外部关联型智力是指与外界环境相联系的智力，运用智力改造环境更能体现出创造力。第二个维度是创造力的智力方式或风格维度。它是指个体的习惯化和自觉的自我控制，个体以何种方式或风格运用自己的智力，对创造力也有着重要影响，或者说决定了创造力能否产生。智力方式或风格从不同角度可以分为不同类型，如从作用上可以分为计划、执行和评价三种类型，从水平上可以分为局部和整体两类，从方位上可以分为内向和外向两种等。个体要想表现出创造力，除了要具备必需的智力外，还要具备某种适宜的智力风格。第三个维度是创造力的人格维度。该维度包括个体对事物的容忍度、克服困难的努力程度，以及内部动机、冒险精神和求知欲望等人格特征。斯滕伯格列出了高创造力的个体通常可能具有的七种人格特征：①能容忍模糊状态；②具有克服障碍的意志；③具有自我超越的愿望；④受内在动机驱动；⑤具有适度的冒险精神；⑥希望得到认可；⑦创造性个体还需具有为获得认可而工作的愿望。[②]当然，高创造力个体并非必须具备所有这些特征。

斯滕伯格在创造力的三维模型理论的基础上又提出了创造力投资理论。他在对创造力的三维模型理论所涉及的因素继续进行研究的同时，还对创造力与智力环境进行了积极探索，与同事深入研究并提出了创造力投资理论。创造力投资理论将人的创造力比作投资活动，认为人的创造活动与市场上的投资活动一样，是

① Sternberg R J. The Nature of Creativity[M]. Cambridge：Cambridge University Press，1988.

② 张文新，谷传华. 创造力发展心理学[M]. 合肥：安徽教育出版社，2004：57-59.

将人的时间、精力等心理资源投入到新颖的、高质量的思想活动中。他认为，一般来讲，投资讲究用最小的成本获取最大利润，而创造活动与此相似之处在于其是个体用已有知识和技能等创造出更好、更有价值的产品。该理论指出，创造力是智力、知识、思维风格、人格、动机和环境这六个因素相互作用的结果，这六个因素在创造力培育中起着重要作用：综合的、分析的和应用的智力这三种基本智力形式在创造活动中起着关键性作用，智力贯穿于创造活动过程的始终；创造力主要取决于个体的知识结构，根据知识在创造活动过程中作用的差异，可将知识分为正式知识和非正式知识两种类型，正式知识与专业或领域创造力呈倒 U 形关系，非正式知识具有较强的任务相关性，对于解决启发式任务有着重要意义；思维风格是指个体运用自身智力和知识的方式，以新方式看待问题、承担新挑战是创造力的重要特征，这种相对持久、稳定的思维风格在很大程度上是社会化的结果；创造力投资理论强调与创造力密切相关的人格特征，主要包括面对障碍时的坚韧性、乐于承担适度的风险、具有超越自我的愿望、能够容忍模糊状态、对新经验保持开放性、具有自信心和坚持个人信念的勇气；以任务为中心、依靠内在动机是创造性工作所依赖的主要动机；支持性的环境在创造力的发挥中具有重要作用，能够帮助传播、支持、评价和修正创造性的想法。①

斯滕伯格的创造力三维模型理论极大地推动了创造力研究的进程，为创造力理论的发展做出了重要贡献。他的创造力投资理论提出的多种因素共同作用、能力与其他因素相结合、强调智力元成分在创造力中的作用、重视环境对创造力培育的作用等，对后续创造力的教育与社会实践既提供了理论上的指导，又给予了研究方法上的启示，具有非常重要的理论和实践价值；同时也说明创造力的培育没有捷径可走，而是一个需要各方（国家、社会和学校），特别是大学教师加大时间、精力等心理资源的投资以及全面的社会资源的投资的系统过程，当然，这种对创造力的投资实质上是成本最小而回报最大的投资。

总体上，以上四种理论构成了创造力继续发展的基础理论，对创造力的测量和研究也主要基于这些理论来进行，主要包括三方面：一是创造力既有先天遗传的作用也有教育的影响，但现代社会中的教育正发挥着越来越大的作用；二是创造力是由不同因素构成的、具有相对稳定结构的综合体，一般认为其包括创造性人格与创造性思维两大因素；三是成长或发展环境在创造力的发展过程中起着非常重要的作用。这些共同的理论基础也使本书对相关研究结果进行比较成为可能。

---

① Sternberg R J，Lubart T I. Defying the Crowd：Cultivating Creativity in a Culture of Conformity[M]. New York：Free Press，1995；孙雍君. 斯腾伯格创造力理论述评[J]. 自然辩证法通讯，2000（1）：29-37.

第三节 大学生创造力培育的研究设计

前面两节对“创造力”这一核心概念进行了操作性界定，梳理了与大学生创造力培育有关的理论，本节将在此基础上进一步明确研究内容、研究假设、研究对象、研究方法，以及具体写作思路与框架。

一、研究内容与假设

（一）研究内容

本书研究紧紧围绕大学生创造力培育这一主题，通过问卷调查，分析大学生创造力培育的基本状况及其在不同类型大学生之间所呈现出的差异，在此基础上分析大学生创造力培育的主要影响因素，特别是后天的关键教育因素的影响，并有针对性地提出促进大学生创造力培育的对策和建议。本书研究内容主要分为以下三个部分。

1. 分析大学生创造力培育发展的基本状况及其在人口学变量上的差异

本部分旨在把握大学生创造力培育的基本状况，一方面通过对大学生创造力、创造性思维和创造性人格的描述性统计分析，整体把握大学生创造力培育的基本状况；另一方面通过对不同类型大学生创造力培育的差异分析，来把握不同类型大学生创造力培育的基本状况。

2. 分析大学生创造力培育的主要问题及教育关键影响因素

在明确大学生创造力培育的基本状况及不同类型大学生之间差异的基础上，着重分析其中存在的主要问题，并结合已有相关研究与实践经验分析问题背后的原因，特别是重点分析后天影响大学生创造力培育的教育关键因素，最终为促进大学生创造力培育提出针对性对策和建议。

3. 探讨大学生创造力培育的教育促进基本策略

针对调查发现的主要问题，依据创造力培育的关键影响因素及其规律，探讨大学生创造力培育的可能改进策略，特别是在百年未有之大变革新时代，如何根据第二个百年奋斗目标，全面提高人才自主培养质量，着力拔尖创新人才培养。

（二）研究假设

研究假设主要是根据研究内容中的问卷调查实证分析而提出的，本研究的假设如下：第一，通过多年的教育综合改革，大学生创造力培育发展整体状况良好；第二，创造力培育在不同专业类别上存在显著差异；第三，大学生创造力培育在性别上存在显著差异；第四，大学生创造力培育在生源地上存在显著差异；第五，大学生创造力培育在是否独生子女上存在显著差异；第六，大学生创造力培育在年级上存在显著差异。

二、研究对象与方法

（一）研究对象

本书研究的具体对象为北京某地方高水平工科大学（也为“双一流”大学）。大学生创造力培育发展基本状况研究的调查对象为该大学某年度全体在校本科生，样本分布情况如下。

大学生创造力培育基本状况研究的调查对象分布在该大学的机电、生命、经管、人文等 14 个学院，具体可归为理学或医学、工程技术科学、人文社会科学三大类专业，问卷由各学院组织学生统一填写。调查共回收问卷 8582 份，有效问卷共 8257 份，有效率为 96.2%，问卷调查结果采用 SPSS19.0 进行处理，有效样本的具体分布特征如表 2.2 所示。

表 2.2　大学生创造力培育发展基本状况研究的调查样本分布情况

人口学变量	类别	n	百分比/%
学院	机电学院	510	6.2
	生命学院	223	2.7
	经管学院	1144	13.9
	人文学院	503	6.1
	外国语学院	250	3.0
	艺术学院	558	6.8
	电控学院	1339	16.2

续表

人口学变量	类别	n	百分比/%
学院	建工学院	1056	12.8
	环能学院	487	5.9
	数理学院	543	6.6
	计算机学院	976	11.8
	软件学院	186	2.3
	建规学院	158	1.9
	材料学院	324	3.9
专业	理学或医学	1026	12.4
	工程技术科学	5485	66.4
	人文社会科学	1746	21.1
年级	大一	2164	26.2
	大二	2039	24.7
	大三	2197	26.6
	大四	1857	22.5
性别	男	4958	60.0
	女	3299	40.0
生源地	城市	5643	68.3
	城镇	1148	13.9
	农村	1466	17.8
是否独生子女	是	6229	75.4
	否	2028	24.6

注：因四舍五入存在误差，部分数据和不为 100，下同。城市一般是指地级城市以上的大中城市，城镇一般是指县乡镇的小城市

第一，学院分布特征。本次问卷调查中，电控学院、经管学院、建工学院和计算机学院的样本量相对较多，分别占样本总量的 16.2%、13.9%、12.8%和 11.8%，而建规学院、软件学院和生命学院的样本量相对较少，均不足样本总量的 3.0%。这一趋势与该校不同学院不同专业的招生规模是一致的。

第二，专业分布特征。本次调查样本的三大类专业分布中，工程技术科学专业的样本量最多，共 5485 人，占样本总量的 66.4%；理学或医学、人文社会科学的样本量相对较少，两者共占样本总量的 33.5%。这是因为该校作为工科院校，主

要生源是工科专业学生，而理科和人文社会科学专业的学生相对少一些。

第三，年级分布特征。因为本次问卷调查采用的是全样本调查，所以样本在年级分布上比较均匀，四个年级各占25.0%左右。

第四，性别分布特征。接受本次问卷调查的学生中，男生共4958人，占样本总量的60.0%；女生共3299人，占样本总量的40.0%。男女比例符合工科院校学生的实际特征，即通常是男生多女生少；相对来说，由于该校近年来经济、管理、人文社会科学的不断发展，女生规模已有很大发展，男女比例已达3：2。

第五，生源地分布特征。接受本次问卷调查的大部分学生的生源地为城市，共5643人，占样本总量的68.3%，而城镇和农村的生源则相对较少。由于该校为地方大学，本科招生主要面向北京地区招生，从而呈现出相对于城镇与农村来说，城市生源较多的情况。

第六，是否独生子女分布特征。按受本次问题调查的学生中，独立子女与非独生子女的人数分别是6229人、2028人，所占比例分别为75.4%和24.6%，由此可见独生子女是非独生子女的3倍左右。

（二）研究方法

本书研究主要使用问卷调查法，通过对大学生创造力培育状况进行实证调查，来分析大学生创造力培育的基本状况及其在人口学变量上的差异状况。

1. 调查工具介绍

本书研究使用的调查工具分别为专门测量创造性人格的《威廉斯创造力倾向测量表》和测量创造性思维的《典型行为的创造性思维能力测验量表》，根据林崇德教授“创造力=创造性人格+创造性思维”的研究结论①，将两个量表进行整合，构建成为本书研究使用的大学生创造力培育调查问卷。

《威廉斯创造力倾向测量表》（表2.3）由美国心理学家威廉斯编制，后经中国台湾学者林幸台和王木荣结合中国文化进行了修订，在国内外均有比较广泛的应用，有良好的信度和效度。②该量表将创造力倾向分为冒险性、好奇性、想象力和挑战性四个模块。其中冒险性模块有11道题，好奇性模块有14道题，想象力模块有13道题，挑战性模块有12道题，其中每个模块中有1—3道反向题目，共50道题目。该量表采用的是3点计分法，对于正向题目，完全符合计3分，部分符合计2分，完全不符计1分；对于反向题目，完全不符计3分，部分符合计2分，

① 林崇德，等. 创新人才与教育创新研究[M]. 北京：经济科学出版社，2009：27.

② 林幸台，王木荣. 威廉斯创造力测验[M]. 台北：心理出版社，1994.

完全符合计 1 分。得分越高说明个体的创造性人格发展越好，得分越低说明发展越差。其中，冒险性具体指能够勇于面对失败或批评，敢于猜测，在杂乱的情境下完成任务，为自己的观点辩护；好奇性指富有追根问底的精神，想法较多，乐意接触暧昧迷离的情境，肯深入思索事物的奥妙，能把握特殊的现象，观察结果；想象力具体指视觉化和建立心像，幻想尚未发生过的事情，直觉推测，能够超越感官及现实世界；挑战性是指寻找各种可能性，了解事情的可能与现实之间的差距，能够从杂乱中理出秩序，愿意探究复杂的问题。

表 2.3 《威廉斯创造力倾向测量表》题目举例

模块	题目数/道	样题
冒险性	11	尝试新的游戏和活动是一件有趣的事
好奇性	14	我喜欢许多新鲜的事
想象力	13	我喜欢幻想一些我想知道或想做的事
挑战性	12	我喜欢探究事情的真相

《典型行为的创造性思维能力测验量表》（表 2.4）由北京师范大学骆方编制，该量表自发布后的应用也比较广泛，具有良好的信度和效度。该量表把创造性思维分为把握重点、综合整理、联想力、通感、兼容性、独创性、洞察力、概要解释、评估力和投射未来 10 个模块。其中，综合整理、联想力、通感、洞察力、概要解释和投射未来 6 个模块各有 4 道题，把握重点、评估力两个模块各有 5 道题，兼容性和独创性模块各有 6 道题，共 46 道题。该量表采用 6 点计分法，很不符合计 1 分，基本不符合计 2 分，不太符合计 3 分，有些符合计 4 分，基本符合计 5 分，很符合计 6 分，总分越高代表个体的创造性思维能力越强。[①]其中，把握重点是指寻找问题的核心、把握重点和关键处；综合整理是将两种或两种以上的事物以某种规则串联在一起，使信息在头脑中能够有序安排；联想力是指能够将以往的观念、情绪、过去经验、表征、相关的情景线索有机联结起来，能够把看上去不相干的东西联系在一起，在脑海中形成大量新颖、奇异的想法；通感是指视、听、动、触等感觉互相串联、互相激发的能力；兼容性是指能够糅合不相称的元素，同时经验两种以上不相称的情绪或感觉，在紧张中获得松弛的经验，化重要为不重要，化不重要为重要的能力；独创性是指能够从不同角度，独辟蹊径地分析、探讨和处理问题；洞察力是能够超越外表限制，跳出设定的局限，看出问题的本

① 骆方．中学生创造性思维能力测评问卷的编制——一个典型表现测验[D]．北京：北京师范大学，2003：6.

质和根本动因的能力；概要解释是指能精确传达信息，以简洁的表达提供充分的信息，将整个情境呈现出来；评估力是指个人依据某种标准，能够分析事物的好坏、是非、适当与否，进行价值判断和决定取舍的能力；投射未来是指能够保持开放心态，将自己的世界投向无限的未来。

表 2.4 《典型行为的创造性思维能力测验量表》题目举例

模块	题目数/道	样题
把握重点	5	能够敏锐地意识到解决问题的关键所在
综合整理	4	学习时，常按题型对题目进行归类
联想力	4	周边的事物能时不时勾起我很多联想
通感	4	朗读诗词或散文时，脑海中常有画面和旋律浮现
兼容性	6	能和不同性格的人和睦相处
独创性	6	喜欢利用废旧物做各种好玩的东西
洞察力	4	一般都能猜出他人的真实意图
概要解释	4	在小组讨论时，喜欢用简短的话表达意见
评估力	5	能够正确评判一件作品或者发明
投射未来	4	对将来有很多打算，并有意识地做些准备

对两个量表录入数据进行百分制转换是科学分析大学生创造力培育状况的基础。由以上对两个量表的介绍可知，《威廉斯创造力倾向测量表》《典型行为的创造性思维能力测验量表》的选项内涵和等级数均有所不同，为了使两个量表调查的数据具有内部一致性和可比性，本书研究在数据统计处理过程中，将数据按照选项等级录入后，将原 3 点计分法的 1—3 分别转换为百分制的 0、50、100，将原 6 点计分法的 1—6 分别转换为百分制的 0、20、40、60、80、100，从而使两个量表的调查数据具有可加性和可比性。

2. 信效度检验

尽管《威廉斯创造力倾向测量表》《典型行为的创造性思维能力测验量表》都是比较成熟的量表，在国内外都有较为广泛的应用，且都在实践中证明了其具有良好的信度和效度，但为了进一步检验其对本书研究的适用性，以使研究结果更加科学有效，本书研究再次对两个量表的信度和效度进行了检验。

问卷信度是指测量工具所测结果的稳定性及一致性程度，一般分为外在信度（external reliability）和内在信度（internal reliability）两方面。外在信度是指从时间上考察问卷的信度，通常指不同时间测量结果的一致性程度，表现为再测信度；

内在信度是指每个量表是否在测量单一概念，同时组成量表各题项的内在一致性如何，常用α系数和各题项内部一致性相关系数表示，若量表的α系数在 0.9 以上，则认为量表十分理想。问卷效度一般指测量工具能测量到该测验所欲测量的心理或行为特质的程度，通俗来讲就是测量工具能在多大程度上测量到研究者想要测量的东西。测量工具的效度一般分为内容效度（content validity）、效标关联效度（criterion-related validity）和建构效度（construct validity）。内容效度是指量表内容或题目的适切性与代表性，即测验内容能否反映所要测量的心理特质，能否达到测量的目的或行为领域的代表性取样，一般通过专家判断、经验检验和折半信度等统计方法来评估；效标关联效度是指测验与外在效标之间的相关程度，反映的是测验预测个体在某种情境下的行为表现的有效性程度，常通过计算测验分数与效标测量之间的相关性（相关法）和考察测量结果能否区分由效标测量所定义的群体（分组法）等方法来评估；建构效度是指量表能够测量出理论特质或概念的程度，即实际测量分数能解释某一心理特质的程度，一般通过内容效度和效标关联效度来评估，当一个测量工具的内容效度和效标关联效度较好时，该测量工具的建构效度也比较好。[①]所以，对于测量工具的效度而言，关键在于对内容效度和效标关联效度的评估。其中，内容效度主要考察问卷编制中指标的全面性程度；效标关联效度通过对测量结果能否区分由效标测量所定义的群体的方法来评估，也就是采用因素分析法来确定，同时这也能反映问卷的内容效度。

（1）《威廉斯创造力倾向测量表》的信效度检验

为检验《威廉斯创造力倾向测量表》的信度，我们主要考察了该量表的α系数，经检验发现，该量表整体的α系数为 0.827，冒险性、好奇性、想象力和挑战性 4 个模块的α系数分别为 0.510、0.642、0.466 和 0.626，均在可接受的范围之内，说明该量表的信度较好。

就该量表的效度来说，在内容效度方面，该量表在中文修订前后在国内外的应用均十分广泛，实践一再证明该量表具有良好的内容效度，可以比较全面地测量创造力倾向的全部内容。在效标关联效度方面，为检验该量表的效标关联效度，我们进一步对量表进行验证性因素分析，统计结果表明，KMO 值为 0.825，通过巴特利特球形度检验发现，p=0.000<0.05，表明适合做因素分析。利用 AMOS17.0 对该量表进行验证性因素分析，通过拟合指数考察该量表的效标关联效度，由验证性因素分析结果（表 2.5）可知，该量表的模型拟合度都达到了统计学标准，说明该量表具有良好的结构效度。由表 2.6 可知，4 个模块的因素负荷量都在 0.7 以上，载荷

① 吴明隆. 问卷统计分析实务——SPSS 操作与应用[M]. 重庆：重庆大学出版社，2010：194-208.

都比较高，由此认为这四个模块对于创造力倾向量表整体来说都是十分理想的。

表 2.5 《威廉斯创造力倾向测量表》的模型拟合度指数

拟合指标	χ^2	df	χ^2/df	NFI	TLI	CFI	RMSEA
模型标准	—	—	越接近 1 越好	大于 0.9	大于 0.9	大于 0.9	小于 0.1
研究模型	4791.09	4263	1.12	0.94	0.92	0.95	0.02

注：NFI 为标准拟合指数（normed fit index），TLI（Tucker-Lewis index）为非正态化拟合指数，CFI（comparative fit index）为比较拟合指数，RMSEA（root mean square error of approximation）为近似均方根残差。下同

表 2.6 《威廉斯创造力倾向测量表》各模块的负荷量

模块	冒险性	好奇性	想象力	挑战性
负荷量	0.83	0.84	0.75	0.83

（2）《典型行为的创造性思维能力测验量表》的信效度检验

为检验《典型行为的创造性思维能力测验量表》的信度，我们主要考察了该量表的α系数，经检验发现，该量表整体的α系数达到 0.96，各模块的α系数也在 0.70—0.81，说明该量表的信度较好。

就该量表的效度来说，在内容效度方面，该量表是由北京师范大学心理学院骆方编制的，是其在综合已有相关研究理论成果和结合实证调研的基础上形成的，后续研究表明该量表基本能够测量创造性思维在各层面上的具体内容，由此认为该量表的内容效度良好；在效标关联效度方面，为检验该量表的效标关联效度，我们进一步对该量表进行验证性因素分析。统计结果表明，KMO 值为 0.94，通过巴特利特球形度检验发现，$p=0.00<0.05$，表明适合做因素分析。利用 AMOS17.0 对该量表进行验证性因素分析，通过拟合指数考察该量表的结构，由验证性因素分析结果（表 2.7）可知，该量表的模型拟合度较好，其中 NFI、TLI 和 CFI 都大于 0.90，且 RMSEA 值远小于 0.1，说明该量表具有良好的效标关联效度。由表 2.8 可知，各模块的负荷量在 0.71—0.87，载荷都比较高，说明对于整个创造性思维量表而言，10 个模块的设置都是十分理想的。

表 2.7 《典型行为的创造性思维能力测验量表》的模型拟合度指数

拟合指标	χ^2	df	χ^2/df	NFI	TLI	CFI	RMSEA
研究模型	10 507.22	9 174	1.14	0.92	0.96	0.97	0.03

表 2.8 《典型行为的创造性思维能力测验量表》各模块的负荷量

模块	把握重点	综合整理	联想力	通感	兼容性	独创性	洞察力	概要解释	评估力	投射未来
负荷量	0.86	0.80	0.71	0.75	0.84	0.84	0.86	0.82	0.87	0.79

三、研究思路与写作框架

（一）研究思路

本书研究旨在把握大学生创造力培育发展的基本状况及其在人口学变量上的差异状况，并针对其中存在的主要问题及关键的教育影响因素开展探讨，为促进大学生创造力的发展提出相应的改革改进思路和一些教育性对策和建议。基于这个研究思路，本书的写作即紧紧围绕大学生创造力培育这一主题，按照如图 2.1 所示的思路开展铺开。

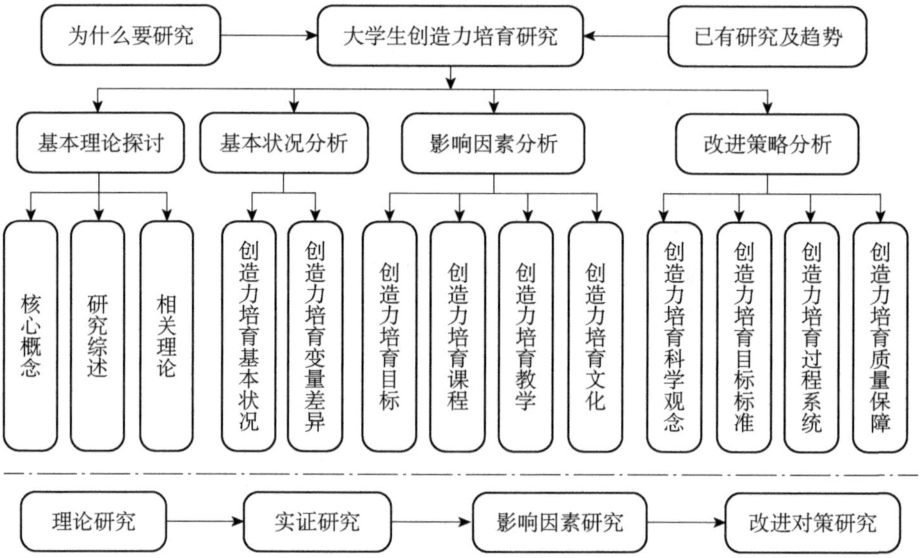

图 2.1　大学生创造力研究思路框架图

（二）写作框架

根据以上研究思路，本书的撰写围绕以下三个问题展开。

第一部分回答“为什么要研究大学生创造力培育以及如何研究”，主要论述了大学生创造力培育的重要性和紧迫性，梳理和总结了大学生创造力培育的已有研究成果和相关理论，在此基础上形成本书的研究思路与分析框架，包括绪论及第一、二章。

第二部分回答“大学生创造力培育的现状如何”，主要就当前大学生创造力培育的基本发展状况及特点开展实证研究，发现当前大学生创造力培育的一些优势及存在的主要问题，主要是第三章。

第三部分回答“大学生创造力如何培育，或者说影响大学生创造力培育的教育关键因素有哪些”，主要针对大学生创造力培育中的教育影响关键因素进行理论探讨，在此基础上提出促进大学生创造力培育的改革改进思路和方向，包括第四至第六章。

第三章

大学生创造力培育：发展调查与特征分析

创造力培育的基本状况是大学生创造力培育研究的基本观测点，通过对大学生创造力培育基本状况的分析，能够较为准确地把握大学生创造力培育发展的基本情况及特征。本章基于对北京某所以工科为主的地方高水平大学全样本调查数据的分析，在把握大学生创造力培育整体状况的同时，着重分析不同类别大学生创造力培育发展的差异特征。

第一节　大学生创造力培育的整体状况分析

大学生创造力培育的整体状况分析是通过对大学生创造力发展状况的问卷调查，来达到对培育状况的整体把握；通过对大学生创造性人格和创造性思维发展状况的分析，来达到对大学生创造力培育在促进非智力因素和智力因素发展的基本状况的具体认识。

一、大学生创造力培育的整体概况

（一）大学生创造力发展整体良好，个体差异相对较大

大学生创造力培育得分情况如表 3.1 所示，由创造力及创造性人格、创造性思维得分的均值（59.44、57.05、61.83）、中值（59.36、56.30、62.23）和众数（55、50、60）可知，除创造性人格的众数为 50 外，其他得分均在 50 以上，表明大学生创造力发展整体良好，居于中等以上水平。再考察大学生创造力培育的个体差异，从创造力及其两个分维度的得分方差（112.94、100.70、190.60）来看，方差都在 100 以上，表明创造力及其创造性思维与创造性人格各维度内部的个体均值得分的离散程度都较大。

表 3.1　大学生创造力培育得分情况

项目	创造力	创造性人格	创造性思维
$M \pm SD$	59.44±0.11	57.05±0.11	61.83±0.15
中值	59.36	56.30	62.23
众数	55	50	60
方差	112.94	100.70	190.60
极小值	8.21	16.43	0
极大值	94.52	91.16	100.00
t	508.27***	516.59***	407.01***

注：N=8257，本章样本数如没有特别说明外均同此。*表示 p<0.05，**表示 p<0.01、***表示 p<0.001，余同

（二）创造性思维发展好于创造性人格，但个体差异远大于创造性人格

根据创造力、创造性思维与创造性人格各项得分情况（表 3.1），三项得分均值排序为创造性思维>创造力>创造性人格，创造性人格的均值最低，创造性思维的均值（61.83）要高于创造性人格的均值（57.05），两者众数分别为 60、50，表明大多数样本的创造性思维得分为 60 分，创造性人格得分为 50 分，说明大学生的创造性思维发展相对较好，而创造性人格发展相对较差。同时，通过单样本 t 检验表明，大学生创造力及创造性人格与创造性思维之间的均值得分具有显著差异（$p<0.001$）。进一步分析发现，创造性思维的方差（190.60）远大于创造性人格的方差（100.70），创造性思维的极值差（100−0=100）也大于创造性人格的极值差（91.16−16.43=74.73），说明大学生创造性思维的个体差异比创造性人格要大。

二、大学生创造性人格培养的整体概况

（一）大学生创造性人格发展整体一般，个体差异相对较小

大学生创造性人格及各模块得分情况如表 3.2 所示，从创造性人格及冒险性、好奇性、想象力和挑战性各模块的均值、中值和众数来看，整体得分大多在 50 分左右，特别是各项众数刚好为 50，即大多数样本的创造性人格发展得分集中于 50，表明大学生创造性人格的发展整体一般。再从创造性人格及各模块得分的方差、极小值和极大值来看，各模块得分的离散程度也相对较大，创造性人格整体得分的离散程度相对较小，说明大学生创造性人格发展各模块的个体差异也比较大，但创造性人格整体的个体差异比较小。

表 3.2　大学生创造性人格及各模块得分情况

项目	创造性人格	冒险性	好奇性	想象力	挑战性
$M\pm SD$	57.05±0.11	57.83±0.13	58.74±0.14	48.85±0.13	62.77±0.14
中值	56.30	59.09	57.14	50	62.50
众数	50	50	50	50	50
方差	100.70	156.75	175.26	140.86	172.84
极小值	16.43	4.55	7.14	11.54	12.50

续表

项目	创造性人格	冒险性	好奇性	想象力	挑战性
极大值	91.16	100	100	88.46	100
t	516.59***	419.75***	403.19***	374.02***	433.91***

（二）创造性人格中的挑战性发展较好，个体差异相对较大，想象力发展较差，个体差异相对较小

从大学生创造性人格的冒险性、好奇性、想象力和挑战性各模块得分的具体情况来看（表 3.2），挑战性模块得分最高，均值（62.77）、中值（62.50）都高于其他模块得分；而想象力模块得分最低，均值（48.85）、中值（50）都低于其他模块得分，且均值显著低于 50 分，这说明大学生挑战性发展相对较好，想象力发展相对较差。同时，通过单样本 t 检验表明，大学生创造性人格及各模块间的均值得分具有显著差异（$p<0.001$）。再从个体差异数据来看，挑战性的方差（172.84）和极值差（100−12.50=87.50）要大于想象力的方差（140.86）和极值差（88.46−11.54=76.92），这说明，虽然大学生创造性人格的挑战性模块发展要好于想象力，但其个体差异要大于想象力，即挑战性的两极分化更严重些。

三、大学生创造性思维培养的整体概况

（一）大学生创造性思维发展整体良好，个体差异较大

根据大学生创造性思维及各模块得分情况（表 3.3）可知，绝大部分的得分均值在 60 分以上，中值和众数也都大于或等于 60 分，说明大学生创造性思维发展整体良好。但从创造性思维及各模块得分的方差、极小值和极大值来看，方差都比较大，极小值和极大值均达到了极端值，说明大学生创造性思维发展的个体差异较大。

表 3.3　大学生创造性思维及各模块得分情况

模块	$M \pm SD$	中值	众数	方差	极小值	极大值	t
创造性思维	61.83±0.15	62.23	60	190.60	0	100	407.01***
把握重点	61.37±0.17	60	60	258.62	0	100	346.79***
综合整理	60.14±0.19	60	60	300.28	0	100	315.38***

续表

模块	$M \pm SD$	中值	众数	方差	极小值	极大值	t
联想力	59.73±0.19	60	60	327.45	0	100	299.93***
通感	61.10±0.21	60	60	373.27	0	100	287.37***
兼容性	62.82±0.16	63.33	60	233.20	0	100	373.85***
独创性	57.96±0.17	60	60	252.71	0	100	331.33***
洞察力	62.49±0.18	65	60	279.79	0	100	339.52***
概要解释	62.11±0.17	65	60	267.09	0	100	345.38***
评估力	65.84±0.17	68	60	262.68	0	100	369.14***
投射未来	64.78±0.20	65	60	332.36	0	100	322.90***

（二）创造性思维中的评估力和投射未来发展较好，个体差异相对较大，独创性发展较差，个体差异相对较小

根据创造性思维各模块得分均值可知，大学生评估力（65.84）和投射未来（64.78）模块得分较高，独创性（57.96）模块得分最低（$p<0.001$），这说明在创造性思维方面，大学生的评估力和投射未来发展较好，独创性发展较差。同时，通过单样本 t 检验表明，大学生创造性思维及其各模块之间的均值得分差异显著（$p<0.001$）。再从个体差异来看，评估力（262.68）和投射未来（332.36）的方差要大于独创性的方差（252.71），即评估力和投射未来的个体差异均大于独创性，特别是投射未来的个体差异更大。

第二节　大学生创造力培育的基本差异分析

大学生创造力培育发展的差异研究旨在分析不同类型大学生创造力培育的差异状况。本节在探讨大学生创造力培育发展的差异时，引入的人口学变量主要包括大学生的专业、性别、生源地、是否独生子女以及年级这五种类型，集中分析大学生创造力培育发展在这些变量上的差异状况，进一步明确大学生创造力培育发展的基本状况。

一、大学生创造力培育的专业差异

为比较大学生创造力培育在专业上的差异状况，本书研究采用单因素方差分析法，分析了不同专业大学生的创造力和创造性人格、创造性思维及各具体模块的发展差异。调查发现（表 3.4），大学生创造力及创造性人格与创造性思维的培养发展整体表现出人文社会科学专业大学生好于理学或医学、工程技术科学专业大学生的状况。

表 3.4　大学生创造力培育在专业上的差异状况

模块	专业	*N*	*M* ± *SD*	*F*	事后检验
创造力	理学或医学	1026	59.47±0.31	30.04***	人文社会科学>理学或医学、工程技术科学
	工程技术科学	5485	58.89±0.14		
	人文社会科学	1746	61.15±0.23		
创造性人格	理学或医学	1026	57.33±0.31	6.59**	人文社会科学>工程技术科学
	工程技术科学	5485	56.77±0.13		
	人文社会科学	1746	57.74±0.22		
冒险性	理学或医学	1026	58.00±0.39	12.17***	人文社会科学>理学或医学、工程技术科学
	工程技术科学	5485	57.40±0.16		
	人文社会科学	1746	59.09±0.28		
好奇性	理学或医学	1026	59.32±0.40	2.26	—
	工程技术科学	5485	58.52±0.18		
	人文社会科学	1746	59.07±0.30		
想象力	理学或医学	1026	48.82±0.35	0.81	—
	工程技术科学	5485	48.75±0.16		
	人文社会科学	1746	49.17±0.27		
挑战性	理学或医学	1026	63.16±0.41	6.18**	人文社会科学>工程技术科学
	工程技术科学	5485	62.42±0.17		
	人文社会科学	1746	63.65±0.30		
创造性思维	理学或医学	1026	61.61±0.41	44.26***	人文社会科学>理学或医学、工程技术科学
	工程技术科学	5485	61.01±0.19		
	人文社会科学	1746	64.55±0.29		

续表

模块	专业	N	$M \pm SD$	F	事后检验
把握重点	理学或医学	1026	60.99±0.49	41.96***	人文社会科学>理学或医学、工程技术科学
	工程技术科学	5485	60.46±0.22		
	人文社会科学	1746	64.47±0.35		
综合整理	理学或医学	1026	60.30±0.52	23.33***	人文社会科学>理学或医学、工程技术科学
	工程技术科学	5485	59.33±0.23		
	人文社会科学	1746	62.58±0.38		
联想力	理学或医学	1026	58.84±0.55	30.39***	人文社会科学>理学或医学、工程技术科学
	工程技术科学	5485	58.94±0.24		
	人文社会科学	1746	62.71±0.41		
通感	理学或医学	1026	60.30±0.59	43.89***	人文社会科学>理学或医学、工程技术科学
	工程技术科学	5485	60.03±0.26		
	人文社会科学	1746	64.92±0.42		
兼容性	理学或医学	1026	62.72±0.46	34.24***	人文社会科学>理学或医学、工程技术科学
	工程技术科学	5485	62.00±0.21		
	人文社会科学	1746	65.46±0.34		
独创性	理学或医学	1026	58.54±0.48	22.43***	人文社会科学>理学或医学、工程技术科学；理学或医学>工程技术科学
	工程技术科学	5485	57.19±0.21		
	人文社会科学	1746	60.05±0.35		
洞察力	理学或医学	1026	62.49±0.50	19.86***	人文社会科学>理学或医学、工程技术科学
	工程技术科学	5485	61.80±0.23		
	人文社会科学	1746	64.69±0.36		
概要解释	理学或医学	1026	61.87±0.50	33.46***	人文社会科学>理学或医学、工程技术科学
	工程技术科学	5485	61.27±0.22		
	人文社会科学	1746	64.92±0.35		
评估力	理学或医学	1026	65.57±0.48	23.27***	人文社会科学>理学或医学、工程技术科学
	工程技术科学	5485	65.14±0.22		
	人文社会科学	1746	68.16±0.34		
投射未来	理学或医学	1026	64.53±0.56	26.72***	人文社会科学>理学或医学、工程技术科学
	工程技术科学	5485	63.93±0.25		
	人文社会科学	1746	67.58±0.40		

（一）人文社会科学专业大学生的创造力发展好于理学或医学、工程技术科学专业的大学生

调查发现（表 3.4），大学生创造力培育在专业上具有显著差异（$p<0.001$）。从不同专业学生创造力得分情况来看，人文社会科学专业大学生得分最高，工程技术科学专业大学生得分最低。经事后检验可知，人文社会学科专业大学生得分显著高于理学或医学、工程技术科学专业大学生的得分（$p<0.001$），这反映出人文社会科学专业大学生创造力的发展要好于其他两类专业大学生。

（二）在创造性人格及其冒险性和挑战性模块上，人文社会科学专业大学生的发展较好；想象力模块各专业发展都较差

调查发现（表 3.4），不同专业的大学生在创造性人格（$p<0.01$）及其冒险性（$p<0.001$）和挑战性（$p<0.01$）模块上都有显著差异，在好奇性和想象力模块上均无显著差异（$p>0.05$），且各模块中想象力得分在各专业中均为最低；从有显著差异模块的具体情况看，人文社会科学专业大学生得分最高，工程技术科学专业大学生得分最低。经事后检验可知，在创造性人格及其挑战性模块上，人文社会科学专业大学生得分均显著高于工程技术科学专业大学生（$p<0.01$）；在冒险性模块上，人文社会科学专业大学生得分显著高于理学或医学、工程技术科学专业大学生（$p<0.001$）。由此可知，人文社会科学专业大学生的创造性人格及其冒险性和挑战性模块发展较好。

（三）人文社会科学专业大学生在创造性思维及其各模块的发展上均好于其他专业大学生

调查发现（表 3.4），不同专业大学生在创造思维及其各模块上的发展均有显著差异（$p<0.001$）。从具体的得分情况来看，基本上都表现出人文社会科学专业大学生得分最高，工程技术科学专业大学生得分较低的状况。经事后检验可知，在创造性思维及其把握重点、综合整理、联想力、通感、兼容性、洞察力、概要解释、评估力和投射未来 9 个模块上，均为人文社会科学专业大学生得分显著高于理学或医学、工程技术科学专业大学生（$p<0.001$）；在独创性模块上，不仅人文社会科学专业大学生得分高于理学或医学、工程技术科学专业大学生，而且理学或医学专业大学生得分也显著高于工程技术科学专业大学生（$p<0.001$）。这些都一致说明人文社会科学专业大学生创造性思维发展好于其他专业大学生。

二、大学生创造力培育的性别差异

为比较大学生创造力培育在性别上的差异状况，本书研究采用独立样本 t 检验，分析了不同性别大学生的创造力、创造性人格和创造性思维及各模块的发展差异。调查发现（表 3.5），女大学生的创造力发展好于男大学生，且差异显著。

表 3.5 大学生创造力培育在性别上的差异状况

模块	性别	n	$M \pm SD$	t
创造力	男	4958	58.55±0.16	−9.37***
	女	3299	60.78±0.16	
创造性人格	男	4958	56.63±0.14	−4.66***
	女	3299	57.68±0.16	
冒险性	男	4958	56.72±0.18	−9.90***
	女	3299	59.49±0.20	
好奇性	男	4958	58.55±0.19	−1.57
	女	3299	59.02±0.21	
想象力	男	4958	48.90±0.16	0.48
	女	3299	48.77±0.20	
挑战性	男	4958	62.34±0.19	−3.69***
	女	3299	63.43±0.21	
创造性思维	男	4958	60.48±0.21	−11.02***
	女	3299	63.87±0.20	
把握重点	男	4958	60.05±0.24	−9.20***
	女	3299	63.36±0.24	
综合整理	男	4958	59.22±0.25	−5.93***
	女	3299	61.52±0.27	
联想力	男	4958	57.95±0.26	−11.01***
	女	3299	62.39±0.29	
通感	男	4958	58.72±0.28	−13.88***
	女	3299	64.67±0.30	
兼容性	男	4958	61.29±0.23	−11.24***
	女	3299	65.12±0.23	

续表

模块	性别	n	$M \pm SD$	t
独创性	男	4958	57.15±0.23	−5.65***
	女	3299	59.17±0.24	
洞察力	男	4958	61.71±0.25	−5.21***
	女	3299	63.67±0.26	
概要解释	男	4958	60.48±0.24	−11.19***
	女	3299	64.56±0.24	
评估力	男	4958	64.62±0.25	−8.38***
	女	3299	67.66±0.23	
投射未来	男	4958	63.58±0.27	−7.36***
	女	3299	66.58±0.28	

（一）大学生创造力发展女生好于男生

调查发现（表 3.5），男大学生创造力得分均值为 58.55 分，女大学生创造力得分均值为 60.78 分，女大学生得分显著高于男大学生（p<0.001），这表明女大学生创造力发展好于男大学生。

（二）女大学生的创造性人格及其冒险性和挑战性模块的发展好于男大学生

调查发现（表 3.5），大学生在创造性人格及其冒险性和挑战性模块的发展上存在显著的性别差异（p<0.001），在好奇性和想象力模块的发展上无显著的性别差异（p>0.05）；从具体得分情况看，在具有显著差异的模块上，女大学生得分均高于男大学生（p<0.001），这说明女大学生的创造性人格及冒险性和挑战性的发展好于男大学生。

（三）女大学生的创造性思维及各模块发展均好于男大学生

调查发现（表 3.5），大学生在创造性思维及各模块（包括把握重点、综合整理、联想力、通感、兼容性、独创性、洞察力、概要解释、评估力、投射未来）的发展上均具有显著的性别差异（p<0.001）；从具体得分情况看，在具有显著差异的模块上，大学生创造性思维及其各模块得分均为女大学生高于男大学生，这

反映出女大学生创造性思维的发展好于男大学生。

三、大学生创造力培育的生源地差异

为比较大学生创造力培育在生源地上的差异状况，本书研究采用单因素方差分析法，分析了不同生源地大学生的创造力、创造性人格和创造性思维及各模块发展的差异。调查发现（表 3.6），大学生创造力培育发展整体上表现出城市生源好于农村生源的状况。

表 3.6 大学生创造力培育在生源地上的差异状况

模块	生源地	*n*	*M* ± *SD*	*F*	事后检验
创造力	城市	5643	59.71±0.14	7.45**	城市>农村
	城镇	1148	59.26±0.29		
	农村	1466	58.53±0.24		
创造性人格	城市	5643	57.26±0.13	4.60*	城市>农村
	城镇	1148	56.86±0.27		
	农村	1466	56.39±0.23		
冒险性	城市	5643	58.28±0.17	16.68***	城市、城镇>农村
	城镇	1148	57.71±0.35		
	农村	1466	56.17±0.29		
好奇性	城市	5643	58.76±0.18	0.82	—
	城镇	1148	58.32±0.37		
	农村	1466	58.99±0.31		
想象力	城市	5643	48.92±0.16	0.42	—
	城镇	1148	48.80±0.34		
	农村	1466	48.60±0.29		
挑战性	城市	5643	63.06±0.17	5.61**	城市>农村
	城镇	1148	62.63±0.37		
	农村	1466	61.78±0.32		
创造性思维	城市	5643	62.17±0.18	7.01**	城市>农村
	城镇	1148	61.66±0.38		
	农村	1466	60.67±0.33		

续表

模块	生源地	n	$M \pm SD$	F	事后检验
把握重点	城市	5643	61.86±0.21	8.53***	城市>城镇、农村
	城镇	1148	60.64±0.45		
	农村	1466	60.08±0.40		
综合整理	城市	5643	60.08±0.23	0.33	—
	城镇	1148	60.02±0.49		
	农村	1466	60.47±0.43		
联想力	城市	5643	60.17±0.24	8.91***	城市、城镇>农村
	城镇	1148	59.80±0.51		
	农村	1466	57.94±0.43		
通感	城市	5643	60.96±0.26	3.88*	城镇>城市、农村
	城镇	1148	62.51±0.57		
	农村	1466	60.51±0.47		
兼容性	城市	5643	63.15±0.20	5.99**	城市、城镇>农村
	城镇	1148	62.79±0.41		
	农村	1466	61.60±0.38		
独创性	城市	5643	58.34±0.21	5.71**	城市>农村
	城镇	1148	57.53±0.45		
	农村	1466	56.83±0.39		
洞察力	城市	5643	63.31±0.22	24.06***	城市>城镇、农村
	城镇	1148	61.56±0.47		
	农村	1466	60.07±0.41		
概要解释	城市	5643	62.70±0.22	13.48***	城市>城镇、农村
	城镇	1148	61.53±0.44		
	农村	1466	60.30±0.40		
评估力	城市	5643	66.46±0.21	15.88***	城市>城镇、农村；城镇>农村
	城镇	1148	65.28±0.44		
	农村	1466	63.86±0.40		
投射未来	城市	5643	64.68±0.24	0.29	—
	城镇	1148	64.97±0.53		
	农村	1466	65.03±0.46		

（一）城市生源大学生创造力发展好于农村生源

调查发现（表 3.6），大学生创造力培育发展在生源地上具有显著差异；从不同生源地大学生创造力得分情况来看，城市生源>城镇生源>农村生源。经事后检验发现，城市生源大学生得分显著高于农村生源大学生（$p<0.01$），说明城市大学生的创造力培育发展好于农村生源大学生，且具有显著性。

（二）城市生源大学生在创造性人格及其冒险性和挑战性模块上发展较好

调查发现（表 3.6），大学生在创造性人格及其冒险性和挑战性模块上有显著的生源地差异，在好奇性和想象力模块上无显著的生源地差异；从有显著差异模块的具体情况看，均表现为城市生源>城镇生源>农村生源。经事后检验可知，在创造性人格（$p<0.05$）及其挑战性模块（$p<0.01$）上，城市生源大学生得分均显著高于农村生源大学生；在冒险性模块上，城市、城镇生源大学生得分显著高于农村生源大学生（$p<0.001$）。以上结果显示，城市大学生在创造性人格及冒险性和挑战性模块上的发展较好。

（三）在创造性思维及其把握重点、综合整理、联想力、兼容性、独创性、洞察力、概要解释和评估力模块上，城市生源大学生发展较好；在通感模块上，城镇生源大学生发展较好

调查发现（表 3.6），不同生源地大学生除了在创造性思维的综合整理和投射未来两个模块上无显著差异（$p>0.05$）外，在创造性思维及其他 8 个分模块上均具有程度不同的显著差异。从有显著差异模块的具体情况看，大学生在创造性思维及其把握重点、联想力、兼容性、独创性、洞察力、概要解释和评估力各模块得分上，均表现为城市生源>城镇生源>农村生源，在通感模块得分上表现为城镇生源>城市生源>农村生源。经事后检验可知，在创造性思维及其独创性模块上，城市生源大学生得分显著高于农村生源大学生（$p<0.01$）；在把握重点、洞察力和概要解释模块得分上，城市生源大学生得分显著高于城镇生源和农村生源大学生（$p<0.001$）；在联想力（$p<0.001$）和兼容性（$p<0.01$）模块得分上，城市生源和城镇生源大学生得分显著高于农村生源大学生；在评估力模块上，城市生源大学生得分显著高于城镇生源和农村生源大学生（$p<0.001$），且城镇生源大学生得分显著高于农村生源大学生（$p<0.001$）；在通感模块上，城镇生源大学生得分显著高于城

市生源和农村生源大学生（$p<0.05$）。这些从整体上反映出，城市生源大学生在创造性思维及其把握重点、综合整理、联想力、兼容性、独创性、洞察力、概要解释和评估力模块上的发展较好，城镇生源大学生在通感模块上的发展较好。

四、大学生创造力培育的是否独生子女差异

为比较大学生创造力培育在是否独生子女上的差异状况，本书研究采用独立样本 t 检验，分析了是否独生子女大学生的创造力、创造性人格和创造性思维及各模块的发展差异。调查发现（表 3.7），大学生创造力及其创造性人格和创造性思维的发展在是否独生子女上均无显著差异，在部分模块上有显著差异。

表 3.7 大学生创造力培育在是否独生子女上的差异状况

模块	是否独生子女	n	$M \pm SD$	t
创造力	是	6229	59.40±0.13	−0.54
	否	2028	59.55±0.20	
创造性人格	是	6229	57.07±0.13	0.38
	否	2028	56.97±0.20	
冒险性	是	6229	58.01±0.16	2.26*
	否	2028	57.28±0.25	
好奇性	是	6229	58.55±0.17	−2.23*
	否	2028	59.31±0.27	
想象力	是	6229	48.87±0.15	0.29
	否	2028	48.78±0.25	
挑战性	是	6229	62.86±0.16	0.98
	否	2028	62.53±0.27	
创造性思维	是	6229	61.74±0.18	−1.11
	否	2028	62.13±0.27	
把握重点	是	6229	61.31±0.20	−0.61
	否	2028	61.56±0.33	
综合整理	是	6229	59.64±0.22	−4.59***
	否	2028	61.67±0.36	
联想力	是	6229	59.97±0.23	2.17*
	否	2028	58.97±0.37	

续表

模块	是否独生子女	*n*	*M* ± *SD*	*t*
通感	是	6229	60.58±0.24	−4.30***
	否	2028	62.70±0.40	
兼容性	是	6229	62.82±0.19	−0.01
	否	2028	62.83±0.31	
独创性	是	6229	57.90±0.20	−0.56
	否	2028	58.13±0.32	
洞察力	是	6229	62.74±0.21	2.30*
	否	2028	61.75±0.34	
概要解释	是	6229	62.21±0.21	0.98
	否	2028	61.80±0.33	
评估力	是	6229	65.97±0.20	1.27
	否	2028	65.44±0.33	
投射未来	是	6229	64.24±0.23	−4.73***
	否	2028	66.44±0.38	

（一）大学生创造力及创造性人格、创造性思维的发展在是否独生子女上均无显著差异

调查发现（表 3.7），独生子女创造力得分均值为 59.40，非独生子女得分均值为 59.55；独生子女创造性人格得分均值为 57.07，非独生子女得分均值为 56.97；独生子女创造性思维得分均值为 61.74，非独生子女得分均值为 62.13，得分均未表现出显著差异（$p>0.5$），这表明无论是否独生子女，大学生都有着相同的创造力培育潜能。

（二）在创造性人格发展上，独生子女大学生的冒险性强于非独生子女，好奇性弱于非独生子女

调查发现（表 3.7），大学生创造性人格及想象力和挑战性模块的发展在是否独生子女上均无显著差异（$p>0.05$），但在冒险性和好奇性模块上表现出显著差异（$p<0.05$）。从有显著差异模块的具体情况看，独生子女在冒险性模块上的得分显著高于非独生子女（$p<0.05$），非独生子女在好奇性模块上的得分显著高于独生子女

（$p<0.05$），这说明独生子女的冒险性强于非独生子女，而非独生子女的好奇性又强于独生子女。

（三）在创造性思维发展上，独生子女的联想力和洞察力强于非独生子女，但在综合整理、通感、投射未来上弱于非独生子女

调查发现（表 3.7），大学生创造性思维及把握重点、兼容性、独创性、概要解释和评估力各模块上的发展在是否独生子女上均无显著差异（$p>0.05$），但在综合整理、联想力、通感、洞察力和投射未来模块上均表现出显著差异。从有显著差异模块的具体情况看，独生子女在联想力和洞察力模块上的得分显著高于非独生子女（$p<0.05$），非独生子女在综合整理、通感、投射未来模块上的得分显著高于独生子女（$p<0.001$）。这说明独生子女的联想力和洞察力强于非独生子女，非独生子女在综合整理、通感、投射未来上又强于独生子女。

五、大学生创造力培育的年级差异

为比较大学生创造力培育在年级上的差异状况，本书研究采用单因素方差分析法，分析了不同年级大学生的创造力、创造性人格和创造性思维及各模块发展的差异状况。调查发现（表 3.8），大学生创造力培育发展整体上呈现出低年级好于高年级的特点。

表 3.8 大学生创造力培育在年级上的差异状况

模块	年级	n	$M \pm SD$	F	事后检验
创造力	大一	2164	61.49±0.23	41.46***	大一>大二、大三、大四；大二>大三、大四
	大二	2039	59.35±0.22		
	大三	2197	58.64±0.20		
	大四	1857	58.10±0.27		
创造性人格	大一	2164	59.27±0.21	55.53***	大一>大二、大三、大四；大二>大三、大四；大三>大四
	大二	2039	56.96±0.21		
	大三	2197	56.22±0.19		
	大四	1857	55.53±0.24		
冒险性	大一	2164	60.29±0.27	42.93***	大一>大二、大三、大四；大二>大四；大三>大四
	大二	2039	57.61±0.26		

续表

模块	年级	n	$M \pm SD$	F	事后检验
冒险性	大三	2197	57.04±0.25		大一>大二、大三、大四；大二>大四；大三>大四
	大四	1857	56.14±0.30		
好奇性	大一	2164	60.96±0.28	30.45***	大一>大二、大三、大四；大二>大四；大三>大四
	大二	2039	58.40±0.28		
	大三	2197	58.10±0.26		
	大四	1857	57.26±0.33		
想象力	大一	2164	50.27±0.25	21.94***	大一>大二、大三、大四；大二>大三、大四
	大二	2039	49.37±0.25		
	大三	2197	47.73±0.24		
	大四	1857	47.94±0.28		
挑战性	大一	2164	65.54±0.28	50.11***	大一>大二、大三、大四；大二>大四；大三>大四
	大二	2039	62.47±0.28		
	大三	2197	62.02±0.26		
	大四	1857	60.70±0.30		
创造性思维	大一	2164	63.71±0.29	20.22***	大一>大二、大三、大四；大二>大四
	大二	2039	61.73±0.29		
	大三	2197	61.06±0.26		
	大四	1857	60.67±0.35		
把握重点	大一	2164	62.78±0.35	7.61***	大一>大二、大三、大四
	大二	2039	60.94±0.34		
	大三	2197	60.74±0.32		
	大四	1857	60.94±0.40		
综合整理	大一	2164	61.50±0.38	7.74***	大一>大二、大四；
	大二	2039	59.28±0.38		
	大三	2197	59.36±0.34		
	大四	1857	60.42±0.41		
联想力	大一	2164	61.83±0.39	17.79***	大一>大二、大三、大四；大二>大三、大四
	大二	2039	60.17±0.39		
	大三	2197	58.45±0.36		
	大四	1857	58.29±0.43		

续表

模块	年级	n	$M \pm SD$	F	事后检验
通感	大一	2164	64.29±0.42	32.95***	大一>大二、大三、大四；大二>大四；大三>大四
	大二	2039	60.91±0.42		
	大三	2197	60.39±0.38		
	大四	1857	58.42±0.45		
兼容性	大一	2164	64.80±0.33	17.69***	大一>大二、大三、大四；
	大二	2039	62.66±0.33		
	大三	2197	61.87±0.30		
	大四	1857	61.84±0.38		
独创性	大一	2164	59.62±0.35	12.96***	大一>大二、大三、大四；大二>大三、大四
	大二	2039	58.11±0.34		
	大三	2197	57.09±0.31		
	大四	1857	56.89±0.38		
洞察力	大一	2164	63.82±0.36	9.15***	大一>大三、大四；大二>大四
	大二	2039	62.86±0.36		
	大三	2197	61.89±0.33		
	大四	1857	61.27±0.41		
概要解释	大一	2164	63.57±0.35	8.13***	大一>大二、大三、大四
	大二	2039	61.85±0.35		
	大三	2197	61.59±0.31		
	大四	1857	61.32±0.41		
评估力	大一	2164	68.12±0.34	23.88***	大一>大二、大三、大四；大二>大四
	大二	2039	65.85±0.34		
	大三	2197	65.12±0.31		
	大四	1857	64.00±0.41		
投射未来	大一	2164	66.82±0.39	13.97***	大一>大二、大三、大四；大二>大四
	大二	2039	64.63±0.40		
	大三	2197	64.12±0.36		
	大四	1857	63.34±0.44		

（一）低年级大学生创造力发展好于高年级大学生

调查发现（表 3.8），大学生创造力培育在年级上具有显著差异。从不同年级大学生创造力得分具体情况看，从大一到大四，创造力得分逐年降低。经事后检验可知，仅大一得分显著高于大二、大三和大四（$p<0.001$），大二得分显著高于大三和大四（$p<0.001$），这说明大学生创造力发展整体上表现为低年级好于高年级。

（二）低年级大学生创造性人格及各模块发展均好于高年级大学生

调查发现（表 3.8），大学生创造性人格及各模块发展在年级上均具有显著差异。从不同年级大学生创造性人格及各模块得分情况来看，得分随着年级的升高都表现出了下降趋势。经事后检验可知，不同年级大学生创造性人格得分整体上表现为低年级均显著高于高年级（$p<0.001$），在创造性人格不同模块上的得分，虽然经事后比较检验，不同年级在具体模块上得分的差异显著性有所不同，但整体上也都验证了低年级大学生得分高于高年级大学生的研究结果。

（三）低年级大学生创造性思维及各模块发展均好于高年级大学生

调查发现（表 3.8），大学生创造性思维及各模块发展在年级上均具有显著差异。从不同年级大学生创造性思维及各模块得分情况来看，整体上均为低年级大学生得分高于高年级大学生。经事后检验可知，不同年级大学生创造性思维及各模块得分均表现为大一学生显著高于其他年级学生（$p<0.001$）；在创造性思维及其联想力、通感、独创性、洞察力、评估力和投射未来等模块上，大二学生也显著高于大三或大四学生（$p<0.001$），这在整体上反映了低年级大学生创造性思维发展好于高年级大学生的特点。

第三节　大学生创造力培育的调查结果及研究讨论

对调查分析结果的讨论，旨在更加准确地把握大学生创造力培育的基本状况，深入分析大学生创造力培育存在的问题及背后原因，为更科学地提出促进大学生创造力培育的对策建议提供理论支撑，具体从以下两方面进行：一方面，引入已有相关研究，将其与本书研究调查结果进行对比分析，以验证和讨论本调查结果的科学性，并分析大学生创造力培育存在的主要问题；另一方面，结合高等教育实践现状，分析大学生创造力培育存在问题背后的原因及主要影响因素。

一、大学生创造力培育整体状况的研究讨论

大学生创造力培育整体状况调查分析表明，大学生创造力和创造性思维发展良好，个体差异相对较大，创造性人格发展一般，个体差异相对较小；创造性思维发展好于创造性人格；创造性人格中的挑战性发展较好，想象力发展较差；创造性思维中的评估力和投射未来发展较好，独创性发展较差。

（一）大学生创造力发展整体良好

大学生创造力和创造性思维发展整体状况良好，创造性人格发展整体一般，与已有众多相关研究结论相似，良好的教育使大学生创造力获得了较好的发展。这总体上也验证了本书研究的研究假设。

1. 对大学生创造力的研究发现，大学生创造力发展整体良好

在对大学生创造力培育整体状况的研究方面，有研究通过分析大学生对创造性思维的认识、对创造发明的态度、对创造人格和创造力的评价，以及对有助于发展创造力活动的参与状况等变量的调查，来调查大学生创造力的发展状况，结果发现，大部分学生对创造性思维具有正确的认识，对创造发明具有积极的态度，对创造人格和创造力具有正面的评价，但大学生对有助于发展创造力活动的参与程度较低，整体上大学生的创造力培育状况良好。[①]还有研究通过对我国两岸四地451名大学生的调查，分析了大学生创造力培育的认知状况，认为大学生创造力在认知方面看重的条目主要包括有创造力、有创见、有创新、有观察力、有思考力、愿意尝试、灵活性、有自信、有想象力、有好奇心和独立性等[②]，这说明大学生对创造力有积极正确的认知。在对创造力培育状况的调查方面，有研究对雁北师范学院1458名大学生的调查发现，尽管大学生创造力培育水平还有待提高，但大学

① 马抗美. 当代大学生创造力培养状况与对策分析[J]. 学校党建与思想教育，2005（3）：32-34.

② 岳晓东. 两岸四地大学生对创造力特征及创造力人才的认知调查[J]. 心理学报，2001（2）：148-154.

生创造力得分在中等以上的人占绝大多数，发展良好。[①]也有研究通过对我国八大行政区 10 所高校 1008 名大学生的调查，从创造性人格和创造性思维多种侧面分析了大学生创造力呈现出的特点，发现大学生具有较强的创造潜能。[②]还有研究调查了全国 31 个省（区、市）的 11 800 名大学生和中学生发现，自认为自身具有较高的创造性人格和创造力特征，有自信和个性，有强烈兴趣和好奇心，有怀疑精神、较强意志力和进取精神的学生基本上均超过了半数，表明大学生创造力培育状况良好。[③]

2. 对大学生创造性人格和创造性思维的研究发现，创造性人格发展整体一般，创造性思维发展随年级的升高而呈先下降后上升的非线性趋势

在对大学生创造性人格发展的研究方面，全国各地较多的调研发现，大学生创造性人格发展处于中等或一般水平。对湖南省 6 所不同类型高校 1139 名大学生[④]、宁波 239 名大学生[⑤]的调查均发现，大学生创造性人格发展一般。另外，有研究对江苏省 9 所高校 237 名硕士研究生的调查发现，硕士研究生的创造性人格发展一般。[⑥]还有研究专门对我国东、中、西部 24 446 名民办高校学生进行了调查，也发现民办学校大学生的创造性人格发展一般。[⑦]还有少数研究发现大学生创造性人格发展程度较低，如对辽宁工业大学 1022 名本科生的调查发现，绝大多数大学生的创造性人格发展程度偏低。[⑧]已有相关研究中没有得出大学生创造性人格发展程度较高的结论。对大学生创造性思维发展的整体情况进行调查的研究很少，少数相关研究主要集中在对大学生创造性思维发展的年级差异上，大多发现大学生的创造性思维整体上随着年级的升高而呈现出非线性，即先下降再上升的趋势。[⑨]也有针对

① 武义. 大学生创造力的现状及影响创造力的主要人格因素[J]. 雁北师范学院学报，2002(6)：36-39.

② 罗晓路. 大学生创造力特点的研究[J]. 心理科学，2006（1）：168-172.

③ 傅世侠，罗玲玲. 科学创造方法论：关于科学创造与创造力研究的方法论探讨[M]. 北京：中国经济出版社，2000：20-50.

④ 曾晖，杨新华. 大学生创造力倾向及其影响因素的研究[J]. 集美大学学报（教育科学版），2013(2)：30-34.

⑤ 李新啸. 高校大学生创造力的倾向调查及培养对策[J]. 产业与科技论坛，2011，10（21）：120-122.

⑥ 张胤，徐宏武. 基于实证的硕士研究生创造力倾向研究及其教育学诠释[J]. 中国高教研究，2011（5）：41-44.

⑦ 郭二榕. 民办高校学生创造性倾向实证分析[J]. 高等理科教育，2017（2）：59-63，99.

⑧ 王天利，姜笑君. 大学生创造力倾向测试调查分析[J]. 辽宁工业大学学报（社会科学版），2013(1)：64-66.

⑨ 相关研究有：罗晓路. 大学生创造力特点的研究[J]. 心理科学，2006（1）：168-172；杨晓波，陈怡，花慧，等. 不同大学生群体创造力发展水平的比较——基于对北京城市学院学生的调查分析[J]. 北京城市学院学报，2013（1）：46-51；金花，李永杰，贾绪计，等. 地方普通高校学生创造性思维的年级变化模式[J]. 黑龙江高教研究，2020（12）：127-134.

创造性思维中的发散思维以及创造性科学问题提出能力的具体研究，发现这种非线性趋势表现为：入学一年后急剧减弱，随后缓慢下滑，到大四时逆转并呈现出一定程度的回升。①

3. 大学生创造力及创造性思维的发展整体良好，反映了当前我国高校创新人才培养改革取得了较好成效

近年来，随着经济社会发展对创新人才需求的日益高涨，以及高校人才培养问题和瓶颈日益突出，国家和高校采取了一些有力措施来保障高等教育创新人才的培养质量。在国家层面，2010 年的《国家中长期教育改革和发展规划纲要（2010—2020 年）》提出了“要努力培育数以亿计的高素质劳动者、数以千万讲的专门人才和一大批拔尖创新人才”的各级各类创新人才培养的目标，规划了系列创新人才培养举措，如“创新人才培养体制、办学体制、教育管理体制，改革质量评价和考试招生制度，改革教学内容、方法、手段，建设现代学校制度”“实施基础学科拔尖学生培养试验计划”“高等学校高层次创新人才计划”“实施基础学科拔尖学生培养试验计划”，并于 2012 年开始建立国家创新人才培养示范基地；2012 年，党的十八大报告明确指出，“要坚持走中国特色自主创新道路”，“实施创新驱动发展战略”；2015 年的《中共中央 国务院关于深化体制机制改革加快实施创新驱动发展战略的若干意见》提出了“深化体制机制改革、加快实施创新驱动发展战略”的要求，同年，中共十八届五中全会提出了“创新、协调、绿色、开放、共享”的五大发展理念，将创新发展上升到了理念层面并置于“五大发展理念”之首；2016 年，中共中央、国务院印发的《国家创新驱动发展战略纲要》指出了创新驱动发展的指导思想、基本原则、战略目标、战略部署、战略任务和战略保障等；2017 年，国务院印发的《国家教育事业发展“十三五”规划》和科技部印发的《“十三五”国家科技人才发展规划》都提出了加强创新人才培养的战略目标，对相关体制机制建设做出了全面部署，同年，《国务院关于强化实施创新驱动发展战略进一步推进大众创业万众创新深入发展的意见》对实施创新驱动发展战略提出了指导性意见。国家的这些政策举措有力地保障了高等教育创新人才培养质量。高校在全面贯彻落实国家相关政策文件精神和要求的同时，需结合当地和本校的实际情况进行创新人才培养模式改革。随着国家关于创新人才培养相关政策文件的出台，各高校也在不断深化学校内部的教育综合改革，包括对学校课程体系、教学方法和人才评价体系等方面都进行了较为系统的改革：在课程体系建设方面，引入创造力培育和开发的相关课程，有针对性地培育大学生的创造力，

① 李永杰. 普通高校学生创造性思维变化规律及其神经基础[D]. 天津：天津师范大学，2021：86.

如东南大学就开设有“创造学和创造力开发训练”课程，教学效果十分显著；在教学方法改革上，教学中更加关注讨论式和探究式等互动性较强的教学方法，强调教学能够调动学生主动学习和思考的积极性；在人才评价体系改革上，更加强调过程性、形成性和发展性评价，关注学生智力因素和非智力因素，特别是创造力的发展状况。高校的相关实践和探索，将创新人才培养工作落到了实处，提高了创新人才培养质量。

（二）大学生创造力发展个体差异较大

大学生创造力培育个体差异较大的结论，与已有关于大学生创造力培育状况调查研究的结论一致，这反映了大学生发展的个体差异和学习状况的差异。已有关于创造力[①]、创造性人格[②]和创造性思维[③]发展的调查研究都发现，大学生创造力、创造性人格和创造性思维发展的个体差异较大。本书研究中，大学生创造性人格个体差异相对较小，这可能与样本的数量有关。学生发展的个体差异是客观存在的，这种差异表现在个体发展的各个阶段，具体包括性别差异、年龄差异、专业差异、习惯差异、认知差异和性格差异等方面，这些差异会对个体各方面的发展产生这样或那样的影响。大学生创造力培育的个体差异，除与学生发展的个体差异有关之外，最直接的还可能与其学习状况的差异有关。知识技能学习与个体创造力的发展具有十分密切的关系，大学生已有的知识基础、创造力潜能，以及创造力开发程度上的差异，都会影响创造力的发展程度。

（三）大学生创造性思维发展优于创造性人格

通过梳理已有相关研究发现，绝大多数研究对大学生创造性人格和创造性思维进行了单独的调查分析，仅有少数研究分析了创造性人格和创造性思维的相关关系[④]，并未发现将两者结合起来分析其发展差异的研究。

本书研究发现，大学生创造性思维发展好于创造性人格，可能与两者本身的性质有关。创造性人格是个体在后天学习生活中逐渐养成的、对个体成长和发展产生导向作用的非智力因素的集合，作为非智力因素综合体的创造性人格在个体发展中

---

① 武义. 大学生创造力的现状及影响创造力的主要人格因素[J]. 雁北师范学院学报，2002(6)：36-39.

② 曾晖，杨新华. 大学生创造力倾向及其影响因素的研究[J]. 集美大学学报(教育科学版)，2013(2)：30-34.

③ 李庆丰，胡万山. 工科院校大学生创造性思维发展研究——基于对J工科大学的调查分析[J]. 复旦教育论坛，2016（3）：77-86.

④ 贾香花. 中学生创造性人格与创造性思维的相关研究[J]. 教育探索，2008（5）：118-119.

具有相对稳定的特征。创造性思维是一种具有开创性意义的思维活动，是感知、记忆、思考和联想等智力因素的综合体。相比于创造性人格，创造性思维能够在相对较短时间内的训练中得到显著提升。由此分析可知，大学生在接受四年大学教育后，创造性思维发展好于创造性人格，可能与创造性人格发展相对稳定、创造性思维发展相对迅速有关，所以经过大学阶段的学习，大学生的创造性思维发展相对较好。

（四）大学生创造性人格中的挑战性发展较好，想象力发展较差；创造性思维中的评估力和投射未来发展较好，独创性发展较差

少有研究分析大学生创造性人格中的挑战性和想象力发展的差异，以及创造性思维中的评估力、投射未来和独创性发展的差异。本书研究发现，大学生在创造性人格中的挑战性模块上发展较好，在想象力模块上的发展较差，在创造性思维中的评估力和投射未来模块上发展较好，在独创性模块上的发展较差，这可能与大学生特定的学习阶段特征和各模块本身的性质有关。

大学教育阶段是学生学习生涯中的一个重要阶段，它与个体以往所接受的基础教育有很大差异，学校教育不再是以让学生应对各种考试为重要目标，而是更加关注学生在获得专业知识和技能基础上的全面发展，大学教育与学生的职业和事业追求的联系也更加紧密。对于学生个人来说，大学教育是其求学生涯的全新阶段，在接受过基础教育单纯的知识与技能学习之后，大学生有了更多可以参与社会实践的机会，在大学的学习实践中更好地锻炼了自身对事物的评估和判断能力，并对自己的未来充满了无限的想象与期望，又由于大学生正处于年轻气盛的阶段，往往喜欢并善于接触富于挑战性的事物，所以大学生的评估力、投射未来和挑战性发展较好。相较于评估力、投射未来和挑战性，想象力和独创性分别是创造性人格和创造性思维的核心组成部分，想象力是依据现有事物推测新事物的能力，独创性是跳出已有局限另辟蹊径的能力，这两种能力从根本上影响和决定着个体的创造力，一方面，这两种能力需要从小培养；另一方面，这两种能力也是最难获得和发展相对较慢的能力。这两方面原因可能是大学生经过大学教育后在想象力和独创性上的发展程度还比较低的重要影响因素。

二、大学生创造力培育专业差异的研究讨论

大学生创造力培育在专业上的差异分析表明，大学生创造力、创造性人格和创造性思维发展均表现为人文社会科学专业大学生好于其他专业大学生，且差异

显著。

这一调查结果与已有研究中的大部分研究结论相反，与小部分研究结论一致。当前，关于大学生创造力培育在专业上的差异状况的调查研究，主要有人文社会科学专业大学生和理工科专业大学生创造力培育发展较好两种结论。

已有研究成果中，发现理工科专业大学生创造力培育发展较好的相关研究占大多数。在创造性思维发展方面，有研究发现，理科大学生在创造性思维以及变通性和图形部分的发展好于文科生。[①]在创造性人格发展方面，对宁波 239 名大学生的调查发现，理科生在创造性人格及其好奇性和挑战性上的发展好于文科生，文科生则在冒险性和想象力的发展上具有较大优势[②]；对南昌 384 名大学生的调查表明，文科生的创造性人格发展略逊于理科生，但文科中的艺术专业学生却是创造性人格发展最好的群体[③]；对辽宁工业大学的调查表明，工科类学生的创造性人格发展最好，而创造性人格发展在文学艺术类专业学生之间的差异较大[④]。

已有研究中，发现人文社会科学专业大学生创造力培育发展较好的成果较少，这部分研究结论与本书研究的调查结果相一致。例如，对大连 600 名大学生创造性思维发展的调查发现，文科生的创造性思维测验得分显著高于理科生，主要表现在词语、开放性、变通力和独创力等方面。[⑤]本书研究调查结果与已有大部分研究结论相反，可能与调查对象和专业具体分类方法等方面的差异有关。

人文社会科学专业大学生的创造力培育发展好于其他专业，可能与大学生的学习环境、学习压力、学习方式和学习难度等方面有关。

第一，从学习环境来看，一般来说，人文社会科学专业的教学方法比较灵活，而其他两类专业的教学多倾向于采用较为单一的讲授法和实验法。有研究发现，工科大学的实验教学多局限于用既定的实验仪器和实验方案验证既定的理论，是一种封闭式的实验，这种教学很难真正为学生提供锻炼创造性思维的机会。[⑥]现代心理学和脑科学研究也表明，大脑皮层的激活水平较低，特别是前额叶处于低激活水平，是产生创造性思维的最佳状态，而低皮层激活一般在人的神经处于非常

---

① 张萌. 大学生创造性思维现状及相关因素研究[J]. 教育导刊，2010（1）：60-63.

② 李新啸. 高校大学生创造力的倾向调查及培养对策[J]. 产业与科技论坛，2011（21）：120-122.

③ 刘宣如，刘成彬. 当前大学生创造力问题调查与对策思考[J]. 江西科技师范学院学报，2008（3）：45-48.

④ 王天利，姜笑君. 大学生创造力倾向测试调查分析[J]. 辽宁工业大学学报（社会科学版），2013（1）：64-66.

⑤ 张旭，李慎秀，张丽华. 大学生创造性思维发展的调查研究[J]. 中国科教创新导刊，2008（4）：69-70.

⑥ 蒲勇，易联树. 高校校园文化与创新型人才培养[J]. 职教论坛，2012（14）：67-68.

放松的状态下出现。[①]通常情况下，人的神经放松只有在轻松、和谐的学习环境中才会出现，即学习环境和学习气氛是影响大学生创造性思维发展的重要因素；而与其他专业相比，人文社会科学专业的学习环境相对活泼、轻松舒缓，更有利于学生创造性思维的发展。有研究进一步发现，虽然实践教学是理工科专业教学的重要环节，但当前我国的本科工程教育实践教学仍以验证理论知识和掌握实验实训技能为主，并没能突出对学生创新能力等的培养。[②]

第二，从学习压力来看，有研究表明，当个体面临较大的压力环境时，其创造性的发挥会受到阻碍，且令人感到压力的环境也不利于个体创造性的培养。[③]调查发现，文科类大学生的学习压力要显著小于理工类专业的学生[④]，这也有可能促使人文社会科学专业大学生的创造力发展好于理工类专业大学生。

第三，从学习方式来看，有研究发现，学习方式与创新能力密切相关[⑤]，不同的学习方式与学习结果之间存在着非常密切的关系，大学生的学习方式对其学习质量具有决定性影响[⑥]。一般来说，人文社会科学专业学生的学习方式更为灵活多样，这也可能促使其在创造力发展上表现出了较大优势。

第四，从学习难度来看，有研究发现，深层学习动机与创新思维的流畅性和灵活性呈显著负相关，但对创新思维的独创性的影响不显著，且深层学习动机难以对创新思维产生显著影响。[⑦]参考耶基斯-多得森定律曲线可知，在难度适中的任务中，个体在中等动机强度下的工作效率最高；在复杂和困难的任务中，个体在偏低动机强度下的工作效率最高。[⑧]如此看来，人文社会科学专业大学生创造力培育水平高于其他两类专业，还可能与不同专业大学生的学习动机高低和学习任务难度有关。从一般意义上讲，理工科专业的知识难度要高于人文社会科学专业，如果不同专业大学生的学习动机水平相近，但任务的难度系数又有很大差异时，面对难度更大的学习任务的学生创造力培育速度可能就会更加缓慢些。

---

① 徐艳，张杨. 脑科学研究新进展对创造性思维培养的启示[J]. 教育探索，2004（8）：11-12.

② 李培根，许晓东，陈国松. 我国本科工程教育实践教学问题与原因探析[J]. 高等工程教育研究，2012（3）：1-6.

③ 沃建中，王福兴，林崇德，等. 不同学业成就中学生创造性思维的差异研究[J]. 心理发展与教育，2007（2）：29-35.

④ 徐曼. 大学生学习压力状况调查与分析[J]. 思想教育研究，2011（2）：91-94.

⑤ Trigwell K，Prosser M，Waterhouse F. Relations between teachers ' approaches to teaching and students ' approaches to learning[J]. Journal of Higher Education，1999（3）：57-70.

⑥ 陆根书，王若梅. 转变学习方式 提高学习质量[J]. 集美大学学报（教育科学版），2003（4）：3-12.

⑦ 王志玲，刘江南，李纯青. 大学生学习方式与创新能力的关系研究[[J]. 教学研究，2010（1）：13-16.

⑧ 张大均. 教育心理学[M]. 北京：人民教育出版社，1999：70-73.

三、大学生创造力培育性别差异的研究讨论

大学生创造力培育在性别上的差异分析表明，大学生创造力、创造性人格和创造性思维，以及在好奇性和想象力的发展上均为女生好于男生。该调查结果与部分已有相关研究的结论一致。

以往关于大学生创造性人格发展性别差异的分析中，有研究对辽宁工业大学 14 个专业的 1022 名大学生的调查发现，女生的创造性人格发展得分略高于男生[①]；还有研究对宁波 239 名大学生的调查也发现，女大学生创造性人格得分显著高于男大学生[②]。当然，有研究对湖南 6 所高校 1139 名大学生的调查发现，大学生创造性人格发展在性别上的差异不显著[③]。还有研究对江西南昌地区 6 所高校 384 名大学生的调查发现，男大学生创造性人格得分高于女大学生[④]；有研究针对武汉大学 2428 名来自全国各地的大学生调查发现，男大学生的创造性人格（倾向）得分显著高于女大学生，在冒险性、好奇性、复杂度等具体模块上得分均显著高于女大学生[⑤]。

以往关于大学生创造性思维发展性别差异的分析中，有研究调查了大连市 5 所高校 600 名大学生的创造性思维发展状况，发现女生的创造性思维发展好于男生且具显著性，特别表现在开放性、精密力等方面[⑥]；有研究对郑州航空工业管理学院 212 名大学生的调查发现，女大学生在创造性思维及其流畅性、变通性、独创性、言语、图形成分等方面的得分均高于男大学生[⑦]；对武汉大学 2428 名大学生的调查，也发现女大学生的创造性思维及其流畅性、灵活性、独创性等维度得分上均显著高于男大学生[⑧]。还有研究发现不同性别大学生在创造性思维的某些方面各具优势：有研究对 139 名大学生的调查发现，男生在创造性思维的变通性上具有较大优势，女生在言语部分优于男生[⑨]；还有研究对西北大学 324 名大学生的

---

① 王天利，姜笑君. 大学生创造力倾向测试调查分析[J]. 辽宁工业大学学报（社会科学版），2013（1）：64-66.

② 李新啸. 高校大学生创造力的倾向调查及培养对策[J]. 产业与科技论坛，2011（21）：120-122.

③ 高珊，曾晖. 大学生创造力倾向现状调查分析[J]. 中国电力教育，2012（10）：138-139，153.

④ 刘宣如，刘成彬. 当前大学生创造力问题调查与对策思考[J]. 江西科技师范学院学报，2008（3）：45-48.

⑤ 武艺. 中国高校大学生创造力现状调查与分析研究[D]. 武汉：武汉大学，2019：35.

⑥ 张旭，李慎秀，张丽华. 大学生创造性思维发展的调查研究[J]. 中国科教创新导刊，2008（4）：69-70.

⑦ 王颜芳. 大学生创造性思维现状研究[J]. 信阳师范学院学报（哲学社会科学版），2006（5）：22-25，99.

⑧ 武艺. 中国高校大学生创造力现状调查与分析研究[D]. 武汉：武汉大学，2019：35.

⑨ 张萌. 大学生创造性思维现状及相关因素研究[J]. 教育导刊，2010（1）：60-63.

调查发现，女生在创造性思维的流畅性和言语上的发展上显著高于男生且具显著性，在创造性思维及其变通性、独创性的发展上无显著的性别差异[①]。

女大学生创造力培育的发展好于男大学生，可能与社会文化，以及个体生活家庭文化和学习状态有关。从社会和家庭文化环境的角度来看，有研究发现社会文化对个体的创造潜力有重要影响，在主张男女平等的社会中，男女差异较不明显。[②]这是否意味着该工科院校校园文化对女生存在较大的成就期许，这还有待后续进一步的深入研究。有研究认为，当前的性别平等观念日益深入人心，父母对不同性别子女的成就希望也趋于公平，从而使男女可以不受性别角色标签的限制，更加自由地发展与生俱来的创造潜力[③]，这就使得不同性别大学生创造力培育具有相似的家庭文化环境。结合本次调查结果，女大学生父母是否对其有更高的成就期许有待进一步的研究验证，但单就性别公平来讲，由于本书研究的调查对象为北京某地方高水平工科大学，该校生源主要来自城市和城镇，相比于农村父母，城市和城镇父母对待不同性别的子女要更加公平，“重男轻女”的封建思想在北京这样的国际性大都市基本上不再有什么市场。从社会文化和学生学习状态的角度来看，研究发现较大的压力环境不利于个体创造力的发挥[④]；而众多研究均认为，男大学生的生活和心理压力显著高于女大学生[⑤]；这些可能是由于男性和女性在社会上所扮演的角色不同造成的，由于大学是个体从校园生活向社会生活的过渡阶段，特殊的社会角色和大学的阶段性特征决定了男生在学习、家庭、情感等诸多方面面临着更大的压力。

四、大学生创造力培育生源地差异的研究讨论

大学生创造力培育在生源地上的差异分析表明，大学生创造力及创造性人格和创造性思维的发展整体呈现出城市生源好于其他生源的状况。该调查结果与已有研究中的部分研究结论相一致。

以往关于大学生创造力培育生源地差异的研究，主要有三种结论：一是农村生源大学生的创造力培育程度较高。例如，对辽宁工业大学的调查发现，在大学

---

① 王书延. 大学生元认知与创造性人格、创造性思维的关系研究[D]. 西安：西北大学，2008：1.

② Shamshed H. Creativity，Concept and Findings[M]. Delhi：Motilal Banarsidass，1988.

③ 童秀英，沃建中. 高中生创造性思维发展特点的研究[J]. 心理发展与教育，2002（2）：22-26.

④ 郭晋武，余双好. 大学生生活压力感的初步研究[J]. 心理科学，1996（2）：123-124.

⑤ 唐昕辉，李君春. 大学生生活压力与其影响因素的关系研究[J]. 当代教育科学，2009（13）：38-41.

生创造性人格发展得分上，农村生源大学生的得分最高，其次为城镇生源和小城市生源的大学生，得分最低为大城市生源的大学生[①]；对华南理工大学的调查也发现，农村生源大学生在创造性思维流畅性上的发展好于城市生源大学生[②]。二是大学生创造力培育在生源地上无显著差异。例如，对北京城市学院 511 名大学生的调查发现，来自城市、城镇和农村的大学生在创造性思维发展上的差异不明显。[③]三是城市生源大学生的创造力培育程度较高。例如，有研究对北京化工大学的调查发现，在创造性人格的各个模块上，城市和城镇生源大学生的得分均高于农村生源大学生。[④]

本调查结果与部分研究结论相反，可能与调查对象和调查工具的差异性有关，结合调查对象的实际情况来看，本调查结果也存在一定的合理性。

城市生源大学生的创造力培育程度较高，可能与调查对象从小的生活环境、所接受的基础教育和父母的受教育程度存在差异有关。在调查对象方面，与以往相关研究不同，本书研究的调查对象为北京某地方高水平工科大学，调查对象以北京市为代表的城市生源占绝大多数，这一调查对象差异使得其在从小的生活环境、所接受的基础教育和父母的受教育程度等方面均表现出了较大优势。从大学生从小的生活环境来看，相比于农村生源学生的生活环境，城市丰富多彩的生活环境为学生创造力的发展提供了更多机会，学生从小就能接触到各种新奇的事物，为创造性思维发展和创造性人格形成提供了良好条件，本调查中的城市生源学生占了绝大多数，可能在一定程度上加剧了这种差异。从大学生所接受的基础教育来看，城市生源学生从小接受了较为优质的教育，良好的基础教育使得城市生源学生的创造力培育水平显著高于农村生源，又因为本次调查对象是以北京为代表的大城市生源占大多数，而北京地区的基础教育在全国处于领先水平，这可能使城市生源学生在创造力上的表现更加出色。从父母的受教育程度来看，研究发现父母的受教育程度与创造力培育呈正相关，父母受教育程度越高，学生的创造性人格发展水平也倾向于越高。[⑤]一般而言，农村生源学生父母的受教育程度要低于城市父母，这也有可能促使城市生源学生的创造力培育程度更高。

---

① 王天利，姜笑君. 大学生创造力倾向测试调查分析[J]. 辽宁工业大学学报（社会科学版），2013（1）：64-66.

② 张萌. 大学生创造性思维现状及相关因素研究[J]. 教育导刊，2010（1）：60-63.

③ 杨晓波，陈怡，花慧，等. 不同大学生群体创造力发展水平的比较——基于对北京城市学院学生的调查分析[J]. 北京城市学院学报，2013（1）：46-51.

④ 郑秀英，王倩莹，张璇，等. 大学生创造性发展研究——基于对北京化工大学学生的调查分析[J]. 清华大学教育研究，2013（4）：121-124.

⑤ 高珊，曾晖. 大学生创造力倾向现状调查分析[J]. 中国电力教育，2012（10）：138-139.

五、大学生创造力培育独生子女差异的研究讨论

大学生创造力培育在是否独生子女上的差异分析表明，大学生创造力及创造性人格和创造性思维的发展在是否独生子女上均无显著差异，但在创造性人格和创造性思维的部分模块上存在显著差异。

是否独生子女大学生在创造性人格发展上无显著差异，在冒险性和好奇性模块上有显著差异：在冒险性模块上，独生子女得分显著高于非独生子女；在好奇性模块上，非独生子女得分显著高于独生子女。这一研究结论也得到了已有研究的证实，有调查发现大学生创造性人格发展在是否独生子女上无显著差异。①这可能与现代社会学生所接受的教育有关，一方面，无论是否是独生子女，家长都同样重视对孩子的教育；另一方面，现在的学生很早就进入幼儿园学习，在相对一致的环境下学习和生活，所以创造力倾向的发展在是否独生子女上无显著差异。在冒险性和好奇性模块上的差异可能与学生早期成长的家庭环境有关，相对来讲，独生子女因为没有兄弟姐妹的依靠，遇到事情时理所当然地是自己去处理，所以在冒险性模块上的发展程度较高，而在好奇性模块上的发展程度反而有所滞后；非独生子女因为遇到困难时有依靠、能推脱，遇到好事时又面临着与兄弟姐妹的竞争，所以和独生子女在冒险性和好奇性模块上的发展程度刚好相反。②

大学生创造性思维发展在是否独生子女上无显著差异，在联想力、洞察力、综合整理、通感、投射未来模块上存在显著差异。在联想力和洞察力模块上，独生子女得分显著高于非独生子女；在综合整理、通感、投射未来模块上，非独生子女得分显著高于独生子女。这一调查结果与已有研究结论相一致，有研究对北京城市学院③大学生的创造性思维发展状况进行了调查研究，得出了相同结论，这也和国内很多心理学研究的结论相同。独生子女与非独生子女大学生在创造性思维发展上无显著差异，也可能与父母无论有多少孩子都很重视其教育问题，以及由于孩子都较早进入学前教育学习从而有了较为相似的成长环境有关。但无论儿童成长的大环境如何相似，家庭环境因素依然对其成长有很大的影响，非独生子女得分在综合整理、通感和投射未来模块上的得分高于独生子女，可能是由独生

---

① 高珊，曾晖. 大学生创造力倾向现状调查分析[J]. 中国电力教育，2012（10）：138-139.

② 李庆丰，胡万山. 大学生创造力倾向发展研究——基于对北京工科院校 J 大学的调查分析[J]. 北京工业大学学报（社会科学版），2016（2）：71-80.

③ 杨晓波，陈怡，花慧，等. 不同大学生群体创造力发展水平的比较——基于对北京城市学院学生的调查分析[J]. 北京城市学院学报，2013（1）：46-51.

子女家庭父母对孩子的溺爱所致——独生子女处于整个家庭的中心，很多事情都由父母替其操办，其心理依赖程度要远远高于非独生子女，从而导致其处理事情的能力较差，对未来也没有太多的自我规划。当然，由于种种原因，独生子女在联想力和洞察力上表现出了较大的优势。[①]

六、大学生创造力培育年级差异的研究讨论

大学生创造力培育的年级差异分析表明，大学生创造力及创造性人格和创造性思维的发展均表现为低年级学生好于高年级学生。该调查结果与部分已有相关研究结论具有相似性，大部分研究表明，低年级大学生的创造力发展相对较好。

以往关于大学生创造力培育年级差异的研究中，有研究对我国八大行政区 10 所大学 1008 名大学生的调查发现，大二学生在创造力的新颖性、流畅性和变通性等方面具有明显优势。[②]也有对近 500 名不同年级大学生创造力的调研发现，大学生的创造力在年级上呈现出显著差异，大一优于大二，大二优于大三。[③]还有研究发现，大一学生的创造力发展好于大四学生。[④]

已有对大学生创造性人格培养的年级差异研究中，主要有三种结论：一是大学生在大学四年的创造性人格发展呈下降趋势，如对辽宁工业大学 1022 名本科生的调查认为，不同年级学生的创造性人格发展差异较大，从大学新生到大四毕业生基本上呈现出得分由高到低的下降趋势，表明新生创造性人格的发展明显好于其他年级的学生[⑤]；二是大学生在大学四年的创造性人格发展呈 V 字形分布，如对宁波 239 名大学生[⑥]和对南昌 384 名大学生[⑦]的调查研究均发现，大学生创造性人格发展从大一到大四呈现出先下降后回升的趋势，但大四学生的创造性人格发展

---

① 李庆丰，胡万山. 工科院校大学生创造性思维发展研究——基于对 J 工科大学的调查分析[J]. 复旦教育论坛，2016（3）：77-86.

② 罗晓路. 大学生创造力特点的研究[J]. 心理科学，2006（1）：168-172.

③ 余佳. 大学生创造力发展水平的调查研究[J]. 青年与社会，2019（23）：263-264.

④ 沈红，张青根. 我国大学生的能力水平与高等教育增值——基于“2016 全国本科生能力测评”的分析[J]. 高等教育研究，2017（11）：70-78.

⑤ 王天利，姜笑君. 大学生创造力倾向测试调查分析[J]. 辽宁工业大学学报（社会科学版），2013（1）：64-66.

⑥ 李新啸. 高校大学生创造力的倾向调查及培养对策[J]. 产业与科技论坛，2011（21）：120-122.

⑦ 刘宣如，刘成彬. 当前大学生创造力问题调查与对策思考[J]. 江西科技师范学院学报，2008（3）：45-48.

水平始终无法达到大一的水平；三是大学生在大学四年的创造性人格发展呈倒N字形分布，如对湖南1139名不同院校大学生的调查发现，大学生创造性人格发展从大一到大二快速下降，从大二到大三快速回升并达到顶峰，从大三到大四又快速下滑，进入低谷期，大致表现出波浪形[①]。

已有对大学生创造性思维培养的年级差异研究中，对大连600名大学生的调查发现，大学生创造性思维发展在年级上具有非常显著的差异，且随着年级升高，大学生创造性思维发展呈现出显著下降的趋势。[②]还有研究采用横向与纵向设计对地方普通高校大学生的创造性思维在年级上的变化进行调查，发现年级对创造性思维总分和各模块得分均存在显著且重要的预测作用，地方普通高校大学生的创造性思维发展随年级的升高而呈非线性下降的总体趋势。[③]

低年级大学生的创造力培育发展好于高年级大学生，可能与大学生所接受的基础教育水平、大学的教育内容和教学方法，以及大学生本身的学习状态有关。从大学生所接受的基础教育水平来看，本书研究的调查对象为北京某地方高水平大学，生源质量相对较好，且大部分学生均来自北京地区，北京市基础教育处于全国领先水平，学生从小接受的是现代化的教育，教学方式灵活多样，学生的创造力潜能可能得到了较好的发掘；相比于基础教育，大学在创新教育改革方面相对滞后一些，可能使得学生的创造力培育在一定程度上受到抑制，反而没有基础教育阶段的发展程度高。从当前大学的教育内容来看相比于飞速发展的科学技术与经济社会发展，大学的课程内容相对陈旧，有些甚至远离社会需求和科学前沿，新观点、新理论未能及时编入课程，更缺乏跨学科与交叉学科知识，较少关注人格培养等精神层面的内容，等等[④]。在教学方法上，有研究认为教师教学方法对学生创造力的发展具有重要作用，启发式和探究式的教学方法更有利于学生创造力的发展[⑤]，而当前的大学课堂大多数仍以讲授法为主，学生学习的自由度还比较有限，学生的个体差异和个性化发展还没有得到足够的重视，因而不太利于学生创造力的发展。这些因素都有可能使得大学生在其四年学习中的创造力培育效果并

---

① 高珊，曾晖. 大学生创造力倾向现状调查分析[J]. 中国电力教育，2012（10）：138-139.

② 张旭，李慎秀，张丽华. 大学生创造性思维发展的调查研究[J]. 中国科教创新导刊，2008（4）：69-70.

③ 金花，李永杰，贾绪计，等. 地方普通高校学生创造性思维的年级变化模式[J]. 黑龙江高教研究，2020（12）：127-134.

④ 王义，陈秋生，黄艳. 论我国大学课程的责任及其保障[J]. 河北师范大学学报（教育科学版），2008（10）：64-67；尹宁伟. 以社会需求为导向大学课程改革[J]. 现代教育管理，2011（10）：71-75；孙泽文. 地方大学课程特色：内涵、结构、问题及建设路向[J]. 教育探索，2019（4）：58-62.

⑤ 孙力. 寓教于“议”：创造性思维方法与研究生课堂教学的融合[J]. 学位与研究生教育，2010（3）：62-64.

不显著。从大学生本身的学习状态来看，相比于基础教育阶段的学习，进入大学阶段后，学生学习的自由性、探索性和兴趣导向性更强，其往往能够根据自己的兴趣自由选择自己喜欢的学习内容，不用为准备各种考试而心存太大压力，这特别表现在大学低年级时期；随着年级的升高，大学生的好奇心与激情逐渐被时光消磨殆尽，各种考证、就业或升学的压力越来越大，致使高年级大学生的学习更多是按部就班的知识与技能学习，而兴趣导向的学习和创造性的学习逐渐减少，这也有可能造成大学生创造力的发展水平逐渐降低。

第四节　大学生创造力培育的基本特征与主要结论

本书研究借鉴“创造力=创造性人格+创造性思维”的理论与模型，借助成熟的创造性人格和创造性思维测量工具，对北京某地方高水平工科大学进行了调查分析，得出了大学生创造力培育的整体基本状况以及在人口学变量上差异状况的相关结论以及存在的一些主要问题。比较发现，虽然不同研究者对创造力及创造性人格与创造性思维的内涵与构成有不同的理解，但总体上都是指向创造的智力与非智力两个方面所包含的核心因素是一致的，所以，可以将本书的研究结果与其他相关大学生创造力培育的研究结果进行比较。基于此，将本书研究与已有相关研究进行比较后发现，不同研究对大学生创造力培育的整体发展状况及人口学变量上的差异的主要特点与结论方面有很多一致的地方。下面就以本书研究所得出的结论为基础，参与已有研究中比较一致结论，将大学生创造力培育的基本特征和结论主要概括如下。

一、大学生创造力培育整体基本特征及主要结论

（一）大学生创造力培育整体发展良好，创造性思维发展好于创造性人格

本次调查数据统计表明，大学生创造力得分均值为 59.44，众数为 55，说明大

学生创造力的发展整体发展处于中等偏上，发展良好；这一结论与已有研究大多数结论相一致。创造性思维和创造性人格的均值得分分别是 61.83、57.05，众数分别为 60、50，说明创造性思维发展整体上好于创造性人格。再就创造力及其创造性人格与创造性思维的方差来看，三项得分方差分别为 112.94、100.70、190.60，创造性思维的方差远大于创造性人格，表明大学生创造性思维的个体差异远大于创造性人格，三者的个体差异均极其显著（$p<0.001$）。综上，大学生创造力培育发展整体状况良好，其中，创造性思维要好于创造性人格，创造性思维发展的个体差异远大于创造性人格。

（二）大学生创造性人格培养整体发展一般，其中想象力发展较差

本次调查数据统计表明，创造性人格及冒险性、好奇性、想象力和挑战性 4 个模块的均值、中值和众数分别为 57.05/56.30/50、57.83/59.09/50、58.74/57.14/50、48.85/50/50、62.77/62.50/50，一方面，创造性人格及各模块的众数均为 50，说明创造性人格的发展整体一般；这一点，与已有研究大多数结论一致。另一方面，挑战性的均值与中值都最高，均超过 60，想象力的均值与中值都最低，均在 50 及以下，说明挑战性发展较好，而想象力发展较差，但挑战性的方差（172.84）及极值差（87.50）都远大于想象力（140.86、76.92），说明挑战性的个体差异要比想象力大，两者的个体差异均极其显著（$p<0.001$）。综上，大学生创造性人格整体发展一般，其中，挑战性模块发展较好，想象力模块发展较差，但挑战性的个体差异要大于想象力。

（三）大学生创造性思维培养整体发展良好，其中独创性发展相对较差

本次调查数据统计表明，创造性思维及其 10 个模块的均值、中值与众数三项的值大多在 60 及以上（仅联想力均值为 59.73，独创性均值为 57.96），说明创造性思维发展良好；10 个模块中，评估力和投射未来的均值（65.84、64.78）、中值（68、65）均较高，独创性的均值和中值（57.96、60）都最低，说明评估力与投射未来发展相对较好，而独创性发展相对较差一些，但投射未来与评估力的个体差异均要比独创性大一些。综上，大学生创造性思维发展良好，这一点与已有研究大多数结论一致。在创造性思维各构成模块中，评估力和投射未来发展较好，独创性发展较差，但评估力与投射未来的个体差异要大于独创性。

二、大学生创造力培育人口学变量差异特征及主要结论

（一）人文社会科学专业大学生创造力的发展好于其他专业大学生

本次调查数据统计表明，在创造力整体上，人文社会科学专业大学生的均值显著高于理学或医学、工程技术科学专业大学生（$p<0.001$）；在创造性人格及其模块上，人文社会科学专业大学生在创造性人格及挑战性模块上的得分均显著高于工程技术科学专业大学生（$p<0.01$），在冒险性模块上的得分显著高于理学或医学、工程技术科学专业大学生（$p<0.001$），但在好奇性和想象力模块上无显著的专业差异，且想象力得分最低；在创造性思维及其模块上，人文社会科学专业大学生的得分均显著高于其他专业大学生（$p<0.001$），在独创性模块上，理学或医学专业大学生得分显著高于工程技术科学专业大学生（$p<0.001$）。综上，人文社会科学专业大学生的创造力及创造性人格和创造性思维的发展好于其他专业大学生；在创造性人格中，想象力模块发展相对较差，但无显著性差异；创造性思维各模块的发展均为人文社会科学专业大学生好于其他专业大学生，且差异显著。人文社会科学专业大学生创造力发展较好的结论没有得到已有研究中大多数调查结论的支持，只与少部分研究结论一致。

（二）女大学生创造力的发展好于男大学生

本次调查数据统计表明，在创造力上，女生均值显著高于男生（$p<0.001$）；在创造性人格及冒险性和挑战性模块上，女生均值均显著高于男生（$p<0.001$），在好奇性与想象力模块上无显著的性别差异；在创造性思维及其 10 个模块上，女生均值均显著高于男生（$p<0.001$）。综上，大学生在创造力及创造性人格与创造性思维的发展上均为女生好于男生；在创造性人格中，女生在冒险性与挑战性模块的发展上好于男生；在创造性思维各模块的发展上，女生均好于男生。女大学生的创造力发展好于男大学生的结论与已有部分研究的结论一致。

（三）城市大学生创造力的发展好于农村大学生

本次调查数据统计表明，城市生源的创造力均值高于农村生源（$p<0.01$）；在创造性人格及挑战性模块上，城市生源均值均高于农村生源（$p_{\text{创造性人格}}<0.05$，$p_{\text{挑战性}}<0.01$）；在冒险性模块上，城市和城镇生源均值均高于农村生源（$p<0.001$）。在创造性思维

和独创性模块上，城市生源均值显著高于农村生源（$p<0.01$）；在把握重点、洞察力和概要解释上，城市生源均值高于城镇和农村生源（$p<0.001$）；在联想力和兼容性上，城市和城镇生源均值高于农村生源（$p_{联想力}<0.001$，$p_{兼容性}<0.01$）；在评估力上，城市生源均值高于城镇和农村生源，且城镇生源均值高于农村生源（$p<0.001$）；在通感模块上，城镇生源均值高于城市和农村生源（$p<0.05$）。综上，在创造力及创造性人格与创造性思维的发展上，城市生源均好于农村生源；在创造性人格的挑战性、冒险性，以及创造性思维的独创性、把握重点、洞察力、概要解释、联想力、兼容性和评估力模块的发展上，城市生源均好于农村生源。城市大学生创造力的发展好于农村大学生的结论与部分已有研究的结论一致。

（四）是否独生子女创造力的发展无显著差异

本次调查数据统计表明，独生子女和非独生子女的创造力及创造性人格与创造性思维的均值分别为 59.40/59.55、57.07/56.97、61.74/62.13，彼此间均无显著差异（$p>0.05$）；在创造性人格的冒险性模块上，独生子女均值高于非独生子女（$p<0.05$），在好奇性模块上，非独生子女均值高于独生子女（$p<0.05$）；在创造性思维的联想力和洞察力模块上，独生子女均值均高于非独生子女（$p<0.05$），在综合整理、通感、投射未来模块上，非独生子女均值均高于独生子女（$p<0.001$）。综上，大学生创造力及创造性人格与创造性思维的发展在是否独生子女上均无显著差异；在创造性人格的冒险性模块上，独生子女的发展好于非独生子女，在好奇性模块上则非独生子女的发展好一些；在创造性思维的联想力和洞察力模块上，独生子女的发展好于非独生子女，在综合整理、通感、投射未来模块上则非独生子女的发展好一些。是否独生子女创造力的发展无显著差异的研究结论与已有研究结论有较高的吻合。

（五）低年级大学生创造力的发展好于高年级大学生

本次调查数据统计表明，从大一到大四，创造力均值逐年降低（$p<0.001$）；在创造性人格及 4 个模块上，低年级均值均显著高于高年级（$p<0.001$）；在创造性思维及 10 个模块上，同样也表现为低年级均值均高于高年级（$p<0.001$）。综上，大学生在创造力及创造性人格与创造性思维的发展上均为低年级好于高年级，在创造性人格与创造性思维各模块的发展上也是低年级好于高年级。低年级大学生创造力的发展好于高年级大学生的结论与部分已有相关研究结论相似。

第四章

大学生创造力培育：主要问题与关键因素

通过实证调查与分析，并将本书研究与已有相关研究相比较，我们总体明确了大学生创造力培育发展的整体状况以及在不同人口学变量上的基本特征及主要结论。从这些基本特征和结论中，我们也可发现大学生创造力培育发展过程中存在的一些主要问题。那么，大学生创造力培育发展中存在这些主要问题的原因或者主要影响因素是什么？是人口学变量因素，还是教育过程中个体自身的因素在起作用？或者说，是哪些教育关键影响因素塑造了大学生创造力培育发展的基本特征和主要问题？这些教育关键影响因素又分别对大学生创造力培育产生了什么样的影响？本章旨在回答这些问题。

第一节　大学生创造力培育的主要问题及影响因素

一、大学生创造力培育的基本特征及主要问题

综合前文实证调查分析发现，大学生创造力培育发展所呈现出的基本特点及存在的主要问题如下。

大学生创造力及创造性思维培养发展良好，个体差异相对较大；创造性人格培养发展一般，个体差异相对较小；创造性思维的发展要好于创造性人格。创造性人格中的挑战性发展较好，个体差异相对较大，想象力发展较差，个体差异相对较小；创造性思维中的评估力和投射未来发展较好，个体差异相对较大，独创性发展较差，个体差异相对较小。想象力与独创性的发展均呈现出随年级的升高而逐渐下降的趋势，且想象力的发展在专业、性别、生源地和是否独生子女上无显著差异。整体上，大学生创造力的培养与发展呈现出女生好于男生、低年级好于高年级、人文社会科学专业好于其他专业、城市生源好于城镇与农村生源的特点。

二、大学生创造力培育的人口学变量影响分析

大学生创造力培育与发展呈现出以上基本特点及主要问题到底是由什么原因造成的呢？我们知道，从理论上讲，遗传与教育作为影响和促进人的发展的两种学说，各执一端。这里先就本书研究涉及的一些基本人口学变量——专业、性别、生源地和是否独生子女等的影响进行分析。

为探讨大学生人口学变量（即个人背景因素）对创造力培育所产生的影响及其程度，我们需要更进一步地对各因素的影响程度从轻到重进行排序，以解释影响的比重。多元线性回归（multiple linear regression，简称多元回归）分析方法旨在找出自变量的线性组合，简要说明一组自变量与因变量之间的关系，能够说明

自变量间线性组合与因变量间关系的强度，当自变量的解释变异量达到显著性水平时，相比于没有达到显著性水平的自变量，对因变量具有更大预测力。因此，这里将采用多元回归分析方法，构建个人背景因素与创造力培育的回归分析模型，以探究其具体影响程度。

在回归分析模型的构建上，本书研究将大学生个人背景因素作为自变量，主要包括大学生性别、专业、生源地、是否独生子女四个变量，将大学生创造力及其创造性人格和创造性思维两个分维度作为因变量，由此进一步对自变量与因变量的关系进行探究与分析。多元回归分析的标准化回归方程式如下

$$Y = \beta_1 Z_{X1} + \beta_2 Z_{X2} + \beta_3 Z_{X3} + \cdots + \beta_k Z_{Xk}$$

其中，Y是因变量，表示大学生创造力发展状况；Z_{X1} 到 Z_{Xk}是自变量，表示大学生的个人背景因素，k表示自变量的数目；β_1到 β_k表示自变量的影响比重，描述的是自变量对于因变量的解释程度。

本书在进行多元回归分析时，主要采取强迫输入法的方式，由于性别、专业、生源地、是否独生子女变量都是类别变量，所以需要将其转换为虚拟变量。从性别变量来看，男生与女生由原来的 1 与 2 转换为 0 与 1；从是否独生子女变量来看，是与否由原来的 1 与 2 转换为 0 与 1；从专业变量来看，将人文社会科学专业作为参照，其他两个专业类别分别做相应转换（表 4.1）。

表 4.1　专业变量的虚拟化处理

专业（原变量）	专业-虚拟 1	专业-虚拟 2	说明（参照组为水平 3）
1	1	0	代表理学或医学
2	0	1	代表工程技术科学
3	0	0	代表人文社会科学

从生源地来看，将农村作为参照，其他两个类别分别做相应转换（表 4.2）。

表 4.2　生源地变量的虚拟化处理

生源地（原变量）	生源地-虚拟 1	生源地-虚拟 2	说明（参照组为水平 3）
1	1	0	代表城市
2	0	1	代表城镇
3	0	0	代表农村

以大学生创造力发展增量为因变量，将个人背景因素输入回归方程中，多元相关系数（multiple correlation coefficient）为 0.123，其联合解释变异量为 0.015，即这几个自变量能联合预测大学生创造力发展增量 1.5%的变异量。以大学生创造

性人格发展为因变量，将个人背景因素输入回归方程中，多元相关系数为 0.065，其联合解释变异量为 0.004，即这几个自变量能联合预测大学生创造性人格发展增量 0.4%的变异量。以大学生创造性思维发展为因变量，将个人背景因素输入回归方程中，多元相关系数为 0.145，其联合解释变异量为 0.020，即这几个自变量能联合预测大学生创造性思维发展增量 2.0%的变异量。

可以说，这几个因素对大学生创造力、创造性人格以及创造性思维发展的影响程度比较小，能够解释创造力、创造性人格以及创造性思维的比重较小。从标准化回归系数来看，各系数都没有达到显著水平，有的为正数，有的为负数，表明这些个人背景因素有的产生了正向影响，有的产生了负向影响，如表 4.3 所示。总的来说，大学生身上所具备的个人背景因素对创造力、创造性人格以及创造性思维各变量发展的变异解释甚小。

表 4.3 大学生个人背景变量与创造力发展的多元回归分析结果

项目	模型 1：以创造力为因变量	模型 2：以创造性人格为因变量	模型 3：以创造性思维为因变量
常量	58.659**	56.309**	61.009**
性别（男=0，女=1）	0.080	0.041	0.094
理学或医学&人文社会科学	−0.031	−0.003	−0.046
工程技术科学&人文社会科学	−0.066	−0.027	−0.082
独生子女（独生子女=0，非独生子女=1）	0.032	0.016	0.058
城市&农村	0.058	0.043	0.022
城镇&农村	0.022	0.016	−0.019
F	21.247	5.876	29.330
净 F	21.247	5.876	29.330
R^2	0.015	0.004	0.020
df	6	6	6

三、大学生创造力培育的教育关键影响因素

上面对创造力培育发展影响的各变量因素的回归分析结果表明，诸如专业、性别、生源地以及是否独生子女等附着在大学生个体身上的人口学背景变量，对创造力、创造性人格和创造性思维的发展情况的解释程度甚小。那么，大学生创造力发展的影响因素到底是什么呢？根据以往研究与经验，除专业、性别、生源

地和是否独生子女变量的影响甚小，或只作为中间变量发生作用以外，其他诸如学生的经济背景、父母学历或教育背景等人口学变量（即原生家庭成长环境与经历）也可能会对个体的创造力发展产生重要影响。但就现代社会来说，后天的教育俨然成为个人创造力发展的主要影响因素，这正是本书研究的对象与目的所在。

大学生创造力培育是一项系统工程，主要涉及四个方面，即“要不要”、“会不会”、“愿不愿”和“让不让”等关键问题：“要不要”即是否充分认识到大学生创造力培育的重要价值，是否把创造力培育作为优先目标进行考虑和设计；“会不会”与“愿不愿”即是否在课程和教学过程中，着力培育大学生的创造性思维与创造性人格；“让不让”即在教育制度和环境层面，如学生考试评价制度和学生管理制度等，是否为大学生的创造力培育提供良好的制度条件或创新环境。①综合对已有相关研究的分析，以上四个关键问题恰恰是影响教育教学质量或者说人才培养质量的四个关键因素，即教育目标或培养目标②、课程或教学内容③、教学方法④、制度与环境或文化环境⑤。如果从创造力的结构或构成来考察，以上四个关键因素又突出地表现在以下三个方面。

（一）创造意识的缺席：教育理念目标之盲点

创造精神和创造能力在我们的教育理念中还远没有占据其应有的位置。在高等教育普及化阶段，为推进高质量高等教育体系和高等教育强国建设，我们还有必要首先实现一场“意识革命”，真正探索创新人才培养模式，改进教育范式，培养出真正的创新人才。

首先，是否充分认识到新时代大学生创造力培育的重要价值？无论是高等教

---

① 褚宏启. 大学生创新能力培养的几个关键问题——要不要、会不会、愿不愿与让不让[J]. 北京教育（高教），2021（9）：31-34.

② 实证研究表明，培养目标对创造力发展具有显著正向预测作用。详见：刘月. 目标定向与创造力的关系：基本心理需要和自主性动机的中介作用[D]. 济南：山东师范大学，2016：26.

③ 实证研究表明，课程或教学内容对创造力倾向总体及冒险性和挑战性维度具有显著的预测作用。详见：朱丽叶，王秀芝. 课堂教学与课外学习对大学生创造力倾向的影响——基于广东九所高校的实证研究[J]. 教育与教学研究，2017（3）：5-10.

④ 实证研究表明，大学教师课堂教学策略会正向影响大学生创造力，教学策略水平高，学生创造力整体水平高。详见：曹元洁. 大学教师课堂教学策略对大学生创造力的影响——创意自我效能感的中介作用[D]. 石河子：石河子大学，2021：67. 教师的积极性语言框架也会对大学生的创造力产生正向作用。详见：李鲜苗，徐振亭. 教师语言框架对大学生创造力的影响研究[J]. 临沂大学学报，2023（1）：138-148.

⑤ 实证研究表明，高校创新环境不仅能够直接影响大学生的创造力表现，还能够通过内部动机的中介作用来间接影响大学生的创造力表现。详见：陈亮亮. 理工科大学生创造力表现的结构、特征及影响因素研究[D]. 武汉：华中科技大学，2019：76.

育强国目标的实现还是教育现代化进程的加快推进，也无论是从制造业大国向制造业强国转型成功还是从“中国制造”向“中国智造”转型成功，最终都归结为创新型国家的建设和实现。创新驱动发展战略是新时代各领域高质量发展的重要动力，创造性人才是创新驱动发展的核心基础资源。因此，加强大学生创造力培育不仅是高质量高等教育体系建设的内在要求，也是创新型国家建设的客观要求。2018年，习近平总书记在全国教育大会上指出，“培养什么人，是教育的首要问题”；“要在坚定理想信念上下功夫”，“要在厚植爱国主义情怀上下功夫”，“要在加强品德修养上下功夫”，“要在增长知识见识上下功夫”，“要在培养奋斗精神上下功夫”，“要在增强综合素质上下功夫”；要“教育引导学生培养综合能力，培养创新思维”；要“努力构建德智体美劳全面培养的教育体系，形成更高水平的人才培养体系”[①]。以创造之教育培育创造之人才，以创造之人才造就创新之国家，这是教育工作的根本任务，也是教育现代化的方向与目标，教育目标设定中要把学生创新能力培育放在突出位置、设为优先目标。

其次，是否将这种重要认识落实在具体的教育实践中？笔者以为，艰苦奋斗的实践与忠诚敬业的服务精神需要被重拾。从宏观层面来讲，当前为国家服务的宗旨还有待继续强调，以使其成为人们普遍遵循的根本；从中观和微观层面来讲，对通过艰苦的科学实践来寻求理论上的发展和科学上的突破这一理念的宣传还有待继续加强，以使其成为人们所实际追求的目标。对于过去一些规模较大和综合性较强，需要长期进行野外调查或者到实验站进行观测等工作，现在很少有人愿意在这些方面投入大量的时间和精力。忠诚与敬业，这是全人类的人性中最美好、最光辉的一面，更是科学家精神的精髓。

（二）创造个性的遗失：教育培养过程之误区

反思我们的教育模式与方法，其对发展大学生个性这一极宝贵品质的强调和关注程度还不够。正如上海交通大学前校长张杰所言：“中国高等教育存在着创新不足、大学的三大功能发挥失调以及对大学生个性发展关注不够等问题。”[②]

所谓个性，从心理学层面来讲，中西方心理学界普遍认为，个性具有以下几个特征：一是作为身心倾向、特性和反应相统一的个性，是在需要、动机、兴趣、

① 新华社. 习近平出席全国教育大会并发表重要讲话[EB/OL]. http://www.gov.cn/xinwen/2018-09/10/content_5320835.htm?tdsourcetag=s_pctim_aiomsg.（2018-09-10）.

② 张杰. “三位一体”培养创新型领袖人才——上海交通大学人才培养目标探索[J]. 国家教育行政学院学报，2010（10）：3-5.

理想、信念和世界观等个性倾向的制约下所构成的整体，它一经形成就具有相对的稳定性；二是个性并非固定不变，而是不断变化和发展的；三是个性不单纯是行为和理想，更是制约各种活动倾向的动力系统，或者说是决定人的独特行为和思想的个人内部身心系统的动力组织。在行为和思想内在动力系统的个性构成成分中，动机是核心。

动机作为个体行为与实践的重要动力源泉，与创造力的关系非常密切。它可以驱使主体专注于所从事的创造性活动，提高其对特定事物之间联系的敏感程度，拓展各类可利用的资源范围，寻求各种潜在的帮助与合作，勇担风险以探索不同问题的解决方式。根据动机来源，动机可分为内部动机（intrinsic motivation）和外部动机（extrinsic motivation）两种：内部动机主要是由主体对活动本身的注意和兴趣而引发的；外部动机的主要特征则是关注外部奖励、外在认同或外在指导。① 相关研究表明，被试如果喜欢所干的工作，会表现出较高的创造性；内部动机取向的被试会表现出更多的创造性。②

国务院参事、清华大学经济管理学院前院长钱颖一认为，创新的动机分为三个层次，分别代表三种价值取向，即短期功利主义、长期功利主义，以及内在价值的非功利主义，后面一个都比前面一个有更高的追求。对于短期功利主义者而言，创新是为了发论文、申请专利、公司上市；对于长期功利主义者而言，创新是为了填补空白、争国内一流、创世界一流；而对于内在价值的非功利主义者而言，其有更高的追求，创新是为了追求真理、改变世界、让人们变得更加幸福。③ 我们的现实情况是，具有第一类动机的人很多，具有第二类动机的人也有，但是具备第三类动机的人相对较少。

（三）创造性被忽视：教育体制机制之弊端

无论是在管理体制还是在筛选机制方面，我国教育体制机制或多或少地存在一些忽视人的创造性，特别是比较忽视人的想象力的问题。一方面，急功近利的短期功利主义心态和不自信是阻碍我们科技创新和创造力培育的两大顽疾。急功近利的短期功利主义心态在我们的教育系统中仍存在，高等教育领域中的一些工程和计划在某种程度上或多或少也体现了这种主义或心态。教育从来就不是一项

---

① Sternberg R J. A three-facet model of creativity[A]//Sternberg R J（Ed.）. The Nature of Creativity[M]. Cambridge：Cambridge University Press，1988：125-147.

② 薛贵，董奇，周龙飞，等. 内部动机、外部动机与创造力的关系研究[J]. 心理发展与教育，2001（1）：6-11.

③ 钱颖一，徐蓓. 培养创新人才，仅有知识是远远不够的[N]. 解放日报，2017-06-30（10 版）.

急功近利的工作，“十年树木，百年树人”，大学生创造力培育更不是一朝一夕就可以立竿见影的。与此相对的是，“不自信”或者说“自卑”依然在某些领域或多或少地存在。关于这一点，早在 1995 年，钱学森给王寿云、于泽元、戴汝为、汪成为、钱学敏、涂元秀几位同志的信中，在列举了 20 世纪 60 年代我国在毛主席的领导下已取得的诸如“理论物理学家先于国外的‘夸克’理论提出基本粒子的‘层子’理论”、“率先人工合成胰岛素”、“成功地实现氢弹引爆的独特技术”与“成功地解决了大推力液体燃料氧化剂火箭发动机燃烧稳定问题”等多项属于中国独特的创新成果后说道：“但是今天呢？我国科学技术人员有重要创新吗？”“我认为我们太迷信洋人了，胆子太小了!”“如果不创新，我们将成为无能之辈！我们要敢干!”①也正如中国科学技术大学袁岚峰博士所言，“不少人的思维方式，是把中国永远置于跟随者的地位而非原创者。我们的体制和文化中某些部分，在追赶时期发挥了积极作用，但在原创时期消极作用越来越突出”②。这两点是我们在进行大学教育改革、着力培育大学生创造力的过程中需要特别注意的。实事求是地认识自己与正视差距才是一种科学态度。

另一方面，教育和社会“不鼓励试错”也成为大学生创造力培育的一个重要羁绊。哈佛大学创新实验室的托尼・瓦格纳（Tony Wagner）教授认为，学校这个组织在某种程度上是起着阻碍创新的作用的：“创新是团队运动，学校却鼓励个人竞争；创新发生在不同学科的交界点，学校却在将知识箱格化；创新要求教师成为学习教练，现有教室文化却是消极的；没有试错就没有创新，学校却充满厌恶风险、惧怕失败的文化；鼓励玩耍、激情和信念才能造就创新者，而学校却太注重外部动机。”③换言之，我们的教育不鼓励学生个体试错，相反更多的是纠错，而“纠错”的基本观念与实践行为是确信已有正确的答案、方案、措施步骤等在那里，“纠错”就是把学生提出的不符合已在那里的“正确”的答案等进行比较，不一样就要将其矫正过来。实际上，创新、创造的路上哪有一帆风顺的，失败更是常事，但如何对待与评价失败恰恰是创造力的一项重要品质，过多的负面评价就会使学生慢慢地避免去冒险；相反，如果敢于失败，屡败屡战，吃一堑长一智，就会有助于学生在失败中学习，在失败中成长。如果我们整体的社会环境，以及家庭、学校和社会三维教育的观念均充分认识到并在实际行动中都朝向有利于个体创造力培育的各项非智力因素的培养，相信大学生的创造力在不久的将来是会

① 钱学森. 致王寿云等六同志[A]//糜振玉. 钱学森现代军事科学思想[M]. 北京：科学出版社，2011：176-177.

② 袁岚峰. 迎接中国科技领先的时代[J]. 中国经济周刊，2020（1）：8-17.

③ 杨东平. 创造力可以培养吗[J]. 基础教育论坛，2015（8）：48-49.

有很大提升的。

因此，如何改革不适合大学生创造力培育的教育体制机制，特别是评价体制机制和评价方式方法，是我们培育创造性人才的一个重要内容。2020年10月，中共中央、国务院正式印发《深化新时代教育评价改革总体方案》，针对教育评价改革的一系列核心问题，首次系统提出了“改进结果评价，强化过程评价，探索增值评价，健全综合评价”的“四个评价”新理念，不仅是我国教育评价改革的重要行动指南，更是大学生创造力培育评价改革的重要行动指南。

然而，教育理念与目标中创造意识的缺席，教育培养过程中创造个性的遗失，教育体制机制运行过程中创造性评价的忽视，这三方面在具体的教育教学过程中对于创造力培育而言到底是一种什么样的存在？换句话说，四个关键影响因素——培养目标（教育目标）设计、课程改革、教学改进以及文化建设各自在大学生创造力培育发展过程中的地位和作用如何？四个关键影响因素与大学生创造力发展之间是一种什么样的关系？后续四节将分别予以探讨。

第二节　大学生创造力培育之目标设计

人才培养是大学的本体功能和首要任务，“培养什么人”，即人才培养目标，是教育的首要问题，是各大学培养学生创造力首先需要考虑和规划设计的问题。换句话说，创新人才培养首先要解决的是“要不要”的问题，即是否在人才培养目标的定位中体现了创新内容，是否把创造性思维与创造性人格这两方面的培养目标置入人才培养目标的具体内容中去。

一、大学人才培养目标定位的内涵

（一）什么是人才培养目标定位

什么是“人才培养目标定位”？笔者查阅文献发现，很少有对这一概念进行明确界定或定义的，已有研究大都将“人才培养目标定位”与“人才培养目标”

或“培养目标”等同看待。所谓培养目标[①]，是“指根据一定的教育目的和约束条件，对教育活动的预期结果，即学生的预期发展状况所作的规定”[②]，包括培养类型与培养规格两方面的具体目标[③]。它的对象是具有主体性的人，是把人塑造成什么样的人的一种预期和规定，因而具有定向、调控和评价三大功能。

因研究者对人才培养目标已有基本共识，故这里主要介绍“定位”的含义，以期对“人才培养目标定位”有一个比较清晰的界定。《辞海》中对“定位”的解释为：用仪器测量以确定位置，如“前轮定位”，这是当动词用；经测量后所确定的位置，这是作名词用，可引申为对人物所下的论断或评价，如“历史上的定位”。[④]《现代汉语规范词典》对“定位”的解释为，作动词是指设定事物的位置，作名词是指测定的或设定的位置。[⑤]这样看来，“目标定位”这个词组既表示对某一目标进行测量以设定其要达到哪一位置的过程，也表示对目标设定的结果。

根据以上解释，我们可以将“人才培养目标定位”界定为：根据国家教育目的、特定社会发展阶段的需要以及受教育者身心发展规律等一系列约束条件，一类教育或一类专业对教育活动的预期结果（即学生的预期发展状态）做出规定的过程以及由此形成的人才培养规格的描述。也就是说，人才培养目标定位既包括目标制定的过程，也包括目标制定后的结果。由此看来，大学人才培养目标定位的具体内容包括两个方面：一是人才培养目标的类型定位，即培养什么类型的人才；二是人才培养目标的规格定位，即预期培养的规格或标准。事实上，《教育大辞典》里对人才培养目标的界定就是从类型与规格两个方面来界定的，人才培养目标是指学校在培养学生的类型和规格方面的目标，反映了人才培养过程结束后所培养的人才能够从事的职业岗位类型及层次。[⑥]可以说，培养目标定位这两方面内容正反映了教育的两大基本规律，即教育同社会发展的本质联系和教育同人的发展的本质联系。[⑦]

---

① “培养目标”是从学生或学习的角度来讲的，如果从学校、教师或教育的角度来考量，则可称之为“教育目标”，两个概念相当于一枚硬币的正反面。为行文呈现方式上的统一，本书统一使用“培养目标”，但在参考与引用其他学者的观点时，若涉及“教育目标”这一概念，则尊重原学者的使用方式。持此观点并对其做了比较详细的异同辨析的文献参见：王平祥. 研究型大学本科教育人才培养目标研究[D]. 武汉：华中科技大学，2018：14-17.

② 文辅相. 中国高等教育目标论[M]. 武汉：华中理工大学出版社，1995：16.

③ 顾明远. 教育大辞典·增订合编本（上）[M]. 上海：上海教育出版社，1998：764.

④ 辞海编辑委员会. 辞海（1989 年版缩印本）[M]. 上海：上海辞书出版社，1994：1138.

⑤ 李行健. 现代汉语规范词典[M]. 北京：外语教学与研究出版社，2004：315.

⑥ 顾明远. 教育大辞典·增订合编本（上）[M]. 上海：上海教育出版社，1998：764.

⑦ 此为潘懋元先生阐述的高等教育的两条基本规律：一条是关于教育与社会发展关系的规律，称为教育外部关系规律；另一条是关于教育与人的发展关系的规律，称为教育的内部关系规律。详见：潘懋元. 新编高等教育学[M]. 北京：北京师范大学出版社，1996：12.

（二）大学人才培养目标的类型定位

要考察大学人才培养目标的类型定位，首先要理解什么是分类或类型。“物以类聚，人以群分”，分类作为一种普遍而重要的思维方法和交流工具，是人们认识事物和沟通世界的主要方法之一。日常生活中，人们须臾离不开分类活动，简单的如好坏、美丑、阴阳、高低、长短、大小、胖瘦等二分法；对于学生来说，最熟悉、最切身感受的可能就是图书馆的图书分类法了，分类对学科发展起巨大作用的是生物学（生物分类学），因分类研究而产生伟大科学发现的则是化学中的元素周期表；进一步说，分类本身也已发展成为一门独立的学科，即分类学。

从科学方法论及逻辑学上来讲，所谓分类，即按照不同的特征和性质，将无规律的散乱事物区分为不同种类，以发现和找出其内在规律的思维方法。分类以比较为基础和前提，通过比较揭示出事物之间的异同之处，并于思维中根据共同点将事物归并为较大的类（种概念），根据不同点将较大的类划分为较小的类（属概念），从而将事物区分为具有一定人性关系的不同层次的大小类别，进而形成各种概念系统，反映客观世界中事物间的区别与联系。简言之，分类就是在不同事物之间划出可操作的界限，从而在混乱世界中建立起类别与层次的秩序。可见，分层是以分类为基础的，或者说，分层是分类的一种自然结果。在具体操作上，分类必须遵循穷尽性和排他性两个基本原则：穷尽性原则即划分出的子项的外延之和，必须等于母项的外延，或者说母项外延中的每一分子都必须全部归入各子项的外延中；排他性原则即母项划分后，各子项的外延或范围应该互不相容，因而分类时必须注意要逐层进行，且每次分类只能根据一个标准，为了有系统地认识客观事物，我们必须尽可能地选择那些本质属性和关系作为分类的标准。①这两个原则实际上也就确定了分类的具体操作步骤，首先是确定分类标准，建立相应类别；其次是根据分类标准，分析判断某一具体事物是否符合其特点而可归属于某一类；如此循环往复，不断细化。

总体而言，分类有助于发现事物规律、开展科学预言、建立现代检索系统、开辟新的研究领域等。因而，我们可以说，分类是人们的知识体系、思想体系和精神世界的重要基础与基本构建方法，是世界观、人生观和价值观的具体体现形式。正如福柯所指出的，不同分类反映了人们不同的思想观念，而不同分类也将推动人们思想观念的更新。②当然，分类也有其局限性，主要是导致范畴的固定化。换句话说，虽然现有分类体系为每个人的思维与交流提供了参照标准和共享支持，

① 林康义，唐永强. 比较·分类·类比[M]. 沈阳：辽宁人民出版社，1985：45-56.

② [法]米歇尔·福柯. 词与物——人文科学考古学[M]. 莫伟民，译. 上海：上海三联书店，2002.

但其也可能成为限制与禁锢完全依赖于它们的人的思维和创新的牢笼，因为离开了它们，思维就会因缺乏参照系而陷入迷茫与混乱。只有勇于并且善于打破这种限制和禁锢的人，才有可能不断创新，建立起新的分类标准和体系，并将其整合到已有的分类体系中，从而进一步发展和完善分类体系，加深人类对事物规律的认识，并把人类的思维推向前进。

综上所述，大学人才培养目标的类型定位首先反映的是在本科教育这一高等教育层级中的分类，其次反映的是高等教育与社会发展的本质联系。如果从其来源或制定看，大学人才培养目标的类型定位来自国家和社会这两类主体，是由一个国家根据一定历史阶段的经济社会发展需要或矛盾来决定的，即主要是由当时的科学技术和产业发展水平决定的。换言之，一定历史阶段的科学技术结构及其科技链和产业结构及其产业链对人才的需求首先表现在对不同类型人才的需求链上；这种需求反映到教育系统，则构成了教育系统不同层次、不同类型人才培养的具体要求，即通过不同类型的人才培养链构成人才供给链、对接人才需求链，也即人才培养的类型定位主要依据的是国家或社会对人才的需求类型。本科教育作为高等教育的一个层级，只对接需求链或人才链中的某一个或某几个链环，而并非对接全部链环，这是需要明确的。

这样，根据不同的分类标准就可以形成不同的人才类型。例如，以大学培养的人才今后所从事的工作或生产活动的过程和目的为依据，总体上可将现代社会的人才分为学术型（也有的称研究型、科学型、理论型等）人才与应用型人才两大类：学术型人才主要是从事学术或理论研究的人才，肩负创造知识的重任，包括发现和研究客观规律，开展科学研究与技术发明，强调知识的创造，解决的是认识事物的规律或是解决“从 0 到 1”的问题；应用型人才主要是把已发现的一般自然规律、已形成的专业知识、成熟的技术和理论应用到实际的生产生活中，开展科学与技术知识的成果转化及相关物质与精神产品的生产，强调知识的应用。[①]实际上，如果从学习的目的与境界来看，这也比较符合东西方教育界两种约定俗成的看法：“学以致知”与“学以致用”。“学以致知”关注的是“这是什么”或“这是为什么”，“学以致用”关注的是“这有什么用”。[②]前者以学习成长为学术型人才为目的，后者以学习成长为应用型人才为目的。

对此还有两点需着重说明：一是大学人才培养类型与大学类型是两个不同的

---

① 关于人才培养类型相关研究详见：姚小萍. 大学人才培养类型的历史演变及其特点[J]. 现代教育科学，2016（1）：81-85；李海芬. 本科人才培养类型分化的历史探源[J]. 南阳师范学院学报（社会科学版），2006（5）：102-104.

② 刘道玉. 教育问题探津[M]. 北京：北京出版社，2019：16.

概念，两者联系紧密，如大学也可分为学术型和应用型两类①，但即便这样，两种分类也是相互独立的，大学可以不只进行本科人才培养，有的大学还可以进行研究生人才培养；即使是本科人才培养，一所大学既可以只培养其中一类人才，也可以同时培养两类或多类人才。二是学术型人才与应用型人才还可以根据某些标准进行细分。同样的方法，如果以学科专业大类为依据，可分为哲学、经济学、法学、教育学、文学、历史学、理学、工学、农学、医学、军事学、管理学、艺术学和交叉学科共 14 个大类学科人才，我国于 20 世纪 50 年代进行了院系调整，建立起主要以单科性高校为主的高等教育体系，绝大多数高校基本上只培养其中一类或少数几类学科专业人才。当然，这种分类中的每一类学科专业人才均包括学术型和应用型两类人才。不管是哪一种类型的人才培养，当前的科技和产业发展或者知识经济、信息经济、智能经济发展的现实与趋势均需要将创造性培养纳入人才培养的目标定位中，即具体落实到人才培养的规格定位中去。

（三）大学人才培养目标的规格定位

《现代汉语词典（第 7 版）》对“规格”的解释是“产品质量的标准”和“泛指规定的要求或条件”。②据此，人才培养的规格定位就是人才培养的质量标准或具体要求。例如，有学者认为，所谓人才培养规格，是指“学校对所培养出的人才质量标准的规定，指受教育者应达到的综合素质，它是学校工作的立足点和重要依据，是整合教育诸要素，实现资源最优化的核心”③。也有学者认为，广义上的人才培养规格是学校对其所培养的人才制定的质量标准和质量要求，能够体现出受教育者的综合素质和水平能力；狭义上的人才培养规格是指把各专业的培养目标进行进一步细化和具体化，按照细化和具体化后的培养目标对毕业生的质量

① 宋旭红. 学术型-应用型：我国普通本科高校分类之论[J]. 山东师范大学学报（人文社会科学版），2019（5）：95-106. 对高校的分类研究一直是教育研究领域的一个热点，国内学者的研究具体可见：杜彬恒，王潇晨. 回顾与展望：中国高校分类问题研究 20 年——基于 CiteSpace 知识图谱的分析[J]. 高等建筑教育，2019（1）：1-10. 另外，目前国际上有两个比较权威的对高校进行分类的方法：一个是 UNESCO 制定的《国际教育标准分类法》，它是一个按照国际商定的共同定义和概念对各类教育统计提出的标准框架报告，该框架确保了教育所产生各项指标的国际可比性，并提供了教育系统的国际比较平台，得到了国际社会的普遍认可；它最初于 20 世纪 70 年代开发，目前使用的是 2011 年版。另一个是美国卡内基高等教育机构分类法，它基于全美各类型院校最新数据研制，是识别和描述美国高等教育机构多样性的主要框架，被广泛应用于高等教育研究，包括对高等教育机构的分类、描述和比较，政策分析与制定，以及作为研究设计中的抽样框；它自 1973 年发布第 1 版后得到了不断修订，目前推出了 2018 年版。

② 中国社会科学院语言研究所词典编辑室. 现代汉语词典（第 7 版）[M]. 北京：商务印书馆，2021：491.

③ 王进鑫. 适应知识经济挑战变革高校人才培养规格[J]. 中国高教研究，2001（3）：71-72.

进行规范和管理，以使其符合学校所制定的教学大纲和教学计划的要求，方便教学检查、评估和审核，最终目标是能够解决学生的质量监测与评价问题和解决学生最终根据专业来确定培养方向的课程与教学问题。[①]潘懋元先生认为，“教育质量标准可以分为两个层次，一个是一般的基本质量要求，另一个是具体的人才合格标准”[②]。换句话说，本科人才培养规格可分为两个层次：第一个层次是指国家对本科人才培养规格的统一性和一般性要求，依据国家教育目的和高等教育的一般培养目标来确定；第二个层次指的是大学为适应社会对不同人才类型的多样性需要而设计的各种具体人才培养规格，即不同类型的专业人才培养规格。

当然，人才培养的规格定位与类型定位两者之间是相互联系、相互印证的关系，人才培养的类型定位内在地包含对人才培养规格的界定，人才培养的规格定位则是对人才培养的类型定位的具体化与可操作化，反映的是教育与人的发展的本质联系，主要来自个人发展的需要和学科专家的建议。人才培养规格的第一个层次即体现在党和国家的所制定的教育方针或宪法和教育法、高等教育法等国家政策法律中关于人才培养的总的教育目的或根本教育目标的阐述中，是对各级各类人才培养的类型和规格进行总的高度的抽象概括，即潘先生所说的对人才培养目标提出了统一性和一般性的要求。在人才培养规格的第二个层次即具体规格方面，就是要明确人才培养规格的具体构成要素及其结构，主要是由知识本身的类型与结构所决定的，并主要遵循学科专家的建议。历史上对人才培养规格构成要素的划分主要有“二要素说”（知识和能力）、“三要素说”（知识、能力和素质）和“四要素说”（知识、能力、素质和价值）。例如，有学者认为，“人才培养规格就是指学校等机构对所培养的人的人文素养、知识结构、能力素质等方面所要达到标准的外在规定，是检验人才培养效果的标准”[③]，这就是“三要素说”。从实践层面来看，目前在大学人才培养规格的具体化方面，知识、能力和素质/素养的“三要素说”比较流行。

二、大学人才培养目标定位之困境

（一）大学人才培养目标定位之理论困境

根据分类方法论，先分类再分层。在思维中根据事物的共同点将其集合为较

① 胡泽民，莫秋云，杨元妍. 技术结构理论和人才培养规格要素理论下的应用技术型人才培养[J]. 桂林航天工业学院学报，2018（1）：98-102.

② 潘懋元. 高等教育大众化的教育质量观[J]. 中国高教研究，2000（1）：9-11.

③ 李硕豪，耿乐乐. 应用技术型本科人才培养规格论理[J]. 职业技术教育，2017（22）：26-31.

大的类（逻辑中的种概念），又根据事物的差异点将较大的类划分为较小的类（逻辑中的属概念），种属概念就将事物区分为具有一定从属关系的不同层次的大小类别，从而形成各种概念系统。①正如社会学家涂尔干和莫斯认为，“所谓分类，是指人们把事物、事件以及有关世界的事实划分成类和种，使之各有归属，并确定它们的包含关系或排斥关系的过程”②。潘懋元和陈厚丰两人在深入探讨高等教育分类方法论问题时指出：要通过建立相应分类标准及指标体系，对事物等进行横向归类和纵向分层，以便于人们确定事物之间的相互关系；应当依据所承担的主要任务对高等教育进行横向分类，依据人才培养的类型及专业设置的面向对高等学校进行横向分类，依据履行社会职能的能级对高等院校进行纵向分层；对于高等教育来说，横向类别划分是纵向层次划分的前提，科学合理的高等教育分类模式和框架应该是在横向分类的前提下，做到横向分类与纵向分层两个维度相互结合，从而促进高等教育的多样化；高等教育分类框架是制定定位政策的前提，定位政策是落实分类框架的重要保证；分类框架解决的是高等教育及其机构的任务、职责和能级区别的问题，不是解决高等学校的社会地位高低问题；高等教育定位政策则是根据高等教育分类框架建立起相应的激励和约束机制，通过规划方式明确高等学校各自的职责分工，通过评估方式判断高等学校的办学质量和水平，并将其与资源配置特别是拨款联系起来，引导高等学校合理分工、科学定位、明确方向，不断提高质量和水平。③以上对高等教育分类方法论的阐释十分明确地描述了高等教育“分类”与“分层”的关系以及高等教育分类与高校办学定位之间的区别和联系，分层在很大程度上是分类发展成熟之后自然形成和政策约束的结果。

然而，在大学人才培养类型的理论研究上，通常以高校类型来代替人才培养类型或教育类型，而高校类型又通常在人们的思维和实践中贯以“层次”来对待。例如，关于高校类型的划分有研究型大学、省部级重点大学、一般本科院校、普通专科学校、高等职业技术学校，研究型大学、教学研究型大学、教学型本科院校、高等专科学校和高等职业学校等④；实践中通常贯以“985 工程”大学、“211 工程”大学和一般本科院校，一流大学、一流学科建设高校和一般本科院校，中央高校和地方高校等称号。可以说，高校这种层次结构的影子到处可见⑤，深深地影

① 林康义，唐永强. 比较 • 分类 • 类比[M]. 沈阳：辽宁人民出版社，1985：46.

② [法]爱弥尔 •涂尔干，[法]马塞尔 •莫斯. 原始分类[M]. 汲喆，译. 上海：上海人民出版社，2005：2.

③ 潘懋元，陈厚丰. 高等教育分类的方法论问题[J]. 高等教育研究，2006（3）：8-13.

④ 马陆亭. 高等学校的分层与管理[M]. 广州：广东高等教育出版社，2004：66-72.

⑤ 马陆亭. 高等学校的分层与管理[M]. 广州：广东高等教育出版社，2004：100.

响着教育的实践和人才培养的多样性，造成了人才市场的相互攀比和不同类型高校之间的“鄙视链”①。实际上，这只是大学的职能分工不同、类型不同②，而无高低贵贱之分。教育类型和教育层次是密切联系但又不同的两个概念，同一类型的教育存在不同的教育层次，同一教育层次可以包含不同的教育类型；同样，教育类型和学校类型也是两个紧密联系而又存在实质性差异的概念，不同的教育类型可以在同一所学校实施，而同一类型的教育也不可能由一所学校独立承担。③实际上，从人才培养的层次来看，依据所授予的学位类型的不同，纵向层次上可分为专科、本科、研究生（硕士与博士），这一点在《中华人民共和国高等教育法》第十六条中进行了明确的区分，即“高等学历教育分为专科教育、本科教育和研究生教育”，三个层次非常清楚。这种在理论上将层次与类型的混淆，常常造成人们在实践中对人才培养目标的类型定位产生困惑，从而使各高校在实践上无不浑身解数，进行着“向上”和“趋同”的“理性”选择。

理论上的困惑还表现在对人才培养目标的规格定位如何进行科学表征，使之具有实践上的可操作性。例如，目前理论与实践中还普遍使用“知识、能力和素质/素养”三因素来构架人才培养目标的规格，这三个概念是否使用一个标准来进行分类？笔者使用这三个概念在中国知网上进行并列精确检索④，发现相关文献有494篇之多，时间范围为1991—2021年，涵盖期刊论文、学位论文、报纸和研究报告；同时，2018年教育部高等学校教学指导委员会编著的《普通高等学校本科专业类教学质量国家标准》⑤（以下简称“专业质量国家标准”），对各专业类的人才培

---

① “鄙视链”一词最早见于《南方都市报》2012年4月7日深圳杂志“城市周刊”专题中的《互联网鄙视食物链大全：玩豆瓣的鄙视玩天涯的》一文。“鄙视链”是当今网络社会中反映出的一种自我感觉良好，而瞧不起他人的现象，如上述高校的所谓分层即构成了高校鄙视链：“985工程”高校>“211工程”高校>地方重点高校>地方一般院校>新建本科院校，此外还有学科鄙视链：理科生>工科生>文科生（经济法律>外语>文史哲）>体育生和艺术生；等等。

② 当然，以上分类中有些把层次与类型放在一起来划分高校类型，如把本科层次的不同高校类型与专科层次的不同高校类型放到一块来划分，这不符合逻辑学上的分类原则，分类应该在同一层次进行；当然，也有学者认为，专科和本科都属于高等教育（相对于学前教育、初等教育和中等教育而言）或“第三级教育”（相对于第一级教育、第二级教育而言），但正如中等教育一样，其内部又区分为初级中学教育和高级中学教育两个层次，同样，高等教育内部也已经有了清晰的分层：专科、本科、研究生（研究生又分为硕士研究生和博士研究生两个层次）。

③ 董秀华. 试论“专业高等教育”——基于人才培养规格差异的视角[J]. 复旦教育论坛，2008（2）：38-41，46.

④ 检索时间为2022年8月16日。

⑤ 教育部高等学校教学指导委员会. 普通高等学校本科专业类教学质量国家标准[M]. 北京：高等教育出版社，2018.

养方案（教学计划）进行描述时还通常使用“知识、能力和素质”①来表征毕业生的培养目标及培养规格。事实上，在理论探讨上，有学者认识到，三者并非相互独立且可并列的概念，素质是一个上位概念，包括生理素质、心理素质和社会文化素质等。②基于此，学者会自觉不自觉地选用其他词来替代，如“专业质量国家标准”中有些专业就用“素养”代表“素质”，也有使用诸如学识、能力和品质三维来表征的。③值得注意的是，21世纪以来，使用“素养”的论文比例逐年升高，很大程度上已替代了“素质”用词。但仔细考察前后所用“素质”与“素养”的内涵及区别后可发现，两者基本上是在同一意涵上来使用的。

（二）大学人才培养目标定位之实践困境

中华人民共和国成立伊始，我国高等教育一直采取的是学习追赶型的发展路径，这种追赶战略有成功的一面，主要表现在基本满足了建国初期国家整体工业化体系建设对各类专门人才的需要；但随着经济社会的发展，其在一定程度上造成了实践中对大学人才培养目标定位的摇摆与困惑，其中影响最大的是重点大学建设制度和院校调整合并两方面。

我国重点大学建设制度是一项由政府主导、以提高重点大学教育质量和办学效益为政策目标，通过重点资助、重点投入的形式，调整高等教育资源与利益分配格局，实现国家和政府预期的政策。④重点建设事实上造成了同一类大学的分层。梳理中华人民共和国成立以来我国重点大学建设相关的政策文件，主要包括《关于重点高等学校和专家工作范围的决议》（1954年）、《中共中央关于在高等学校中指定一批重点学校的决定》（1959年）、《中共中央关于增加全国重点高等学校的决定》（1960年）、《国务院转发教育部〈关于恢复和办好全国重点高等学校的报告〉

① 2018年的“专业质量国家标准”涵盖普通高校本科专业目录中全部92个本科专业类、587个本科专业，涉及全国高校5.6万多个专业点[详见：吴岩.《普通高等学校本科专业类教学质量国家标准》有关情况介绍[EB/OL]. http://www.moe.gov.cn/jyb_xwfb/xw_fbh/moe_2069/xwfbh_2018n/xwfb_20180130/sfcl/201801/t20180130_325921.html.（2018-01-30）]。梳理各专业所编制的本专业培养目标和培养规格的表征后发现，除了由国家教育方针、总教育目的规定的本科人才培养目标的一般要求外，不同大类学科专业对本专业人才培养目标规格方面的表征不太一样，主要有如下几种：有些使用的是“知识、能力、素质”三因素结构，个别的将“素质”更换为“素养”，有些使用“知识、技能、能力”三因素结构或“知识、技能、素质”，还有些采用“知识、能力”的“两因素”结构，等等，不仅不同学科之间的表征不同，即使是同一学科，不同专业的表征也不相同。

② “素质教育的概念、内涵及相关理论”课题组. 素质教育的概念、内涵及相关理论[J]. 教育研究，2006（2）：3-10.

③ 史宁中，柳海民. 素质教育的根本目的与实施路径[J]. 教育研究，2007（8）：10-14，57.

④ 胡炳仙. 中国重点大学政策的历史逻辑与制度分析[M]. 青岛：中国海洋大学出版社，2010：106.

的通知》(1978年)、《国家计委、教委、财政部关于印发〈“211工程”总体建设规划〉的通知》(1995年)、《面向21世纪教育振兴行动计划》(1998年)、《国务院关于印发统筹推进世界一流大学和一流学科建设总体方案的通知》(2015年)等。考察这些政策文件，不管是通过“指定”，还是通过“项目”“工程”，抑或是通过“计划”“方案”，不同时期的重点大学建设制度无不是与大学的资源配置紧密联系在一起的，区别在于由最初的“指令性”逐渐演化为后来的“指导性”，而这恰恰与我国政治经济体制改革的发展路径是同构的。大学是遗传与环境的产物，且作为一种公益性较强的组织，其生存与发展主要依赖于外部资源的供给，只有通过获取外部资源并将其转化为自身的存活能力，其才能获得发展。

如此，在国家战略和政府的引导之下，某所大学若进入“重点大学建设”序列，就在招生、教学、科研、经费、师资配备、基本建设等资源分配方面享有领先优势，承担着为国家培养社会主义事业的“精英”建设者和接班人的职责，并对重点大学建设序列之外的一般大学具有示范引领作用和很强的影响力；一般高校则游离于重点大学建设政策之外，以有限的资源实施“大众化教育”或“普及化教育”，服务地方经济和社会的发展，培养大批高素质专门人才和社会主义劳动者，成为推进高等教育大众化、普及化的主力军，并肩负有积极向重点大学学习、看齐的义务，具有很强的冲动力。由此，在重点大学建设不断推陈出新、渐进变迁的过程中，尚处于重点序列之外的高校只有通过不断适应和学习重点大学构建的游戏规则才能生存和发展。其中一部分有实力的高校积极寻找“变道超车”的政策空间与机会，充分发挥自身的各项资源优势，利用政府管理与地方竞争之间的张力，采取“跑步前进”“拆拼合并”等手段成为重点大学建设的幸运儿，从“省部共建”高校到“部省共建”高校是高校及所属地方政府集体行动的典型代表；其他一般高校，为了获取与重点大学“并行”的机会，则按照规范系统所明确规定的合法的方式或手段(一般是采取升格，改变自身办学定位和理念)，努力向示范的重点大学看齐，以追求那些有可能达到的收益。[①]这些集体行动在很大程度上就造成了几乎所有的大学在人才培养目标的类型定位上都向重点大学看齐和趋同[②]，把学术型人才作为自己的人才培养目标，而相对忽视经济社会发展和市场对各类

---

① 张应强. 制度规约与一般高校生存——读《重点大学建设对一般高校发展的影响》[J]. 湖北师范大学学报（哲学社会科学版），2019（2）：155-156.

② 这种趋同除了表现为在人才培养目标上都趋向于培养学术型人才外，还表现为学科建设的趋同，以及仪器设备设施的趋同或重复建设等。另外，当前有诸多“双一流”大学在本校所在地区的外省（区、市）纷纷建立分校，其本质是为了获取更多的资源，而资源是有限的，各地纷纷引进重点大学建设分校的同时，必定会压缩本应该更多地投入到当地已有普通高校的经费，这种现象实际上也是重点大学建设制度的溢出负效应的表现。

应用型人才的大量需求，从而造成大学人才培养目标在类型定位上的实践困境。正如国内外研究指出的：一方面，过分强调“分层”，不但忽略了高等教育大众化、普及化发展阶段的人力资源多样性需求，还引致各大学办学的趋同效应①，使得“应用型大学在体制机制的设计、办学资源的配置及自我寻位过程中仍存在诸多问题，与行业产业脱离，社会服务能力薄弱，与研究型高校具有较高同质性”②；另一方面，过分强调获取世界一流大学地位或者过于关注建设面向研究和精英的大学，不仅可能把精力和资源从更重要的，或许是更实际的目标上挪开，忽视培养更多学生或服务国家的需要，还可能使大学确立不切实际的期望，从而损伤教职工的士气和表现③。也正是从这个意义上来讲，在建设高质量高等教育体系的新时代，推动建设世界一流大学的压力有必要在适当的范围内进行回顾和检视，以避免刻意夸大世界一流大学的价值和重要性，并造成在国家高等教育系统里资源分配格局的扭曲。④

为服务和适应经济社会发展，国家主要开展了两次院校调整和教学改革。一是于 20 世纪 50 年代进行的以行业产业的布局和发展为主线来拆并调整高等院校和推进教学改革，减少了综合性院校和文科，组建起一大批直接面向产业的行业性、专门性院校，特别是工科院校，以建立与当时的计划经济体系相适应的高等教育体系以及专门人才培养体系。从历史角度考量，从宏观的高等教育与国家社会之间的关系来看，这次调整改革“奠定了我国高等教育的基本格局，促进了高等教育的发展；扩大了高校规模，提高了办学效益；促进了内地的教育发展和经济文化建设”⑤，培养了一大批经济建设急需的专门人才。从微观的教育教学改革上看，这次调整改革在“密切结合国家经济建设需要，坚持理论联系实际、教育同生产相结合的方向”和“积极采取智力引进的办法，请进来，派出去；大胆培养和启用青年教师”这两方面取得了较为成功的经验⑥，其不足主要有：相对忽视了社会科学与人文科学；理工分家，专业设置狭窄；历史悠久的名牌大学被拆散，

① 余寿文. 工程教育发展的目标与分类分层推进的策略思考[J]. 高等工程教育研究，2013（6）：6-12.

② 史秋衡.《中华人民共和国高等教育法》20 年发展报告——基于高校分类人才培养提质增效视角[J]. 国家教育行政学院学报，2020（2）：15-25，87.

③ [美]菲利普·G. 阿特巴赫. 世界一流大学的代价与好处[A]//刘念才，Sadlak J（Eds.）. 世界一流大学：特征·排名·建设[M]. 上海：上海交通大学出版社，2007：49-53.

④ [美]杰米尔·萨米尔. 在发展中国家建立一流研究型大学面临的挑战[A]//菲利普·G. 阿特巴赫. 世界级大学领导力[M]. 姜有国，译. 北京：中国人民大学出版社，2014：213-225.

⑤ 卢立菊，付启元. 1990 年代以来关于五十年代高校院系调整研究综述[J]. 南京社会科学，2003（12）：65-68.

⑥ 李家宝，李春城. 成功的经验 有益的借鉴——从哈工大在五十年代的发展建设看我国高等教育的成功经验[J]. 中国高教研究，1985（2）：78-81.

综合性大学被严重削弱；私立大学的取消，既中断了民间办学的传统，又增加了国家的负担①。在以上宏观到微观的系统性改革的基础上，我国大学的人才培养目标定位在全面学习苏联后，整体走上了以培养“专才”为目标的模式与轨道，强调统一性的批量生产，而较为忽视学生的个性化培养。二是于20世纪90年代进行的大学合并，在“共建、调整、合并、合作”方针的指导下，我国合并建设了一批综合性大学，以建立与社会主义市场经济发展相适应的高等教育体系以及人才培养体系。从宏观上看，此次调整增强了一些高校的办学实力，在一定程度上实现了优势互补、强强联合和学科的相互渗透、交叉综合，一批名牌大学的学科专业通过合并得到了补充，学科覆盖面拓宽，为跻身世界一流大学的行列创设了条件；从微观上看，院校调整也在一定程度上使得专业划分过细、人才适应面过窄、大量重复建设的局面得以改善，院校为地方和区域经济社会发展服务的能力有了较大程度的提升。②此轮调整对高校的直接影响是，高校开始对人才培养目标定位进行多样化探索，把“专才”目标做了适应市场经济社会发展的修正，同时开始把创造力的培养嵌入人才培养目标的规格定位当中，有些大学还提出培养“通才”的规格定位。但不管是“专才”还是“通才”，大都还停留在宏观抽象的目标描述上，而少有转化为具体可操作的培养规格中的质量标准，更没有转化为承载这一培养过程的课程教学体系和各种各类教学活动的设计和实施，从而在一定程度上造成了人才培养规格定位的实践困境。

（三）大学人才培养目标的类型与规格定位相互混淆

人才培养实践过程中的困惑还有人才培养目标的类型定位与规格定位之间的模糊不清和逻辑不统一，甚至有时相互矛盾。考察“专业质量国家标准”中一些专业大类对人才培养目标的表述，例如，自动化类专业教学质量标准中，该专业的人才培养目标在不同地方有不同表述：“概述”中对人才培养目标是这样表述的：“自动化类专业的培养宗旨是使本类专业学生成为高素质、宽口径、复合型的自动化科学与技术专门人才”；“专业类培养目标”中是这样表述的：“自动化类专业培养……胜任自动控制系统研究、设计开发、部署与应用等工作，在相关领域具有就业竞争力的高素质专门技术人才”。从人才培养目标的类型定位看，“概述”中将其定位为培养“科学与技术专门人才”，即可理解为培养研究型和应用型两大类

---

① 沈登苗．打破民国高等教育体系的院系调整——以中国现代科学家于院系调整前后在高校的分布为解读[J]．大学教育科学，2008（5）：73-81.

② 关红辉．专业群建设视域下我国两次大规模“院系调整”的比较与启示[J]．高教学刊，2018（15）：18-19，22.

人才；而“专业类培养目标”中对人才培养类型的表述前后矛盾，一方面要培养“胜任自动控制系统研究、设计开发、部署与应用等工作”，表明至少要培养“研究型、设计开发型、部署与应用型”三类，但另一方面又将这三种工作类型统一用“专门技术人才”来表述，这显然是窄化了培养目标的类型范围，也与“概述”中的表述不一致。再从培养规格的定位上看，“概述”中没有描述规格，“专业类培养目标”中主要从“知识、技能、能力和素质”等方面进行的描述显然与后面的“专门技术人才”这一类型是矛盾的。再如社会学类专业，其“专业类培养目标”的描述分为三段：第一段是国家教育方针、总的教育目的规定的一般性、统一性目标；第二段是“培养学生……能够在党政机关，教育、科研、文化、民族、宗教、新闻传播等领域，以及社会团体、福利机构、企业等组织从事专业性工作，或者运用社会学类专业知识独立创业、组织提供社会服务”；第三段是“培养具备较高理论素养、较强实践与创新能力的复合型人才”。从人才培养类型上看，只培养“复合型人才”这一类，一是涵盖不了其前面所列举的工作领域的相关工作；二是对于全国各类院校的社会学专业来说，肯定也不能只培养“复合型人才”这一类。①

再来考察各高校对自身人才培养目标的具体化表征。有学者分析研究了全国34所农林院校，既包括中国农业大学等“双一流”大学，也包括诸如信阳农林学院等一般院校，发现农林院校人才培养目标主要存在以下问题：目标方向不够明确，导向价值弱化，人才培养目标的同质化现象严重，同“专业质量国家标准”存在一定差距。②当然，这与理论研究还没有研究透彻有关。除此以外，20世纪末最先系统研究高等教育目标的学者文辅相所提出的一些问题，如普通教育目标淡化、科学教育目标层次偏低、科学教育与人文教育分离、个性发展受到忽视等③，现在也还或多或少存在，特别是科学教育目标和个性发展两方面较被忽视。

三、大学人才培养目标定位之转型

大学人才培养目标的定位包括类型与规格两个方面，分别反映了大学与社会

---

① 教育部高校教学指导委员会. 普通高等学校本科专业类教学质量国家标准（上）[M]. 北京：高等教育出版社，2018.

② 吉飞跃，吴锦程. 农林院校本科人才培养目标的特征与问题研究——基于34所高校相关文本分析[J]. 新疆职业教育研究，2018（4）：26-30.

③ 文辅相. 中国高等教育目标论[M]. 武汉：华中理工大学出版社，1995.

发展、大学与人的发展之间的辩证统一关系，因而其转型也需要从这两对辩证统一关系出发来反思与应对。

（一）大学人才培养目标的类型定位转型

就人才培养目标的类型定位转型来看，作为其两大影响因素的经济社会和高等教育，它们的发展近年来正呈现出一些全新特征。就国内社会主要矛盾及其发展阶段来看，中国特色社会主义进入新时代，社会主要矛盾已转化为人民日益增长的美好生活需要和不平衡不充分的发展之间的矛盾。一方面，经济社会发展整体上已转向高质量发展阶段，产业全面转型升级及从制造大国走向制造强国和智造中国、第四次工业（科技）革命的大国竞争及从科技大国走向科技强国和创新型国家，对各方面的创新能力以及各类人才的创造力培育与发展提出了非常迫切的要求；另一方面，高等教育普及化阶段，大学生特质的多样化和个人发展需求的个性化对高等教育人才培养类型的多样化提出了非常广阔的内在要求。就国际社会主要矛盾及国际关系来看，虽然和平与发展依然是国际主流价值导向，人类命运共同体的理念也得到越来越多国家的认同，但大国之间的矛盾交错复杂，意识形态挟持民族种族差异造成了国与国之间的心理隔离与价值区隔，国际竞争已全面转向创新科技与创新人才之间的竞争，进一步加剧了我国从人力资源大国走向人力资源强国的任务紧迫感，特别是对于不管是处于跟跑还是已处于并跑或领跑阶段的各行各业及相关科技领域的“从 0 到 1”的原创科学家、发明家，以及一大批“大国工匠”式的应用型、技术技能型创新人才的渴求达到了前所未有的程度，从而为各级各类创新人才的培养奠定了外部需求基础。

就高等教育体系的建设与发展来看，中华人民共和国成立 70 余年来，我国高等教育界在学术型人才或研究型人才培养方面已积累了较为丰富的经验，相对来说，应用型人才培养方面还不能很好地满足经济社会发展的需要。根据教育部统计数据，2020 年，高等教育毛入学率已达 54.4%；全国共有普通高等学校 2738 所，其中普通本科院校 1270 所（含本科层次职业学校 21 所）、高职（专科）院校 1468 所；2020 年招收专业学位博士研究生 13 719 人，占博士研究生招生人数的 11.8%，比上年提高 1.9 个百分点，招收专业学位硕士研究生 60.2 万人，占硕士研究生招生人数的 60.8%，比上年提高 2.4 个百分点，且“十四五”期间研究生的绝大部分名额将投放在专业学位上。①综合以上数据可以说，相对于层次分明完善的普通教

① 教育部. 2020 年全国教育事业发展统计公报[EB/OL]. http://www.moe.gov.cn/jyb_sjzl/sjzl_fztjgb/202108/t20210827_555004.html.（2021-08-27）.

育系统而言，实践上逐渐建立起来的培养各级各类应用型人才的专科、本科、研究生（又区分为专业硕士、专业博士两个层次）的职业教育纵向层次结构系统已初步清晰，高等教育阶段的普通教育与职业教育两个体系已初步形成，从而为各级各类创新人才的培养奠定了组织或机构基础。

在这个纵向层次体系中，专科与研究生两个层次的应用型人才培养定位相对比较明确，而中间的本科层次应用型人才培养却是“中部塌陷”[①]，因而亟须在直面社会需求的基础上，做出积极回应并进行回归和转型。说“回归”是因为中华人民共和国成立以来，我国在应用型人才培养方面已积累和探索了非常丰富的经验，如20世纪50年代学习苏联的“专才教育”和行业办学模式，以及兴起于20世纪80年代，有全国性的“中国高等教育学会产学研合作教育分会”作为交流学习和研究平台，有专科、本科和研究生各个层级应用型人才培养单位参与的“产学合作教育”或“产学研合作教育”模式等，这些都是非常值得进行专题研究和认真总结的。已出现偏离的高校需要回归，还一直坚守这种办学定位的老牌高校则需要在坚守中继续传承与发展。说“转型”是因为截至2019年，我国新建本科院校已达692所[②]，占全国普通本科院校的“半壁江山”，尽管它们在寻找个性化办学定位与特色发展策略的初期，普遍以应用型作为学校转型发展的目标，但在实际办学过程中却普遍偏离应用型而模仿并走向传统学术型[③]，这些高校则需要回归初心并实现转型。所以，根据当前经济社会发展对人才多样化的需求，特别是对应用型人才的紧迫需要，在遵循人才成长客观规律和借鉴国外人才培养多样化发展经验的基础上，认真总结我国已有的多样化人才培养的实践探索和应用型人才培养的丰富经验，在本科层次建立起“学术型-应用型”人才培养目标的类型定位系统和相关制度保障显得尤为重要。“良好的高等教育制度应当是实行学术型人才培养和应用型人才培养两大系统并行交叉发展的制度。”[④]

（二）大学人才培养目标的规格定位转型

就人才培养目标的规格定位转型来看，除了个人身心发展特点与需求外，经济社会发展对人本身提出的发展要求也需重点考虑。从个人身心发展特点与需求来看，一方面，高等教育普及化阶段的到来，意味着大学已“飞入寻常百姓家”，

① 史秋衡．《中华人民共和国高等教育法》20年发展报告——基于高校分类人才培养提质增效视角[J]．国家教育行政学院学报，2020（2）：15-25，87.

② 雷鸣强．促进新建本科院校协作联盟发展[J]．教育研究，2020（5）：22-26.

③ 付八军．新建本科院校应用转型的回顾与展望[J]．江苏高教，2020（6）：42-48.

④ 马陆亭．高等学校的分层与管理[M]．广州：广东教育出版社，2004：347.

大部分适龄学生只要愿意都有机会接受高等教育；另一方面，当一个国家的经济发展进入中等收入水平以后，特别是对于中产家庭的学生来说，以社会需求，特别是自我实现的需求为目的的内部学习动机正上升为首要因素，而以生存需要为目的的外部学习动机退居其次；换句话说，已有相当一部分学生的学习选择不再是为了生存，而在很大程度上首先是基于个人学习的兴趣；当然，由于经济发展水平的差异，也还有不少学生，特别是经济欠发达地区、家庭收入水平还不太高的学生，他们的学习选择主要还是基于生存需要的外部压力。再从经济社会发展对人本身提出的发展要求来看，一方面，信息与智能时代使未来社会的发展具有很大的不可预期性和不确定性，这种未来不确定性对人的能力提出了新要求，即如何培养大学生具有适应未来生存与发展需要的核心素养，这一点已成为国内外的研究热点；另一方面，高等教育普及化及研究生规模的扩张，使本科教育作为研究生教育乃至终身教育的“基础教育”的性质越来越突出；换句话说，本科教育人才培养的规格要求要能够为个人后续的可持续发展乃至终身学习打下坚实的基础，无疑这种“基础”首要地就体现在如何培养学生的创造力上。

所以，一方面，当前学生的求学意愿、前期的知识掌握程度和能力发展水平，个性特长、态度、价值观及对未来的角色定位等都呈现出明显的多样化特征；另一方面，经济社会发展对人才或毕业生的规格或质量标准也显得日益复杂和多元。换句话说，人才培养的多样化最终要落实在人才培养规格上，而不是全部趋同于学术型人才这一种规格或一个质量标准。《中华人民共和国高等教育法》第一章第四条规定，“高等教育必须贯彻国家的教育方针，为社会主义现代化建设服务、为人民服务，与生产劳动和社会实践相结合，使受教育者成为德、智、体、美等方面全面发展的社会主义建设者和接班人”①；第五条规定，“高等教育的任务是培养具有社会责任感、创新精神和实践能力的高级专门人才”；第十六条第二款规定，本科的学业标准（即基本规格和质量标准）为“本科教育应当使学生比较系统地掌握本学科、专业必需的基础理论、基本知识，掌握本专业必要的基本技能、方法和相关知识，具有从事本专业实际工作和研究工作的初步能力”。这是从国家教育方针、法律的角度对大学人才培养规格进行的统一性和一般性的质量要求。不同大学的不同专业再根据本校本专业的实际情况在规格方面进行具体化。在这方面，有些专业已有国际通用的行业或专业标准的，人才培养规格的定位就

① 2021 年新修订颁布的《中华人民共和国教育法》第一章第五条规定，“教育必须为社会主义现代化建设服务、为人民服务，必须与生产劳动和社会实践相结合，培养德智体美劳全面发展的社会主义建设者和接班人”。此为我国对当前教育方针的法律表述，《中华人民共和国高等教育法》作为《中华人民共和国教育法》的下位法，应遵循此表述。

还必须参考这些成熟的标准（有些甚至就采用这些标准），如工程教育专业认证标准、建筑行业相关的专业标准等，再根据本校本专业实际来进行具体化。所以，在新的时代背景下，还需要继续坚持和反思现有教育观念，守正创新，冲破某些传统教育观念，大力倡导创新教育理念，大量培育创新人才。未来创造性人才的基本特征包括永不磨灭的好奇心、审辩思维能力、良好的协作性、积极的创造性、极其丰富的想象力、明月入怀式的包容性以及过硬的基本功。①因此，人才培养目标的设计不但要重视知识量，更要重视想象力的激发和关键能力的培养。②

前文调查分析表明，大学生创造力发展的两个构成维度中，创造性人格及其冒险性、好奇性、想象力和挑战性 4 个模块所构成的发展都表现一般，特别是想象力的发展；创造性思维各构成模块中，独创性模块的发展水平较低。正如有学者所言，“创新能力是中国‘核心素养的核心’，培养创新人才是中国教育的优先目标”③。创造性人格的大力培育与夯实以及想象力、好奇心的呵护和增强，独创性的激发、引导和培养，更应该作为新时代大学本科人才培养目标规格定位的优先目标之核心内容来加以重点体现。换句话说，本科阶段不管是定位于学术型人才培养还是定位于应用型人才培养，抑或是这两类人才的再细分，都要把以上创造力构成要素中最为缺失或不足方面的培养和加强体现或表征在各类人才培养目标的规格定位中。④如果在教育理念以及内涵教育理念的教育目标当中没有包含对个体创造力培育的理解，创造力必然会牺牲在各种标准化的条条框框的约束之中⑤，培养数以亿计的各级各类创新人才的宏伟目标也会在具体实践中变得无的放矢。

---

① ［日］松下佳代，［日］京都大学高等教育研究开发推进中心．深度主动学习：基于大学课堂的教学研究与实践［M］．林杰，龚国钦，冯庚祥，等译．北京：人民邮电出版社，2021：1.

② ［美］阿尔弗雷德·诺思·怀特海．教育的本质［M］．刘玥，译．北京：北京航空航天大学出版社，2019：132.

③ 褚宏启．核心素养的国际视野与中国立场——21 世纪中国的国民素质提升与教育目标转型［J］．教育研究，2016（11）：8-18.

④ 笔者在北京工业大学工作时作为主要成员参与了学校“十五”“十一”“十二五”人才培养规划的编撰，在系统梳理过往学校人才培养目标的基础上，根据学校在北京高校中所处的位置以及北京市赋予的责任，将学校本科人才培养目标定位为培养具有独立思考、自由表达（即自由的、不受思维的制约，用中文、英文两种语言进行口语和书面语的表达）、国际视野、首都情怀，善于沟通、勇于创新，数学、英语和计算机能力等通用素质较强，具有高度的社会责任感和公民道德，创新精神和实践能力强的应用型创新人才，从而明确将独立思考、创新精神等创造性人才的特质表征在学校的培养目标当中。详见：柳贡慧．大学要在坚守中理性变革［N］．光明日报，2015-10-13（13 版）.

⑤ 戴耘．总序［A］//Beghetto R A，Kaufman J C．培养学生的创造力［M］．陈菲，周晔晗，李婀，译．上海：华东师范大学出版社，2013：14.

（三）大学人才培养目标的表征话语转型

基于中国高等教育丰富实践而产生的素质教育的理念及相关理论，很好地体现了新时代需要大力培育各级各类创造性人才的社会特点，具有广大的实践基础和生长空间，可用于表征大学生创造力培育目标的规格和质量标准。

如何在深入总结和研究本土实践的基础上，参照国际上目前已经相对成熟的、以学生学习结果为基础而建立的教育目标分类学理论（如认知、情感和技能/动作三大领域的目标分类学体系）①，构建起具有我们自身实践和文化特色的人才培养的素质教育目标分类体系？近年来，政策导向与教育实践中越来越多地将“价值、能力、知识”三者作为素质教育理论体系下表征人才培养目标的话语体系。政策上，教育部于 2020 年印发的《高等学校课程思政建设指导纲要》中明确提出，“落实立德树人根本任务，必须将价值塑造、知识传授和能力培育三者融为一体、不可割裂”，全面落实到课程建设与实施过程当中。实践上，越来越多的大学、院系和教师将三者并列，作为素质教育的三个基本要素，贯穿于人才培养目标体系的设计以及整个人才培养的过程当中。例如，清华大学自 2017 年第十四次党员代表大会召开以来，在教育教学综合改革中确立并持续建设完善的价值塑造、能力培育、知识传授“三位一体”的教育理念及人才培养体系②；上海第二工业大学统计学教师詹晓琳经多年实践建立起了“注重价值塑造、知识传授和能力培育三位一体的育人模式”③等。除了培养目标表征的概念体系外，目标表征与本校的办学定位相一致，以及目标表征的具体化、操作化也是需要重点关注的两个方面。

但总体上看，对于植根于中国教育广阔实践的素质教育理论未来还有待更进一步的深入研究，需要认真分析新时代、新形势下素质教育的新要求和发展的不平衡性，采取理念与实践相结合的综合研究方法，完善素质教育理论，研制教育质量标准，并从社会系统出发来审视素质教育，挖掘素质教育的成功样态，推进理论与实践的互动与升华，特别是“要集中探讨素质教育理论的核心问题，明确区分核心概念、中间层次概念和边缘概念，而不能相互混淆、串用，更不应以下

---

① 关于认知、情感和技能/动作三大领域的教学目标设计有很多理论，详见：[美]查尔斯·M. 赖格卢斯. 教学设计的理论与模型：教学理论的新范式（第 2 卷）[M]. 裴新宁，郑太年，赵健，译. 北京：教育科学出版社，2011. 作者在书中汇总评析了认知领域的 15 种理论、情感领域的 5 种理论和运动领域的 1 种理论。

② 教务处. 践行“三位一体”教育理念 培养肩负使命、追求卓越的创新人才[EB/OL]. https://www.tsinghua.edu.cn/info/2905/97888.htm.（2022-09-07）.

③ 学工部. 詹晓琳：注重价值塑造、知识传授和能力培养三位一体的育人模式[EB/OL]. http://sdsf.sspu.edu.cn/jsfc/80198.htm.（2020-12-14）.

位概念代替上位概念、用边缘概念取代核心概念”，“深入分析素质教育与各相关理论之间的关系，从而提升为一个有严格理论边界的教育哲学概念”。①

第三节 大学生创造力培育之课程改革

大学生创造力培育，明确了在培养目标中是否需要优先考虑“要不要”培养的问题之后，接下来要考虑的是“会不会”和“愿不愿”创新的问题，即课程与教学过程中如何培养大学生创造力的问题。这一节主要从课程改革的角度、下一节主要从教与学的角度（又主要从教学方法的角度）来讨论培养过程中还有哪些需要改革的问题，并讨论这些问题存在的原因和解决问题的突破方向与思路。

课程是教师教学与学生学习的内容和对象，课程设置是否合理，如何使其既符合学科学术结构，又符合人才培养目标结构；课程内容是否与时俱进，如何使其既具有学术前沿性和挑战性，又符合学生认知结构和最近发展区的设计性，这些均会对后续教师有效地教和学生有效地学产生很大的影响。换句话说，大学课程设置与设计的科学与否对大学生的创造力培育具有重要影响。

一、深化大学课程改革之永恒性和紧迫性

1994年国家教育委员会实施“高等教育面向21世纪教学内容和课程体系改革计划”，组织开展了“面向21世纪教学内容和课程体系改革”的研究项目，全国566所高校共2万多人申报，在正式批准立项的221个大项目（包括985个子项目）中，有322所高校的10 256人参加和承担了改革项目。②以此为标志，高校教学内容与课程体系改革开始成为中国高等教育改革的一项重要内容。21世纪以来，国家以发布各类官方文件的方式，以“质量工程”为平台，从上至下推动教学内容

① “素质教育的概念、内涵及相关理论”课题组. 素质教育的概念、内涵及相关理论[J]. 教育研究，2006（2）：3-10.

② 国家教育委员会高等教育司. 高等教育面向21世纪教学内容和课程体系改革经验汇编（Ⅰ）[M]. 北京：高等教育出版社，1997：18.

与课程改革，使其成为新一轮教学改革政策的基本价值取向，同时推出了系列课程或教学内容上的重点建设制度，如国家级的“精品课程”“慕课”“金课”，“精品教材”“规划教材”“金教材”，以及涉及课程、教材与教学内容建设的“一流专业”、“金专”建设等。那么，既然如此重视，为什么在此还要老调再谈呢？

（一）课程改革是大学教育教学改革的核心问题

历史地看，大学教育的变革反映了社会变迁、知识特征和教育主体（包括教育者与受教育者）的变化，大学理想（通常是大学校长的办学理念或思想）要通过课程来实现。[①]也就是说，课程充当着大学使命和完成大学使命的中介，成为沟通教育理论（特别是大学的理想与使命）与教育实践（大学人才培养的实践使命）之间的桥梁。在大学课程这一平台上，社会和学生从中获得他们的各自所需，大学教师在大学中实践并实现着他们的理想与蓝图，知识亦得到传递、创新和发展，大学之使命也借此得以实现。[②]这说明，课程及课程体系的改革是高校变革的永恒主题。如果从知识角度看，课程改革中最重要的就是课程知识选择的问题，即学生的知识与能力结构及其实现的课程体系如何构建的问题。“现代教育改革的核心问题之一就是选择什么样的课程知识的问题，其他许多教育问题都可以通过这个问题表现出来，或者说通过对这个问题的回答体现出来。”[③]换句话说，课程知识的选择是课程改革的核心问题，同时也是大学教育改革的永恒问题。

（二）课程内容直接关系到大学人才培养的规格和质量

制约高校教育质量的首要因素是课程，课程不仅把其所选择的知识内容变为便于教学的体系，而且是培养什么样的人的一个蓝图。[④]20 世纪 90 年代末以来，我国高等教育实现了从精英教育到大众化、普及化教育的跨越。如果说精英教育阶段大学培养的主要是各级各类社会组织结构中的拔尖创新人才，那么在高等教育大众化和普及化阶段，大学还要培养“数以千万计的专门人才”和“数以亿计的高素质劳动者”。社会经济结构对人才需求的这些改变，势必会导致承载人才培养规格和质量的大学课程体系和教学内容的巨大变革。应该说，经过 40 多年的改革开放和高等教育的实践与发展，中国大学已经具有了相当的办学自主权。《中华

---

① 李庆丰. 大学课程知识选择的实践逻辑研究[M]. 北京：北京师范大学出版社，2014：7.

② 李庆丰. 大学课程知识选择的实践逻辑研究[M]. 北京：北京师范大学出版社，2014：7.

③ 石中英. 知识转型与教育改革[M]. 北京：教育科学出版社，2001：127.

④ 李庆丰. 高校教学改革应重视对课程知识选择的研究[J]. 复旦教育论坛，2008（3）：27-31.

人民共和国高等教育法》明确规定，“高等学校依法自主设置和调整学科、专业”，“高等学校根据教学需要，自主制定教学计划、选编教材、组织实施教学活动”。办学自主权的扩大为各高校自主深入开展以课程知识选择为基础的课程生成、实施和评估及其管理改革提供了很好的制度平台。大学设计和实施好变理想为现实的大学课程，选择对学生个体身心发展和专业能力形成最有价值的知识，构建起目标适切性强的大学课程体系，以为学生适应未来经济社会发展的不确定性做好生存与发展准备，就成为大学课程内容改革的重中之重。

（三）课程质量是国际化高等教育的核心竞争力

几乎世界所有一流高校都拥有其领先世界一流的课程，一流高校首先体现为一流的学科，而一流的学科又以一流的科研成果和一流的课程为其特征。2001 年中国加入世界贸易组织，加速了中国高等教育国际化的步伐，不仅把中国顶尖大学直接纳入国际竞争轨道，还迫使一般院校为保障中国的全球化经济竞争而必须提供足够合格的人力资源。2010 年始，麻省理工学院、哈佛大学等英美著名高校陆续实施网上开放课程计划，2012 年，“慕课”诞生，经 10 余年发展，慕课已然非常丰富，中国学生足不出户就可学习世界名校课程，拿到名校文凭，这对国内高校的优质生源以及课堂教学无疑是一种无形的冲击。2009 年的一项研究表明，清华大学相较于国际一流大学虽然各有优势，但清华大学的优势更多的是非课程方面的，很多可以归因于学生特质，如刻苦学习、对自我高期待、学习班级体等；而美国的强项更多的是课程方面的，可以归因于学科和教学优势。[①]基于这个问题，经 10 余年发展，清华大学的课程体系和课程质量均有了很大改进，其课程竞争力也进一步得到加强。但 2022 年的一项比较研究表明，我国本科课程体系与美国“形似”而“神异”，课程方面的差距依然比较大，虽然导致“神异”的原因多种多样，但“总体而言，增加本科教育资源投入，优化课程知识选择和组织结构，协调学科知识基础和学生认知水平，精细、精准地设计课程学习支持资源，将是本科课程改革的未来方向”[②]。无独有偶，在 2023 年 2 月 19 日由中国民主促进会上海市委员会、上海师范大学主办的长三角教育发展研究院成立大会上，上海市教育委员会副主任、中国民主促进会上海市委员会副主任委员倪闽景在发言中说，“课外科普活动往往停留在兴趣层面，缺少科学知识方法、技能和科学精神的培育”，“我

---

① 罗燕，史静寰，涂冬波. 清华大学本科教育学情调查报告 2009——与美国顶尖研究型大学的比较[J]. 清华大学教育研究，2009，(5)：1-13.

② 文雯，周璐，芮振华，等. 形似与神异：中美研究型大学课程体系比较——以两所顶尖研究型大学计算机本科专业为例[J]. 高等工程教育研究，2022（1）：175-181.

们的理科课程落后世界 70 年，大量内容是 200 年以前的知识”。[①]虽然倪主任提出的问题主要针对的是基础教育领域的理科课程，但在高等教育领域的各类课程中也或多或少存在。早在 2014 年，中国即成为世界最大留学输出国[②]，出国留学成为很多家庭和学生的选择。在有些学生看来，我国高校的课程教学无法满足他们的需求，是其出国留学的一个重要原因。可以说，伴随高等教育全球化，课程的先进性和水平已成为一流高校与其他高校相区别的一个重要标志，建设具有领先地位的课程理当是一流高校建设的重要内容。

综上所述，加强大学课程内容的研究与建设不仅是一个永恒问题，而且在新时代我国社会主要矛盾已经发生变化的基础上，在我国全面推进中华民族伟大复兴的征程中，这一任务就显得更加重要和紧迫。在高等教育全球化过程中，我们在借鉴和引进国外优质课程与教材、享受国外大学优质课程资源“盛宴”的同时，也还需要深入反思：一方面，在享受和消费这些“盛宴”的同时，是否会存在“水土不服”的问题，是否适应我国经济和社会发展对人才培养的需要；另一方面，作为扎根于中国大地、历史与传统的大学，其又如何承担起本土化理论与创新研究的重任，设计和编撰出可以“走出国门”的课程体系和系列教材，因为“国际竞争的胜利者绝不总是国外理论研究与实践成果的消费者，而应该成为一个提供者，也更应该为国际化高等教育的理论与实践发展作出自己应有的贡献”[③]。

二、大学课程改革难以深化的原因和问题[④]

我国高等教育领域开展专门的课程改革已有近 30 年历史，早在 1994 年，国家教育委员会开始实施“高等教育面向 21 世纪教学内容和课程体系改革计划”[⑤]，之后也有持续不断的相关重点建设项目，在大学教育教学改革过程中产生了重要影响。但从某种程度上说，现行大学课程改革及其所构建的课程体系离新时代建

---

① 吴苡婷. 理科课程落后 70 年科创活动缺乏深体验——市教委副主任倪闽景指出：国内科创教育存在三大问题[N]. 上海科技报，2023-02-22（8 版）.

② 施雨岑，刘奕湛. 我国已成为世界最大留学输出国和亚洲重要留学目的地国[EB/OL]. http://www.gov.cn/xinwen/2014-12/13/content_2790553.htm.（2014-12-13）.

③ 李庆丰. 大学课程知识选择的实践逻辑研究[M]. 北京：北京师范大学出版社，2014：14.

④ 本部分“二、大学课程改革难以深化的原因和问题”与下一部分“三、大学课程改革未来发展的思路与方向”的部分内容和观点先前已有论文发表[详见：李庆丰. 夯实高校课程改革 着力创新人才培养[J]. 中国高等教育，2012（7）：29-32.]，本书在撰写时又根据新的发展形势和最新研究做了较大修改。

⑤ 这次改革的全过程详见：张增顺. 解密“面向 21 世纪课程教材”出版全过程：占据高校教学改革制高点[N]. 中华读书报，2019-04-17（6 版）.

设高质量高等教育体系、培养大量各级各类创新人才的目标还有差距。笔者以为，未来的创新人才培养主要在以下四个方面还有深入研究与提升的空间。

（一）对大学课程的理论研究尚未得到足够重视

面对知识科技日新月异和世界扁平化、经济一体化、社会智能化、互动虚拟化等系列挑战，面对高等教育全球化、市场化和大众化、普及化的挑战，面对大学生既作为教育及学校管理的对象又作为教育市场的消费者、自主选择的学习者，以及大学治理的参与者等多重身份的挑战，“教育内容的确定问题大概从来没有像今天这样复杂和迫切……应该按照哪些标准来选择教学的科目和学科？怎样在看起来都很重要的各科目之间、根据哪些标准来保证合理的平衡？怎样为每个科目选定最基本的、首要的内容和较次要的内容，以便赋予课程一种最低限度的‘生命的希望’，并避免过于频繁而仓促的修改？”①正如著名教育社会学家迈克尔·杨所言，“知识或者说我们教什么的问题对所有的课程和教育学问题都是至关重要的”②。大学课程理论的缺失，往往导致大学不能科学有效地行使自主权或者因滥用、误用职权而造成课程体系及其管理方面的诸多问题；同时，缺乏针对世界及国内高等教育发展变化做出及时灵敏、准确的反应的能力，对于高等教育和大学改革与发展的影响将是深远和致命的。大学课程理论的缺失主要表现在以下方面。

第一，对大学课程和教学内容的理论研究还不太重视。教育学门类中的二级学科——高等教育学主要关注大学理念、体制改革、战略规划、政策评价等，而对高校课程和教学内容的建设、设置与设计及其一般规律的研究未予以足够的重视，各种教科书对它要么语焉不详，要么忽略不计。另一个教育学的二级学科——课程与教学论则将其研究边界不成文地界定为从学前教育到高中教育，即使这样，无论是课程论还是教学论，其学科体系一般也主要关注单门课程（单数课程）内部的问题，即只关心教师、学生与这门课程的关系这一层面为止，而对课程的外部结构关系——课程与课程之间、课程群（复数课程）与课程群之间的构造关系及其配置过程则关注较少。由此，大学的课程与教学成为“两不管”的边缘地带，相当一段时期内成为高等教育研究和课程与教学论研究的“盲区”。③近年来，陆续有高等教育理论工作者涉足这个领域，在大学课程与教学内容及教材

---

① ［罗］S. 拉塞克，［伊］G. 维迪努. 从现在到2000年教育内容发展的全球展望[M]. 马胜利，高毅，丛莉，等译. 北京：教育科学出版社，1996：202.

② 迈克尔·杨，王湖滨. 全球化、知识及课程政策[J]. 基础教育，2009（1）：17-20.

③ 龚放. 课程和教学研究：高等教育学科的新生长点[R]. 合肥：第四届中国大学教学论坛，2011.

建设等方面进行了一些研究与理论探讨，取得了一些成果[①]，但与我国作为高等教育大国的地位是远远不相称的。当然，这一现象与我国高等教育研究领域对中观、微观问题，以及对实务等的重视程度不足的传统惯习有关，其直接后果便是在相当程度上削弱了高等教育理论对高校课程与教学及其管理中的各种重要实际问题的指导能力，降低了高校教学管理人员，特别是广大教师对它的服膺与依赖程度。

第二，对知识及认知与学习规律的研究还比较忽视。知识是构成课程的基本元素，更是构成个体能力与素质的基因，且个体能力与素质的形成又主要是通过个体的认识过程而构建起来的，故知识既是认识的一种结果，又是认识的一种工具或方法。从认知心理学和信息加工心理学角度分析，知识可分为陈述性知识和程序性知识两类，陈述性知识更多地表现为可以用言语符号呈现出来的信息，主要用于回答“是什么”的问题；而程序性知识更多地表现为完成某项任务的一系列操作程序，主要用于回答“怎么办”的问题，因而程序性知识本身即具有思维与方法的特征。但我们在课程改革过程中，往往不太重视对工具性、方法性或者程序性知识的选择、组织、传递及学习。根据布卢姆（Bloom）的教育目标分类理论，单从认知目标分析，一门好的课程在其教育的认知目标上，应覆盖“记忆、分析、综合、判断和运用”所有这些认知能力的层级目标，并促进其发展。2009 年清华大学与国际一流大学的比较研究发现，随着从记忆到运用的思维等级的递进，清华大学课程与美国同类院校课程水平的差异也越来越大，也就是说，两者在记忆层次上的差异相对较小，而在判断、运用等高级思维技能上的差异相对较大；[②]2020 年的相关调查研究也发现，大学学业挑战度整体偏低，特别是高年级课程挑战度明显不足，主要表现在课程教学缺乏高阶性目标、教师教学要求低、学生学业任务量不足等方面。[③]换句话说，我们的课程对学生记忆陈述性知识的训练较多，而对思维特别是创造性思维的训练与培养较少，作为体现学校教育质量核心指标的

---

① 主要研究大学课程与教学内容的著作有：周海涛. 大学课程研究[M]. 北京：中国社会科学出版社，2008；常思亮. 大学课程决策论[M]. 长沙：湖南大学出版社，2010；徐同文. 大学课程设计[M]. 北京：教育科学出版社，2011；李庆丰. 大学课程知识选择的实践逻辑研究[M]. 北京：北京师范大学出版社，2014；王一军. 当代大学课程秩序论：在“高深学问”和“个人知识”之间[M]. 北京：教育科学出版社，2014；张红霞，吕林海，孙志凤. 大学课程与教学：原理与问题[M]. 北京：教育科学出版社，2015；姜国钧. 大学课程与教学论[M]. 北京：电子工业出版社，2017；季诚钧，付淑琼. 大学课程与教学[M]. 上海：上海教育出版社，2018；张朝珍. 大学课程与教学理论[M]. 济南：山东大学出版社；2020；叶信治. 大学课程建设研究[M]. 福州：福建教育出版社，2021。

② 罗燕，史静寰，涂冬波. 清华大学本科教育学情调查报告 2009——与美国顶尖研究型大学的比较[J]. 清华大学教育研究，2009（5）：1-13.

③ 张进凤. N 大本科生课程挑战度的实证研究[D]. 南京：南京大学，2020；苌梦可. “双一流”建设背景下大学生学业挑战度提升路径研究[D]. 郑州：郑州大学，2020.

课程质量上的差异，在此即可窥见一斑。

（二）大学课程改革模仿与移植国外多而本土创新少

改革开放以前，在高度中央集权的高等教育管理体制下，课程研究对于大学及其管理者的意义不大，课程内容是事先制定好的，从课程目标的确立、课程内容的选择和组织到课程方案（也称教学计划）的评价等，整个课程的生成系统及过程是一个不为人知或不需要知的“黑箱”，高校和教师只需按制定好的课程内容执行即可。正如我国学者王伟廉所说，“我国高教领域长年形成的对教学计划领域的行政干预，使广大教育理论工作者和实际工作者，没有责任也没有必要更没有机会和可能对这个领域进行全面和系统的探讨”①。

改革开放以来，虽然课程论于20世纪90年代逐步演变成为一个热门研究领域，但主要体现在基础教育领域，而在高等教育领域，虽然已引起了大家的重视，也有个别学者进行了理论与实践方面的探讨，但总体上还是有点“门前冷落鞍马稀”，理论工作者和一线教师的介入还不多，这从各高校人才培养方案的修订过程中基本上少有这两类人员的广泛参与就可见一斑。同时，改革开放以来，我国高校课程改革在借鉴国外大学课程改革经验与教训的基础上取得了一些成效，如在课程目标上更强调对学生能力和素质的重视；在课程内容上，对现代科学文化发展和学科前沿的反应更加敏锐，一批反映现代科学文化发展的新教材逐步出台；在课程结构上，注意拓宽课程的基础，追求学科之间的交叉和融合，重视课程的综合；在课程模式上，普遍引入选修课程制，推行模块课和通识课，课程结构的灵活性明显增强；等等。但这种改革多数是凭经验或直接移植国外大学的做法而来的，少有理论指导，且变革频繁，缺乏连续性和可持续性，缺乏对学习对象进行改革背景、过程、效果评估等方面的系统研究，更缺乏扎根中国大地与大学的实际进行本土化的消化、吸收和再创造，从而使得改革效果大打折扣。正如有学者所言，“我们在学校里所干的差不多大部分是凭借我们办学的实践经验，而很少是凭借精辟的理论，而精辟的理论对实践会具有更大、更系统的指导意义”②。换句话说，我国高等教育改革取得了长足进步，科学研究也突飞猛进，但在研究自己，特别是研究如何办学、如何进行课程设置和设计、如何编撰教材、如何进行教学设计和学生的学习设计等方面，还没有形成普遍的自我意识和广泛的实践行动。

---

① 王伟廉.《大学课程体系现代化研究》序[J]. 大学教育科学，2006（6）：4.

② [美]乔治·A. 比彻姆. 课程理论[M]. 黄明皖，译. 北京：人民教育出版社，1989：1.

（三）大学教材不太利于学生自主学习和创造力培育

教材作为大学的教与学，特别是学生学习的载体和重要的学习资源，承载着教育的基本理念，支撑着人才培养目标的实现，也是高质量教育教学得以实施的重要基础。中华人民共和国成立之初，高等教育领域主要用的是组织翻译过来的苏联高校的教材和参考书①，在短期内迅速提高了中国高等教育的教学水平，在为当时经济社会建设，特别是工业建设迅速培养大量专门人才方面发挥了重要作用。在翻译学习苏联教材的同时，我国也开始组织自编了一些教材，并初步建立起教材管理制度。后来，引进国外优秀教材成为我国高等教育教学改革过程中的一项重要工作。据不完全统计，改革开放以来，教育部分别于 1979 年、1985 年、2001 年、2011 年、2020 年②下发了关于引进国外优秀教材的相关意见，同时也逐渐建立和形成了国家、地方和学校三级教材管理体制③，组织编写了以国家级规划教材为代表的大批优秀教材。

随着经济社会的发展、第四次工业革命以及智能时代的到来，社会对高校毕业生的创造力培育提出了前所未有的要求，而我们的教材建设却与这个要求还有较大的距离。一方面，有关学者的调查发现，有 60.2%的学生认为，教材“较不符合”或“完全不符合”新颖性和时代性这一描述，有 63.5%的学生认为，现行高等教育教材内容体系“较不符合”或“完全不符合”现代大学生的求知欲；有 90.7%的学生认为，目前高校教材“迫切需要”（55.8%）或“一般需要”（34.9%）更新，有高达 95.5%的学生认为“迫切需要”（60.5%）或“一般需要”（35.0%）提高教材编写和出版质量，这些充分体现了学生对高质量教材的渴求；并希望教材应该能够在帮助学生建立学科理论体系（5 分制中的 4.3 分，下同）的基础上培养学生科学和创新思维（3.4 分）、拓展学科视野（3.3 分）和激发学生的求知欲（3.1 分），

---

① 1952 年，教育部颁布的《关于翻译苏联高等学校的暂行规定》指出，翻译苏联高等学校教材的工作，由中央人民政府教育部成立学校教材编审委员会统筹掌握。详见：高等教育部办公厅. 高等教育文献法令汇编：1949—1952[G]. 高等教育部办公厅，1958：72.

② 这些文件是：1979 年，教育部、外交部、财政部联合下发《关于加速引进外国高等学校教材的几项规定》；1985 年，国家教育委员会下发《关于加强外国教材引进和改进外国教材中心图书室工作的意见》；2001 年，教育部发布的《关于加强高等学校本科教学工作提高教学质量的若干意见》提出：“大力提倡编写、引进和使用先进教材”，“对于信息科学、生命科学等发展迅速、国际通用性、可比性强的学科和专业直接引进先进的、能反映学科发展前沿的原版教材”；2011 年，《教育部关于“十二五”普通高等教育本科教材建设的若干意见》指出，“加强国外优秀教材的引进和改编，积极推动本土优秀教材走出国门”；2020 年，教育部印发《学校选用境外教材管理办法》。

③ 刘学智，丁浩然. 我国高等教育教材制度：沿革、问题与路径[J]. 东北师大学报（哲学社会科学版），2020（2）：140-147.

希望教材的内容新颖精炼、语言平易，具有时代性、趣味性、实用性，并且对引进原版教材的呼声较高。[①]另一方面，我们的公共基础课的教材往往过于集中在几所知名重点大学组织编写的教材上，而没有根据不同类型的人才培养目标组织编写出多样化的教材。笔者在北京工业大学工作时，因工作关系曾与一些老教授谈及教材建设的问题，像数学、物理、化学、电工电子、模电、数电等专业，很多地方一般高校用的基础性教材与“985 工程”高校的教材相同，当时还专门组织了专题讨论，想利用北京工业大学这一平台，编撰一批适应于地方高校的教材，后因多方面的原因没有成功，至今成为笔者的一块心病。另外，有研究对国内外教材进行了比较后发现：国内教材的内容程度较深，但版本更新较慢，对新知识、新问题、学科发展涉及少，跟不上科技前沿和世界先进水平；教材基础性、系统性特色强，但往往创新性和先进性不够，配套体系也不够完整，不利于学生创造性和科研能力的培养。国外引进的教材，内容浅显，但应用性较强，对概念的解说并不是通过唯一的定义来完成的，往往会对概念给出很多相关的解释，提供丰富的案例，理论和实际紧密结合，容易引起学生的兴趣，使抽象的理论易于理解；配套资源丰富，不仅有教师用书、学生用书、习题集，还有丰富的载体，如光盘、案例软件、幻灯片、远程教育系统等；善于把非常深奥的原理阐述得简单易懂，重视实践，侧重解决实际问题，理论与实际结合得比较好，总体上有利于培养学生的研究能力和探索精神。[②]正如学者所言，一方面，“有许多教学内容只讲静态的、分散的具体知识，缺乏动态的、发展的、整体的科学思维方法和科学发展趋势等有利于培养能力和创新精神的内容”[③]；另一方面，我们“市场上的教材大多数是名副其实的‘教’材，而非‘学’材，如果没有教师对课程知识的再设计、再理解和课堂教学的传授和引导，学生要想通过‘教材’来顺利、自由地学习往往就比较困难”[④]。当然，如何处理好掌握知识基础和发展个性与能力之间的关系，如何从以教材为主的学科知识为中心的课程到以人的思维、想象和解决问题能力培育为中心的课程，始终是一个国际性的共同难题。[⑤]

（四）大学课程改革缺乏变革动力及相关体制机制

课程先进性一方面体现了学科发展水平，另一方面也与课程建设的教师主体，

---

① 李奇，李洵之，王楠. 高等教育教材发展与建设调查分析[J]. 中国大学教学，2012（4）：88-91.

② 李奇，李洵之，王楠. 高等教育教材发展与建设调查分析[J]. 中国大学教学，2012（4）：88-91.

③ 卢嘉锡. 当代科技发展与高等教育的教学改革[J]. 中国高教研究，1995（3）：4-8.

④ 李庆丰. 大学课程知识选择的实践逻辑研究[M]. 北京：北京师范大学出版社，2014：111.

⑤ 戴耘. 总序[A]//Beghetto R A，Kaufman J C. 培养学生的创造力[M]. 陈菲，周晔晗，李娴，译. 上海：华东师范大学出版社，2013：14.

特别是知名教授的重视程度有关。世界著名高校都由著名教授主持其所属学科的核心课程，而在我国，很多知名教授较少给本科生上课，更毋庸说主持所属学科的课程改革、开展课程与教学研究了，以至于教授为本科生上课在很长一段时间内屡屡成为“新闻”。[①]经过水平评估与首轮审核评估的引导与约束，近年来，教授为本科生授课情况大为改观。根据各高校向社会公布的《2020—2021 学年本科教学质量报告》中的统计数据，106 所“双一流”建设高校中，教授为本科生授课比例平均达到 88.27%，90 所高校在 80%以上，50 所高校在 90%以上，但还有 5 所高校在 70%以下。[②]自 2021 年开始，第二轮审核评估开始试评，教授为本科生上课是其中的重要指标之一，相信教授为本科生授课的比例会进一步提升。

造成这种现象的原因，可能已经超越教师自身责任心等内部因素，而更多地还需要从我们对大学及其教师的评价体制机制中去寻找。在破“五唯”之前，高校盛行对大学教师实施“重科研、轻教学”的评价导向，很多教师仅以拿了什么级别的科研项目、得到多少经费为荣，对教学则得过且过，而花了很多精力、时间用于教学的教师却在考核、评聘中得不到应有的鼓励或相当的奖励。教育部虽然出台了教授给本科生上课、学生评教等一系列制度，但并没有从根本上扭转这种倾向，保证教学质量的“最后一公里”并没有执行或落实到位。针对这种情况，周远清先生指出，我们高等教育领域“依然缺乏鼓励教师醉心于教书育人的氛围和环境，依然缺乏能充分调动广大教师积极性、主动性和创造性的体制机制”[③]。大学的根本职能是人才培养，教师的根本职能是育人。而要育好人，不仅需要教师对自己所从事的学科专业有着深入的研究，也需要对本专业的课程与教学进行深入的研究。真正的好大学和大学的好教师不仅善于将学科研究前沿成果不断转化为教学内容，使其成为教学的源头活水，而且要花大力气对人才培养本身以及与之相关的整个教育教学过程及相关的课程与教学各因素开展深入的研究，既以学科科研促进课程与教学发展，又以课程与教学研究促进学科科研的发展。关于这一点，相信随着“破五唯”政策和新一轮审核式评估的实施将会得到相当程度的改观。

三、大学课程改革未来发展的思路与方向

媒体界有一种经典的说法，即“内容为王”。窃以为这一点用在教育教学领域

① 赵婀娜. 人民日报新语：教授就该为本科生上课[N]. 人民日报，2014-10-24（19 版）.

② 麦可思研究. 事关教学水平！这项重要指标，哪些高校表现最佳？[EB/OL]. https://www.163.com/dy/article/HLGSMKG005218435.html.（2022-11-06）.

③ 周远清. 提高质量是教育改革发展的关键[J]. 中国高教研究，2011（11）：4-7.

也非常适切。特别是在信息技术已与教育教学活动深入融合的全媒体时代，即时学习与在线学习已成为新的学习常态，短视频与开放性慕课也逐渐成为新的生产样态，“教学内容是王道”也依然是大学人才培养，特别是创造性人才培育的内在要求。

（一）动态把握知识基础与个性化发展的关系

从中华人民共和国成立以来的课程研究发展历程考察，课程概念经历了“课程学科知识论”（强调从学科知识内容的角度来理解）、“课程教学过程论”（强调从教师教学的角度来理解）和“课程学习过程论”（强调从学生学习的角度来理解）三个阶段的内涵发展。科学的课程概念应是对这三个方面的综合理解，包括教与学以及连接两者的教育内容，课程是指围绕知识的选择、组织、传递和评价等而展开的各种教育教学活动过程的总和。[①]从过程视角考虑，课程包括课程生成、课程实施（教学）和课程评价三大部分；从实践层面考察，课程具有单复数之分，单数课程是指单门课程，复数课程是指多门课程，课程的单复数又构成了课程的层次性特征。这样理解有利于明确实践中我们常说的“课程建设”等课程概念是指单一课程还是指课程群，抑或是指基于专业人才培养的一个完整的课程体系（或人才培养方案）。

明确了课程内涵后，那么深化课程改革，就需要从过程和层次两个方面进行顶层设计与整体推进。从纵向层次看，首先需要深刻思考大学教育的使命和价值取向，其中学生个体的发展目标应当成为大学教育的真正核心目标与内在价值，其次需要在此基础上认真设计达成学生发展目标（包括认知、技能、情感或价值等）的课程体系，涵盖课程结构、课程间相互关系以及每门课程应达成的学生个体发展总目标下的分目标，从而构建起达成学生发展总目标的、建基于课程体系之上的、由各门课程分别承担的目标体系。从横向过程看，首先是依据学生发展目标而系统设计各专业的课程体系以及相应的课程评价体系，进而依据学科逻辑与学生的认知逻辑两个方向将课程体系所包含的课程资源分配到不同年级、同一年级不同学习阶段中去，同时设计不同类型课程所需的教与学的方法及手段，并依据教师教学水平配以同步的教法与学法的培训与指导，最后依据评价体系对课程达成学生发展目标的效果展开评价。

可见，课程改革是牵一发而动全身的改革过程，无疑需要认真做好顶层设计。特别需要注意的是，在从使命到价值、从纵向到横向的整体性课程改革中，要自

① 李庆丰. 大学课程知识选择的实践逻辑研究[M]. 北京：北京师范大学出版社，2014：35-38.

始至终地坚持将培育大学生创造力这一核心教育目标贯穿全过程。因为创造力本质上是拓展的、开放的和个性化的，如何推进“从以教科书和教科书为主的学科知识为中心的课程到以人的思维、想象和解决问题能力培育为中心的课程”①的转型，始终是这个过程中的重点、难点，也是痛点，是我们在深化课程与教学改革中要花大力气、持之以恒解决的问题。一项中外比较研究从实践上也说明了这一点的重要性，研究者在进行比较和诊断后认为，“课程及课堂教学质量有待进一步提高”是清华大学本科教育存在的首要根本问题，突出表现在以下方面：学校所提供的课程难以满足学生需求；课程目标设计缺乏认知发展目标的梯度，对高级思维技能目标覆盖不够；课程过度注重知识的单向传递，课堂教学沉闷、单调和效率不高；给出的对策是“全面推进课程体系建设”，要在全面系统的课程体系建设中，具体设计不同年级、不同阶段、不同类型课程的教学目标、教学过程、教与学的方法和手段等。②笔者以为，研究者的诊断是严谨而科学的，给出的对策实际上隐含着改革的方法与手段，即必须做好顶层设计，整体推进课程体系建设，而其中首先需要关注的就是：大学的教学内容和课程体系必须随着社会发展、科技进步和教育思想的变革进行改革，及时推进教学内容和课程体系的现代化。清华大学根据诊断进行改革，本科课程体系现已有相当改观，但这个问题在许多高校还普遍存在。一个比较可行的办法是各高校制定一个适合本校的统一课程体系，这个体系有清晰合理的课程教学目标与质量标准，有统一的学习计划，并且每一个教学目标都能得到认真的执行。③

（二）科学贯通理论指导与实践探索的关系

在建设高等教育强国与培育大量创新人才的国家战略引导下，在高等教育国际化不断推进的挑战下，国内高校越来越重视对如何办学、如何推进教育教学改革进行研究，至少在认识上不再认为教育教学研究是可有可无的东西了。但是，这种认识还没有从根本上扭转过来，表现在对“学术研究”的认识与理解上。1990年，卡内基教学促进基金会主席博耶出版了一份名为《学术的反思：教授工作的优先领域》（Scholarship Reconsidered：Priorities of the Professoriate）的报告，提出

---

① 戴耘. 总序[A]//Beghetto，R A，Kaufman J C. 培养学生的创造力[M]. 陈菲，周晔晗，李娴，译. 上海：华东师范大学出版社，2013：14.

② 罗燕，史静寰，涂冬波. 清华大学本科教育学情调查报告 2009——与美国顶尖研究型大学的比较[J]. 清华大学教育研究，2009（5）：1-13.

③ [美]德里克·博克. 大学的未来——美国高等教育启示录[M]. 曲强，译. 北京：中国人民大学出版社，2017：172.

了包括“探究的学术研究、整合的学术研究、应用的学术研究、教学的学术研究”在内的四维一体的多维学术观，教学学术的提出被认为是高等教育的“范式转变”，经30余年发展，教学学术无论在理论构建还是在制度实践上，都逐渐成为一项国际性的高等教育改革运动①，并逐渐成为高等教育管理者和广大教师的共识。也正是受这种观念的支配，美国自然科学基金会一直支持教学研究项目。但国内不少高校仍将“学术研究”的理解局限于“探索的学术研究”，这种狭隘的理解导致这些高校在科研立项上往往只看进账经费的额度，有意或无意地将“教学学术研究”排斥在“学术研究”的范畴之外，不仅客观上降低了教师研究教学的热情，更为重要的是在推进课程改革等各项教育教学改革的过程中更多的只是“拿来主义”，至于需要通过深入的研究才能消化乃至本土化和再创造的就少在考虑之列。诸如学分制改革、通识教育课程（核心课程）改革、导师制等，更多地还是停留在没有调查与研究的匆促上阵、他有我也有的简单移植的形式、概念或口号上，却少有人去研究评估实际的改革效果。

以哈佛大学课程体系改革为例，从1869年以来的150余年的改革历程中，课程体系的改革、修正和创新一直成为历任哈佛校长的首要任务。艾略特（Eliot，1869—1909年任校长）打破了教会教育模式，确立了选修课制度；洛厄尔（Lowell，1909—1933年任校长）重新制定了大学本科生课程计划，实行课程集中与分配相结合的制度，以使学生受到良好的基础教育，从而将课程改革由通识教育推进到了专业教育领域；科南特（Conant，1933—1953年任校长）建立了通识教育与专业教育相结合的课程范式，扩大了通识教育核心课程的选课范围，推行“普通教育”制度；博克（Bok，1971—1991年任校长）与文理学院罗索夫斯基共同推进课程改革，将专业课程纳入通识课程领域，给学生更多自由选课的机会；萨默斯（Summers，2001—2006年任校长）支持文理学院院长的本科课程综合改革，因其辞职而使这一改革计划于2007年5月才得以通过，推行“全面教育”；新的课程改革计划通过制定各类标准，要求所有课程都必须包含除了知识以外的诸如伦理、情感、态度和能力等更多内容，学生永远都处于探索知识和接近真知的过程中，以使通识课程与专业课程实现相互融入，避免因强调通识教育而削弱专业教育的弊端。纵观哈佛大学课程改革，从艾略特至今，始终没有停止过课程改革与创新，而且都是在校长的主导和大力支持下推进的，并且每次改革都要成立相应的课程改革委员会，通过调查研究提出课程改革方案，再不断地进行修订，最后才在全校推广执行。这一过程少则需要三五年，长则需要十年，如博克任校长时推出的

① 侯定凯. 博耶报告20年：教学学术的制度化进程[J]. 复旦教育论坛，2010（6）：31-37.

“核心课程体系”,经历了从 1973 年开始成立研究小组,1976 年提出改革方案,1978 年提交《哈佛核心课程报告书》,1979 年文理学院实施,到 1984 年以对通识教育课程体系改革为重点的哈佛大学核心课程体系才正式出台,前后历时十余载。正是这种持续的课程改革与创新,才造就了哈佛大学今天的人才培养众望所归的“神话”。[①]同时,这些课程改革并非不断推倒重来,而是在传承中创新,如创设于 1872 年的写作课程,逐渐成为哈佛大学唯一一门必修课程。[②]比较而言,国内大学课程改革通常是花半年或一年时间,增减一些课程,对课程体系进行修修补补,少有从中国与世界政治、经济、文化等背景的深刻变化出发,少有从课程内容本身是否再适应社会需求这个角度出发,更少有以自己独特的课程建设理念理论作为支撑,来认识和探索课程改革的意义和推动课程体系的改革与创新的。

（三）合理平衡教师评价与教学发展的关系

课程改革最终能不能成功,目标达成度到底会有多大,除了与是否做好顶层系统设计、持续深入坚持课程改革实践探索有关之外,还与课程改革的直接主体——教师主体的积极参与有关。可以说,教师主体的参与程度直接决定着以课程改革为内核的所有教育教学改革之成败。据对两所地方高校课程实施过程中教师主体课程意识的调查:在课程教学目标方面,平均有 16.75%的教师“目标意识”的自觉程度较高,能够自觉地把教学目标贯穿于课堂教学的全过程,其中仅有 5.69%的教师“肯定会”和“大多会”对自己设计的课程教学目标的可行性和合理性进行自觉审视和反思,选择“肯定不会”的教师高达 66.38%;在课程资源方面,平均有 19.97%的教师“资源意识”的敏感性和自觉性程度较高,能够在课堂教学过程中主动搜寻、整理、开发课程资源或敏感地捕捉和利用动态生成的即时性课程资源,其中仅有 13.10%的教师“肯定会”和“基本会”利用课堂教学中生成的有价值的课程资源,选择“肯定不会”的教师达到 47.59%;在课程教学过程方面,平均有 39.51%的教师“过程意识”的自觉程度较高,能够在课程实施过程中基于学生知识生成、能力发展和情感培养来选择课程内容、运用教学策略、营造课堂氛围、创设问题情境等,其中仅有 23.96%的教师“肯定会”和“基本会”在课后自觉地考察自己课堂教学行为的教育意义,认为“不值得考察”的教师占 33.45%;在课程教学评价方面,平均有 15.17%的教师“评价意识”的自觉程度较高,能够

---

① 张忠年. 哈佛大学核心课程体系创新的阶段性特征及其启示[J]. 国家教育行政学院学报,2011(7):90-95.

② 南希·萨默斯,赫明珠,于海琴. 写作何以成为哈佛大学唯一一门必修课程[J]. 华东师范大学学报(教育科学版),2022(1):116-126.

从“以学生发展为本”的评价理念出发，自觉地将结果评价与过程评价相结合，重视评价对于学生发展的影响和意义，其中仅有7.07%的教师“肯定有”和“大多有”在课堂教学中开展对学生的个性化评价。研究者经统计分析后认为，两所调查院校基本上能够代表“跨越式”发展中广大地方高校教师的构成情况。①这从某种程度上可以说，大多数高校教师主体对课程从设计、实施到评价的整个过程的意识程度总体上处于一种“自发”状态，远没有达到“自觉”的阶段。虽然“群众中蕴藏着无限的积极性和创造力”，更何况还是智商高、聪敏者众的大学教师群体，但是“主体不觉醒，教改难作为”，“主体觉醒与否，既在考验主体自身的觉悟和责任心、理解力和执行力，也在考验管理者的领导力与引导力，在考验其群众观点的强与弱”。②所以，激发教师主体，努力调动其参与课程与教学改革的积极性、主动性和创造性，促发其课程意识从“自发”走向“自觉”，需要我们找到并构建起一种能牵一发而动全身的政策调控机制。这种政策调控机制，实际上已在高等教育研究者、管理者以及广大教师中形成共识，即需要我们认真反思、痛下决心、坚决扭转或进一步改进现行高校“重科研、轻教学”的评价制度，切实夯实教学中心地位。

众所周知，教学与科研是高校的两大主要功能，因此每位高校教师都应具备这两个方面的优良素质。但教学（人才培养）又是高校的本体性功能，这就首先要求高校在评价教师，特别是评价教授时，首先，要评价其教学或人才培养的职责和任务，建立并健全业绩考评和问责制，至少应该将两者有机结合而不是两大系统各自为政来制定博弈规则。在评价高校时也应评价其协调和促进教学和科研共同发展的相关机制，如是否像重视科研项目一样重视教改教研项目，是否将教改教研成果与科研成果同等对待，是否将教学工作量、教学学术研究和教学质量切实体现在教师评价、奖励和晋升等过程中，是否像考核科研团队一样考核教学团队，是否对教学和科研失调的教师提供相应的支持资源，是否有健全的教师准入与退出机制，是否对教学能力与科研能力有差异的教师实施分类管理，等等。其次，要进一步完善课程与教学评价本身。对教师课程教学效果的测评不能仅将评价内容集中在教师的教学表现上，更应该关注学生在教学中的进步与发展，即变现行以“教”为中心、注重教育结果的外在质量评价体系向以“学”为中心、注重教育过程的内在发展性质量评价体系转变。最后，与以上两项相配合的是，要形成促进教师课程与教学理论素养和实践能力不断发展的政策制度。不管是课

① 沈建民. 地方高校教师课程意识的调查研究[J]. 中国高教研究，2011（5）：86-88.

② 浩歌. 教学改革需要整体推进和主体觉醒[J]. 中国高等教育，2011（20）：1.

程设计、实施还是评价等课程的基本理论问题，还是不同学科课程课堂教学法以及指导学生学习方法等实践问题，抑或是自觉开展教学学术研究和反思课程教学行为等，都需要教师有一个系统的学习过程，这就需要学校有相应的支持性政策制度系统。由政府政策推动在各高校普遍建立“教师教学发展中心”，其本意在于通过立足于“校本化”的教师教学能力的培训与发展，促进教师队伍以教学学术能力为基础的专业化水平不断提高。然而，教师教学发展中心的建设也是舶来品，现又多年过去了，教师教学发展中心还没有充分发挥出其应有和预想的功能。笔者曾参与建设所在高校的教师教学发展中心，但由于没有形成稳定的运行机制，其在提升教师教学能力方面的功能并没有很好地体现出来。

第四节　大学生创造力培育之教学改进[①]

大学教育的核心事务是“教育目标”与“教育方法”，真正影响教育品质的事发生在大学课堂，即发生在师生互动的具体教学情景中。[②]当然，这里说的是广义的教学方法，即包含课程教材或教学内容在内的教学方法，教学内容是教学方法的载体，没有具体的教学内容，创造力的培养也就没有着落。也如密涅瓦大学首任校长柯斯林（Kosslyn）所说：“21 世纪了，如何将过去不可能的教育方式变为现实？在我看来，课本知识是学习思维方式的载体。思维方式，才是学生可以终身受用的工具。”[③]换句话说，如何依托课程与教学内容，通过教学方法的创新来培育大学生的思维和创造力就成为 21 世纪大学人才培养的根本要求。新时期以信息技术为代表的新一轮科技革命和高等教育普及化两大因素，对传统的大学教育教学活动赖以存在的教育者、受教育、教育内容以及时间、空间等基本要素均产生前所未有的影响，进而对师生关系以及教学活动的方式方法产生重要影响，摧生新的大学教学范式的诞生。

---

① 本节主要内容已发表，详见：李庆丰，刘捷. 学与教的方式变革与大学教学范式转型[J]. 中国教育科学，2023（3）：136-147.

② Bok D. Our Underachieving Colleges[M]. Princeton：Princeton University Press，2006.

③ Minerva 大学——创始届学生[EB/OL]. http://v.youku.com/v_show/id_XODQxMDg0MTMy.html?from=s1.8-1-1.2&spm=a2h0k.8191407.0.0.（2014-12-04）.

一、学的方式变革与大学学生的角色转变

教法要依学法，新一轮科技革命和高等教育普及化首先影响的是学生的学习，且互联网和人工智能等科技对学习的渗透、嵌套和融合要比对教师教学的影响快得多、深得多、广得多，故这里先谈大学学习方式的变革。

（一）信息技术与高等教育深度融合，促进大学学习的泛在化变革

近年来，信息技术的飞速发展及其在高等教育教学上的深入应用，推动两者之间的关系逐渐由信息技术仅作为教育的工具发展到两者的深度融合。以至有人认为，2022 年是整合虚拟现实（virtual reality，VR）、增强现实（augmented reality，AR）和人工智能（artificial intelligence，AI）等多种技术的“元宇宙教育元年”。①而当元宇宙教育、元宇宙学习成为学术研究与社会实践前沿领域方兴未艾之时，2022 年 11 月以来，OpenAI 公司不断推出人工智能技术驱动的自然语言处理工具 ChatGPT 的进化升级版本，大有后来居上、超越“元宇宙”对教育影响之势。

一方面，经几十年的技术和产业积累，人类历史、思想、知识几乎被“移植”到了互联网，海量信息逐步构成了虚拟数字化的知识世界；另一方面，人类通过意念操作机器的脑机联结技术，具备强大的自然语言理解和生成能力的 ChatGPT 人工智能技术，使人机之间可以进行信息互换，机器逐渐具备类人情感。这些技术在教育方面的深入应用，对传统学习的构成要件产生了革命性冲击：第一，时间上，学习不再受时间限制而可即时学习，碎片化时间得以充分利用，大大延展了学习时长；第二，空间上，技术驱动空间创新，大跨度增强了学习“场景化”效能，使诸多学习对象的情境化、体验化的沉浸式学习成为可能，使学习空间具备了“主动育人”的功能，帮助学习者实现高频、高创、高感知的学习形态②；第三，内容上，学生能够快速获取自己想要的学习资料和课程，如中国外交部前部长李肇星入驻 B 站讲授外交发言人相关课程，美前国务卿希拉里及其丈夫克林顿分别在 MasterClass 课程平台上开设“毅力与韧性”“包容性领导力”课程等；第四，方法上，学生可用自己擅长或喜欢的方式学习，真正依兴趣而学、自定步调地学，并可发现或形成自己最有效的学习方式和风格；第五，指导上，学生能够

---

① 杨丹. 2022 年极有可能成为“元宇宙教育元年”［EB/OL］. https://www.sohu.com/a/515608721_120619005.（2022-01-10）.

② 袁凡，陈卫东，徐铷忆，等. 场景赋能：场景化设计及其教育应用展望：兼论元宇宙时代全场景学习的实现机制[J]. 远程教育杂志，2022（1）：15-25.

选择国内外最合适、最优秀的“教师”来指导自己的学习，甚至可以寻找兴趣相似、志同道合的“学伴”开展同辈学习、团队学习。“道之所存，师之所存”，学生总能找到解答问题的教师。

概言之，学习不再受时空阻隔而随时随地可以进行，正朝向一个人人（anyone）皆学、时时（anytime）能学、处处（anywhere）可学、灵活方式（anyway）学、任意设备（any device）学、按已所需（any contents）学、个性化支持（any learning support）学的7A“泛在学习”①（ubiquitous learning）的形态发展，课内与课外、线上线下、正规与非正规等不同学习方式相互融合，使学习呈现出即时性、按需性、适应性、易得性、交互性、情境性、国际性及以现实问题为核心等诸多特征②。人工智能系统可以随着时间的推移，通过“机器学习”识别并标记那些在未来学习中可能会出问题的学生，根据学生不同的学习方式和能力，自动设计一个包含不同内容的教学计划，自动生成定制的、自适应的学习路径，使得学生可根据自己的计划学习大量的学科内容，以便每个学生都能获得适合他们需要的学习经验。泛在学习具有“课程资源的大规模公开性；以世界名校一流专家为保证的课程资源的优质性；学习方式的自主选择性和个性化；网络技术提供的学习工具和资源的多元选择性”③等特征，使基于个人学习基础和风格的个性化定制学习成为可能。然而，使这种个性化学习成为可能的两个主要革命性特征——即时性和国际性却是双刃剑，在方便学生学习的同时也使个性化学习面临全新的挑战。

所谓学习的即时性，顾名思义，就是想学就学，不受时空和其他外在条件的限制。但这恰恰说明，即时性只是一种理想状态，而学习却是有其必要条件的。且不说网络世界中的所有知识信息对于每一位学习者来说并非全是“免费的午餐”（知识付费似已越来越受市场青睐，“免费”有时也是低质的代名词），只说即时学习实施的必要条件，它需要设备、需要流量、需要信息流畅，而国家之间、区域之间、家庭之间、个人之间的数字鸿沟却是实际存在的，并有进一步扩大的趋势，并非每一个人都能拥有这些条件。实际上，新冠疫情期间国内外的学习情况已经暴露了学习同一门课程的学生之间的数字鸿沟，“鉴于未来高等教育将继续依赖远程技术和数字网络提供课程和学习经验，拥有数字优势的学生与难以获得基本设

---

① 李卢一，郑燕林. 泛在学习的内涵与特征解构[J]. 现代远距离教育，2009（4）：17-21.

② 潘基鑫，雷要曾，程璐璐，等. 泛在学习理论研究综述[J]. 远程教育杂志，2010（2）：93-98.

③ 张鸷远. “慕课”（MOOCs）发展对我国高等教育的影响及其对策[J]. 河北师范大学学报（教育科学版），2014（2）：116-121.

备和网络接入的学生间的数字鸿沟只会扩大”①。这种“数字鸿沟”也是新时期人民日益增长的美好生活需要和不平衡不充分的发展之间的矛盾的一种具体呈现。同时，即时学习虽然充分利用了个人的碎片化时间，但碎片化的学习恰恰又造成了学习活动要求的连续性的断裂②，从而导致学习经验的非连续性或学习结果的碎片化。可能的情况是，个人或者未能坚持完成学习既定内容，或者虽然学了很多知识与信息，却没有形成体系化的知识结构，很难甚至需要花费更长时间来形成或构建起自己特色的知识体系。因仅靠个体自身的网络学习对学习者的主动性要求更高，要达到精深、专业化的学习效果也更难，因而网络学习对个人的学习品质和学习能力提出了更高的要求。但这恰恰说明网络社会如何培养大学生的科学思维和自主学习能力应成为大学教育的核心职责。

所谓学习的国际性，主要是指通过互联网超越了国界而能够找到世界上所有的知识，即“地球村”之谓也。对于这一点，且不说承载知识的语言是否相通的限制，也不说网络世界里的所有知识信息是否都“开卷有益”，或者还是有针对性的“娱乐至死”和“颜色革命”，单就建立在以自然科学为基础的知识体系、以英语为这种知识体系的语言载体、以西方大学模式为世界范围内的通用模式，再挟持技术上的优势，完全有可能产生新的“数字霸权”，并可能使知识、大学和经济科技发展的“中心-边缘”模式得到进一步的强化③，这恰恰限制了泛在学习的易获得性，从而限制了个人学习的自由与创造力的发展，在某种程度上也限制了文化的多样性发展。但作为革命式的变化，这些不足在很大程度上只是发展中需要克服的问题，并不能从根本上改变数智时代的学习发展趋势及基本特征。

（二）高等教育普及化持续深入发展，促进大学学习的个性化变革

学习的个性化是指以学生的个性特点为基础，以促进学生的个性发展为目标的学习范式。应该说，大学学习的个性化在任何时期都是存在的，只因受到诸多客观条件的制约，特别是学习技术与工具等限制，个性化学习在不同历史时期的实现程度不同。随着一个国家逐步走向稳定与繁荣，随着人们物质生活水平的提高，人们不再满足于基本的生存需要，自我实现的需要越来越成为家庭和个人的发展追求，学生也拥有了更多的自由去选择他们真正感兴趣或有期待与抱负的学

① 兰国帅，魏家财，张怡，等. 未来高等教育教学：宏观趋势、关键技术实践和未来发展场景——EDUCAUSE《2021 年地平线报告（教学版）》要点与思考[J]. 开放教育研究，2021（3）：15-28.

② 谢维和. 镜子的寓意——网络社会与教育变革[M]. 北京：教育科学出版社，2020：79.

③ 关于这一主题内容的论述详见：[美]菲利普 •G. 阿特巴赫. 比较高等教育：知识、大学与发展[M]. 人民教育出版社教育室，译. 北京：人民教育出版社，2001.

科，“子承父（母）业”的模式进一步消解。更为重要的是，高等教育普及化持续深入发展，进一步提升了大学学习的个性化及实现程度。近年来，出现了越来越多的（准）大学生为追求个人的兴趣和自我实现而学的现象，如高考填报志愿中，父母或专家经常告诫考生选择志愿时一定不要忘了勾选“服从调剂”，但每年总是有学生不勾选，而是遵从自己内心兴趣的召唤，填报自己喜欢的专业，这样的情况相信许多高校都遇到过。成为时下广大学子追逐的“80 后”的年轻“网红”、29 岁成为北京大学博士生导师的刘颖，35 岁荣获“科学探索奖”，她在中学时就对生物产生了浓厚兴趣，考大学时铁了心一定要读生物专业，高考填报志愿时放弃北京大学、清华大学这两所许多人梦寐以求的顶尖大学，只填报了南京大学生物这一个专业方向，而且是“不服从调剂”。[①]再如，近年也时不时有已上了不错的大学，但因不喜欢所学的专业而退学重新参加高考的新闻报道。笔者于 20 世纪 90 年代上大学时的一个同学就是这种情况，不过当时基本上只是特例。可以预见的是，随着国家逐步推进乡村振兴、西部开发战略，高等教育普及化程度还将进一步提升，个性化的学习需求将会得到更大程度的满足。与此同时，高等教育普及化还使大学学习的基础性和多样性凸显出来。

所谓学习的基础性，主要是从历时性的个人学习经历和整个学习发展阶段而言的，大学本科学习越来越成为高等教育普及化阶段中带有基础教育性质的学习，并越来越成为国民的一种义务。因“在普及化阶段，高等教育发展趋于饱和状，接受高等教育成为社会民众的基本素质条件，大多数社会职业更是将接受高等教育作为入职必备资格，所以，接受高等教育便成为国民的一种义务”[②]。这种学习的基础性主要表现在两个方面。一是本科学习作为研究生阶段进一步学习与深造的基础性功能越来越突出，很多学生都将读研作为使自己能进一步发展的目标。据调查，近年来，硕士研究生报考人数持续保持高增长趋势，2015 年全国硕士研究生报考人数为 164.9 万人，2022 年达到了 457 万人，2015—2022 年，年平均增长 15.7%；研究生招生规模也持续扩大，2011 年研究生招生总人数为 56 万人，到 2021 年达到了约 120 万人，十年间增长约一倍。[③]二是终身学习观念也越来越为社会所接受，工作一段时间后再进入大学学习的人数逐年增多。据对 2022 年考研动机的调查，除了就业压力大、增强就业竞争力为主因之外，有近五成考生是为了

---

① 叶雨婷. 刘颖：别样的“非典型”科学家[EB/OL]. https://news.nju.edu.cn/mtcz/20221101/i110681.html.（2022-10-31）.

② 别敦荣. 普及化高等教育的基本逻辑[J]. 中国高教研究，2016（3）：31-42.

③ 中国教育在线. 2022 年全国研究生招生调查报告[EB/OL]. https://www.eol.cn/e_ky/zt/report/2022/detail.html.（2023-03-09）.

完善自身知识结构和加强文化素养，超过 30.0%的考生是想在学术上深造。[①]这些现象表明，本科阶段的学习已越来越成为大学生未来进一步发展的基础，因而以创造力、批判性思维、自主学习能力、终身学习习惯等为基础的核心素养的学习与获得就成为本科学习阶段的重中之重。

所谓学习的多样性，是指高等教育普及化阶段的大学生在年龄、学习需求、学习方式、学习与工作经历、学习目的等方面所具有的多元而复杂的特征。美国 1970—2019 年的数据显示，25 岁以上人口的高等教育入学率从普及化初期的 27.8%升至 1990 年的 44.1%，增长了约 17 个百分点，在 1990—2019 年的 30 年，尽管高等教育入学率逐渐降低，但 25 岁以上非传统生源接受高等教育的人口比例依然在 40.0%上下浮动。[②]相对于基本处于同一年龄阶段、基本没有工作经历以及基本完成高中教育后直接进入大学的传统大学生而言，这类非传统生源的学生不仅学习背景多元且复杂，而且他们是以不同的求学目的进入大学接受教育的，“或是为了学历文凭，或是为了学习技能，或是为了职业发展，或是为了满足‘闲逸的好奇’”[③]。同时，高等教育普及化阶段大学生的学习方式更加丰富，学习过程更强调获得性体验。[④]换言之，学习主体的背景、学习目的、学习方式与学习过程的多样性对大学教育目标的多元化和教育教学功能的多样化、丰富性提出了全新的挑战。

应该说，大学生学习的个性化及基础性和多样性特征，为大学培养多样化的创新人才，特别是拔尖创新人才奠定了基础，但也可能导致大学教学无所适从，是以学术性为主还是以职业性为主，是以技能发展为主还是为充实个人生活、提升人生幸福感为主，抑或多元兼顾？相对于传统大学基本统一的培养目标而言，非传统大学生求学目标的多样性也要求大学有针对性地做出回应。根据人力资本的稀缺性与其价值增值成正比的理论，由于高等教育普及化阶段大学层次的人力资本稀缺程度降低，大量大学毕业生，特别是普通大学毕业生难以找到较高收入工作，其价值增值的能力大打折扣，即日常话语中常说的学历文凭贬值，甚至出现学生在本科或研究生毕业后的收入不高，甚至难以补偿投资的反常现象。[⑤]这种情况就会对家庭和准大学生的理性求学意愿产生影响，高等教育普及化进程中每

---

① 中国教育在线. 2022 年全国研究生招生调查报告[EB/OL]. https://www.eol.cn/e_ky/zt/report/2022/detail.html.（2023-03-09）.

② 欧妍. 美国高等教育普及化阶段学生群体多样化分析：基于 NCES 来源数据[J]. 长江师范学院学报，2022（5）：102-109.

③ 林杰. 高等教育普及化时代大学生的特征及其权利保障[J]. 中国高教研究，2016（3）：43-46，55.

④ 王一涵. 高等教育普及化背景下本科学生学情分析与教学模式变革探究[J]. 天津大学学报（社会科学版）. 2019（3）：268-275.

⑤ 赵庆年. 价值增值能力衰退 上层流动难度加大：受教育者如何应对高教普及化不利影响[N]. 中国科学报，2021-06-01（7 版）.

年出现的弃学务工、弃学务农、退学重考、出国留学相对降温等现象就证明了这一点。“如果教育不再意味着比别人更有钱，或更有权势，或社会地位更高，或至少意味着一个更牢靠和更体面的职业，那么很少有人会费事去获得教育。”[①]这对大学的人才培养质量提出了更高的要求。

（三）大学学习泛在化与个性化双重变革，促进学生角色转变及学习定制化

信息技术与高等教育的深度融合带来大学学习的泛在化变革，使大学生的角色在某种程度上已由原来的学生转变为既是学生也是教师，既是受教育者也是教育者。说是学生或受教育者，主要是指学生作为求学者的身份并没有改变，这与传统社会学生或受教育者往往主要作为教师传承知识的接受者的角色是一致的。说是教师或教育者，主要是指网络社会里大学生角色的一种重要变化。在网络社会中，学习资源的获取具有很强的开放性；同时，各种互动式学习平台全面嵌入日常学习与生活，特别是新冠疫情以来更是加速了这种趋势。一方面，学习内容和学习资源的易获得性，增加了学生作为自主学习者和自我教育者的可行性，自主学习和自我教育成为大学生学习的一种重要方式；另一方面，人人可以参与构建学习内容、丰富学习资源，同伴交流和有效互动成为一种重要的学习方式，并越来越成为当前学习生活中的新常态，大学生作为同伴学习者或者同伴教师的角色也将进一步增强。换句话说，网络社会大学生学习的泛在化变革为大学生自主学习和自我教育奠定了技术基础，即大学生的个性化定制学习具备了外部的实现可能。“三人行，必有我师焉”越来越成为现实学习生活中的新常态；“人之患在好为人师”似可修正为“人之学在好为人师”和“人之学在敢为人师”了。

高等教育的普及化带来大学生学习的个性化变革及大学学习的基础性和多样性特征，使大学生角色也发生了多重变化。一是由原来的“大考生”转变为现今的“大学生”[②]，这是因为中学阶段的学习基本上是以升学为根本目标的聚焦式学习，而高等教育普及化阶段的大学学习因其基础性而主要是开阔视野、拓展思维的发散式学习。二是由原来的追求“高学历”转变为现今的追求“高学力”，这是因为对于高等教育普及化阶段之前的大学教育，“高学历”即意味着高价值，高等教育普及化阶段则因文凭学历稀缺性的降低而使其价值受到严重的抑制，故高等

---

① ［英］艾略特. 现代教育和古典文学：艾略特文集・论文[M]. 李赋宁，王恩衷，等译. 上海：上海译文出版社，2012：310.

② 这一观点受到如下文章启发：陆国栋. 我国大学教育现状与教学方法改革[J]. 中国高等教育，2013（23）：42-44.

教育普及化阶段的大学学习通常追求以学习能力为表征的“高学力”。三是由原来的“阶段性学习者”转变为现今的“终身学习者”，即将大学阶段作为全部人生最后阶段的学习转变为全生命周期终身学习过程中的一个学习阶段。这样，高等教育普及化阶段大学学习的个性化变革为大学生兴趣学习和自由学习奠定了内在需求基础，即大学生对个性化定制学习具有强大的内在需求。

随着大学生角色的转变，师生关系也越来越由原来的“师道尊严”转变为亦生亦师亦友。体现韩愈先生的“无贵无贱，无长无少，道之所存，师之所存”的“同伴学习”模式和长辈向晚辈学习的“后喻学习”模式在智能化的网络社会已大量存在，并日益成为数智时代学习者的生活“新常态”。如果说信息技术与高等教育教学的深度融合给大学生学习方式带来了泛在性学习特征，使个性化定制学习成为可能是一种外部驱动的话；那么高等教育普及化给大学生学习需求带来的个性化学习特征，则更多的是一种基于学生学习多样化需求的内部驱动。这样，外部技术驱动个性化学习成为可能，内部需求驱动个性化学习成为刚需。如何改革和创新教学范式，如何设计和实施个性化教学，就成为当前既有大学教学范式必须直面的要求与挑战，当然也是其转型与创新的机遇。

二、教的方式变革与大学教师的角色转变

教与学是一枚硬币的两面。新一轮科技革命和高等教育普及化在主要对大学生学习方式产生影响的同时，也相应地对教师教的方式提出了重要挑战。

（一）信息技术与高等教育的融合，促进大学教学的混合式变革

在新冠疫情之前，信息技术在教育教学上的应用还非常有限，大学和大学教师对视频会议、虚拟教室、在线教学等技术工具深度参与教学还有所抵触；在新冠疫情之后，在形势所迫和“停课不停学”的国家政策推动下，大学和大学教师已从学习到适应，甚至到开始依赖这些工具了，在线教学已成为高校教学工作的重要组成部分。据统计，自 2019 年底新冠疫情暴发至 2020 年 4 月 3 日，全国在线开学的普通高校共计 1454 所，95 万余名教师开设 94.2 万门、713.3 万门次在线课程，参加在线课程学习的学生达 11.8 亿人次。[①]尽管对在线教学的质量仍时有质

---

① 教育部. 全国高校疫情期间在线教学实践取得成效 教育部将启动高校在线教学英文版国际平台建设项目[EB/OL]. http://www.moe.gov.cn/jyb_xwfb/gzdt_gzdt/s5987/202004/t20200410_442294.html.（2020-04-10）.

疑，但研究和实践都表明，大规模在线教学和线上线下相结合的混合式教学都将成为“后疫情时代”高等教育和大学教学的新常态，特别是强调面授与在线相结合的混合式教学更是成为高校教学发展的重要趋势。①但从形式上看，助推混合式教学发展的主要还是教育信息化的“工具形态”，它更多的是将信息技术视为一种工具，用以支持、帮助和改进教育教学手段与方法、教育教学评价以及教育教学管理等教育教学活动，以提升教育教学质量和效能。

教育信息化带来教学方式混合式变革的同时，也对新形势下混合式教学提出了连续性和情感性的要求，这是由教育信息化对教育的影响还具有“知识形态”和“社会形态”所决定的②：所谓教育信息化的知识形态，是指信息技术与数字化，尤其是 VR、AR 和 AI 已能在一定程度上取代教育领域中的某些技能与职位，如基于算法（机器学习）的对专业领域知识的精准搜索、整理和初步分析的知识管理系统、学习分析系统、机器人助教等③，未来教育“新常态”由技术驱动的现象将更加突出，在这种情况下，19 世纪中期由斯宾塞提出的“什么知识最有价值”这一经典命题在网络社会中又一次凸显出来。所谓教育信息化的社会形态，是指以数字化、虚拟空间与人工智能等信息技术为基础形成的一种新的社会形态，即网络社会；而网络社会给教育带来的最主要的挑战是自我认同的危机。正是由于现实社会的现实性与网络社会的虚拟性之间在知识体系、知识价值体系方面呈现出不和谐或不一致，有时甚至是分裂的非连续性特征，对大学生的自我认同和自我同一性产生严重的冲击，也对教育的连续性和知识及价值的统一性产生严峻的挑战，从而使得我们的教育恰恰需要承担起如何重新确认信息社会或网络社会中学校教育应该传授哪些最有价值的知识与能力的重任，需要承担起如何帮助和引导学生在现实世界与网络世界知识及价值转换的非连续性两重世界中调控和正确认识自己、保持自身同一性而不至于迷失自我的重任，需要承担起如何通过教学范

---

① 教育部教育管理信息中心，百度文库. 2020 年中国互联网学习领域发展报告——高等教育领域[M]. 北京：清华大学出版社，2021：6.

② 关于教育信息化对教育影响的三种形态的观点来自谢维和教授的思想，详见：刘明堂. 网络之镜可映君心——对话谢维和教授[N]. 中国教育报 • 读书周刊，2021-05-19（9 版）. 关于网络社会对教育的影响的论述详见：谢维和. 镜子的寓意——网络社会与教育变革[M]. 北京：教育科学出版社，2020.

③ 2021 年 1 月，麦肯锡全球研究院发布了《中国的技能转型：推动全球规模最大的劳动者队伍成为终身学习者》的研究报告，该报告显示，到 2030 年，全球可能有多达 1/3 的职业和技能变更将发生在中国。多达 2.2 亿名中国劳动者可能因自动化技术的影响而变更职业。平均到每位劳动者，约 87 天的工时可被自动化取代，并需重新部署。3.31 亿名农民工或将面临 22%—40%的工作内容被自动化取代的风险。引自：麦肯锡全球研究院. 中国的技能转型：推动全球规模最大的劳动者队伍成为终身学习者[EB/OL]. https://www.mckinsey.com.cn/wp-content/uploads/2021/03/MGI_Reskilling-China_-Full-CN-report.pdf.（2021-04-08）.

式的创新来引导学生的学习、重新续接两个世界中的知识体系和知识价值体系之间连续性的重任。这正是教育最根本的任务，也是立德树人的根本任务。如果说之前历次工业革命所诞生的各项发现、发明和创造，大量半自动化和全自动化的生产性机器产生，极大地延伸了我们的四肢与五官，拓展了人类和个人的生存空间；那么以信息技术为核心的新一轮科技革命所诞生的各种虚拟技术、云技术和人工智能等，则是极大地拓展了人类和个人的思维空间。如果说人们在工业社会中需要更多地学习和掌握技术与工具，以获得更好的生活质量与发展前景，具有更强的竞争力；那么在网络社会，我们需要学习的不仅仅是单纯的知识，而应更多地重视思维能力的训练与思想水平的提高。没有思维能力的提高，个体也就失去了在现代社会中的竞争力。这也正是全世界各个国家和国际组织均不约而同地聚焦于 21 世纪的大学生需要具备或培养哪些“核心素养”这一问题，最后都不约而同地聚焦到核心素养“5C 模型”[①]——文化理解与传承（culture competency）、创新（creativity）、审辩思维（critical thinking）、沟通（communication）和合作（collaboration）上来的原因。

针对大学生泛在化学习变革及其即时性和国际性特点，教师应以混合式教学变革来引导，充分发挥其连续性和情感性的特征与功能。对于教学的连续性来说，网络社会大学教学的时空已得到无限拓展，由原来主要存在于课堂、学校而转向课内外、校内外、国内外、线上线下、现实与虚拟等相互融合的多元时空，从而越来越要求大学教学将不同时空的大学学习进行连续性的统筹考虑和设计，贯通现实世界与网络世界的思维与方法之道，解两个世界之间自我同一性之惑，以加强大学生创造力培育。对于教学的情感性来说，一方面，面对非确定性的未来，信息网络社会在开阔人们眼界、拓展生活空间、给人们带来海量信息和丰富选择机会与自由的同时，也给人们带来了多元选择性的焦虑，幸福感与健康心理成为影响大学教学的一个重要趋势。[②]在知识时代，终身学习对于提升个体的生活质量与营造学习型社区和社会的健康环境非常重要，热爱学习的品质、把学习变成日常习惯[③]，将极大地推进终身学习的发展。这就需要我们的教学特别注意引导和激励学生热爱学习、学会学习，激发学生的学习动机更多地由外在动机向内在动机转变，并采用能够吸引学生学习兴趣的教学方法进行教学。积极心理学与幸福心

① 大卫・罗斯. 致辞：从“4C”到“5C”——祝贺“21 世纪核心素养 5C 模型”发布[J]. 华东师范大学学报（教育科学版），2020（2）：19.

② 兰国帅，魏家财，张怡，等. 未来高等教育教学：宏观趋势、关键技术实践和未来发展场景——EDUCAUSE《2021 年地平线报告（教学版）》要点与思考[J]. 开放教育研究，2021（3）：15-28.

③ 在北京很多公共广告栏中，曾经常性地登出“学习是一种习惯”这样的公益广告。

理学成为网络社会颇受大学生欢迎的选修课即是明证，同时富于情感的教学往往更具有“吸引力”。诚如“现代课程理论之父”的泰勒所言：“一个人的美好生活，就是不断地试图使自己变得更富有人情、更善于学习、更有助于他人，以及与别人一起形成一种尊重每个人的潜力、不贪图他人为自己服务的社会。”[①]另一方面，针对教育（学习）资源的国际化，我们的大学教学要更多地从消费者变为生产者，民族的才是世界的，在“情绪的影响力超过事实”的“后真相世界”（post-truth world）或“后事实世界”（post-fact world），“强大的大学教育才更加必不可少”[②]，也更需要情感上的认同，从而达到民族、国家与文化的以及个人的自我认同。

（二）高等教育普及化持续深入发展，促进大学教学的基础化变革

大学教学的基础化是指本科教育越来越成为高等教育普及化阶段的基础教育。一方面，本科教育为相当一部分学生升入更高一级的研究生阶段打下坚实的学术基础；另一方面，它也为大学生进入职场后开展终身学习打下自主学习的能力基础。特别是普及化加信息化的网络社会之本科教育，思维与方法及创造力的培养更成为教学过程中的基础之基础。这与高等教育普及化带来的大学生学习的基础性特征相一致。与此同时，面对大学生以个性化为基础的多样性特征，大学教学相较以往更具有研究性和主体性。

教学的研究性是指面对多样化学生和多样化学习，教师借助人工智能与大数据分析，深入研究学生与学习的背景与特征、技术与内容的融合、情感与动机的调动等，以更好地为高等教育中日益多样化的学生群体提供服务，做出更好的、基于证据的决策。这是因为，一方面，随着高等教育普及化发展，高等教育规模扩大，不仅教育的价值增值受到抑制，而且社会流动也受到制约，这样大学毕业后的人力资本增值受到相当程度的衰减。[③]为尽量将这种衰减降到最低，大学就必须提升大学生的人力资本增值能力，即切实提高大学的人才培养质量和大学生的学习质量，这也是近年来党和国家一直强调的内容。社会上质量相对较高的名校在高考报名时竞争日趋激烈就说明了这一点。这样，未来大学之间的竞争乃至“生死存亡”首先就表现在人才培养质量和学生人力资本增值幅度之间的竞争，国与国之间“卡脖子”实际上卡的也是人才。另一方面，传统大学生的构成与学情所

---

① Schubert W H，Schubert A L，Ralph W. Tyler in review：An interview and antecedent reflections[J]. Journal of Thought，1986，21（1）：7-14.

② 谢维和. 镜子的寓意——网络社会与教育变革[M]. 北京：教育科学出版社，2020：73.

③ 赵庆年. 价值增值能力衰退 上层流动难度加大：受教育者如何应对高教普及化不利影响[N]. 中国科学报，2021-06-01（7 版）.

具有的较强同质性被彻底打破，而随着非传统生源的逐年增加，学生学习的多样化、异质性趋势逐年增强，学习目的、学习方式更加多元而丰富，学习过程与结果更加强调获得性体验。这样，面对异质多样化的学生与学情，原来传统上相对整齐划一的教育就难以适应了，相应地，教师就需要为适应和满足大学生不同的学习需求而教。正是基于以上原因，教师必须深入研究教学。如果说以往教师可能更多地研究学科与教学内容，研究教学方法，那么在高等教育普及化与信息化背景下的大学教学，教师面向不确定的未来和学生的可持续发展，除了要研究、选择与确定“教什么最有价值”、强化教学的基础性之外，还要着重研究学生，研究学生的学习，研究学生评价，研究教育教学技术及工具的学习功能与学习应用，并把各方结合起来，设计与实施“如何教最有效果”，即开展研究性教学。没有对学生学情的深入分析，也很难有极具针对性的教学，也就不可能促进学生的个性化学习和个性化发展。近年来，越来越多的高校教师开始使用并依赖基于大数据的学习分析，了解和解释学生学习的需求和挑战，以持续改进自己的教学，其道理就在于此。

教学的主体性是指教师在教学过程中通过充分发挥自身的主体性来充分调动学生的主体性，以充分激发学生的创造力潜能。一方面，对于大学教师来说，其职能不只是人才培养，还包括科学研究与社会服务，有时因绩效管理，教师必须在科学研究和社会服务上花费更多的时间。但教学或人才培养始终是大学教师的第一职能，从某种程度上而言，科学研究和社会服务也是为人才培养服务的。事实上，大学的功能从最初的教学功能拓展到科学研究与社会服务功能，其初衷也是如何通过将科学研究与社会服务融合到教学过程中去，以提高人才培养质量，近年来强调并流行开来的产学研合作教育、产教融合实际上就是对大学科学研究与社会服务两大职能均为教学服务的理性回归。另一方面，一项有关 2000—2015 年学生注意力时间跨度的研究发现，学生的注意力跨度从 12 秒降到 8 秒，减少了 4 秒，这一结果令人难以置信，千禧一代的注意力不容易被掌握，内容中必须有精彩的对话、视觉效果和引人入胜的故事情节。[①]又 8 年过去了，新一代学生的注意力下降可能更甚。这就要求教师必须进一步发挥自身的主体性，增加教学投入，特别是情感投入，以充分调动学生的主体性，维持学生的注意力与参与度。无疑，针对“思维、大脑和教育”这一研究领域，近年来整合认知神经科学、认知心理学、教育心理学、教育技术等学科而形成的新兴交叉学科——“教育神经科学”

---

① 中国教育三十人论坛. 2022 年，值得关注的 7 个新兴教育趋势[EB/OL]. https://www.sohu.com/a/515389883_112404.（2022-01-09）.

的最新研究成果“具身认知学习理论”及其相关技术深度嵌入教育实践，为进一步增强教学的情感性准备好了理论与技术基础。

针对高等教育普及化带来的学习个性化变革及其基础性和多样化特征，教师应以基础化教学变革来引导，并充分发挥教学的研究性和主体性功能。正如学者周川所指出的，高等教育普及化阶段，漫无边际的多样性使高等教育的传统办学基础已经发生了根本性的变化，“高等教育”作为一个整体的内在统一性正在消解，这对高等教育工作者，特别是对处于人才培养一线的专任教师的自主性、创造性和职业良知提出了更高的要求，也就更加需要他们根据具体工作对象的特点进行自主性和创造性的劳动，开展研究性、主体性和创造性教学，也更加需要他们的职业良知来保障这种自主性和创造性劳动的顺利进行。①有研究预测，未来的教学将成为一项复杂性的工作，教师将成为一个混合型职业，他们会成为教师企业家（teacherpreneurs），具备创造力、教学变革能力和领导力，一部分时间用于教学，一部分时间担当学生的指导专家、教师教育者、社会组织者、学习设计师、政策研究者以及教师网络中的虚拟导师等，他们是21世纪的知识工作者。②这些新角色与要求对大学教师教学能力的发展提出了新的挑战。例如，对学情的大数据分析技术，需要教师掌握必要的信息技术，具备一定的信息素养。虽然说人工智能尚不能完全替代教师，但掌握了人工智能相关教育教学技术的教师未来一定会取代没有掌握它的教师。③所以，教师也需要与时俱进，成为终身学习者，不断地发展自己、成就自己。大学则需要为教师教学能力的提升和持续发展担负起更大的责任，应该与时俱进地改进和提升教学条件与教学环境，除了以薪酬条件留人外，还要以情感留人、以环境留人、以事业留人。普遍开展研究性和主体性教学是有生师比、师职比的边界条件的，研究表明，合适的生师比和班级规模是保证高质量课程教学的一个重要因素。④

（三）大学教学混合式、基础化双重变革，促进教师角色转变和教学定制化

信息技术与高等教育深度融合带来网络社会大学教学方式的混合式变革，使网络社会的“教师”构成发生了重要变化，总体上可区分出两类教师，即人类教

---

① 周川. 高等教育大众化和普及化的中国路径及其质量问题[J]. 现代大学教育，2021（4）：1-7.

② 邓莉，彭正梅. 面向未来的教学蓝图：美国《教学2030》述评[J]. 开放教育研究，2017（1）：37-45.

③ 此为北京外国语大学人工智能与人类语言重点实验室主任李佐文教授的观点。

④ 陈泽，胡弼成. 生师比：人才培养质量的重要指示器[J]. 大学教育科学，2013（3）：118-124.

师和机器教师。人类教师又可分为两类：一是线下教师，通常是学生熟悉的本校教师；二是线上教师，可能是学生熟知的教师，但更可能是线上的陌生教师，或是“天涯若比邻”式的“熟悉的陌生人”，甚至是同为学生的同伴“教师”。机器教师当前主要是作为人类教师的助教存在的，典型的如针对大学生的各种智能学习 APP 或学习平台。“教师”的泛化在一定程度上与学习方式的多样性有关，如看学、听学、伴学、游学等，这样的学习又如何不能说有老师呢？“道之所存，师之所存”矣。这样，科学使用人工智能教学助教、网络社会虚拟学习社区及智能监测，机器教师与人类教师组成的“双师”“多师”等多种形式的“人机智能教学团队”，人工智能替代部分甚至大量的知识传授，从而大大赋能个体教师开展混合式教学变革：一方面，人机智能教学团队能够将教师极大程度地从以往单纯的知识传授中解放出来，相较以往，使他们在同等条件下有更多时间针对学生的个性化学习需求开展个性化教学设计，满足学生个性化定制学习的需求；另一方面，也是更为重要的方面，人机智能教学团队要求大学教师要能够成为团队的主动建设者，即要成为网络社会大学连续性教育环境的创设者和领导者，成为促进大学生开展连续性学习的促进者和协作者，更要成为学生思维的开拓者和思想的引领者。换句话说，网络社会大学教学的混合式变革为针对大学生的个性化定制学习需求提供个性化的大学教学设计奠定了技术基础，即大学教师的个性化定制教学具有了外部的实现可能。

高等教育普及化带来教学的基础化及其研究性和主体性特征，又越来越要求教师要成为深入研究学习和学生的教学研究者，成为教学活动的反思实践者，不断提升自己的教学学术水平。高等教育普及化阶段的大学教学不仅是基础性教学，需要继续夯实基础知识和基本技能（俗称“双基”）的培养；而且是发展性教学，还要强化思维方法和核心素养的训练，以为大学生的继续深造和终身学习打下坚实的基础。同时，高等教育普及化阶段的大学教学，还是情感与人格的教学和师生共同发展的教学，是统一课内课外、线上线下和学校社会家庭各类丰富教育教学活动的一体化教学，以充分调动大学生自主学习的主体性和主动性，要“在人的全面发展的基础上，肯定个性、坚持个性、彰显个性、保护个性，促进人的个性及教育的发展”[①]。既然教师角色转变或侧重点转移是高等教育普及化阶段网络社会大学教学活动中无可避忌的事实，那么大学生个性化学习的强大内在需求也就成为大学教师深入开展研究性与主体性教学改革的内在需求与动力。换句话说，高等教育普及化阶段大学教学的基础化变革及其研究性与主体性特征为教师针对学生

---

① 郭法奇. 人的发展与教育：几个基本问题的思考[J]. 湖南师范大学教育科学学报，2014（2）：17-21.

的个性化定制学习需求提供个性化的教学实践奠定了内在的教育需求基础，即大学教师针对学生个性化学习需求而开展的个性化教学实践具备了强大的内在动力。

随着教师角色的变化，师生关系也随之发生变化。混合式教学需要将现实世界与网络世界、现实人与虚拟人进行整合，在信息技术越来越成为教师主要帮手，甚至是教师大脑延伸的同时，教师也需要掌握一些现代教育信息技术，学习和熟悉网络世界知识与价值系统。而在这些方面，作为数智时代原住民的青年大学生往往比教师更为擅长、更有优势，同时，原住民根据自己的兴趣通过深入学习而获取的某些方面与领域，特别是新兴领域的知识有时也要比教师来得快、来得专。所以，师生关系也越来越成为一种亦师亦生亦友的关系，从而进入人类学家所说的师生相互学习的“并喻文化”时代，甚至是教师更多地向学生学习的“后喻文化”时代。2022 虎年岁首，外交部前部长李肇星在入驻 B 站的第一堂课上说：“我刚才把大家叫作尊敬的各位同学、各位老师，这是我想讲的心里话……‘三人行必有我师’，就是要把自己看成是一个学生，好多人都会成为我的老师。孔子也说过一个人应该永远学习，我要向你们学习，尽管你们比我年轻多了。同时，我也很光荣、自豪地把你们当作同学，愿意和你们一块学习。”[①]这种称呼的变化在某种程度上也正说明了师生关系的变化。综合而言，外部技术驱动个性化教学成为可能，内部需求驱动个性化教学成为刚需，内外呼应，就为大学和大学教师针对大学生个性化学习的强大需求而改革和创新教学范式、科学设计和实施个性化教学等提供了很好的机遇和无限的教育可能。

三、走向植根于创造力培育的大学教学范式

从大学生学习方式及教师教学方式的变化及其相应的角色变化所带来的挑战与机遇可以得出，大学教学范式变革与创新的发展趋势已然非常清晰，即走向以促进大学生个性化学习的个性化教学为基础、植根于批判性思维与创造力培育的大学教学范式，且这种范式在理论引导、实践探索与政策推动三者相互促进中正逐渐走向成熟。

（一）大学教学范式转型的多学科研究及理论引导

20 世纪 90 年代以前，大多数研究者无区别地使用“教学空间”和“学习空间”

---

① 李肇星. 在哔哩哔哩，我想讲点我知道的事、记得的事，讲点真话供大家参考[EB/OL]. https://www.bilibili.com/video/BV19F411i7Wb/?spm_id_from=333.788.recommend_more_video.（2022-01-01）.

这两个概念来指代学习场所，认为学习活动和教学活动发生的主要场所就是教室、实验室等用于课堂教学的地方，此后两者开始区别使用。至 2003 年，学习空间成为一个独立的研究领域，并逐渐用来指代那些体现了当代主流学习理论和新的学习科学的学习场所，包括正式（如大礼堂、教室和实验室等）、非正式（如休息室、户外学习区等）和虚拟（如学习管理系统、社交网站或在线环境等）三种学习环境或场所，而教学空间则用来指代那些传统的学习场所。①

以“学习空间”与“教学空间”两个概念逐渐分离为两个独立的研究领域为标志，教的范式建基于学的范式逐渐成为理论界的共识。随着脑科学、神经科学、认知科学、生物科学等不同学科参与到教学研究中来，一门新兴的交叉前沿学科——学习科学逐渐成熟，并成为新教学范式转型与创生的理论基础。国内外诸多知名高校纷纷建立起诸如未来教育（教学）研究院、未来学校研究院、脑与认知科学国家实验室（研究院/所）等，通过研究学来研究教。这种新的教学范式在理论上目前尚有多种称呼，如“学习中心的教育范式”②、“数据驱动的教学范式”③、“虚拟与现实融合的教学范式”④等。随着研究的不断深入，网络社会中着力大学生创造力培育的一种全新的大学教学范式在理论上正逐渐走向成熟。

（二）大学教学范式转型的实践探索与政策推动

新冠疫情虽然为传统的教育教学实施带来了很大的困难，但客观上却促进了新的教学范式的广泛实验与成形。疫情期间，在政策的推动下，线上教学、线上线下结合的混合式教学等不同教学方式的实施普及不仅保证了正常的教育教学秩序，而且对广大教师教学观念的改变产生了很大影响。经过疫情的实战锤炼，一个总的发展趋势是，现代化进程的加快促使新一轮科技革命成果加速融入大学教学范式的转型与创新之中，人工智能技术的认同与应用使混合式教学成为信息化背景下教学范式创新的主要着力点。与此同时，大学内部科技研发成果与教学的转化也加快了科技融入大学教学的进程，多媒体、人工智能、互联网等信息技术

---

① 详见：许亚锋，陈卫东，李锦昌. 论空间范式的变迁：从教学空间到学习空间[J]. 电化教育研究，2015（11）：20-25；杨俊锋，黄荣怀，刘斌. 国外学习空间研究述评[J]. 中国电化教育，2013（6）：15-20；Oblinger D G. Learning space[EB/OL]. http://www.educause.edu/research-and-publications/books/learning-spaces.（2012-04-20）.

② 查尔斯·赖格卢特，罗杰·尚克，陈金慧，等. 范式变革正当时[J]. 课程教学研究，2018（1）：4-8.

③ 杨现民，骆娇娇，刘雅馨，等. 数据驱动教学：大数据时代教学范式的新走向[J]. 电化教育研究，2017（12）：13-20.

④ 史秋衡，张纯坤. 数智时代大学教学范式的革新：虚拟与现实的融合[J]. 高校教育管理，2022（3）：24-31，90.

已成为大学教学范式创新的基础和动力源泉。

概括来说，大学教学范式的转型正在以下三个方面渐次累积发生：一是全域化“学习空间”建设，主要包括将传统以听为主的“秧田型”教室改造为多屏多向互动的小班研讨课教室；借助信息化而将传统以查阅资料为主的图书馆、资料室、书店等改造成可满足多样化学习形式需求的学习中心或研讨研究中心；将传统主要作为生活区域的校园改造成 WIFI 全覆盖、电子设备随手查、校园座椅方便聊，以及花草树木和大楼建筑本身也成为学生观察和体验学习的对象等随时随地可学的“学园”，为新的教学范式的诞生准备好了物理空间基础。二是教育/学习资源的大范围免费开放与提供，突出地表现在国家、地区、高校大力建设开放的优质教育资源，如国家精品课、慕课、虚拟仿真实验室等，为新的教学范式的诞生提供了很好的教学内容选择的资源基础。三是在线教学的广泛推广、平台建设与质量提升[①]，包括在新冠疫情期间已发挥了相当大的作用，也对广大教师教学观念的改变产生了很大影响的一批较好的课程与技术平台，如爱课程（中国大学MOOC）、学堂在线、智慧树、人卫慕课、好大学在线和华文慕课等，以及各大学普及的以校本培训为基础的教师教学发展中心的建设与培训质量的提升等，为新的教学范式的诞生提供了技术实现基础。

顺应实践及技术发展，政策上，2017 年 7 月，国务院印发了《新一代人工智能发展规划》，该规划专门将“智能教育”列出：“利用智能技术加快推动人才培养模式、教学方法改革，构建包含智能学习、交互式学习的新型教育体系。开展智能校园建设，推动人工智能在教学、管理、资源建设等全流程应用。开发立体综合教学场、基于大数据智能的在线学习教育平台。开发智能教育助理，建立智能、快速、全面的教育分析系统。建立以学习者为中心的教育环境，提供精准推送的教育服务，实现日常教育和终身教育定制化。”2019 年，中共中央、国务院印发的《中国教育现代化 2035》中提出的十大战略任务中，第五项和第八项两大战略为推进大学教学范式的转型与创新提供了政策支持，其中第五项战略任务是“构建服务全民的终身学习体系”，相关内容包括：“构建更加开放畅通的人才成长通道，完善招生入学、弹性学习及继续教育制度，畅通转换渠道。建立全民终身学习的制度环境，建立国家资历框架，建立跨部门跨行业的工作机制和专业化支持体系。建立健全国家学分银行制度和学习成果认证制度。”第八项战略任务是“加快信息化时代教育变革”，相关内容包括：“建设智能化校园，统筹建设一体化智

① 吴岩. 应对危机 化危为机 主动求变 做好在线教学国际平台及课程资源建设[J]. 中国大学教学，2020（4）：4-16，60.

能化教学、管理与服务平台。利用现代技术加快推动人才培养模式改革，实现规模化教育与个性化培养的有机结合。创新教育服务业态，建立数字教育资源共建共享机制。”

（三）新教学范式的实践多样态和目标一致性

基于研究、实践与政策互促互进的强有力推动，网络社会高等教育普及化阶段，大学教学范式转型的时机已经成熟。也正如吴岩在全国性教育大会上不断强调的：高等教育人才培养范式必须进行重大变革，才能进入新时代、赢得新时代、引领新时代。①

进入21世纪以来，新的大学教学范式在国内外以不同的形态相继产生，如密涅瓦大学的沉浸式学习模式、卡内基梅隆大学的开放学习计划（Open Learning Initiative，OLI）②、牛津大学学者创办的“沃尔夫大学”、斯坦福大学的“开环大学”模式③、深圳“零一学院”的“进阶研究-精深学习”模式等。虽然新的大学教学范式以多种多样的形态呈现，但其实质内涵都是一致的，即着力培育大学生以思维发展和创造力培育为基础的个性化定制的教学范式。其基本目标是：一方面做到随时随地教、随时随地学、随时随地问、随时随地答；另一方面通过研究培养学生发现问题、提出问题、分析问题和解决问题的能力，激发学生的智慧，培养其创新精神。

总体而言，数智时代，信息技术、人工智能与高等教育的深度融合，使个性化定制学习的进度和安排变得更容易，成本更低，而且可以增强学生的内在学习动力，从而使“以学生为中心”的个性化定制学习的教学范式创新在全球范围内日益受到关注并得到持续探索和不断完善，出现了如上一些受到社会普遍好评的典型案例。当然，数量还不是很多，困难也还有很多，正如创设数字文化时代全新大学教学范式的密涅瓦大学首任校长、哈佛大学社会科学学院前院长、认知心理学与神经系统科学研究的国际先驱柯斯林所说：“成为‘密涅瓦’的首任校长，意味着我不用面对深植于传统大学中的历史遗留问题。对于传统大学来说，这些积弊往往根深蒂固，难以改变……现在，我们能够重新设计一个全新的大学，这很让人激动。尤其令我感到兴奋的是，我可以运用科学研究成果，设计出最有益

① 吴岩. 积势蓄势谋势 识变应变求变[J]. 中国高等教育，2021（1）：4-7.

② Carnegie Mellon University. Open Learning Initiative[EB/OL]. http://oli.cmu.edu/get-to-know-oli/learn-more-about-oli/.（2017-09-26）.

③ 项璐，眭依凡. 培养目标：人才培养模式改革的价值引领——基于斯坦福大学“开环大学”计划的启示[J]. 现代大学教育，2018（4）：103-111.

于学生的教学方法。”[①]“星星之火，可以燎原”，当教育研究者、政策制定者、一线教师和社会大众都认识到必须进行范式转变的时候，数字文化时代的新教学范式也就如书面文化时代的教学范式一样，成为大学和教师的教学习惯及“新常态”了。

第五节　大学生创造力培育之文化建设

教育目标中将创造力培育纳入，课程及教学改革将大学生创造力培育置于核心位置，创造力培育就成了吗？还不行，还需要有一种黏合剂将这三者有机结合起来，形成共识，结成合力，并发挥“1+1+1>3”的威力。这种黏合剂就是文化，包括宏观的社会文化、中观的校园文化和微观的教学文化。宏观的社会文化具有系统性、长期性和艰巨性等特征，但其中的制度文化层面却是可以有所作为的，它整体构成了“让不让”创新的制度与环境基础；对于大学来说，中观的校园文化和微观的教学文化更是可以有所作为的，如是否能够在这一局部领域建立起有利于大学生创造力培育的大学创新文化，是否能够建立起基于大学生创造力培育的教学文化等。下面就这些问题做一些具体探索与讨论。

一、社会文化是人的创造力赖以产生和发展的活力源泉

社会文化是人的创造力产生的物质文明、精神文明、生态文明的总和，通常以物质文化、制度文化与观念文化三种不同形态呈现出来，因而具有系统性、长期性和艰巨性等特征，其一经形成就成为人的创造力赖以产生和发展的活力源泉，并构成了“让不让”创新的宏观环境基础。美国学者 S. 阿瑞提在《创造的秘密》一书中专门探讨了社会文化与创造力的关系，认为文化是人的创造力之心理根源。[②]文化之所以是创造力之源，就在于文化中蕴含着创造“基因”。

一般认为，人类进化通常遵循着两个既相互联系又相互作用的路径：一是生

① 伏维阁主. 教育改革：密涅瓦计划能否超越常春藤[J]. 求知导刊，2013（4）：75-77.

② [美]S. 阿瑞提. 创造的秘密[M]. 钱岗南，译. 沈阳：辽宁人民出版社，1987：399.

理进化；二是文化进化。文化进化与生理进化一样有其进化“基因”。“透过几代人的统计相关性可管窥到，人类的遗传变异另有根源：文化……与人类复制自身的基因遗传线交叉的是文化流；如果丧失文化流，我们就只有人的身体，而没有人的心智。”[①]换句话说，人类将其持续不断积累形成的文化进行高度浓缩，并以教育以及某种类似于“基因”的东西复制或遗传给后代。人类进化与大多数动物进化不同，它与遗传和文化双重信息的差异性传递紧密联系。文化遗传信息与生理 DNA 一样，有其创造的密码。文化和作用于其上的人类创造力充满了连续而不可简化的信息，使文化有了在基因世界里所不知道的、无法剥离的丰富内涵。“人类的创造力是促使基因——文化共同进化的导火线。创新来自创造力，这些创新是文化多样性的原料。”[②]概而言之，在人类发展历史长河中，人类在生产生活实践中实现着其生理进化的同时也实现着其文化进化，文化进化确保一代代新人不仅在生理上不同于动物，还在心智上更具创造力而不同于动物，因为“新一代人在学习、掌握和分享老一代人创造的文化过程中，获得蕴含文化中的创造‘基因’，使人的创造力得以继承并发展”[③]。

然而，并非所有文化都是创造力之源，有的文化不仅不是创造力之源，还是抵制、阻碍创造力的因素。作为创造力之源的文化通常具有一些共同特征。S. 阿瑞提总结归纳出了 9 个特征：①便于获得、享用；②具有开放性，不封闭、不专有；③注重文化的生成；④无差别地让所有人自由使用文化手段；⑤鼓励自由；⑥进行文化的广泛交流与刺激；⑦具有包容性；⑧重要人物在文化方面相互影响；⑨鼓励和奖励创造。[④]国内学者张武升和肖庆顺在综合各种研究后认为，作为创造力培育之源的文化主要具有如下特征：①先进性。反映文化发展的规律、代表文化发展方向的文化就是先进文化，先进文化是创造力之源。②多样性。多样性即多种文化并存，既包括中外跨国文化并存，也包括国内各种文化并存，各种文化相互影响、借鉴、融合，多样性反映了文化的兼容并蓄、博采众长，为人的创造力培育提供了充裕、优越的条件。③开放性。开放性是指任何一种文化都是一个开放系统，一方面，文化自身具有革新发展、与时俱进的能力；另一方面，文化敏于接受别样文化的影响，善于汇集、吸取其他文化的优点并为己所用，丰富和

---

① [美]罗伯特·J. 斯滕博格. 创造力手册[M]. 施建农，等译. 北京：北京理工大学出版社，2005：126.

② [美]罗伯特·J. 斯滕博格. 创造力手册[M]. 施建农，等译. 北京：北京理工大学出版社，2005：127.

③ 张武升，肖庆顺. 论文化与创造力培养[J]. 教育研究，2015（5）：13-19.

④ [美]S. 阿瑞提. 创造的秘密[M]. 钱岗南，译. 沈阳：辽宁人民出版社，1987：401-415.

优化自己，增强生命力和创造力。④自由性。自由性主要包括文化创造过程中的自由，文化获得、享用的自由，以及不同文化存在变革、发展的自由等三方面的自由，有了这三方面的自由，文化就能真正呈现出多样性、开放性，就能真正成为任何人的创造力之源。[①]换句话说，文化越是多样、开放以及自由，其所包含的创造力就越丰富、越有活力和竞争力，对创造力培育的作用就越大。

作为创造力之源的文化对于个人创造力的发展和培养并非自动生成的，而是通过一系列重要过程实现的，概括起来，主要包括三个方面：一是接触交流。个人属于不同文化，要使个人有充分机会、时间和精力与各种文化接触交流，包括国家文化、民族文化和地域文化等；通过学校课程教学、跨地区跨国家访学及旅游活动等多种接触与交流方式，可使个人的文化视野开阔、胸怀宽广，使创造力得到丰富多样的文化的滋养。二是理解认同。个人通过接触交流，逐渐理解其他文化，能够正确把握其价值、符号、意义等，并在此基础上实现对其的认同，能够承认和尊重其他文化。三是融合建构。个人在充分吸收不同文化养分的基础上，实现自身内部的文化融合，建构起自己更为先进、博深、开放的文化系统，从而使自己所属文化更加优化、更加富有生命力和竞争力。[②]正如著名社会学家费孝通先生所言：各美其美，美人之美，美美与共，天下大同。[③]

改革开放之后，长期以来，中西之间的文化交流，很大一部分是文化产品，即承载着观念文化的物质文化形态，如涉及日常生活与消费的影视、动漫等大众文化产品，特别是现代影视和动漫产品，即所谓的好莱坞大片。欧美的文化吸引力，很大一部分就来自像伽莫夫、阿西莫夫、卡尔·萨根等这样的科普大师，来自诸如《星球大战》《黑客帝国》《地球末日》等科幻影视作品，来自《狮子王》《玩具总动员》《冰雪奇缘》[④]等动漫及各种衍生产品，来自迪士尼、环球影城等娱乐、休闲与旅游产品。相比而言，我们的影视作品多是帝王宫斗剧、情感生活剧等，优秀的、走向世界的中国科普作品、科幻影视、动漫作品还很少，在很长一段时间内，基本上是单向流入。当我们日常接触并喜欢上这些科普、科幻、动漫和旅游等文创产品时，我们就会自然地敬佩产出这些产品的国家，从而又促使与以上产品相关的语言培训和留学在内的教育产品得以大量输出，由此形成一个良性循

① 张武升，肖庆顺. 论文化与创造力培养[J]. 教育研究，2015（5）：13-19.

② 张武升，肖庆顺. 论文化与创造力培养[J]. 教育研究，2015（5）：13-19.

③ 追忆大师/费孝通：各美其美 美人之美 美美与共 天下大同[EB/OL]. https://news.pku.edu.cn/bdrw/3df270c03c6240e882fa5b2aa6ce5840.htm.（2020-11-24）.

④ 其他科幻影视代表性作品如《星际迷航》《星际穿越》《征服者罗比尔》《终结者》《超人》《异形》等，其他儿童和婴幼儿动漫代表性作品如《冰河时代》《小美人鱼》《玩具总动员》《功夫熊猫》《彼得兔》《小猪佩齐》《天线宝宝》《花园宝宝》等。

环。这是中西在大众日常文化上的不同，非常需要我们集体与个人、社会与市场的系统反思，如何推动和深化文化与文创产品方面的供给侧改革，把一个个中国故事讲好、制作好和传播好，这是一项系统工程。当然，中国历史上也陆陆续续产生了一些很好的科幻文学、动漫作品，如古代屈原的《天问》，21 世纪以来出现了像刘慈欣的《三体》（2006）、《流浪地球》（2008 年小说出版，2019 年同名电影上映、2023 年《流浪地球 2》上映）、吴岩的《中国轨道号》（2020）等为代表的系列科幻作品①；也出现了像《舒克和贝塔》（1989）、《大头儿子和小头爸爸》（1995）、《超级飞侠》（2015）、《萌鸡小队》（2017）、《哪吒之魔童降世》（2019）、《百变校巴之超学先锋》（2020）等优秀动漫影视作品②，但这还远远不够，特别是在信息时代，即使是将这些还非常有限的优秀科幻文学作品转化为影视作品以进行数字传播的现象还相对较少。

爱因斯坦曾说过："假使科学要像艺术一样真切而完全地实现它的庄严使命，它的成就便不能只是肤浅地为大众所知，而要把其内在的意义投射到人们的意识中去。"香港大学太空研究实验室执行主任苏萌认为，实现这样的目标一定是借助科幻文学和影视等方式，如此才能让大家深切感受到科学的文化和精神，感受到科学是文明向前发展的原动力，"这种感知要深入到传播过程中的每一个细节，一定不是知识，不是数字，一定是不枯燥的"。曾创作过科幻文学作品《未来星球 2049》的中国科学院宁波材料技术与工程研究所高级研究员张文武认为，"没有科幻就会让科技创新缺失"，"科幻是最奔放的思维活动，是最高级的科技创新"。③事实上，2023 年的《流浪地球 2》是有着严谨的科学支撑和优秀的传统文化的中国表达的。但需强调的是，网络上时不时流行着与大家早就熟知的伪科学"永动机"如出一辙的"量子波动速读""水氢发动机汽车"这样的闹剧与谣言。这些作为大众的科

① 不同历史时期的国产优秀科幻代表性作品有：清末民国时期如《月球殖民地小说》（1904，荒江钓叟）、《新石头记》（1908，吴趼人）、《猫城记》（1933，老舍）；中华人民共和国成立以来如《割掉鼻子的大象》（1956，迟叔昌）、《十万个为什么》（1961，叶永烈，湜介，徐青山等）、《小灵通漫游记》（1961，叶永烈）、《布克的奇遇》（1962，萧建亨）、《大鲸牧场》（1963，迟叔昌）、《小太阳》（1963，科幻电影）、《飞向冥王星的人》（1979，叶永烈）、《生死平衡》（1997 年，王晋康）；21 世纪以来，中国当代杰出科幻作家刘慈欣出版了系列科幻作品，如《球状闪电》（2005）、《赡养人类》（2005）、"三体"系列（其中《三体》，2006；《三体Ⅱ·黑暗森林》，2008；《三体Ⅲ·死神永生》，2010），其他如《天意》（2004，钱莉芳）、《冥王星上的鲜花》（2007，刘卫华）、《异海》（2012，蛇从革）、《伤心者》（2015，何夕）、《零度分离》（2021，伊格言）等。

② 不同历史时期的国产优秀儿童幼儿动漫代表性作品有《大闹天宫》（1960）、《九色鹿》（1981）、《天书奇谭》（1983）、《三十六个字》（1984）、《西岳奇童》（1984）、《女娲补天》（1985）、《山水情》（1988）、《镜花缘》（1991）、《百变马丁》（2004）、"宝宝巴士"系列（2010 年以来）、《米各说》（2013）、《小鸡彩虹》（2017）、"彩虹宝宝"系列（2017 年以来）、《舒克贝塔》（2019）、《毛毛镇》（2019）等。

③ 以上三种观点均出自：詹媛. 中国科幻，离辉煌还有多远[N]. 光明日报，2020-12-03（16 版）.

学素养或者基本的社会观念文化是社会整体文化的一部分，实则是文化之内核，更是一个社会创新之民众基础。当“仰望星空”探索自然、认识自然、发现自然（规律）这种科学活动成为全国人民，特别是广大儿童青少年的日常爱好和价值取向时，当良好的逻辑思维能力、分析批判精神、探求真理成为群众普遍的日常生活习惯时，或者说当包含科学普及在内的科学文化成为一种大众流行文化时，无疑我们就有了广泛创新的群众基础。正如鲁迅笔下有了天才成长的泥土。①任何科学领域的天才都是有基数的，不可能人人都是天才。当喜欢的人越多时，出现天才的概率就越大。

然而，什么时候我们国家可以源源不断地诞生出向外传播的以物质文化呈现的优秀文化产品呢？显然这里面也存在一些政策制度方面的因素，在未有之前或刚刚萌生于发展过程之时，是需要有相关政策制度的大力引导和支持的。这一点，除了上面所说的文化与文创制度以外，还突出地表现在科技制度与教育制度两个方面。科技制度方面首要地就表现在对原创知识产权的保护上，由于篇幅所限，这里不过多涉及，而主要谈谈教育制度方面。

随着知识经济的到来，中国制造朝向中国智造和创造的方向发展，制造业的技术含量越来越高，对应用性的高层次科技人才的需求越来越旺盛，我国于 1993 年颁布的《中国教育改革和发展纲要》中强调，要“制订高等学校分类标准和相应的政策措施，使各种类型的学校合理分工，在各自的层次上办出特色”。自此开始，特别是自 2010 年颁布《国家中长期教育改革和发展规划纲要（2010—2020 年）》以来，几乎每年我国都会出台政策，促进高校分类发展和地方高校或新建本科高校转型，大力推进应用技术类高校发展，以培养不同层次的应用技术型人才。但这么多年过去了，应用技术类高校的发展和应用技术型人才的培养并没有取得预期效果，本科院校，特别是广大地方本科院校依然还呈现出“定位不明导致分类不清，发展趋同导致特色迷失，终端活力不足导致推进缓慢”，究其重要原因是，“国家政策体系尚未形成活力”。②有研究认为，中华人民共和国成立以来开始实行的重点大学建设制度，在初期发挥了重点建设与快速培养高层次人才的作用，但在高等教育大众化、普及化阶段，在全社会都在倡导和推行“大众创业、万众创新”的政策背景下，重点大学建设已形成的一种制度文化在某种程度上就对学术

① 鲁迅的“天才与泥土”的观点来源于他于一九二四年一月十七日在北京师范大学附属中学校友会演讲《未有天才之前》。

② 李海萍，郝显露. 地方本科高校分类转型发展：进程、反思及其建议[J]. 湖南师范大学教育科学学报，2021（4）：104-112.

创造力形成了一定程度的制约作用。[①]这种重点建设制度往往是转化为具体的改革项目，如各种教师队伍、专业、课程、教材等涉及人才培养过程方面各具体因素的重点建设，在某种程度上已经形成了大学改革与发展的路径依赖，诱导着各类大学均朝着一种模式向前发展，从而在相当程度上也对人才创造力培育产生制约作用，因为人的创造力培育是一个非常复杂的过程，需要的更多是一种文化氛围，一种心理引导。

21 世纪以来，中国大力驱动创新战略，但放在全球视野来比较，差距还很大，问题出在哪儿呢？从某种程度上讲，创新在中国社会还没有真正形成一种整体的社会氛围和社会心态，社会观念或精神文化层面对创新所持的态度与理念还有诸多不利于创新的东西，有时还存在不欢迎甚至不许创新的问题。据报道，华人科学家杨蓉西带团队研制出了乳腺癌血液筛查技术，将乳腺癌筛查准确率提高到了 95%，回国后她一直寻找合作以实现产业转化，但一直没有成功，原来是因为国外没有类似对标产品而遭受质疑；究其背后的逻辑是：只有在国外先有了某种产品的前提下，中国做出类似产品才会得到认可，反之，中国首创了一个全新的东西，就无法得到承认；类似事情还有不少，以至于一些科研人员感慨道："创新在中国绝对是政治正确，但到实际流程中，原创很多时候是不受欢迎的。"[②]一般来说，社会创新文化形成的主要标志体现在三个方面：一是创新社会风气浓郁，其蔚然成风的关键在于日常的舆论导向，重复重复再重复，当创新以多种形式被宣传一千次就成了社会共识与风气，全社会就弥漫着一种热爱创新、创新无上光荣的风气；二是创新实体遍布，其竞相生长的关键在于举国之力，积极鼓励发展各种以创新为宗旨的实体组织，放水养鱼；三是创新成为人心所向，其执着追求的关键在于各级各类教育，让创新深入每一个学人之内心，成为他们的一种自觉的心理与行为。[③]当人人内心都涌动着创新冲动、创新激情，当创新成为人们心中固有情愫和价值追求的时候，创新文化也就步入良性循环、臻于完善的阶段了。"为什么我们的学校总是培养不出杰出人才？"钱学森在发出这一"世纪之问"五年后的 2010 年 1 月 26 日，温家宝总理在听取来自科教文卫体各界 10 位代表对《政府工作报告（征求意见稿）》的意见、建议时，对此给出了自己的答案："一所好的大学，在于有自己独特的灵魂，这就是独立的思考、自由的表达。千人一面、千篇

① 张应强. 制度规约与一般高校生存——读《重点大学建设对一般高校发展的影响》[J]. 湖北师范大学学报（哲学社会科学版），2019（2）：155-156；胡炳灿. 重点大学建设对一般高校发展的影响——制度规约与组织生存[M]. 北京：科学出版社，2018.

② 袁岚峰. 迎接中国科技领先的时代[J]. 中国经济周刊，2020（1）：8-17.

③ 于新东. 创新离我们还有多远[N]. 学习时报，2013-03-04（7 版）.

一律，不可能出世界一流大学。”[①]“独立的思考、自由的表达”，实即陈寅恪先生所谓“独立之精神、自由之思想”的另一种表述。特别是从社会的角度来考察创造力的培养，如果从教育决策层到基层教师，还是习惯性地将大学生创造力的培养看成是一个技术问题，如课程、教学如何改进，如何选拔“拔尖创新人才”，等等，而没有从价值观上认同人的个性自由、独立思考，认可对权威的怀疑和挑战，尊重包容“离经叛道”的思想，允许尝试和“犯错误”，那么，培育创造力也就无从谈起。没有多元化竞争给天才创造容忍与容错的环境，持久创新也就不可能实现。因此，创造力的培养首先是精神的自由和解放。[②]这是大学之魂，更是创造性杰出人才产生的心智基础。基于我国高校与政府之间干部的双向交流，特别是大学一把手之间的交流与任命成为一种重要模式，且任期通常只有三五年这一现实，这一点就显得尤为重要。

二、大学校园文化是大学生创造力发生发展之日常环境基础

大学校园文化作为社会文化的一部分，既受社会文化的影响，但又并不完全等同于社会文化，它是大学生学习、生活以及正式进入社会职场前工作实习的主要场所，因而是大学生创造力培育的日常环境基础。教育具有一定的滞后性，其转变与创新是一个漫长过程，因为作为这种文化活动根基的价值观和相应体制的根本性转变常常需要漫长的过程，甚至有时在社会文化已经发生转变的时候，学校教育的充分适应、转变与应用还需要一定时间。根据对文化分类的常规三分法，校园文化也可区分为保障师生日常学习生活的物质文化、保证大学日常有序运行的制度文化，以及体现大学办学理念与特色并外化于全校师生日常行为中的观念文化。因此，大学生创造力培育，还需将培育大学生的创造性思维与创造性人格化作一种精神、一种理念、一种制度、一种环境，内嵌于新时期的大学校园文化建设当中，同时还需要特别注意网络社会信息技术所构建的新媒体对校园文化建设所带来的机遇和挑战。

物质文化是由教室、实验室、图书馆、体育馆、运动场、食堂、礼堂、宿舍、以及校门等校园建筑，科研仪器设备、教学设备设施、校园网络、图书资料、数

---

① 孙晓礼．“用心听者，学到灵魂”——温家宝总理就《政府工作报告（征求意见稿）》征求科教文卫体界代表意见座谈会侧记[EB/OL]．http://www.gov.cn/ldhd/2010-02/01/content_1525613.htm.（2010-02-01）.

② 戴耘．总序[A]//Beghetto R A，Kaufman J C．培养学生的创造力[M]．陈菲，周晔晗，李娴，译．上海：华东师范大学出版社，2013：2-3.

据库等教学科研运行的学术学科设施与材料基础，以及物化大学办学理念与愿景的校旗、校徽、吉祥物和自然或人造的校园人文景观等文化标志物所构成。物质文化是大学校园文化的物质基础和外在标志，作为一种客观的物质存在，其具有生动、直观、形象等特点，能够为全校师生在日常生活中所触所思、所观所感，实质上内含办学者（特别是创始校长）的教育观、大学观以及价值观和审美观，具有持久性、传承性和潜在教育性，故也被称为育人的“隐性课程”。就当前物质形态的校园文化建设来说，有三样改革正成为大学改进人才培养过程、着力大学生思维与创造力培育的重要举措：一是起始于 21 世纪初的研讨课，2006 年 10 月，北京大学改造了 27 间研讨课教室，将原来基本上规格、形状、大小均以讲授为理念而设计的教室改造成方便师生开展研讨的研讨课教室，并自此将教室区分为研讨课教室与讲授课教室两种，历经 10 余年发展正成为一种潮流。[①]二是高校图书馆（也包括分布在各学科各大楼中的图书馆分馆、图书资料室、书店等）在作为高校地标性建筑的同时，在信息化推动下正越来越被建设或改造成为学习和研讨研究中心[②]，在此种理念的推动下，甚至很多地方新建图书馆越来越成为当地的地标性建筑，成为老百姓带着孩子们游玩学习的打卡处。三是学习化校园环境建设，整个校园，包括教室、实验室、活动场馆、各样建筑，以及其他校园空间与环境，开始嵌入“学生为中心”“学习为中心”的“学习空间”的设计与建设理念，如校园内无死角的 WIFI 覆盖、各处建筑物配置可随时查阅学习的电子设备、校园触手可及的可供谈话交流和小型研讨的桌椅，以及校园花草树木和大楼建筑本身也成为学生观察、体验和学习的对象等，并且“学习空间”作为全新的综合性研究领域，正成为当前的一个前沿研究和改革热点[③]，这样基于学生学习中心而建设的校园物质文化环境，就成为无处不学习、处处有书香的“学园”，让人一进校园就有一种学习的冲动和激情。

制度文化主要体现在以大学章程为基础而建立的一整套明确高校日常运行和

---

① 卢晓东．让小班研讨课教室改造成为潮流[N]．中国科学报，2016-03-17（5 版）．

② 这方面的研究可参见：郑学军，于海涛．学习支持服务：“双一流”大学图书馆发展的新指向[J]．图书馆学研究，2019（4）：83-87；卢志国，马国栋．学习共享空间：图书馆创造大学的无缝学习环境[J]．现代情报，2009（3）：201-204，207．

③ 相关实践与研究参见：许亚锋，尹晗，张际平．学习空间：概念内涵、研究现状与实践进展[J]．现代远程教育研究，2015（3）：82-94；范斐，陆洲．以学习者为中心的跨学科创新学习空间营造研究[J]．高等工程教育研究，2016（2）：63-68；胡建波，吴思睿，雷春妮．置入非正式学习空间的学生公寓改造研究[J]．高等工程教育研究，2020（4）：118-123；闫建璋，孙姗姗．论大学非正式学习空间的创设[J]．高等教育研究，2019（1）：81-85；[美]普拉卡什·奈尔．重新设计一所好学校：简单、合理、多样化地解构和重塑现有学习空间和学校环境[M]．林文静，译．北京：中国青年出版社，2019．

未来发展的制度体系中，是由大学章程、各类制度、议事及工作机构、办事程序等构成的。作为大学校园文化的重要组成部分，大学制度文化是现代大学治理的基础，具有导向、规范和约束功能，为大学改革与创新发展提供了良好的制度保证：一方面，使大学人才培养、科学研究与社会服务等各项工作有章可循、有法可依，不断推进现代大学治理的科学化、制度化、组织化和个性化；另一方面，又为教师和学生的合法权益提供充分保障，特别是将“以学生为中心”的办学理念以制度形式体现出来，其中以质量和创新为价值导向，充分调动院系、教师和学生三元主体积极性和主体性的评价制度体系是校园文化的建设重心，也是“破五唯”重点关注的对象。例如，有些高校在引进和实施“tenure-track”（“常任轨”制度，也有直接译为“非升即走”制）时，把本来是一种选优和激励的制度转变为单纯以科研成果作为考核内容，甚至有个别高校将其演变为一种收割青年教师发表论文、提升各种排名的保护牌，由此导致教师个个冥思苦想申课题，人人日夜兼程出论著，引发教师的“群体性焦虑”。①另外，有些高校为了提升学校排名与提高学术发表率，将本应成为所有教师常规收入部分的经费截留用作对科研成果（主要是论文）的重奖，使这部分奖励流向少数论文发表较多的教师，从而造成实际上对其他教师的不公平，甚至导致教师之间的矛盾发生。事实上，科研成果的量与质并非一种线性关系，不是论著多了，学术与创新水平就上去了。根据 WOS（Web of Science）数据库统计，2012—2021 年，我国科研论文发表数量呈持续增长趋势，截至 2021 年 5 月，我国 2021 年被 SCI（Science Citation Index，科学引文索引）收录的论文数就已超美国成为第一。②但毋庸讳言且须直面，我国的科研实力与美国甚至西欧、日本等发达国家和地区的差距还是明显的，尽管中国科技论文数量迅速增长，论文影响力提升速度较快，但篇均被引频次与世界平均值相比还有较大差距。③这些制度在某种程度上进一步加剧了“重科研、轻教学”的现象。在破“五唯”政策背景下，有些大学进行了相关改革，如在教师聘任考核方面，弱化年度考核，强化聘期考核④，或者开展聘期模

---

① 刘进，王辉. 什么才是真正的“非升即走”[J]. 重庆高教研究，2020（5）：44-54；朱玉成. 高校教师非升即走的制度误用及纠偏[J]. 中国高教研究，2021（12）：64-69.

② 临床科研与 meta 分析. 重磅！2021 年中国被收录的论文数量已超过美国[EB/OL]. https://www.cn-healthcare.com/articlewm/20210607/content-1229073.html.（2021-06-09）.

③ 中国科技论文统计与分析课题组. 2020 年中国科技论文统计与分析简报[J]. 中国科技期刊研究，2022（1）：103-112.

④ 任友洲. 高校教师岗位聘期考核：定位、方法及对策[J]. 华中师范大学学报（人文社会科学版），2013（3）：162-168.

糊考核[①]，采用多维度考核等办法；在科研评价方面，对人文社会科学成果的代表作评价制度已进行了不少深入的理论研究[②]与实践探索[③]。就人才培养来说，关键是从制度上协调好科研与教学相关制度之间的导向关系，真正做到“教学中心”，从制度上将创造性的教学、培育创造性的人才放到第一位。

大学观念文化是大学在长期办学过程中创造和积淀下来的办学思想、理念、精神、历史、人物、故事等思想观念文化。它首先直接体现在校训、校歌以及管风、教风、学风和校风（简称“四风”）当中，其次就是物化和内化在其上的物质与制度文化当中。经过精心设计的校园物化环境、校训校歌文创产品等文化标志系统或符号系统等都承载着大学的基本办学理念，传递着办学的基本思想，引导着媒介的舆论导向等。这种社会的、精神化的校园观念文化体现着大学的基本办学思想和办学理念、大学精神及其个性特色，彰显着一所大学的精神内涵和文化品位，潜在地影响着师生的认知方式和价值观念，久而久之会内化为师生的行为指南和精神坐标，并成为全校师生及所有管理与服务人员内化于心、外化于行的一种自然表现和流露，是大学校园文化的灵魂与核心，因而成为大学校园文化建设的最高目标。有学者将这种弥漫于大学校园的文化用大学“风格”[④]或“气派”[⑤]来称之。其中的大学办学思想与理念是大学校园文化建设中统揽全局的指导思想，主要回答大学培养什么样的人、如何培养人、为谁培养人，以及大学是什么、办什么样的大学和如何办学等问题；大学精神与大学特色是对大学理念的进一步升华，是大学在其创办、成长与发展过程中长期积淀而形成的师生与员工共同的理想追求、道德准则、思维方式和行为习惯，是带有大学自身特点的人文精神与科学精神的综合体现，是大学生命力、凝聚力和创造力的源泉，更是大学办出水平、办出特色、办出活力的动力，因而是大学校园文化建设的精髓，影响着大学生的成长过程和人生轨迹，决定着大学的发展方向和影响力，影响着国家与民族的精神面貌和文明进程。[⑥]管风、教风、学风和校风则是大学办学思想、理念与精神的

---

① 徐建栋，苏秀娟. 模糊评价在高等学校聘期考核中的应用[J]. 天津工业大学学报，2005（3）：66-69.

② 石晶，李晓彤. 热与冷：高校学术代表作评价制度思考[J]. 甘肃社会科学，2014（6）：73-75；张曙光，王红芳. 代表作评价制度的要素、困境与完善路径——基于社会学新制度主义的视角[J]. 湖南师范大学教育科学学报，2023（2）：124-131.

③ 曹建文. 北大中文系代表作制度探路学术评价体系改革[N]. 光明日报，2006-01-04（5 版）；朱振岳，倪洪江，孟昌. 走出人文社科学术量化考核困境[N]. 中国教育报，2010-07-28（2 版）.

④ 谢维和，叶富贵，李珍. 清华的风格[M]. 北京：生活 • 读书 • 新知三联书店，2021.

⑤ 樊恭烋. 要树立良好学风[A]//樊恭烋. 高等教育文集——中国理工科教育规律的探索与实践[M]. 北京：北京工业大学出版社，2009：245.

⑥ 王珺. 加强大学校园文化建设培养造就高素质合格人才[J]. 毛泽东思想研究，2013（6）：148-152.

具体落实与体现，并且反过来会促进思想、理念与精神的形成与巩固。其中，管风是教风、学风与校风建设的核心①，指管理是面向师生的、服务的和鼓励创新的，还是面向领导的、控制的和制约创新的。在很大程度上，管理也已经成为一种生产力。比如，“以学生为中心”强调质量与创新的改革理念及其相关教学范式，不仅体现在以此为理念而改造或新建的物化学习空间及相关制度文化当中，更体现在从大学教育的决策者到一线教师的日常观念当中。相比于社会文化，这类观念文化是学校文化的特殊内容，是学校所独有的，对学生的创造力培育具有不可替代的作用，因而对学校文化的形成和建设来说是最重要的，也是最需要花大力气创建和传承的文化内容。

校园文化特色是学校在形成和建设自身文化过程中通过实践探索和科学研究积淀、凝练而成的独有特征的综合，反映了学校文化的风格和独特作用，对学生的创造力培育具有特殊的开发、发展作用。②这一点已为中外名校所充分证明。美国加州理工学院被世界公认为培育创新人才的摇篮，之所以如此，是其创新的校园文化使然。具体来说，其校园文化鼓励创新，鼓励多元文化的学习、分享和碰撞，强调学生跨系、跨科学习，特别是在办学实践中真正做到了科研与实践的结合、科学技术与人文艺术的结合，以及理性思维与形象直觉思维的结合“三结合”。对于加州理工学院的创新文化氛围，钱学森曾深情地回忆道：“创新的学风弥漫在整个校园，可以说，整个学校的一个精神就是创新。在这里，你必须想别人没有想到的东西，说别人没有说过的话。拔尖的人才很多，我得和他们竞赛，才能跑在前沿。这里的创新还不能是一般的，迈小步可不行，你很快就会被别人超过。所想的、做的，要比别人高出一大截才行。这里的学术气氛非常浓厚，学术讨论会十分活跃，互相启发，互相促进。所以，我到加州理工学院，一下子脑子就开窍，以前从来没有想到的事，这里讲到了，讲的内容都是科学发展最前沿的东西，

---

① 笔者曾工作过的北京工业大学，前校长樊恭烋（1921—2011）曾先后在清华大学、北京航空航天大学、北京工业大学工作，参与了中华人民共和国成立以来高校教育改革和管理改革的全过程，在《当代中国高等教育家》（详见：忻福良. 当代中国高等教育家[M]. 上海：上海交通大学出版社，1995.）一书中，与周培源、蒋南翔等被同列为新中国 14 位高等教育家，他还被英国剑桥国际中心选录在《亚澳远东地区世界名人传记》《国际名人字典》《国际知识分子名人传记》之中；被美国传记研究院选录在《国际杰出领导才能的世界名人传记》《世界 5000 个名人传》之中，并被美国档案馆选录在《世界群英殿传记》之中。他在大学治理过程中就一直强调并重点抓管理风气，在大会小会并常挂嘴上的名言是“学风看教风，教风看管风”。为纪念和继承樊校长的治校办学思想，2014 年，北京工业大学创办“樊恭烋荣誉学院”，并将其作为学校“高等工程教育人才培养模式创新实验区”，以进一步创新人才培养模式，推进教学内容、教学方法与学习方法改革，培养工程领域领军创新人才。以上相关内容详见：樊恭烋. 高等教育文集——中国理工科教育规律的探索与实践[M]. 北京：北京工业大学出版社，2009.

② 张武升，肖庆顺. 论文化与创造力培养[J]. 教育研究，2015（5）：13-19.

让我大开眼界。”[①]也正因为如此，钱学森生前一直反复强调科学技术与人文艺术相结合的人才培养模式，他本人就是由此成才的典范。

需引起高度重视的是，20 世纪 90 年代以来，互联网与人工智能逐渐与教育深度融合，以数字传播技术为基础的新媒介，通过技术手段的数字化与传播模式的交互性，实现所有人面向所有人交互地传播信息，从而具有了传播主体多元、传播层级消解、传播手段多样、传播内容分众、传播时效增强等重要特点，并且这些特征已经以不同的方式与作为数字原住民的大学生及大学校园文化等密切融合在一起，对传统的教育与学习范式产生了很大冲击，并逐渐重构着大学生的学习、生活和交往方式等，从而为网络时代期望建设以创新为特色的大学校园文化带来了全新机遇，当然也带来了全新挑战[②]：首先，一方面，新媒介丰富了大学文化的内容和载体，大学生的学习生活内容更加丰富、方式更加多样、时空更加灵活，大学校园文化由此获得了更强的表现力和感染力；但另一方面，新媒介作为大学校园中正在升起的一种新的统治力量，不断地解构着传统大学校园文化的诸多核心要素，传播主体多元和层级消解削弱了知识、学术和行政的权威，简单的榜样塑造和说教已很难对大学生产生深层次的影响，同时，新媒介又在很大程度上重构着以师生关系为核心的各种人际关系，与传统大学校园文化生态产生激烈碰撞，从而对大学校园文化作为“潜课程”的引导功能的发挥提出了很大挑战。其次，一方面，新媒介突破了大学文化的物理空间，消弭了学校和社会之间的藩篱，学生即使身处有围墙的校内，也可以十分便捷地与外界进行思想的交流、交锋和碰撞，大学文化的价值选择更趋多元，思想活动空间不断拓展，为校园文化的生长提供了肥沃土壤，增强了大学校园文化的活力；但另一方面，新媒介导致大学文化建设的主体逐渐从集体转为个体，从有形空间转向虚拟空间，各种思想观念泥沙俱下、良莠不齐，大学机构对文化建设的主导权被削弱，大学核心价值不断遭受冲击，维系大学文化传统变得异常艰难。再次，一方面，新媒介促进了大学亚文化的繁荣，各种亚文化彼此交融、求同存异，师生个性化需求得以更好满足，校园文化得以进一步凝聚人心、整合资源、凝练共识，激发出更加旺盛的生命力；但另一方面，大学生的人际交往因虚拟空间的经济性和便捷性而能满足其心理归属需求，但如果过分倚重，则可能导致其现实人际交往能力的蜕化，形成对新媒介的依赖，甚至造成社交障碍，诱发心理疾病。最后，一方面，新媒介加快了大

---

① 转引自：毕卓然. 世界名校如何培养精英下一代的创造力[M]. 杭州：浙江人民出版社，2013：107-108.

② 张朱博. 新媒体环境下大学校园文化建设面临的机遇、挑战与对策[J]. 北京师范大学学报（社会科学版），2013（1）：125-130.

学文化的开放速度，打通了校园文化连接社会主流文化的渠道，大学文化与社会文化之间的交互更加便捷、更加即时，为大学校园文化提供了展现自我、引导社会的舞台；但另一方面，新媒介在使文化建设主体更加多元、内容更加丰富、空间更加广阔、对象更加复杂的同时，也使传统校园文化建设的方式、手段等面临严峻挑战，如不及时予以变革，将可能丧失文化建设的主动权。综合而言，新媒介所带来的挑战不仅仅是技术层面的，更多是思想观念层面的，其平等性、开放性、即时性等特点决定了大学及大学文化工作者必须转变观念，重新定位大学生的角色，调整大学文化建设的思路和策略。如何统筹现实与虚拟两个世界，以“三全育人”为基本理念，以培育大学生创造力为核心价值，以建设大学校园创新文化为基本鹄的，是数智时代大学校园创新文化建设的重要命题。

三、大学教学文化是大学生创造力发生发展之日常实践载体

教学文化作为大学校园文化的一部分，既会受到校外社会文化的间接影响，也会受到学校内部校园文化的直接制约，并随大学发展变化而演进，其教学创新氛围的营造与活力决定着教学的发展品质和学生创造力培育的状况。作为校园文化的核心部分，大学教学文化与学生接触更为直接、更为亲密，是大学生创造力培育的日常实践载体，乃大学生创造力发生发展日常浸润之所，因而对学生能力，特别是创造力的发生发展的影响也更为重要。2012 年 7 月，教育部高等教育司发布的《关于启动国家级教师教学发展示范中心建设工作的通知》明确提出要“推动营造重视和研究教学的氛围，建设具有本校特色的教学文化”，自此，“大学教学文化”开始成为高等教育界关注的重要话题和研究领域。

教学文化也包括物质、制度和观念三种形态。物质形态的教学文化已在前文校园文化建设中进行了阐述，即主要包括以学习为中心开展研究性教学的研讨课教室的建设，以学习或研究中心为理念和主要功能而改建的高校图书馆、资料室，以及整体的学习化校园环境建设等，它们对大学生创造力的培养起着潜移默化、润物无声的作用。这里主要就教学文化的制度形态和观念形态两方面进行阐述。

制度形态的教学文化主要是指与人才培养相关的教学制度，包括常规教学管理制度体系、促进师生发展的制度体系以及支撑教学发展的条件保障体系。[①]这些制度的制定与完善是否遵循了教育规律，特别是是否将培养学生创造力的价值导

① 康淑敏. 大学教学文化的式微与重塑[J]. 教育研究，2017（12）：60-67.

向作为指导并内化其中，就成为促进教学着力培育学生创造力的外在规约，引领着教学风尚和学习风气。关于这一点，当前有些大学已有一些新的改进与创新，如有些大学将思维与逻辑、写作与沟通能力的培养作为通识必修课程[①]，有些大学专门从制度上设置自学型课程以培养学生的自主学习和终身学习能力[②]；另外，有不少大学探索一二年级不分专业、三四年级自由选择专业的本科生院制，或者成立各种实验班或实验学院，探索学生创造力和学科交叉复合能力的培养[③]；有些大学将教学研究与教学成效作为重要的考核指标并给予重要奖励[④]；等等。在大学生创造力培育上，中国大学几乎将世界高等教育发达国家的制度与方法都学习了一遍，如将本科生导师制、本科生参与科研、学分制、通识教育、转专业制，以及研究性教学、项目式学习、CDIO［构思（conceive）、设计（design）、实现（implement）、操作（operate）］工程教育模式、成果导向教育（outcome based education，OBE）等先进的教育教学理念加以消化并在一定程度上加以制度化，但总体上要么还只是少数学生获益（如转专业的学生比例限制等），要么还没有真正落到实处、细处，还没有普遍性地得到消化、内化和系统化，还存在诸多“最后一公里”的问题。[⑤]换句话说，如何让直接面对学生、培养学生创造力和核心素养的教学不再是教师的“良心活”，而成为他们一种发自内心、全身心主动投入的“愉悦活”？从制度层面上看，一是宏观、中观课程体系设计设置的科学统筹与系统化问题，即知识体系、课程体系、课程结构和序列的系统研究与设计，关键是包含基础思维与方法训练的学生核心素养及专业能力标准的课程化和系统化，以及课程整体的结构与质量而非数量；二是微观单一课程的教学质量问题，研究表明，合适的生师比和班级规模是保证高质量课程教学质量的一个重要因素[⑥]；同时，与基础教育，特别是小学教育课程的教学不同，高等教育课程教学目标的达成远远不止于课堂 45

---

① 曹旺祺，詹萌．“写作与沟通”课程：春风化雨育人[EB/OL]. https://www.tsinghua.edu.cn/info/1370/79653.htm.（2021-04-02）.

② 薛素铎，兰劲华，赵曙东，等．设置自学型课程的实践与思考[J]．北京教育（高教），2012（9）：57-58.

③ 如清华大学的“姚钱数班”（姚期智计算机科学实验班、钱学森力学班、数理基础实验班）、北京大学的“元培学院”、北京外国语大学的“北外学院”、中国人民大学的 PPE 实验班（Philosophy，Politics and Economics）、北京工业大学的“樊恭烋学院”等。

④ 如浙江大学、南开大学、东南大学等设立了“杰出教学贡献奖”“教育教学终身成就奖”“教学成就奖”等，详见各大学官网。

⑤ 王蓉．教学改革的“第一公里”和“最后一公里”——南科大教改短片的观后感[M]．“工程教育认证”微信公众号（id：ceeaa-org）.

⑥ 陈泽，胡弼成．生师比：人才培养质量的重要指示器[J]．大学教育科学，2013（3）：118-124.

分钟或 50 分钟，需将课上课下统一起来，且更需学生课下投入大量时间与精力进行广泛而有深度地阅读、写作或者实验实习实践训练。这一方面需要有制度支持，如学生每个学期修学的课程数不能太多，如果修学课程太多，学生就不可能在每门课程上都投入足够多的时间，在很大程度上只能保证学生的学习广度但却难有深度；另一方面，学校院系层面需要有强大的教学支持系统，如果要保证教师有大量时间投入到教学上，他们就没有更多时间投入到管理与服务等其他工作中去。[①]同时，与大学创新人才培养过程密切相关的“两个一公里”问题也开始凸显出来，即大学已有必要将创造性人才的“培养链”向前后两端延伸：一是向入学前的招生延伸“一公里”，将招生程序前移一步，充分了解考生的专业兴趣潜质，真正招上那些确实是发自内心喜爱某些专业的学生，真正选择出具有创新潜力的人才，甚至把所谓的偏才、怪才选出来；二是向毕业后延伸“一公里”，认真调查本校毕业生对其在校学习四年的培养情况、课程开设情况、教学适切情况、能力掌握情况以及满足市场需求情况的满意度，以此形成真正的闭环，不断修订和优化培养过程。这样就可以通过前后两端的制度化延伸，把创新的理念与文化贯穿于高校人才培养的全过程，尊重人才成长和培养的规律，充分挖掘和发挥学生的主体性，构建大学生创造力培育与发展的文化环境，更好地服务于大学生创新意识、创新思维培养和创新能力的提高，培养全面发展的创造性人才。

观念形态的教学文化主要是指围绕教育教学活动建立起来的一整套思想意识和价值信念，是教学文化的内核，形塑教学生态的其他要素，具有“外树形象、内聚人心”的作用；它一旦形成，将从根本上引领大学的教学发展方向，辐射人才培养全过程，决定着学校教学的基本形态和培养质量。[②]也正因其对人才培养过程和教学质量如此重要，很多学者就主要从这个意义上来定义教学文化。例如，教学文化研究的集大成者加拿大学者哈格里夫斯（Andy Hargreaves）将教学文化视为教师群体的信仰、价值观、习惯和假定的行为方式。[③]后续有关教学文化研究的西方学者基本沿袭了这一界定：一是将教学文化理解为教师群体的文化；二是强调教学文化是一种观念或精神存在；三是强调教学文化已成为习惯的外在行为方式。[④]国内学者在移植、借鉴与进一步理解大学教学文化时，通常采用“本质+主体”的方法论，即认可大学教学文化是作为一种观念或精神存在（核心是价值

① 沈红，谷志远，刘茜. 大学教师工作时间影响因素的实证研究[J]. 高等教育研究，2011（9）：55-63.
② 康淑敏. 大学教学文化的式微与重塑[J]. 教育研究，2017（12）：60-67.
③ 鲍同梅. 试论个人主义教学文化[J]. 扬州大学学报（高教研究版），2004（1）：60-63.
④ 谢延龙. 论我国大学教学文化：语境、语义及其建构[J]. 当代教育与文化，2016（4）：92-96.

观）及相应的外在行为表征这一本质含义，差异就在于大学文化的主体不同，归纳起来主要有“教师群体[①]”、“师生群体”[②]、“师生+教学管理者”[③]、“师生+管理者”[④]、“大学”[⑤]等不同主体论。教学活动是由教师的教与学生的学构成的双边社会活动，因而教师与学生自然是教学文化的主体，但同时教学活动的实际运行状况还受制于关涉教学运行的物理和制度因素，而这些因素取决于大学的中高层管理者，特别是中高层教学管理者。这样看来，仅仅将教学文化的主体归结为教师群体则窄化了，而归结为所谓抽象的“大学”或“师生+管理者”则又泛化了。所以，大学教学文化的主体除了核心主体教师（含教辅人员、实验教学人员等）与学生外，还包括作为大学意志主要代表者的管理者，特别是中高层教学管理者。这样来看，观念形态的大学教学形态就可以理解为大学日常教育教学行为主体在大学日常教学活动及其组织运行中表现出来的，为其所在群体多数成员所共享的典型的感知、思维和行为模式以及行为主体之间特定的关系模式和互动结构，如大学师生在课堂上的互动、教师和学生对自身及对方角色的理解和定位、教师与学生之间的关系和联系、大学对学生的组织和管理等，为此有学者将其称为“大学教育的日常文化”[⑥]。笔者以为甚为贴切，当关于教学活动的观念成为一种文化并已深入主体内心深处，成为大多数甚至全部成员日常工作生活中的集体行为习惯时，教学文化就在日常生活中分别以教风、学风和管风形式表现出来了，从而对新加入成员具有外在规约性。就对教学活动所持的基本价值定位来看，历史上主要形成了以知识的传承与创新为根本目的的知识本位价值定位、以个人思维与能力的培养与塑造为终极旨归的个人本位价值定位，以及以适应和服务社会为主要使命的社会本位价值定位，这三种价值定位及其相互作用方式内在地规定了大学教学文化的基本属性，普遍存在于不同时代、不同地域和不同类型的大学当中，三种价值之间多元、复杂的矛盾运动，使不同时空背景下的大学教学文化各自呈现出鲜明的特点[⑦]，并与教风、学风与管风相互形塑，一方面引导和塑造着管理者

---

① 郭峰. 大学教师作为知识分子语境下的教学文化重构[J]. 教师教育研究，2012（4）：13-18；李俊峰，高永丽，王晓晶. 制度保障学风传承 价值引领教研创新——大学教学文化建设与研究[J]. 中国大学教学，2020（4）：83-88.

② 贺祖斌，王茹. 大学教学文化与教师发展生态[J]. 高等教育研究，2015（1）：57-61.

③ 钟勇为，高宇. 大学教学文化冲突：征象与应对——亚文化的视角[J]. 教师教育研究，2015（1）：6-11.

④ 皮武，葛军. 基于学生发展的大学教学文化危机与重构[J]. 江苏高教，2019（7）：48-54.

⑤ 别敦荣，李家新，韦莉娜. 大学教学文化：概念、模式与创新[J]. 高等教育研究，2015（1）：49-56.

⑥ 孙进. 德国大学教育的日常文化与创造力培养：一项在德国波鸿大学的案例研究[J]. 比较教育研究，2009（12）：60-64.

⑦ 别敦荣，李家新，韦莉娜. 大学教学文化：概念、模式与创新[J]. 高等教育研究，2015（1）：49-56.

和师生的日常教学行为，另一方面又被管理者和师生个体所持的价值观所引导和形塑。从大学教学文化建设的实践角度看，管风是“三风”矛盾运动中的主要矛盾，并对教学活动中的三元价值矛盾运动起主要作用，深深影响着一个大学教学文化的走向。

首先，从管理角度和管风建设来看，一是在知识价值维度，不管是中外传统大学的由知识而至道德，还是近代洪堡大学的由科学而达修养，都强调知识的传承与创新在人才培养上的统一，强调人才培养在使学生掌握知识的基础上，更要发展学生的思维和创造力，强调科学研究为教学服务，强调社会服务为人才培养服务。事实上，中华人民共和国成立以来的大学普遍经历了从“教学”单中心到“教学”“科研”双中心，再到实际运行层面的“科研”单中心的过程，这集中体现在“教学学术”从一直不被承认到虽被承认却始终不能与学科的“探究学术”平起平坐，20 世纪 50 年代建立起来的教学传统优势不断弱化、虚化，致使教育教学价值被遮蔽，教师对教学投入不足，教学研究不想为之、不会为之或被迫为之，教学更多地成为教师的“副业”。实际上，大学教学也是以实际问题为逻辑起点，具有高度的探究性品质和创生性特征，其结果同科研一样，可公开发表、交流与评价。[①]知识的价值取向还突出地表现在大学的课程设置与管理上，即是否重视培养和训练学生思维和创造力的方法论及创新实践课程的设计与设置，这一点在教学文化的制度层面已做了论述。二是在个人价值维度，诸多高校在运行管理上更多是遵循“科层制”的行政管理逻辑，在尊重师生、服务师生发展的服务行为上还很不够（或者有意识但少行动），“更多的是考虑怎么方便管理，怎样方便学校执行，怎样少出事，或者怎样更符合上级的要求、精神”，“从老师本身角度考虑比较少”，“好多学校都是如此”。[②]典型的如现各大学普遍实施的“学生评教”活动，本意与目的主要在于促进师生之间的相互理解与共同成长，引导教学质量朝着更加积极健康的方向发展，真正达到教学相长、提高教学质量的目的，但在实践上更多地被用作管理的手段，不断强化其管控功能，以达至管理的基本要求，在职称评聘、绩效考核、评奖评优等环节被广泛应用，呈现出强烈的“管理主义”特征[③]；其实施结果不仅未能扭转“水课”“清考”“营养学分”等不良现象，相反还使学生评教活动越来越趋于表面化、形式化，甚至功能异化，在某种程度上成为助长高校“水课”泛滥的催化剂，导致某些高校的教师与学生围绕学业考试成绩和学生评教

---

① 王玉衡. 卡内基教学促进基金会：美国大学教学学术运动的推动者[J]. 大学研究与评价，2008（5）：57-62.

② 刘益东. 大学纪律建设研究[M]. 武汉：湖北教育出版社，2022：155.

③ 刘强. 超越管理主义的平庸：高校教学质量评价的实践审视及其重构[J]. 当代教育科学，2020（10）：25-34.

成绩达成一种利益共谋关系[①]，带来学业成绩和评教分数双重膨胀的教学相“涨”的异化现象[②]。三是在社会价值取向上，一直以来大学都是通过人才培养来实现其社会服务和大学使命的，在大学越来越走向社会中心的同时，企业和社会日益参与到大学治理与人才培养的过程中来，并对知识传承与生产的模式产生了重要影响，人才培养是固守“象牙塔”自我循环，还是向社会主动开放以构建一个开放系统？这个开放系统是否亦向个体的整个生命历程开放？这是关乎信息社会和学习社会发展趋势的问题，也是大学管理当前与未来一段时间的教学文化建设的重要议题。

其次，从教师角度和教风建设来看，一是在知识价值维度，所有学科专业的课程设计、教材编写以及具体的课堂教学过程中都强调对本门学科或专业基本知识的掌握，但在面对为不确定的未来培养学生时，各学科专业越来越强调发展学生的思维与创造力。一项针对德国波鸿大学中国留学生的调查研究表明，德国大学教师在日常教学实践中重视对学生创造力（85%）和批判性思维能力（80%）的培养，而中国大学教师相应的比例分别是46%和45%；有56%的学生认为德国大学中的“考试要求学生创造性地提出自己的意见或解决方案”是“常见”现象，相比只有22%的学生认为中国大学如此，还有71%的学生持相反意见，认为这是一种“少见”现象。[③]除此以外，也有不少研究表明，在认知维度的教育目标实现上，中国大学更强调记忆、理解等低阶目标的设计与实现，而比较忽视综合、分析、评价等高阶目标的设计与实现。二是在个人价值维度，德国大学教师在日常教学实践中更重视对学生独立自主性（91%）、独立自主思考能力（94%）和个性化（认为“教师经常会开新课”的占56%，认为“教师倾向自编讲义”的占93%）的培养，相比而言，中国大学相应的比例分别是49%、57%和14%、37%，同时在对“使用统一的标准教材”的看法上，83%的学生认为在中国大学是一种“常见”现象，且不同教科书的内容均是大同小异，特别是理工科教材。[④]换句话说，我国的教学过程中对大学生个性化的培养相对不足。三是在社会价值维度，人才培养通常是建立在专业的基础之上的，而“专业”建设的目的就是面向社会和市场需求，因而在具体的课程教学过程中，需要化抽象为具体，将学生需要学习的知识

---

① 蒋贵友，郭丽君. 大学评教“共谋”行为及其治理路径[J]. 大学教育科学，2020（2）：105-110.

② 哈巍，赵颖. 教学相“涨”：高校学生成绩和评教分数双重膨胀研究[J]. 社会学研究，2019（1）：84-105.

③ 孙进. 德国大学教育的日常文化与创造力培养：一项在德国波鸿大学的案例研究[J]. 比较教育研究，2009（12）：60-64.

④ 孙进. 德国大学教育的日常文化与创造力培养：一项在德国波鸿大学的案例研究[J]. 比较教育研究，2009（12）：60-64.

与学生已有的知识结构和实践经验相联结，与社会的应用状况相联结，要特别强调学生的社会实践、实习或实验，理工科学习尤其如此。这就对教师自身知识结构提出了要求，教师提高其社会实践经验的办法通常是在企事业单位工作或者做横向科研课题调查两个途径。实践中，有些理工科院校和应用型文科院校对教师提出要有六个月到一年的时长不等的社会实践经验的明确要求。概言之，在以“教风”体现的教学文化中，我国的教学活动呈现出对学生思维和创造力培育相对不足、对学生的个性化和自主能力培育没有得到足够重视、教学对社会需求的支撑度不够等特点。

最后，从学生角度和学风建设来看，一是在知识价值维度，有研究认为①，中西方大学生对学习的价值认知具有很大的不同：中国大学生的学习理念和学习模式主要受以孔子思想为代表的儒家文化的影响，呈现出“美德导向”（virtue-orientation）的特征，即以道德性和社会性的自我完善为基本目标，通常以学习过程中诸如认真、勤奋、刻苦、恒心、专注、热忱、坚持、谦虚、尊师等美德品质为外在表征②；而西方的学习理念源自以苏格拉底（Socrates）思想为代表的古希腊认识论的传统，呈现出“心智导向”（mind-orientation）的特征，即以探索世界、掌握真理为根本目的，通常以主动投入、探索精神、批判性思维、自我表达与交流、好奇、问题解决、创造力等心智品质为外在表征。美德导向学习模式的显著优势就在于它能长久激发与调动学习者的主观能动性③，最大的缺陷则在于不注重和不利于发展学生的好奇心、探索精神、批判性思维、动手实验能力、问题解决与自我表达能力等心智品质，因而不利学生创造力的培养。二是在个人价值维度，“学而优则仕，仕而优则学”等，依然是很多中国学子的朝圣之旅，且学业成功与人生成功④密切相关；而西方学生认为学习只是一种个体生活的体验和

---

① Li J. U. S. and Chinese cultural beliefs about learning[J]. Journal of Educational Psychology，2003，95（2）：258-267；[美]李瑾. 文化溯源：东方与西方的学习理念[M]. 张孝耘，译. 上海：华东师范大学出版社，2015；刘徽. 解密东方与西方学习的差异——读《文化溯源：东方与西方的学习理念》[J]. 现代教学，2018（3A）：74-77.

② 如传承至今、大人小孩都耳熟能详的有关努力、勤奋、刻苦、惜时等学习格言警句、诗词谚语非常之多，如“熟能生巧”“锲而不舍，金石可镂”“勤能补拙”“笨鸟先飞”，典型如《警世贤文·勤奋篇》，通篇都旨在劝人读书、奋发图强，“惜时”典型如《明日歌》。

③ 关于这一点，下面这个研究给出了比较合理的解释：张华峰，史静寰. 走出“中国学习者悖论”——中国大学生主体性学习解释框架的构建[J]. 中国高教研究，2018（12）：31-38.

④ 典型如宋真宗赵恒的《励学篇》：富家不用买良田，书中自有千钟粟。安居不用架高楼，书中自有黄金屋。娶妻莫恨无良媒，书中自有颜如玉。出门莫恨无人随，书中车马多如簇。男儿欲遂平生志，五经勤向窗前读。

需要，是个体完善自己的一种途径，教师的价值在于引导学生进行学习体验和探究。三是在社会价值维度，中国文化中，学习不仅是为了人生的成功，而且是为了“光宗耀祖”和整个家族的发达，由此延伸至整个国家，家国一体，读书是为了国家的发展，教育是为国家培养治国理政之才，即“修身、齐家、治国、平天下”，这种重视群体价值取向的文化特征，可能会导致学习过程中个体的价值和能动性相对被忽视，也可能在一定程度上造成学习过程中学生的沉默寡言、消极被动，不敢直抒己见，尽量保持与群体认识一致；相对而言，西方文化强调个人本位，注重个人的自由和权利，把个人置于社会整体之上，学生学习的目的是获得个体的完善。[①]通过文化的相互学习与融合，中西两种学习文化心理也正呈现出一种相互借鉴、取长补短的趋势。

从文化维度来考察大学生创造力培育，在社会文化、大学校园文化与教学文化所构成的三重文化圈层系统中，教学文化的建设无疑是核心；而在物质文化、制度文化和观念文化的文化三维呈现与表征上，观念文化无疑是核心，内嵌在物质文化与制度文化之中，更体现在日常的教学实践当中；两相嵌套，则大学教学文化之观念文化建设就成为建设核心之核心。在大学教学文化的观念文化建设中，管风是“三风”矛盾运动中的主要矛盾，并对教学活动中的物质、制度和观念三种文化形态的矛盾运动起主要作用，正所谓学风看教风，教风看管风，三者在很大程度上就构成了大学的校风和文化。面对新时代对富有创造力人才培养的普遍需求和大学生学习生活范式的变化，除了从宏观社会文化和中观学校文化层面进行反思之外，更需要从微观的大学教学文化的角度进行全面审视，推进大学教学文化的转型。综合而言，不管是宏观社会文化对全体社会创新文化氛围的营造与建设，还是中观大学校园文化对创造性人才培育整体校园环境的设计与建设，抑或是微观大学教学文化对创造性人才培育的全程性熏陶和建设，都不能仅仅停留在口号、政策或者观念上，必须有切实可行的措施，必须付诸行动。创新理论创始人熊彼特（Schumpeter）在弥留之际留下让人深思的遗言：“行动——光有理想与理论是不够的，只有行动起来，努力改变现状，才是真正对理想的拓荒。”[②]

---

① 张俊列. 中西教学文化的差异比较、文化探源与启示[J]. 教学与管理，2009（9）：65-66.

② 转引自：[美]杰克·贝蒂. 管理大师德鲁克[M]. 吴勇，等译. 上海：上海交通大学出版社，1999：153.

第五章

大学生创造力培育：过程创新与系统协同

大学教育目标或人才培养目标解决的是“要不要”培育大学生创造力的观念与价值问题，课程与教学解决的是“会不会”“愿不愿”创造的能力与态度问题，制度或文化解决的是“让不让”的环境与社会氛围问题。那么，如何将这四个关键因素进行系统考虑、顶层设计、统筹推进、层层落实，进一步深化大学教育教学和人才培养综合改革，持续提高人才培养质量，就成为培育大量创造性人才和建设高质量高等教育体系的关键所在。

第一节 树立大学生创造力培育的科学观念

前文谈到，要充分认识大学生创造力培育的现代价值。实际上，还有一个与此相关的前置性的观念问题，即大学生创造力是先天遗传的还是可以后天培育的？如果能够后天培育，那么如何来培育效果最好？也就是说，大学生的创造力培育具有哪些特殊性和本质规律？这种特殊性和规律性恰恰是我们在创造力培育过程中需要特别注意的。

一、大学生创造力培育既具普遍性又有特殊性

（一）大学生创造力培育的普遍性

人的发展具有无限可能性，从而也造就了教育的复杂性及其非凡魅力。人的创造力的培养和发展就是其中的突出代表。在阅读爱因斯坦传记过程中，当发现他在年轻时并未表现出什么特殊才华，尤其是当读到他竟然还有考试不及格的功课时，人们常常会惊叹不已：惊叹于他后来做出的伟大发现，惊叹于他持续迸发的创造力。对此，诺贝尔奖获得者日本物理学家汤川秀树说："创造力不是一种天外飞来的东西，遗传、环境等等无疑都会起到它们的作用，但是，不管人们多么想显示创造力，最重要的问题却是这种显示创造力的可能性始终是存在的"，"创造力的问题最终可能归结为创造力隐藏在什么地方以及通过何种手段才能使它发挥出来的问题"。[①]心理学家吉尔福特说："认为创造性人物有特别的天赋，具有普通人所没有的某种品质，这也许仅仅是外行人的看法……几乎所有的人都会有创造性行动，不管这种创造性行动是多么微弱或多么罕见……被公认为具有创造性的人，只是拥有比我们所有人所拥有的更多一些而已。"[②]我国著名教育家陶行知

① 汤川秀树. 创造力不是天外飞来的东西[J]. 初中生世界（九年级物理），2012（S1）：1.

② [美]吉尔福德. 创造性才能：它们的性质、用途与培养（第2版）[M]. 施良方，沈剑平，唐晓杰，译. 北京：人民教育出版社，2005：11.

先生曾写过一篇《创造宣言》的文章，他说："处处是创造之地，天天是创造之时，人人是创造之人，让我们至少走两步退一步，向着创造之路迈进吧!""……死人才无意于创造。只要有一滴汗，一滴血，一滴热情，便是创造之神所爱住的行宫，就能开创造之花，结创造之果，繁殖创造之森林。"①

以上爱因斯坦成长的案例、诺贝尔奖获得者的观点、心理学家的研究以及我国著名教育家的理念和实践都表明：每一位个体身上都蕴藏着无限的创造潜能，这是潜藏于个体大脑结构和功能中的一种心理潜能。因而，从理论上讲，人人均可创造，事事均能创造。不论是谁，也不管其从事何种职业，只要能够创造性地开展工作，创造性地解决问题，都可以称得上是创造性人才。事实上，现代社会的文明与进步很大程度上就是人类社会众多小发明、小创造的累积效应使然。所以，创造创新并非高不可攀，更非少数人的专利，而是可以培养和开发的，通过后天的努力与培养，"人皆可以为尧舜"。

（二）大学生创造力培育的特殊性

从年龄心理学的角度出发，大学生结束中学生活，通常已告别了 18 岁，开始进入一个全新的发展阶段，其生理、心理以及社会性均得到了较为充分的发展和质的飞跃，初步形成了颇具内涵的世界观、人生观和价值观，其意志的目的性、坚韧性和持续性也得到进一步的发展。因而，在大学阶段特殊氛围的熏陶和大学校园特殊环境的影响下，大学生的本质内涵将会发挥得越来越充分，其创造性潜能也将表露得越来越清晰。换句话说，大学生身心与认知发展特点为其创造力的培养与发挥奠定了基础。

1. 身体的生长发育达到了整个人生的高峰期

18—28 岁（根据我国学制，本科和硕博士研究生阶段通常为 10 年）这一段正处于青年前期②，大学本科阶段则处于青年早期。大学生的身高、体重变化比较稳定，心血管系统的功能趋于平衡，呼吸系统、各器官趋于成熟，消化系统的功能大大增强；大脑结构形态发育完善，神经系统髓鞘化全部完成，神经活动过程的兴奋性和抑制性之间达到平衡状态，以言语为代表的第二信号系统已占绝对优势。③青

① 陶行知. 创造宣言[J]. 生活教育，2011（4）：1.

② 根据 2017 年中共中央、国务院印发的《中长期青年发展规划（2016—2025 年）》中的划分，青年是指 14—35 周岁；根据联合国世界卫生组织的划分，青年是指 18—65 周岁。综合这两个标准，18—28 岁可称为青年前期，通常 18—22（或 23）岁（对应本科学习阶段）可称为青年早期，由此可见这一阶段的重要性。

③ 刘荣才. 年龄心理与教育保健[M]. 北京：科学普及出版社，1992：249-252.

年人在大学期间，伴随着大脑完善，出现了个体发展中的智力高峰期，为其求知欲和成就感的进一步发展奠定了健康的身体基础和智慧的物质基础。

2. 心理发展趋于稳定并逐渐个性化

从心理和认知发展趋势和特点看，青年大学生的心理发展从中小学的急剧变化走向缓慢、渐进和深刻化，从充满矛盾动荡的心理状态向缓和与稳定的方向发展，逐渐从自我走向社会，逐渐体验承担不同社会角色的任务和要求；他们具有敏锐的观察力、很好的记忆力，抽象逻辑思维和辩证思维得到迅速发展，情感变得稳定而丰富多彩，个性鲜明而求新求异。这些都为大学生创造潜能的发展奠定了良好的心理基础。

3. 认知发展达到一个新水平

大学生的认知发展已具备很多创造力所必备的一些要素和特点：①探索未知的好奇性。新奇的知识、结构、功能、方法等都会引起大学生的好奇心，进而诱发他们的创新兴趣。②思维联想的灵活性。大学生的思维联想往往较为流畅、灵活，且常常乐于思考，喜欢将所遇问题与理论或实际中的参照对象作联想对比，并且通常不会有思维障碍，也无更多的思维定式。③追求目标的执着性。正确的三观是引导大学生树立宏伟人生目标的根本依据，也是激励他们坚韧不拔追求远大理想、百折不回实现崇高抱负的根本动力；同时，在实现人生目标的过程中，大学生作为青年人，其固有的争强好胜心理也使其不肯轻易服输，更不愿轻言失败，这种思想上、性格上的特征使他们追求奋斗目标的行为更为执着。④质疑权威的勇敢性。大学生的理性思维已经发展到了较高水平，要使他们相信某一观点或某一理论，必须有理有据，方能令他们心服口服。他们往往不为学术权威、科学巨匠、文坛泰斗等显赫人物的声名所动，敢于质疑和挑战这些“大人物”，正所谓初生牛犊不怕虎。⑤运用知识的有效性。“学这有用吗？”是当前大学生学习和选择课程最为关心的问题，这显然是把双刃剑，如果纯粹把它作为学习的目的，唯功利是瞻，自然不能提倡；但他们热衷于将所获知识加以马上应用来解决他们所遇到的各种问题，这种理论联系实际的思想与行为是值得鼓励的。尽管他们常常无功而返，但他们能够持之以恒的精神是可贵的。同时，大学生在学习方法和学习能力上都迈上了一个新台阶，使得他们运用知识的有效性也大大增强。

（三）大学生创造力培育正逢好时代

推孟（Terman）在其发表的《超常人才的发现和促进》一文中认为，影响创新人才竞相涌出主要有三方面因素：一是早期的兴趣和特殊才能决定或预示着后来成就的方向。他通过研究发现，成为自然科学家的人与成为社会-人文科学家的人，他们早年的兴趣和社会态度有非常重大的区别，医学-生物科学领域的人，其品质介于两者之间，因而他特别强调特殊才能早期发现的重要性。二是非智力因素对成就的影响很大。非智力因素主要表现在不达目的不罢休的努力坚持、目标一致不偏离、对自己的能力充满自信、没有自卑感等属于动机、努力、自信方面的体现创造性人格的特质。三是社会需要与时代精神。推孟说："只有当时的时代精神才能通过是否给与奖励而决定什么样的才能得以茁壮成长和开花结果。""中世纪的西欧，受到优待的人才是为教会服务的人才……几个世纪以后，就是这些国家出现了包括科学、文学和艺术在内的文艺复兴。虽然现在可能有和过去一样多的潜在的伟大作曲家，也可能有和达芬奇与米开朗基罗时代一样多的潜在的伟大艺术家，但是，我确切知道在今天的美国，一个严肃的音乐作曲家除了教学以外几乎不能谋生，艺术家虽然处境不那么危及，情况也是如此。现在的时代精神是对在科学技术上有所贡献的人才最为优待。"①依此三个方面来看，当前中国大学生正处于一个社会急需创造力迸发、全社会倡导和鼓励创新的好时代。

1. 中国家庭和社会日益尊重孩子的兴趣

近年来，家庭和社会越来越尊重孩子的学习兴趣与特长。这种变化是与经济社会发展和人们教育观念的变化紧密联系在一起的。2020 年，中国实现了小康社会，意味着对于大多数中国家庭和孩子来说，以温饱问题解决为基础的生存需要已经得到满足，社会需要、尊重需要和自我实现的需要越来越成为当前青少年发展与追求的目标。据国家统计局数据，2021 年全国居民人均教育文化娱乐支出为 2599 元，比 2012 年增长 106.0%，年均增长 8.4%。②一个直观的感受是，不管大中城市还是普通县乡城镇，甚至有部分农村，伴随 21 世纪到来而出生的孩子们，哪个没有一两项特长？五一、十一和寒暑假期间参加国内外的"游学""夏令营""冬令营"的孩子日益增多，甚至成为很多家庭教育支出的必修项，"行万里路"式的"游学"似乎正在越来越多的家庭子女教育中得以实现。新时代成长起来的孩子们的智力和见识普遍得到提高。另外，2019 年中国高等教育毛入学率为 51.6%③，我国高等教育进入普及化阶段。该阶段的一个重要特征就是大学生发展的个性化需求越来越强烈。这两个条件导致近年来频频出现这样一些现象：一是

① 钟祖荣．推孟与天才发生学研究[J]．中国人才，2001（4）：26-28.

② 国家统计局．2021 年居民收入和消费支出情况[EB/OL]．http://www.stats.gov.cn/xxgk/sjfb/zxfb2020/202201/t20220117_1826442.html.（2022-01-17）.

③ 教育部．2019 年全国教育事业发展统计公报[EB/OL]．http://www.moe.gov.cn/jyb_sjzl/sjzl_fztjgb/202005/t20200520_456751.html.（2020-05-20）.

学生如没考上心仪大学或被心仪专业录取而不报到，或转而出国求学或再次备战高考的现象；二是学生在高考填报志愿时通常会被教导一定要勾选“服从调剂”，但有些学生却非常坚决地勾选“不服从”专业调剂的现象。这些都说明，学生的选择和家庭社会的支撑已越来越要求大学要在尊重学生的兴趣和潜能的前提下来办教育。

2. 与网络共生的数智时代大学生开放而自信

伴随21世纪成长的大学生，或者说“数字原住民”，虽然“谦虚”二字仍然是他们的一个重要特征，但自信的行动、自信的表达、自信的展示也越来越为这代大学生所推崇、所追求。据报道：B站一个叫稚晖君的UP主（又称上传者，uploader）火了，原因是自称“野生钢铁侠”的他，单枪匹马制造出一台全能性小型高精度六轴机械臂：换上力反馈夹臂，它可以夹东西；换上激光器，它能完成三维雕刻；安装上主轴，它可以化身雕刻机；装上针线后，它甚至可以给葡萄缝针，稳定度不亚于人手。短短三四天时间，该视频就获得300多万次的播放量。除此之外，这台机械臂还极具科幻交互方式。它可以通过示教器来启动，也可以结合AR来操控，连接上UP主专门设置的工具之后，机械臂的动作还可以跟真人动作远程同步，让机器做出跟人类一样的丝滑动作。现实生活中，他是一名AI算法工程师，热爱在业余时间制作各种机械装置。这台机械臂便是他用了4个月时间设计，并利用国庆假期制作出来的。之前，他还因自己发明的自动驾驶自行车爆火过。像稚晖君这样有着极客精神的年轻人，在B站并不是少数，如制作小型矢量喷管火箭的LShang001的UP主，专注于手焊CPU的“奶味的”UP主，等等。[①]在这批年轻人身上，我们看到，他们不仅有想法，更有着极强的动手能力，能在某种程度上动手将奇思妙想变成现实，对他们来说这一过程本身就是一种乐趣，更重要的是，年轻人是可以互相感染的，稚晖君的案例就曾经影响了不少年轻人，让他们也投入到搞科技创作的行列中来。新时代大学生具有无限的创造力培育潜能，也许，下一个能改变世界的年轻人，就在他们之中。

3. 中国社会正处于呼唤与重视创新的时代

中国当前所处的社会是一个需要创新的时代，是一个呼唤创新的时代，更是一个需要成千上万创造性人才持续涌现的时代。数智时代对人才素质提出了更多、更高的新要求。随着信息技术、大数据、人工智能时代的到来，我们的社会生产、生活和交往方式都在飞速变化，不确定性、高风险是我们这个时代的特征。在这

---

① 稚晖君.【自制】我造了一台钢铁侠的机械臂！【硬核】. https://www.bilibili.com/video/BV12341117rG/?spm_id_from=333.999.0.0.（2021-10-07）.

样一个时代里，人类不得不走出以往对稳定性、确定性和低风险生存状态的追求，适应一个从技术到社会再到思维习惯不断变化的未来。换句话说，人们越来越强烈地感受到，人类正在步入一个由数字技术所定义的新纪元，再也回不到过去了。如果说“数字移民”这一代人还可以去“找”一份工作，但是在“数字原住民”时代成长起来的人则需要去“发明”、去“创造”一份工作。在这一时代，鼓励创造、鼓励创新、鼓励创业的社会政策也不断推出。早在2014年9月夏季达沃斯论坛上，李克强总理就提出，“要在960万平方公里土地上掀起一个‘大众创业’、‘草根创业’的新浪潮，形成‘万众创新’、‘人人创新’的新势态”①。此后，在首届世界互联网大会、国务院常务会议和2015年《政府工作报告》中，他一再阐释“创新”这一关键词；每到一地考察，他几乎都要与当地年轻的“创客”会面，希望由此激发民族的创业精神和创新基因。2018年9月，国务院下发《关于推动创新创业高质量发展打造“双创”升级版的意见》，“双创”也当选为2018年度经济类十大流行语。在2021年9月的中央人才工作会议上，习近平总书记提出，要“大力培育使用战略科学家”，“有意识地发现和培养更多具有战略科学家潜质的高层次复合型人才，形成战略科学家成长梯队”。②与此相配套的是，我国的科技研发投入经费也在不断增加，科技评价体制也处于持续的改革与完善过程当中。应该说，不管是我们的经济社会需要方面，还是我们的国家政策以及时代精神方面，都在为创造性人才的培养与成长提供着越来越好的平台。

二、大学生创造力培育是全社会全教育的责任

大学生创造力培育既具普遍性又有特殊性，大学生创造力的培养又正逢历史上的最好时代。同时，研究与实践也表明，青年期是最富于创造力的时期，许多科学家、发明家的第一次成果都是在青年期完成的。所以，我们的社会和大学教育要充分利用大学生处于智力高峰期的这种优势，大力培育他们的创造力，积极引导青年投入到新时代火热的经济社会发展中去，“不断成长为志存高远、德才并重、情理兼修、勇于开拓，堪当实现中华民族伟大复兴中国梦历史重任的有生力量”③，

---

① 邹春霞. 李克强的“双创”情结[EB/OL]. http://www.gov.cn/zhengce/2015-10/27/content_5001635.htm.（2015-10-27）.

② 曹建. 深入实施新时代人才强国战略 加快建设世界重要人才中心和创新高地[EB/OL]. http://www.moe.gov.cn/jyb_xwfb/moe_176/202112/t20211216_587739.html.（2021-12-15）.

③ 中共中央，国务院. 中共中央 国务院印发《中长期青年发展规划（2016－2025年）》[EB/OL]. http://www.gov.cn/zhengce/2017-04/13/content_5185555.htm#allContent.（2017-04-13）.

培养出一代又一代富有创造力的社会主义事业建设者和接班人。

（一）大学生创造力培育需要全社会全教育一体化协同

大学生创造力培育是全社会的事情。历史学家汤因比（Toynbee）说："为潜在的创造力提供良好的机会，这对任何一个社会来说都是生死攸关的事情，这一点极为重要，因为按人口比例看是相当少的那种杰出的创造能力是人类最重要的财富。"他还说："如果社会没有让杰出的创造能力发挥出效能，那就是对它的成员的失职，并将会给它自身带来只能责怪自己的那种惩罚。"①

同时，大学生创造力的培养又是一个系统协同的整体。教育、科学及文化组织（United Nations Educational，Scientific，and Cultural Organization，UNESCO）在《学会生存——教育世界的今天和明天》一书中阐述了这种协同与创新的关系："教育必须成为一个协调的整体，在这个整体内，社会的一切部门都从结构上统一起来。这种教育将是普遍的和继续的……将是完整的和富于创造性的……这个教育运动是不可抗拒的和不可逆转的。"②具体来说，从纵向看，需要从个体出生所接触的教育开始，特别是从幼儿园、小学教育、初中教育、高中教育、大学教育以及大学后教育，均需有培养个体创新意识的自觉性，并付诸培养和教育教学实践的过程中；从横向看，需要学校、家庭和社会协同，共同来培育大学生的创造力，特别是以政府为主导，倡导和营造一种全社会孕育创造、激发创造、尊重创造和弘扬创造的社会制度与社会氛围。据 OECD 公布的 2015 年国际学生评估项目（Programme for International Student Assessment，PISA）的结果显示，美国将来期望进入科学相关行业从业的学生比例为 38%，中国只有 16.8%，还不及 OECD 成员国的均值（24.5%）；中国青少年研究中心的调查也表明，随着年龄的增长，想当科学家的青少年所占比例越来越低，2013 年的调查中，中国有 32.3%的高中生将来想从事科学相关工作，而美国和韩国的这一比例分别是 49.3%和 44.6%。③随着年级和学段的升高，中国学生的学习信念、学习动机（学习兴趣）逐渐下降，这也在一定程度上说明了学校、家庭和社会一体化开展创造力培育的重要性和紧迫性。

---

① 转引自：Arieti S. Creativity：The Magic Synthesis[M]. New York：Basic Books，1976.

② 联合国教科文组织国际教育发展委员会. 学会生存——教育世界的今天和明天[M]. 华东师范大学比较教育研究所，译. 北京：教育科学出版社，2001：203.

③ 操秀英，张盖伦. 谁偷走了中国孩子的科学梦？[N]. 科技日报，2017-01-13（3 版）.

（二）大学生创造力培育是现代大学的核心职能

大学生的创造力培育，虽然是全社会全教育共同的责任，但却是大学教育不可推卸的责任，更是人工智能时代现代大学的核心职能。放眼全球各区域各国家，大学已从社会边缘走向社会中心，且已成为世界各国经济科技竞争胜出的核心，哪国大学能够更快更好地培养出一代代具有高水平创造力的人才，哪国就能将在未来的角斗场中胜出。

UNESCO 在其编著的《学会生存——教育世界的今天和明天》一书中告诫我们："教育具有培养和压抑创造精神的双重力量，因而教育，特别是大学教育要在以下几个方面取得平衡：既保持学生首创精神和创造力量，又不放弃把他们放在真实的社会生活实践中去锻炼；既传递了传统的优秀文化，又不至于用现成的模式来压抑甚至禁锢他们；既鼓励发挥他们的天才、能力和个人表达方式，又不至于助长他们的个人主义；既密切注意每一位学生的独特性，但又不忽视创造同时也是一种集体活动。"[①]现代社会的飞速发展和人类面临的气候、能源等共同问题，迫切要求教育把所有人类所具有的一切创造潜能都能解放出来，为不确定发展的未来社会培养人才；中华民族的伟大复兴和复杂的国际形势更是对创造性人才的不断涌现提出了异常紧迫的要求，大学更要从民族振兴的高度出发，抓好大学生创新精神和创造能力的培养，承担起创造力开发的重任，最大限度地培养而非压抑其创造精神与创造力。

三、大学生创造力培育的核心是培育创造性人格

（一）创造性人格的有无是创造力成就大小的分水岭

如果说一个人是否具有创造力是一流人才和三流人才的分水岭，那么一个人是否具有创造性人格则是创造力成就大小的分水岭。心理学家推孟通过对 150 名成就最高和成就最低的两组被试进行对照跟踪研究后发现，两组最大的差异来自 1940 年对 12 项人格特征的评定，其中四项差异最大，它们分别是"达到目的的坚持性""与目标一致，不偏离""自信""没有自卑感"；考虑所有结果，两组"在成就动机、整个的情绪和社会适应方面差别最大"。这个发现和后来其课题组成员

① 联合国教科文组织国际教育发展委员会. 学会生存——教育世界的今天和明天[M]. 华东师范大学比较教育研究所，译. 北京：教育科学出版社，2001：188.

科克斯（Catherine Cox）运用传记资料对300个历史人物早期的心理特征进行研究的结论一致，他发现他们有三个显著特征，即动机和努力的坚持性、对他们能力的信心，以及性格的力量。[①]畅销书《性格的力量：勇气、好奇心、乐观精神与孩子的未来》的作者保罗·图赫（Paul Tough）将创造力的培养转移到了对个性和性格等非智力因素的关注上，这种非智力因素主要包括专注力、自控力、好奇心、责任感、勇气和自信心等，并认为创造的性格是可以培养的，从而被认为倡导了一场巨大的思想变革。[②]换句话说，对大学生创造力的培养重点在于培养他们有助于创造力挖掘和展现的非智力因素或非认知能力，本书研究中称之为创造性人格，主要包括冒险性、好奇性、想象力和挑战性四个核心要素。

（二）创造性人格的培养是大学生创造力培育的核心

从前文的调查分析中我们可以看到，当前大学生的创造力培育整体状况良好。比较而言，作为创造力的两个基本构成维度，创造性思维的整体均值得分（61.83）高于创造性人格（57.05），且差异显著（$p<0.001$）。也就是说，作为“会不会”创新的创造性思维的培养发展相对较好，只是从方差来看，创造性思维的个体差异比较大，这也符合创造性人才培育的日常经验；作为“愿不愿”创新的创造性人格的培养发展相对较差，且从方差（100.70）来看，创造性人格的个体差异远小于创造性思维，即创造性人格培养发展的个体差异比较小。在构成创造性人格的四个模块（包括冒险性、好奇性、想象力、挑战性）中，其众数都是50，也说明大学生创造性人格发展得分相对集中。不鼓励试错，“厌恶风险、惧怕失败”，少有激情和坚定信念等现象，似乎在这里得到了印证。换句话说，我们的四年大学教育在学生创造性人格的培养与塑造上所起的引导和激发作用还比较有限。因此，从这个意义上来讲，当前大学生创造力培育的核心内涵和基本任务是如何大力培育大学生的创造性人格。

（三）创造性人格培养的关键在于建设一支创新型教师队伍

一般认为，创造力的培养主要有两种思路：一是训练创造技能[③]；二是将创造

---

① 钟祖荣. 推孟与天才发生学研究[J]. 中国人才，2001（4）：26-28.

② [美]保罗·图赫. 性格的力量：勇气、好奇心、乐观精神与孩子的未来[M]. 刘春艳，柴悦，译. 北京：机械工业出版社，2013.

③ Osborn A F. Applied Imagination[M]. New York：Charles Scribner's Sons，1963；Torrance E P. Encouraging Creativity in the Classroom[M]. Dubuque：W. C. Brown Company Publishers，1970.

力的培养贯穿于学科教学中[①]。换句话说，在学校教育中，一是需要对创造力的构成要素，如创造性思维以及创造性相关技能进行专门培养，这方面已经有了很多研究与实践，并发展为一门专门的学问——创造学；二是需要在学校教育教学的各个环境，特别是学科教学过程中来培养学生的创造力。笔者以为除在学科教学过程中继续加强培养学生的创造性思维以外，更为重要的还要培养学生的创造性人格。近年来国家倡导和力推的“课程思政”，在很大程度上来说，就是希望教师在具体的学科教学中，在具体的课堂教学环节中，通过学科发展中的重大历史事件和科技成果、伟大的科技精英或民族英雄等事迹和故事来重点培育大学生创造力的重要品质——创造性人格。显然，这一点的实现，归根结底需要我们有一大批具有创造意识与创造性人格的教师，来探索和不断推进创新教育。也正基于此，中共中央、国务院于2018年初颁布的《关于全面深化新时代教师队伍建设改革的意见》指出，要“全面提高高等学校教师质量，建设一支高素质创新型的教师队伍”。没有创新型教师队伍，也就没有创新型教育，从而也不可能培养出富有创造力的各级各类创新人才，特别是拔尖创新人才。

四、大学生创造力培育的本质是系统协同与过程创新[②]

尽管诸多发现与发明具有偶然性，但创造力是在过程中培养与发展的，这一点基本上没有什么异议。从某种程度说，这正是创造性人才培育的本质，即培养过程的协同与创新。UNESCO在《学会生存——教育世界的今天和明天》一书中阐述了这种协同与创新的关系：“教育必须成为一个协调的整体，在这个整体内，社会的一切部门都从结构上统一起来。这种教育将是普遍的和继续的……将是完整的和富于创造性的……这个教育运动是不可抗拒的和不可逆转的。”[③]大学生的创造性培育虽是大学教育不可推卸的责任，但却不止于大学阶段，而是大、中、小、幼各阶段教育和学校、社会、家庭各类型教育纵横交错、互相关联的一个多向互动、动态协同的有机系统，最终走向社会的大学生的创造力水平取决于这个

---

① Taylor C W，Harding H F. Questioning and creating：A model for curriculum reform[J]. Journal of Creative Behavior，1967，1（1）：22-33；Renzulli J S. A general theory for the development of creative productivity through the pursuit of ideal acts of learning[J]. Gifted Child Quarterly，1992，36（4）：170-182.

② 本部分主要内容和基本观点已发表：李庆丰. 论创造性人才培养：系统协同与过程创新[J]. 中国大学教学，2022（9）：9-14.

③ 联合国教科文组织国际教育发展委员会. 学会生存——教育世界的今天和明天[M]. 华东师范大学比较教育研究所，译. 北京：教育科学出版社，2001：203.

系统的接力、统筹与协同的质量和水平。

（一）从摇篮到坟墓，个体和组织对于创造力培育的共识与协同

这是就人的成长、学习、生活等人的一生，或者作为个人之集合的组织、机构和社会的发展来说的，这个过程是需要个人不断地学习、养成和执行质疑与反省的思维习惯，特别在知识社会与网络社会叠加的当下，更需要培养、训练和发挥个人或组织与社会的批判性思维和创造性能力。苏格拉底曾言："未经审视的人生，是不值得过的！"①人类生活绝不只是追求物质丰富，而更需在解决生存问题的基础上，透过理性审视生命的终极需求，从而引导出一种新的生活态度。人的一生要不断自我反思、自我批判和追问，"吾日三省吾身"，内省更是中国传统个人修身的日常必修课，对自身日常行为与想法进行追问、质疑，珍惜生活与生命，过一种经由认真思考分析过的有意义的"美好生活"②与幸福人生。

那么，如何反省与质疑呢？主要是基于理性思维与价值信念。比如，在高考几乎已成为人人必经之驿站时，我们的学生或孩子在填报高考志愿之前，是否都认真研究思考过诸如"上大学是为什么""我为什么选择这个专业或这所大学""这种选择将使我的学习更有兴趣吗""这个专业的学习有利于促进我的理想实现吗""我究竟想成为一个什么样的人、过一种什么样的生活"等问题。如果是依研究、质疑与思考而做出的选择，就属于"已经审视过"的选择。近年来这种"已经审视过"的志愿选择的现象正逐年增多，将某专业"一填到底"或逆经验之谈而勇敢地选择"不服从调剂"者有之，由此可看出中学生的主体性已觉醒。如果只是按照社会风气舆论，或者父母、亲人抑或其他什么人的意见而做出选择，那么，这种选择就属于"未经审视过"的选择，就是一种有如"敲钟和尚"式的生活。哪怕是"躺平"，以放慢选择的脚步，也需细思"躺平"之价值与意义所在，是遵循内心的召唤，追求"平凡"的"返璞归真"，还是对主流传统生活方式的一种超越？再譬如，为人父母，是否注意发展和尊重孩子的兴趣与选择？是否注意珍视和保护好孩子的好奇心与想象力？经常挂在嘴边的是否是"今天问了什么问题？"而非"今天考试成绩怎么样？"作为领导，是否根据事物或工作的实际情况和内在规律来推动工作？是否充分走了群众路线、充分发挥了群众智慧？是否尊重和

---

① [挪]奎纳尔·希尔贝克，[挪]尼尔斯·吉列尔. 西方哲学史：从古希腊到当下（修订版）[M]. 童世骏，郁振华，刘进，译. 上海：上海译文出版社，2016：74.

② 党的十九大报告强调，中国特色社会主义进入新时代，我国社会主要矛盾已经转化为人民日益增长的美好生活需要和不平衡不充分的发展之间的矛盾。依苏格拉底的观点，未经自己审视的生活，纵使物质再丰富也不能算是"美好生活"。

欣赏下属的工作创造性，而非唯上唯书甚或唯利是从？作为教师，是否一直保持学习的习惯，遵循教育规律，允许并鼓励学生质疑？是否注意培养和激发学生的兴趣、特长以及创造性？是否能够尊重学生，甘作人梯，欣然接受学生质疑和批评自己，热烈欢迎学生超越自己？对于我们的课堂教学来说，或许培育创造力可以先从培养学生"问高质量的问题"开始做起。同样，医生、工程师、技术员、科学家、学者、工人、农民、企业老板、演员、网络直播人员等任何一个领域的职业工作者，是否对自己人生与工作中的各种选择、决定或问题等都进行了诘问、检查和批判？只有通过批判分析、质疑否定等自我检视过程，才能拥有真正的美好生活与幸福人生。因为事情真相并不像表面所显示的那样，特别是在"乱花渐欲迷人眼"的"后真相"网络时代，真理并非身外之物，而是自存心中，唯有无情批判地自我审视才能将其揭示。诚如陶行知先生所说："千教万教，教人求真；千学万学，学做真人。"[①]这个"真"即培养质疑与审视生活和人生的日常习惯与精神，实乃教育与学习之真谛。

"吾生也有涯，而知也无涯"，网络社会的知识是以指数级加速增长。一方面，"活到老，学到老"，学习是一辈子的事，学会学习、学会质疑与反思等是现代社会的要求，更是网络社会的人们适应未来生活之必需；另一方面，小康社会的实现和高等教育普及化阶段的到来也在相当程度上为这一需求的满足奠定了基础、提供了可能。社会及各种组织与机构是由一个个具体个人组成的，如果每个人都追求一种审视的人生，过一种审视的生活，则创造型社会的建成也为期不远了；创造性人才的成长与脱颖而出需要适宜的环境与土壤，如果每个人都甘愿做创造性人才成长的"土壤"，则创造性人才的成长与迸发也就在路上了。如果我们所有的学校，包括幼儿园、小学、中学和大学，甚至包括家庭以至整个社会，都能够成为有利于各类创造性人才生长、发展和冒出来的文化和精神的"泥土"，至少是能够珍惜和爱护这样的"泥土"，而不是滥用或践踏，则我们国家和民族的天才或拔尖创新人才将如同雨后春笋般地涌现出来。[②]就大学组织来说，从某种程度上而言，营造创造性氛围与培育创造性的作用大小与范围，除受国家政治制度、思想文化和历史传统的影响外，也许更有赖于具体的一个个大学管理者，特别是作为教师的知识分子本身。[③]

① 陶行知. 小学教师与民主运动[A]//余子侠. 陶行知卷（中国近代思想家文库）[M]. 北京：中国人民大学出版社，2015：500-505.

② 谢维和. 就"天才与泥土"议拔尖创新人才产生的环境问题[J]. 中国教育学刊，2014（10）：5.

③ 李庆丰. 大学课程知识选择的实践逻辑研究[M]. 北京：北京师范大学出版社，2014：351.

（二）从幼儿园到大学，各级各类教育对创造力培育的接力与协同

这是就整个学校教育的历程来说的，创造性人才的培养要贯穿整个教育的过程，从学前教育到高等教育要进行一体化培养。著名教育社会学家、清华大学谢维和教授较早关注大学与高中的衔接问题，曾先后在《中国教育报》上连续发表多篇思想深邃的文章，在教育和社会领域引起了积极反响与深入辩论：其中，从高中角度出发，强调高中与大学创造性人才培育相衔接的代表性论文有三篇，即《从基础教育到大学预科——新时期高中教育的定位及其选择》（2011 年 9 月 29 日）、《从教育的间断性与连续性看高中改革——再论高中教育的定位与选择》（2012 年 3 月 2 日）、《中国的高中教育是否正在发生转型——三论高中教育的定位及其改革》（2012 年 6 月 8 日）；从大学角度出发强调大学要向下看，统筹创造性人才培育的代表性论文也有三篇，即《高等学校的三种入学形式》（2012 年 12 月 14 日）、《高教改革也应"往下看"》（2013 年 4 月 8 日）、《共生：并非理想化的假设》（2013 年 4 月 15 日）。至此，衔接教育成为高质量发展过程中的一个重要研究领域与实践。中国教育报社集团曾在 2007—2018 年牵头连续举办了五届"著名大学中学校长峰会"，就创新人才培养组织高中与大学校长对接。[①]除此集中的理论与实践的碰撞外，其他也有不少大学与中学的校长就这个问题发表了很多富有启发性的观点。笔者在中国知网上以"大学中学衔接"为篇名、主题进行检索，获得论文 600 余篇[②]，主要内容为大学与高中衔接上的理论研究与实践探讨，更多的是就具体的学科进行探索，如研究大学数学与高中数学在教学内容与方法上的衔接问题[③]，其他如语文、英语、物理、化学等也有一些研究，这里不再一一列举。这样的讨论很有必要也很深刻，使原本互不关心的高中与大学，现在却"坐在一起"深入讨论相互衔接的问题，并深入到从宏观的政策、体制到微观的课程开设、师资培训与教学内容、方法改革等全方位领域。当然，这与大学和中学一个选拔人才、一个输送人才这样一种直接联系有关，每年都牵涉千家万户，每年的高考均为全社会各行各业所聚焦，因而往往成为全社会关注的焦点。

就创新人才的贯通培养来看，创新人才培养需要首先贯通于大学与中学，但更需要贯穿于整个教育系统及其全程。一方面，没有中小学基础教育阶段打下的

---

① 这五届峰会的举办时间和举办地点分别为 2007 年 11 月 9 日于广西柳州、2008 年 10 月 22 日于北京、2010 年 4 月 26 日于北京中国人民大学、2013 年 5 月 27 日于北京工业大学、2018 年 8 月 18 日于河北正定。

② 检索时间为 2022 年 12 月 10 日，其中，篇名检索获得 478 篇，主题检索获得 603 篇。

③ 苏德矿. 高等数学教学如何与中学数学内容及教学方法有效地衔接[J]. 中国大学教学，2013（5）：47-49.

知识基础，大学创新人才培养就会失去根基，成为无源之水；反之，没有大学的引导和支持，中小学要独立完成创新人才培养，尤其是拔尖创新人才培养，恐怕也力有不逮，有如缘木求鱼。①另一方面，教育既具有培育大学生创造精神与创造力的重要力量，也具有压抑它们的力量，但教育系统如何在这个方向相反的双重力量范围内保持合适的张力，承担并完成培育大学生创造精神与创造力的复杂任务，这需要整个学校教育系统的科学协同。正如前文调查分析发现，大学生的想象力在大一时就已经偏低了，通过大学四年的培养又进一步下降。换句话说，创造性人才培育绝非只是大学阶段的事情，不能只想着从大学阶段才着手培养，不能在基础教育阶段还是继续搞应试教育。幼儿园、小学、中学和大学每个学校教育阶段在培育创造性人才方面都肩负着重要的责任，均发挥着积极的作用，特别是有些创新素质所必备的良好习惯在基础教育阶段，甚至幼儿教育阶段就已经养成了。所以，“贯穿于个体成长全过程或者说贯穿于教育全过程中的各阶段的教育，如何充分发挥其开发个体的创造精神而非窒息其创造精神就成为各级教育所要思考和改革的主题”②。

当然，这需要对从幼儿园或从小学至大学整个教育系统甚至超越教育系统进行全链条的综合性衔接改革。早在 2007 年，教育部副部长、中国高等教育学会会长周远清认为：应更多关注各层次教育之间的衔接，大中小学各阶段教育是一个完整的教育体系，有许多共同的理念、思想、观念把它们联系在一起；但因为年龄期段、毕业出口、经济社会以及教育还欠发展等多方面的原因，各阶段教育之间互相隔离、互相脱节；随着经济社会的发展，国家各阶段各类型的教育需要不断去协调，以使整个教育体系能够比较健康、顺畅地发展。③也正如谢维和教授所言，“衔接是一个教育体制的人才培养质量高低的重要的边界条件，特别是关系到创新人才出现和成长的重要体制性基础”④。依教育家杜威的观点，分离是最大的浪费。⑤衔接不好而导致不同教育阶段、不同教育类型之间的分离是教育中最大的浪费。这其实是个体对学习连续性的一种内在要求，因而涉及“个体成长的连续性与教育的阶段性之间的矛盾”，也涉及“不同教育阶段之间的矛盾”和“不同教

① 徐星. 培养创新人才必须注重全过程 对话创新人才教育研究会副会长、上海交通大学校长张杰[J]. 上海教育，2011（23）：29.

② 郭广生. 创新人才培养的内涵、特征、类型及因素[J]. 中国高等教育，2011（5）：12-15.

③ 高中与大学和谐对接培养创新人才——著名大学中学校长峰会精彩观点摘编[N]. 中国教育报，2007-11-26（5版）.

④ 谢维和. 高考改革：定位、形态与变量[J]. 中国考试，2014（10）：3-13.

⑤ [美]杜威. 杜威教育论著选[M]. 赵祥麟，王承绪，编译. 上海：华东师范大学出版社，1981：52.

育类型之间的矛盾”。[①]所以，需要在已有研究与实践成果（如“高参小”项目、优质生源基地建设等）的基础上，进一步加强和深化各级各类教育之间的沟通衔接：进一步完善大中小学之间的人才培养沟通机制，在研究基础上深入推进教学内容的衔接实践，推动和鼓励大学教师深度参与中小学教学活动；建立和完善不同类别学校之间的课程互选、学分互认机制（如学分银行），打通升学壁垒，搭建和进一步完善贯通普通教育与职业教育两类教育（现已从法律上明确职业教育是类型教育，而非普通教育之下的层次教育）之间衔接沟通的“立交桥”；拓展并充分利用校外教育资源，加强与优化各阶段教育的社区（会）教育与校外教育，协同家庭教育、学校教育与社会教育。[②]当教育成为一个连续不断的过程时，人们对于成功与失败的看法也就完全不同了；如果一个人在其一生的教育过程中在一定年龄或一定阶段失败了，那他还会有其他机会，他再也不会因某次失败而终身被驱逐到失败的深渊中去了。[③]

（三）从大一到大四，大学各年级教育对创造力培育的统筹与协同

这是就大学本科教育或学习历程来说的，贯穿大学四年全过程。尽管研究生入学绝对人数与相对比例近年有了大幅度增长，但对于大多数人而言，大学教育阶段还是其进入社会工作之前的最后一个全日制学习阶段，也是其作为学生身份进入全日制学习阶段的结束，因而“对于创造性人才的培养至关重要，甚至在某种程度上也起着决定性的作用”[④]。故“钱学森之问”问的首先是大学，就是因为大学教育是离社会最近或与社会联系最密切的一个学段。大学专业的设置很大程度上是建立在产业或职业分类基础上的，大学课程的建设往往需要企业界人士参加，因而是经济社会发展对人才质量及其创造性水平之间联系感触最直接、评价最具针对性的一个学段。故从某种程度上讲，这也是自“钱学森之问”出现以来，一个长时段内，整个学校教育全链条系统中就这一问题进行讨论与关切、出现“上热中温下冷”现象的主要原因。

应该说，关于大学生创造力培育问题，已有很多研究，中国知网数据库中的检索已达数万条；大学阶段要重视对大学生创造性的培养，这一观念已为各大学

---

① 谢维和. 高考改革：定位、形态与变量[J]. 中国考试，2014（10）：3-13.

② 第八战略专题调研组（组长：谈松华、谢维和）. 教育改革与制度创新研究[J]. 教育研究，2010（7）：45-50，68.

③ 联合国教科文组织国际教育发展委员会. 学会生存——教育世界的今天和明天[M]. 华东师范大学比较教育研究所，译. 北京：教育科学出版社，2001：107.

④ 郭广生. 创新人才培养的内涵、特征、类型及因素[J]. 中国高等教育，2011（5）：12-15.

办学者和一线教师所接受并得到了实践探索，大学生创造力培育也成为教育理论研究与实践改革中的常用词、高频词。但问题依然存在，其关键原因之一是如何将创造力的培养一以贯通于大学四年进行整体设计、实施与落到实处、细处的问题，落到大学办学中每一个组织机构和每一个人的问题，即“最后一公里”的行动问题，以及如何做好有利于杰出人才“冒”出来的“泥土”的问题。大一与大四因为一方联结着高中教育，一方联结着社会或研究生教育，因都涉及相互衔接的问题，曾一度成为影响本科教育教学质量的两个关键阶段。[①]经过一段时间的努力，大一及低年级的适应性教育与通识教育，特别是通识教育已得到普遍重视与广泛实践；高年级及大四的再深造或就业创业教育等工作也在国家政策与教育部的推动、创新创业教育理论研究和各大学实践互动的促进下取得了不菲成绩；但从某种程度上讲，大一放松等待、大二迷茫荒怠、大三痛苦倦怠、大四战备常待，还是当前不少大学生四年生活的写照。

将大学生创造力培育贯穿大学本科全程当中、贯通各个教育教学环节当中，还缺乏可以普遍推广的成功经验。2010 年“五四”青年节当天，时任总理温家宝到北京大学看望师生，在回答同学提问时说：“‘钱学森之问’对我们是个很大的刺痛，也是很大的鞭策”；他讲了两点意见，“我觉得对同学们可能会有用。第一，要让学生去想、去做那些前人没有想过和做过的事情，这就是创新。如果总是循着别人的路走，没有创新的话，不会成为杰出人才。第二，提倡学文科的要懂一些理工，学理工的要学一点文史知识”。温总理进一步强调，大学改革要为学生创造独立思考、勇于创新的环境；大学应该由懂教育的人来办；教育家办教育不是干一阵子，而是干一辈子；大学还应该逐步改变行政化，按照教育规律来组织教学和治理学校；大学应该以教学为主，使学生德智体美全面发展。[②]事实上，钱学森就曾反复说到加州理工学院和麻省理工学院的不同，加州理工学院把理与工结合得很好，有浓烈的创新精神，他说，“我转到加州理工学院，一下子就感觉到它与麻省理工学院很不一样，创新的学风弥漫在整个校园，可以说，整个学校的一个精神就是创新”[③]。这些观点大家虽已耳熟能详，对当前大学推进以大学生创造力培育为核心的改革依然振聋发聩，但教育作为千秋伟业，是“天下难事，必作于易；天下大事，必作于细”（老子《道德经·第六十三章》）。正如有学者所言，培育大量创造性人才，实现“中国梦”，呼唤大量教育家办学的不断涌现，期待教

① 龚放. 大一和大四：影响本科教学质量的两个关键阶段[J]. 中国大学教学，2010（6）：17-20.
② 《温家宝谈教育》编辑组. 温家宝谈教育[M]. 北京：人民出版社，2013：413-414.
③ 叶永烈. 走近钱学森[M]. 成都：天地出版社，2019：497.

育家群体履行时代使命。①

（四）扎根中国大地，以素质教育理论作为创造力培育的实践指导

创造性人才培育既需要强调培养过程的创新不只是纵向过程的创新，还需要有横向围绕学生创新能力发展进行全环境、全空间和全活动的过程协同（或衔接）。系统的实践离不开科学理论的指导。历史地看，素质教育是从中国教育大地上土生土长出来的、具有中国特色和创新的办学思想与教育理念，是可以作为统筹、协同与衔接各级各类教育以及教育、经济和社会等各领域和全方位的教育、社会活动与环境的基本理论和教育改革的永恒价值导向的。

从宏观上看，按轻重缓急，首先需要做的一件事情是各级各类教育对素质教育的概念及其内涵要有统一的认识，并在操作上归一化。在素质教育政策与实践发展的一段时期内，基础教育阶段的素质教育是相对于应试教育而言，是面向全体的教育，其重点是提高创新能力和实践能力；而对于高等教育而言，素质教育的三要素包括知识、能力、素质，以文化素质为突破口，强调理工科加强人文素质教育，人文社会科学也要有自然科学素质教育等。但究竟什么是素质，什么是素质教育，如何培养素质，特别是如何培育创新素质？大中小学之间各说各话，目前还没有贯通全部学校教育链条的相互衔接和统一的话语。②事实上，大家已经认识到，“知识、能力、素质”三者并非相互独立且可并列的三个概念，素质是一个上位概念，包括生理素质、心理素质和社会文化素质等③，或者包括学识、能力和品质三个方面④。近年来，通过国际比较与本土研究和探索，政策导向与教育实践中越来越多地将“价值、能力、知识”三者作为素质教育新的话语体系，似可作为统一整个教育系统素质教育之语。其次，学校、家庭和社会三方面要在教育思想与教育实践上实现统一、衔接与协同，统一于共同培养学生面向未来的良好习惯、批判性思维和创造性人格的核心素养和个性化发展上，并保护和发展好学生的好奇心与想象力：学校、家庭和社会在面向学生的各项活动和环境上要统一协同与衔接，而不是分离甚至相互阻隔；同时，要积极搭建平台，鼓励学生“敢

---

① 潘涌．实现“中国梦”：期待教育家群体履行时代使命[J]．南京社会科学，2017（1）：148-156.

② 高中与大学和谐对接培养创新人才——著名大学中学校长峰会精彩观点摘编[N]．中国教育报，2007-11-26（5版）；“素质教育的概念、内涵及相关理论”课题组．素质教育的概念、内涵及相关理论[J]．教育研究，2006（2）：3-10.

③ “素质教育的概念、内涵及相关理论”课题组．素质教育的概念、内涵及相关理论[J]．教育研究，2006（2）：3-10.

④ 史宁中，柳海民．素质教育的根本目的与实施路径[J]．教育研究，2007（8）：10-14，57.

探未发明的新理，敢入未开化的边疆"，"敢探未发明的新理，即创造精神；敢入未开化的边疆，即开辟精神"。[①]多些宽容，少些责备，多些成全，少些限制，就当他们是自己的孩子，对其未来要抱以充分的信任，因为未来的世界就是他们去趟，未来的天空就是他们去撑，未来的生活就是他们去创。

从中观上看，各级学校教育要再往前后左右各多走一步，如大学本科教育向前一步，将招生工作推进到高中教育教学活动中，做好大学和高中的协同与衔接；向后一步，将大学生的培养面向满足未来经济社会发展至少五年或十年的需求，不仅要适应与符合当下，更要前瞻与引领未来；向左向右各一步，协同家庭、用人单位共同参与人才培养过程，深化家校合作、产教融合、产学研合作教育等实践，并切实落到实处、细处。其他教育阶段，如高中与初中、初中与小学、小学与幼儿园也都存在衔接教育的问题。近年来，针对不同学段内容重复较多、效果不是很好的现象，理论与实践界在政治[②]、英语[③]等学科方面进行了一些有益探讨。后续可能需要对如何在各学段各有重点地分工，如何细化落实在具体的创造性人才培育的衔接与协同过程中等问题进行更加深入的理论研究与实践探索。

从微观上看，要将创造力的过程培养观念落实到一项项具体的教育教学活动的细处，又主要落到评价上。学生的一次次成绩只是其创造性人生发展过程中的驿站，连接驿站之间的路途上还有美丽的风景，不以或少以"成败论英雄"。在各类创新人才培养中，以往的主要问题是重理念轻实践，真正引导学生踏踏实实完成一个个具体项目的实践环节很少；现在的问题是重视设计和组织各类项目与活动，但却把成果看得很重，重成果轻过程，重个别轻全体，总是拿个别学生取得了什么成绩、发表了什么论文、取得了什么奖项或者申请了什么专利来说事，却忽略了大部分没取得成果的学生。事实上，这些学生虽没有取得现时的可见成果，但他们在参与过程中同样具有某些重要收获，如锻炼了处理某些问题的能力、激发了某种兴趣、坚定了某种信念、提高了某些素质等，这是已经被国内外关于高影响力教育活动的研究反复证明了的。一味强调几项显示度高的成果，就会导致学生及其指导老师以能否获奖或获得某一突出成果作为组织参加项目活动的最终

---

① 陶行知. 第一流的教育家[A]//华中师范学院教育科学研究室. 陶行知全集（第一卷）[M]. 长沙：湖南教育出版社，1984：113-115.

② 付江泓. 纵向衔接 横向协同 有效推进首都大中小幼一体化德育体系建设——走进北京市学校德育研究会[J]. 北京教育（普教版），2019（4）：65-67；潘晨聪. 上海推进大中小政治一体化，注重学段衔接[J]. 上海教育，2019（1）：37.

③ 李晨. 大中小学外语教育衔接中的教师情感素养研究[J]. 考试与评价（大学英语教研版），2021（2）：42-47.

追求目标。从某种意义上说，这种只追求最终成果的教育又陷入了功利化教育、应试教育的思想和模式窠臼中。[①]所以，一方面，需继续重视设计和组织各类项目与活动，如各类竞赛、各种社会调查与服务项目、“真刀真枪”的毕业设计、本科生参与科研等；另一方面，要重视成果（结果），但更要重视过程，重视参与率，重视过程中的训练与学习效果，重视过程性评价。换句话说，在组织和鼓励学生参与项目、走进社会、开展调查与研究的过程中，重要的是激发他们的好奇心与想象力，引导他们的质疑与思考能力，锤炼他们的冒险与挑战精神，培养他们的分工与合作意识，提升他们的口语与书面表达能力。

第二节　构建创造力优先的培养目标和标准体系

培养目标是大学人才培养工作的出发点和归宿，人才培养的质量首先取决于大学人才培养目标设计的质量。早在 1991 年，美国出台了《美国教育目标报告》(The National Education Goals Report)，要求各类学校培养大量具有较高思维能力、能有效交流、会解决问题的学生，并将培养学生对学术领域和现实生活问题的思维能力作为教育的重要目标。[②]创新人才培养的过程首先就体现在对人才培养目标的科学设计，即人才的培养类型和培养规格或质量标准的设计上。

一、明确大学创新人才培养目标的类型定位

明确培养目标定位首先应明确人才培养的类型定位，类型定位反映的是大学与经济社会发展之间的辩证统一关系。由于经济社会发展转型升级以及高等教育普及化和大学结构类型的多样化发展等，大学人才培养目标的类型定位呈现出以下三个彼此相互联系的新变化与特点。

---

① 王殿军. 拔尖创新人才培养应更关注过程[J]. 未来教育家，2014（9）：72.

② National Education Goals Panel. The National Education Goals Report[M]. Washington：U. S. Government Printion office，1991：67.

（一）产业大学双向互动，人才需求与供给的多样化、细分化趋势明显

1. 从需求看，产业发展格局及转型升级对大学人才培养类型提出了进一步多样化和细分化的需求

经过中华人民共和国成立初期工业化的基础性布局、改革开放 40 余年来的重点突破，我国的科学技术发展已取得了很大成就。一方面，三大产业结构以及产业的结构类型发生了很大变化，三大产业结构在 GDP 中的比例分别由 1953 年的 46.27%、23.36%、30.37%变为 2018 年的 7.2%、40.7%、52.2%，产业结构不断优化升级，逐渐从不协调、不合理向协调、合理的方向发展。①另一方面，我国已建立起门类比较健全的工业体系，拥有 41 个工业大类、207 个中类、666 个小类，一个行业比较齐全、具有一定技术水平的现代工业体系已经形成。②在产业结构不断优化、产业门类不断健全的发展过程中，我国在某些方面和领域正实现了从“跟跑”到“并跑”、“领跑”的跃升③，但总体上我国在世界产业国际竞争格局中的位置是极其多样化的，既有如量子保密通信等个别的由我国开创的领域，也有如互联网和人工智能等属于中美双头格局的领域，还有如通信、高铁、港口机械等方面的为数不多的多国竞争领域，但在像机械、石油、航运、飞机、手机等大量领域，我国是作为跟随者存在的，特别是如芯片和操作系统两大产业则完全由美国垄断④。

综合而言，不管是在横向三大产业的分布上以及工业体系各行业大中小类型上，还是纵向全球体系下的产业链及其内含的科技发展水平，我国的工业产业发展呈现出多样化特征，大量行业产业处于转型升级换代过程中。换句话说，这种产业结构与行业类型的多样化特征，对多样化的创造性人才培育类型也提出了要求，并且为适应这种产业结构不断优化、整体各工业门类转型升级的格局，大学人才培养目标的类型定位也需要进一步多样化和细分化。

2. 从供给看，大学结构类型多样化发展推动人才培养目标的类型定位趋于多样化、细分化

进入高等教育大众化以来，大学结构的类型进一步多样化，以回应产业发展

---

① 种国双，段珺，高振，等. 中国三大产业结构演进规律与发展趋势研究[J]. 科学管理研究，2020（2）：84-90.

② 工业经济跨越发展 制造大国屹立东方——新中国成立 70 周年经济社会发展成就系列报告之三[EB/OL]. http://www.stats.gov.cn/tjsj/zxfb/201907/t20190710_1675173.html.（2019-07-10）.

③ 袁岚峰. 迎接中国科技领先的时代[J]. 中国经济周刊，2020（1）：8-17.

④ 袁岚峰，李玲. 中国科技的真正实力[J]. 中国经济报告，2018（9）：114-116，117.

需求。其多样化特征主要表现在以下三个方面。

首先是多元巨型大学（multiversity）的兴起。巨型大学具体是指由许多单位（分校、学院、研究中心等）组成，设有大量研究生和本科生课程计划，具有教学、科研和服务等多种功能和目的的高等学校。它有若干目标、若干权力中心，为若干顾客服务，不是单一的、统一的社群；它标志着许多真、善、美的幻想以及许多通向这些幻想的道路，标志着为多种市场服务和关心大众，从一个任务到很多任务，从为少数人服务到为大多数人服务。①经过 20 世纪 90 年代后期开始的合并、重组、扩建、新建、联办等多种方式，一些拥有多个校区、开设大量课程、培养多种类型与层次人才、具有多种类型管理机构、在校师生员工众多的大学逐渐形成，如于 1998 年完成组建的新浙江大学、2000 年组建的新郑州大学、2000 年合并组建而成的新四川大学、2004 年完成组建的新吉林大学（表 5.1）。另外，与此相类似的是多地纷纷建立大学城，引进高水平大学建立校区，如深圳、珠海、青岛等，从而也产生了一批多地异地办学的巨型大学。这些巨型大学规模庞大，学科院系和本科专业及学生众多，不同学科专业发展水平不一，定位不同，因而其本科人才培养目标的类型定位也不一样。换言之，一所大学中人才培养的类型也是多样化的，巨型大学趋势更盛。

表 5.1　20 世纪 90 年代末以来合并组建的典型多元巨型大学

大学名称	合并高校及时间	校区数/个	校园面积/亩	学科数/个	教师数/人	学生数/万人
浙江大学	原浙江大学、杭州大学、浙江农业大学、浙江医科大学（1998）	7	9 335	13	9 674*	约 6.63
郑州大学	原郑州大学、郑州工业大学和河南医科大学（2000）	4	5 700	12	5 700*	约 7.45
四川大学	原四川大学、成都科学技术大学（1994），华西医科大学（2000）	3	7 050	12	6 323	约 7
吉林大学	原吉林大学、吉林工业大学、白求恩医科大学、长春科技大学、长春邮电学院（2000 年），中国人民解放军军需大学（2004）	7	10 905	13	6 550	约 7.31

数据来源于各大学官网，查阅时间为 2022 年 2 月 13 日

说明：①表中校园面积在官网上有用平方米的，也有用亩的，为合适中国日常用法及概念感知，特都换算成了亩，1 亩≈666.67 平方米。②*表示此数据为教职工数据，而不是专任教师数

① Kerr C，Gade M L，Kawaoka M. Higher Education Cannot Escape History：Issues for the 21st Century[M]. New York：State University of New York Press，1994：177；[美]克拉克·克尔. 大学的功用[M]. 陈学飞，陈恢钦，周京，等译. 南昌：江西教育出版社，1993：96.

其次是新型研究型大学的建设。南方科技大学（2012 年[①]）、中国科学院大学（2012 年）、上海科技大学（2013 年）、西湖大学（2018 年）、深圳零一学院（2021 年）均已建成招生并受到社会各方高度关注，东方理工大学、福耀科技大学也均于 2021 年官宣建设，东方理工大学将于 2025 年招收本科生，福耀科技大学将于 2023 年秋季小规模招生。其中南方科技大学、中国科学院大学、上海科技大学、深圳零一学院是公立大学，西湖大学、东方理工大学和福耀科技大学是民办大学。这些新型研究型大学都具有办学规模不大、注意交叉学科和注重应用新导向等特点。

最后是新建或转型了一批聚焦应用型人才培养的大学。这样的大学又可分为三类：一是新建应用型技术大学，聚焦于高水平的工程技术人才培养，如 2018 年教育部批准正式设立的深圳技术大学，就是一所"充分借鉴和引进德国、瑞士等发达国家一流技术大学先进的办学经验，致力于培养本科及以上层次具有国际视野、工匠精神和创新创业能力的高水平工程师、设计师等高素质应用型人才，努力建成一流的应用型技术大学"[②]。尽管目前我国仅此一所，但相信今后其他地区也会相继设立一些这类院校。二是与新建技术大学相类似，主要由原专科院校升格而成的新建本科院校转型为应用型大学，特别是转型为应用技术型大学。新建本科院校是指 2000 年以来教育部新批准成立的普通本科院校，至 2019 年全国有 692 所[③]，它们大部分是由原来的专科学校升格为本科学校而成的，在实际办学过程中普遍模仿传统普通大学开展学术型人才培养。2015 年开始，国家出台政策引导这些大学确立起应用型大学的类型定位，主要培养技术型人才和技能型人才。三是本科层次的职业大学，这类大学也主要聚焦于培养技术型人才和技能型人才。据教育部统计数据，2021 年全国有本科层次的职业学校 32 所[④]，如江西软件职业技术大学、山东外国语职业技术大学、河南科技职业大学、广东工商职业技术大学、广西城市职业大学、海南科技职业大学、重庆机电职业技术大学等。

（二）政策引导办学实践，大学人才培养类型的多样化和细分化路径明晰

1. 从国家政策层面看，学术型与应用型人才培养两条路径逐渐清晰

首先，在类型上，职业教育作为一种教育类型以法律的形式确定下来。2022 年

---

① 括号内的时间为教育部正式同意建立大学的时间，下同。

② 深圳技术大学学校概况[EB/OL]. https://www.sztu.edu.cn/xxgk1/xxjj.htm.

③ 雷鸣强. 促进新建本科院校协作联盟发展[J]. 教育研究，2020（5）：22-26.

④ 教育部. 2021 年全国教育事业统计数据[EB/OL]. http://www.moe.gov.cn/jyb_sjzl/sjzl_fztjgb/202209/t20220914_660850.html.（2022-09-14）.

4月20日，第十三届全国人民代表大会常务委员第三十四次会议表决通过新修订的《中华人民共和国职业教育法》第三条明确指出："职业教育是与普通教育具有同等重要地位的教育类型，是国民教育体系和人力资源开发的重要组成部分，是培养多样化人才、传承技术技能、促进就业创业的重要途径。"这样，职业教育不仅在理念上，而且在政策上已经以法律的形式明确了其是应用型人才培养的一种教育类型。[①]

其次，在层次上，专科与研究生层次的人才培养类型也渐次清晰明朗。专科层次的人才培养就定位于应用型人才，这一点不管是理念还是实践都没有什么疑义。在研究生层次，截至2019年，我国累计授予硕士专业学位321.8万人，博士专业学位4.8万人，针对行业产业需求设置了47个专业学位类别，共有硕士专业学位授权点5996个，博士专业学位授权点278个，基本覆盖了我国主要行业产业，部分专业学位类别实现了与职业资格的紧密衔接；2020年，我国专业学位研究生招生规模已超过研究生招生总量的一半。[②]国务院学位委员会、教育部发布的《专业学位研究生教育发展方案（2020—2025）》指出，"到2025年……将硕士专业学位研究生招生规模扩大到硕士研究生招生总规模的三分之二左右"。同时，2021年，像复旦大学经济学院、北京大学国家发展研究院、四川大学与福州大学的心理学和情报学等专业，纷纷官宣硕士阶段只招收专业学位。[③]这样看来，在高等教育各办学层级中，培养学术型与应用型两种人才类型发展路径也已非常清晰。

综合以上基于人才培养类型和层次上的变化可发现，学术型人才与应用型人才两条培养路径已然明晰，即通过学术性高等教育（academic higher education）与专业性高等教育（professional higher education）两条路线来分类培养学术型人才和应用型人才。所谓学术性高等教育，是对专业范围属人文科学、数学、自然科学及其他科类中的基础理论领域，旨在培养学生从事有关专业学术性工作的高等教育的称谓；所谓专业性高等教育，是对专业范围属工科、农科、医药、师范、财经、法律、管理及其他应用性、技术性科类，旨在培养学生从事有关专业实际工作的高等教育的称谓。[④]由此，人才培养目标的类型及培养教育类型的结构模型也

---

① 张盖伦. 职教法首次大修 实现职业教育从"层次"到"类型"之变[N]. 科技日报，2022-05-05（6版）.

② 曹建. 国务院学位委员会、教育部印发《专业学位研究生教育发展方案（2020—2025）》——大幅增招博士专业学位研究生[EB/OL]. http://www.moe.gov.cn/jyb_xwfb/s5147/202010/t20201009_493536.html.（2020-10-01）.

③ 中国教育在线. 2022全国研究生招生调查报告[EB/OL]. https://www.eol.cn/e_ky/zt/report/2022/detail.html#titel1_4_pc.（2022-10-20）.

④ 顾明远. 教育大辞典·增订合编本（下）[M]. 上海：上海教育出版社，1998：1811，2129.

比较清晰地呈现了出来（表 5.2）。

表 5.2 人才培养体系类型结构模型

<table>
<tr><th colspan="3">人才培养类型</th><th>教育类型</th></tr>
<tr><td colspan="2">学术型人才</td><td rowspan="2">研究型人才</td><td>学术教育</td></tr>
<tr><td rowspan="3">应用型人才</td><td>应用研究型人才</td><td rowspan="3">专业教育</td></tr>
<tr><td>应用技术型人才</td><td rowspan="2">技术技能型人才</td></tr>
<tr><td>应用技能型人才</td></tr>
</table>

2. 从地方政策层面看，高等教育结构改革越来越强调区域大学体系在人才培养类型上的有序定位

2017 年，《教育部关于“十三五”时期高等学校设置工作的意见》指出，“以人才培养定位为基础，我国高等教育总体上可分为研究型、应用型和职业技能型三大类型”，“各地要结合国家高等教育分类体系框架和本地区高等教育事业发展实际，因地制宜地构建符合本地省（区、市）情和发展需要的高等教育分类体系”。以此为基础，参照和学习美国加利福尼亚州高等教育系统建设思路与办法[①]，我国各地结合自身实际，纷纷出台各省（区、市）的高等教育分类发展体系框架，如上海以人才培养主体功能和承担科学研究的类型为依据，将高校区分为学术研究型、应用研究型、应用技术型和应用技能型四种类型[②]；重庆市将高校分为综合研究型、应用研究型、应用技术型和技能技艺型四种类型[③]；河南省将高校分为高水平综合性大学、特色骨干大学、应用技术类大学和高职高专院校[④]；北京市将市属高校划分为高水平研究型大学、高水平特色型大学、高水平应用型大学和高水平技能型大学[⑤]。从这些地区对高校的分类可以看出，各地纷纷追求对大学人才培养类型的进一步细化与精准化。

---

① ［美］约翰·奥伯利·道格拉斯. 加利福尼亚思想与美国高等教育：1850—1960 年的总体规划［M］. 周作宇，等译. 北京：教育科学出版社，2008.

② 上海市教育委员会，上海市发展和改革委员会，上海市人力资源和社会保障局，上海市财政局，上海市规划和国土资源管理局. 关于印发《上海高等教育布局结构与发展规划（2015—2030 年）》的通知［EB/OL］. http://edu.sh.gov.cn/xxgk2_zhzw_ghjh_01/20201015/v2-0015-gw_3022015004.html.（2015-12-28）.

③ 林祺. 重庆高校将分为四种类型发展［EB/OL］. https://epaper.cqcb.com/attachment/201712/15/d8d8df3d-f459-437f-8346-508b04b85be6.pdf.（2017-12-15）.

④ 河南省人民政府. 河南省人民政府办公厅转发省教育厅关于促进普通高等学校分类发展的指导意见［EB/OL］. http://www.henan.gov.cn/zwgk/system/2015/12/18/010607661.shtml.（2015-11-30）.

⑤ 2020 年 5 月 6 日北京市委教育工作领导小组印发的《北京市属公办本科高校分类发展方案》将北京市属高校分为四类。详见：高志民. 七项创新举措促进北京高等教育的高质量发展［EB/OL］. https://baijiahao.baidu.com/s?id=1733968744493210864&wfr=spider&for=pc.（2022-05-27）.

（三）整体人才培养多样化和具体大学人才培养目标类型定位的精准化

不管是经济社会行业产业对人才培养类型的需求，还是为适应这种需求而产生的大学类型结构的多样化发展，抑或是国家和各区域对各大学类型的有序定位，都表明大学人才培养目标的类型定位正朝向多样化与进一步细分化的方向发展。换句话说，在多样化人才培养类型的整体背景下，本科层次的各具体大学的人才培养类型定位逐渐精准化。

理论上讲，无论人类社会如何发展，高等教育如何改进，推动社会发展的无非两类人才，即发现世界的学术型人才和改造世界的应用型人才。因而，大学在人才培养目标的类型定位上应在总体明确是培养学术型人才还是应用型人才的基础上，还需要进一步分化、细化和精确化。学术型人才比较好理解，是指研究客观规律、发现科学原理的人才，他们致力于将自然科学和社会科学领域中的客观规律转化为科学原理，不跟或较少跟具体的社会实践发生直接关系，其知识结构主要由基础科学的知识体系组成，在现实工作中主要指那些从事基础科学研究的科学家，如数学家、物理学家、化学家、生物学家、经济学家、法学家、社会学家、语言学家等；应用型人才是指利用科学原理为社会谋取直接利益而工作的人才，他们致力于将科学原理或新发现的知识直接用于与社会生产生活密切相关的社会实践领域，其知识结构主要由应用科学的知识体系组成，以科学原理及人工自然为研究对象，在现实工作中主要是指在各行各业从事研究、发明（开发）与应用等的工程技术、经济社会与教育等各方面的人才。[①]事实上，早在 1965 年，美国教育家哈洛德·福切克（Harold Foechek）就曾预言："在将来某一时候，大学本科水平上可能至少有四种基本类型的学士学位教学计划：科学类（science）、工程科学类（engineering science）、工程类（engineering）和工程技术类（engineering technology）。"[②]两相比对，科学类对应的为学术型人才，工程类与工程技术类对应的为应用型人才，而工程科学类对应的人才则介于学术型人才与应用型人才之间。

实践中看，目前本科层次的高校类型有传统大学、新型研究型大学、新建技术大学、新建本科院校和本科层次的职业大学。显然，不管哪一类大学，在人才培养目标的定位上，首先要明确是培养学术型人才还是培养应用型人才。如果说新建技术大学、新建本科院校和本科层次的职业大学这三类大学是为适应经济社

---

① 郑晓梅. 应用型人才与技术型人才之辨析——兼谈我国高等职业教育的培养目标[J]. 现代教育科学，2005（1）：10-12.

② 转引自：严雪怡. 论职业技术教育[M]. 上海：上海科学技术文献出版社，1999：1.

会展需要主动或被动地业已明确培养应用型人才的话，那么，当前极其重要的是，传统大学和新型研究型大学也需要明确自己的人才培养目标的类型定位。虽然传统大学，特别是“双一流”大学以及新型研究型大学肩负着培养学术型人才的重任，同时还肩负着培养应用型人才的重任，特别是培养应用型研究人才、应用型技术人才两类，这一点是需要明确的，但由于对传统发展路径的依赖，人们还是习惯以学术型人才培养模式来办学，这一点是需要特别注意与克服的。

二、具化大学创新人才培养目标的规格定位

大学人才培养目标的规格定位，反映的是大学与人的发展之间的辩证统一关系，是大学培养目标类型定位的具体化和操作化。规格定位包括国家层次的通用性一般规定和学校层次对具体的人才合格标准的规定两个层次。人才培养规格定位的具体化不仅是多样化类型定位的要求，更是大学办学与人才培养特色化的要求。

（一）国家层次的一般规格定位和宏观质量标准

中华人民共和国成立以来党的历次教育方针以及宪法和教育法、高等教育法等国家政策法律中所阐述的关于人才培养的总的教育目的或根本教育目标，对人才培养目标提出了统一性和一般性的要求，是各级各类教育系统的基本遵循。就高等教育人才培养目标而言，2018 年教育部出台的“专业质量国家标准”中对各大学本科专业大类人才培养目标的规格和质量标准也都有通用意义上的一般表述。需要说明的是，国家层次对人才培养目标的规格确定还体现在政策制度虽还未规定，但却已有相当研究与社会共识，也有了一些不错的实践探索，如对 21 世纪人才核心素养的构建与确定。21 世纪以来，面对不确定的未来，“培养什么样的人”又成为全球共同探讨的主要议题，世界各国和国际组织竞相探讨研究 21 世纪的人的核心素养。综合来看，核心素养是 21 世纪人人都需要具备的关键少数高级行为能力，是知识、技能、态度的统整与融合。世界范围内的核心素养热潮实质上是教育质量的升级运动，是国际教育竞争的集中反映。创新能力、审辩思维、公民素养、合作与交流能力、自主发展能力、信息素养 6 种核心素养是中国 21 世纪现代人素养的清单，其中，创新能力是中国“核心素养的核心”，培育创新人才是中国教育的优先目标。[①]美国高校联合会于 2007—2015 年研究和提出了美国高

① 褚宏启．核心素养的国际视野与中国立场——21 世纪中国的国民素质提升与教育目标转型[J]．教育研究，2016（11）：8-18.

校毕业生应该具有4种基本知识和11种基本技能。4种基本知识是人类文化知识和自然界及物理世界的知识、智力与实践技能、对个人与社会的责任、整合性学习（integrative learning）。11种基本技能是写作，批判性思维，定量推理，口头交流，跨文化技能，信息素养，伦理推理，分析性推理、研究技能和做研究项目的能力，跨专业学习与整合能力，把课堂知识用到课堂之外的能力，公民责任和公民参与能力。[①]国内学者张应强和张洋磊研究了科技发展新趋势背景下需要培养大学生的重要核心素养：审辩思维是基础，学习能力是关键，知识迁移和建构能力是重点，全球胜任力是价值观体现。[②]杜瑞军等在全面梳理国内外对核心能力的概念、多重坐标和目的、原则的基础上，构建了包括基于个体的能力（主要包括发现和追寻意义的能力，以及实践和实现个人意义的能力）、个体运用工具的能力[主要包括语言、数学和ICT（information and communication technology，信息和通信技术）的能力]、个体与外部环境互动的能力（主要包括个人生活、职业生活、公民生活以及与自然环境的能力）在内的大学生三维核心能力模型。[③]依据美国著名教育社会学家马丁·特罗（Martin Trow）的理论观点，普及化阶段高等教育的功能主要在于培养学生快速适应社会和经济变革的能力，强调教育体验带来的价值增值[④]，这种能力是指向人类现实行动的内在心理品质，是个体在与现实世界的特定任务或需求互动过程中所蕴含的各种能力、个性特征、价值观念或动机意志等的整合性特征[⑤]，强调的是问题解决。袁振国教授认为，新时代大学生所需核心素养是强调应对和解决复杂的问题、应对不确定的现实生活情境的综合品质，具有整体性、综合性、跨学科和个性化等特点。[⑥]

（二）学校层次的具体规格定位和微观质量标准

以上国家教育方针、“专业质量国家标准”以及21世纪人才核心素养，构成了各大学确定自己人才培养目标规格的一般性规定。具体到某一所大学，则需围

---

① 赵炬明，高筱卉. 关注学习效果：建设全校统一的教学质量保障体系——美国“以学生为中心”的本科教学改革研究之五[J]. 高等工程教育研究，2019（3）：5-20.

② 张应强，张洋磊. 从科技发展新趋势看培养大学生核心素养[J]. 高等教育研究，2017（12）：73-80.

③ 杜瑞军，周廷勇，周作宇. 大学生能力模型建构：概念、坐标与原则[J]. 教育研究，2017（6）：44-57.

④ 马丁·特罗，徐丹，连进军. 从精英到大众再到普及高等教育的反思：二战后现代社会高等教育的形态与阶段[J]. 大学教育科学，2009（3）：5-24.

⑤ Rychen S，Salagnick，L. A holistic model of competence[A]//Rychen S，Salagnick L（Eds.）. Key Competences for a Successful Life and a Well-Functioning Society[M]. Göttingen：Hogrefe & Huber，2003：41-62.

⑥ 袁振国. 核心素养对学科中心的挑战——大学变革的历史轨迹与启示之五[J]. 中国高等教育，2016（22）：31-34.

绕“未来已来”的这些核心素养结构，依据以上标准，结合自身办学定位、学科基础和特色、行业特点及学生未来发展需求的实际情况，构建和设计本校人才培养的核心素养模型，确定本校人才培养类型的基本规格和质量标准，并与同类高校培养目标区分开来，以形成自身特色。

对于学术型人才，不管自然科学、社会科学，还是人文科学，均是指那些研究客观规律、发现科学原理的人才，具有较强的共通性。而应用型人才，是指那些将学术型人才发现的科学规律和科学原理应用于社会以谋取直接利益而工作的人才。这些人才在其工作中解决实际问题所需要的能力是千差万别的。这是因为，在经济社会发展的每个行业或产业的实际工作中，都存在着相互衔接、工作性质不同的岗位链条。例如，以手机生产为例，至少存在研发、设计和生产三个节点，生产环节也还可以再分，不同节点的生产环节或岗位所需要的知识储备和解决问题的能力不同，越是居于链条的顶端或首端，所需知识级别越高、能力越强，他们通常居于产业链的上游，通常从事的是研发工作，掌握着核心技术，级别越高，替代性越难。正是这种差别构成了社会对大学所培养的人才需求的差别和多样性，即在某种程度上构成了“产业链-知识链-人才链-教育链”这样一个体系。换句话说，不同大学因其办学定位及人才培养类型不同，其所培养出的人才今后所从事的工作就存在差别，正是这种差别形成了不同层次类型高校不同的人才培养模式和特色：第一级属于高深知识和变化中的知识级，训练人们独立工作，指导别人（如工程师、律师、科学家和行政领导人），并开发和组建新的知识；第二级是既成的职业能力级，训练人们在一般的指导下工作（如生产工程师、中小学教师或会计师），使用比较确定和具体的知识；第三级是编集的技能级，训练人们在比较特殊的指导下工作（如技术员、低级文职人员或高级秘书），使用公认的技能。正是基于对这种知识与职业的分层及对应关系的认识，不同层次高校之间的培养目标是分层次、差异化、多样性的。以机械系为例，各居中国和美国工科排名榜首的清华大学和麻省理工学院均以培养领袖人才为己任，而工科排名处于一般水平、由原专科院校或独立学院转型而来的中国新建本科院校和美国的科罗拉多大学等则是定位于提高学生在机械领域的职业技巧。实际上，这是根据“产业链-知识链-人才链-教育链”这一体系中针对较为明确的工作岗位性质来对宏观目标类型定位进行细化的第一步，它的参考依据是某行业产业的工作链条中的某一类工作岗位及其相关的知识结构与能力结构。

第二步是在此基础上对人才培养目标的类型进行进一步具体化和操作化，即构建与确定人才培养目标的具体规格和可操作的质量标准。美国学者斯塔克（John Stark）和拉图卡（Lisa Lattuca）在对美国大学人才培养目标进行专门文献分析后，提出了具有普适性的 15 个重要目标，并注解了相应教学理念或原理。这里选择其中两项笔者以为是我国创造性人才培育目标设计与实施中非常欠缺的重要目标予以说明：①促进反思的能力。它具体又包括学习技能（记忆技能、检索技能等）和对学习类型及战略的反思能力等，因为“基本的学习技能提供了一个关键性的基础”，如果我们的教学过程能够把发展学生的学习技能，并将隐藏在教学战略背后的学习心理学原理教给学生，学生掌握了这些学习的关键技能与策略，则无异于使我们的学生具备了可持续发展的基础——“学会学习”的能力，也只有这样，培养学生学会学习的目标才落到了实处，也才有了可测量的操作化标准。②培养有效思维能力。它涵盖了思维心理学各种重要的思维类型，如直觉思维和逻辑思维、发散思维和聚合思维、归纳思维与演绎思维等。这些都是创造性地解决问题所必需的思维方式，但通常认为，没有前者，所为之事难创新；没有后者，则所为之事无可成，故通常视前者为创新思维，即直觉思维、发散思维和归纳思维等，为创新所必需。如果在我们的教学过程中，学生掌握了这些思维方式（尤其是创新思维），那么无异于让学生具备了创新的重要工具——有效思维能力。①同时，笔者以为，对于在高等教育国际化背景下肩负高等教育强国建设重任的国内大学来说，除了以上反思与有效思维能力之外，以下四点也当成为国际性人才培养的共通能力标准：①善于表达，即具有用中英文两种语言进行口头与书面表达和沟通的能力；②国际视野，即具有在国际区域乃至全球视角来观察与解决问题，并反思与锤炼自身发展的意识与能力；③人类情怀，即要具有认同不同人类文化所公认的诸如爱、诚信与责任等普适性人类道德能力；④善于合作，即具有与他人合作的能力。②这在北京师范大学中国教育创新研究院所研发的 21 世纪核心素养 5C 模型中都有所体现。

（三）大学人才培养目标的规格及质量标准的表征

根据以上对培养目标规格具体化的实践操作逻辑，我们来考察学校性质与专业定位基本一致的清华大学计算机科学与技术专业和麻省理工学院的计算机科学与工程专业的人才培养目标的具体表述。

清华大学的培养目标是：掌握较为扎实的数学和自然科学基础……较为系统、深入的计算机科学与技术学科的基础理论、专门知识和基本技能……强调对学生

① Stark J S，Lattuca L R. Shaping the College Curriculum：Academic Plans in Action[M]. Boston：Allyn & Bacon，1997：236-259.

② 李庆丰，赵晓琳. 创新人才培养目标的设计与反思[J]. 北京教育（高教），2015（6）：11-13.

进行基本理论、基础知识、基本能力（技能）以及健全人格、综合素质与创新精神培养……所培养的学生应具有远大的科学抱负和人生理想，同时具有为实现这种抱负和理想而脚踏实地不懈奋斗的精神、自信心和能力，培养一批有潜能发展成为能够引领计算机学界潮流的“学术大师”或在业界叱咤风云的“兴业之士”高水平毕业生。而麻省理工学院的培养目标是：灵活课程设置和密集动手实践课程，给学生提供该领域整体性认识，理解如何解决实际问题，并专注编程中的数学建模和提取抽象概念能力，为学生在软件、生物工程、计量经济学等行业成功做好准备。毕业生平均起薪 10 万美元/年以上。①

比较以上表述可发现各自特点：清华大学的培养目标呈现出较强的学科导向，旨在为学生打下“厚基础、宽专业面”的扎实基本功，强调基本理论、基础知识和基本技能，重视课程道德教化功能，如强调“科学抱负”“远大人生理想”的价值观念塑造，以及“脚踏实地”“不懈奋斗”的科学精神培养。麻省理工学院的培养目标呈现出较强的以行业市场及职业岗位所需知识与能力为导向，围绕“解决实际问题”的能力培育这一关键目标，通过“灵活”“实践”的课程设置，着重培养学生对本领域的“整体性认识”、编程的“数学建模”以及“提取抽象概念”等核心能力，充分体现了计算机产业、行业及市场需求对培养目标的影响。相比而言，麻省理工学院的培养目标对人才的规格与质量标准更加明确要面向行业与市场，更加明确具体需要达到的能力培育的内容和质量标准。清华大学与麻省理工学院同一专业的不同规格定位各有其不同的办学传统与遗传基因：美国高等教育办学实践总体上遵从“自下而上”发展逻辑，其培养目标定位及相应课程体系构建深受市场和行业因素影响，在此逻辑指导下，麻省理工学院的培养目标强调与行业产业对接，课程则强调密切相关的工程应用和以“学生为中心”的知识组织模式；中国高等教育的实践总体上遵从“自上而下”国家治理模式，国家战略性产业发展对计算机人才的需求深刻影响着大学的人才培养目标定位和相应的课程内容和安排，中国总体上位于全球信息技术产业链中下游，是全球信息技术硬件制造最大工厂，因此计算机人才需“硬、软”兼备，但随着国家不断推动产业链向上游升级，从“中国制造”到“中国智造”，清华大学计算机相关专业也需根据国家战略性产业发展需要不断调整课程体系，培养计算机相关细分领域的“学术大师”与“兴业之士”。②

---

① 文雯，周璐，芮振华，等. 形似与神异：中美研究型大学课程体系比较——以两所顶尖研究型大学计算机本科专业为例[J]. 高等工程教育研究，2022（1）：175-181.

② 文雯，周璐，芮振华，等. 形似与神异：中美研究型大学课程体系比较——以两所顶尖研究型大学计算机本科专业为例[J]. 高等工程教育研究，2022（1）：175-181.

再比如，针对创新人才培养所必需的知识结构核心能力素养，普林斯顿大学“本科教育战略计划委员会”曾对其本科生的培养目标做了系统表征，明确提出了“十二项标准”：清楚地思维、表达和写作的能力；以批评的方式系统推理的能力；形成概念和解决问题的能力；独立思考的能力；敢于创新及独立工作的能力；与他人合作的能力；判断什么意味着彻底理解某种东西的能力；辨识重要的东西与琐碎的东西、持久的东西与短暂的东西的能力；熟悉不同的思维方式；具有某一领域知识的深度；观察不同学科、文化、理念相关之处的能力；一生求学不止的能力。[①]有了这些具体明了的培养标准，后续实施、评价的可操作性和可测量性就大大增强。

三、形成创造力优先的培养目标与标准体系

课程是人才培养目标实现的主要载体，课程教育目标的设定直接服务于教育目的的实现。在有了学校层面的整体类型目标和专业培养规格的具体化及质量标准后，接下来就是将人才培养目标和标准分解落实并贯彻到全校及各院系共同构建起来的课程体系中去。

（一）统筹好学校层面通用核心素养与院系专业能力培育之间的关系

在宏观学校核心素养层面，学校通过科学的课程设置，将培养规格和质量标准落实到人才培养方案中去，构建起质量标准明确的课程结构，包括不同核心能力培育所需要的课程数量结构与质量结构，如通识教育课程和专业课程、必修课程和选修课程等之间的关系，以及课程门数及学分数等，明确不同类型课程在人才培养目标与标准体系中所承担的能力培育任务和价值增值各是什么。在中观院系专业能力培育层面，主要是专业方向课程的具体化，构建起专业人才培养目标和标准相对应的专业课程体系（教学计划）。通过校院系的联动，形成既覆盖学校的统一的以人才培养类型定位为基础的核心素养培养目标的通识课程体系，也包括院系层面的以具体规格定位为基础的专业能力培育目标的专业课程体系，以及基于“学生为中心”的个性化发展的选修课程体系。这一过程中，需要重点考虑好两个问题。

一是树立“大教育”“大课程”“大学习”的观念，统筹考虑第一课堂与第二

---

① 朱崇实. 研究型大学与创新型人才培养[J]. 国家教育行政学院学报，2006（9）：89-95.

课堂、显性课程与隐性课程、校内学习与校外学习、线上学习与线下学习、国内学习与国外学习之间的关系及其对人才培养目标达成的功能和贡献度。应该说，各国研制出的核心素养框架或模型，在兼顾个人发展、社会进步与经济增长的同时，也与时代教育与学习形态的变化及终身学习的需求密切结合，对各级各类教育建立细化的素养结构，特别是研制具体的课程改革计划和课程标准、开发学业成就测量与评价，以及开展教师培训等研究和实践起到了统领作用。“专业质量国家标准”主要对国家统一的一般质量规格与第一课堂中的专业核心知识体系和课程体系提出了基本类型及范围的要求，通常包括通识知识/课程、学科或专业基础知识/课程、学科或专业方向知识/课程，但并没有列出各门课程的具体教学内容，也没有将培养目标和质量标准细化到具体的课程结构与课程体系中去，更没有将第一课堂与第二课堂、显性课程与隐性课程、校内学习与校外学习、线上学习与线下学习、国内学习与国外学习等统筹考虑在内。当然，因学校实际运行的千差万别，各高校也不可能纳入统一考虑，这就需要各高校根据自身的办学定位与特色去研究、设计和统筹决定。

二是对于人才所需共同能力，有些需安排一些专门的课程（群）来达成。如果学校想特别加强学生的写作能力、问题解决能力、合作交流能力的培养，可以专门开设相关通识课程进行强化培养，专门强调某些方面的基本能力。例如，清华大学在经管学院取得很好效果的基础上，于 2018 年起面向大一新生开设写作课；截至 2021 年，写作课已组建了由专职教师 25 人和来自 8 个不同院系的 17 位校内教师构成的教学团队，招聘的专职教师是从 1000 多位高水平申请人中遴选出来的，前前后后经历了 6 轮教学能力和写作能力的考核；2021 年春季学期，写作中心 25 名专职教师和 8 名院系教师开设了 43 个不同主题的 108 个小班课堂，首次实现大一新生“全覆盖”目标。[①]除此之外，学校还可以要求所有课程必须安排写作任务、研究项目、小组项目以及研讨汇报等作业，以多方向、多维度培养学生的写作和沟通能力。另外，还有一些诸如独立思考、审辩思维、协同合作等通用能力的培养通常是每门课程教学均应承担的任务和达成的目标。例如，高等数学这门课程的教学目标也包括培养学生的写作能力、审辩能力、口头交流能力、合作学习能力和问题解决能力等，因此该课程可以设计专题论文、课堂讨论、小组报告、小组研究项目等作业方式和考核方法。

---

① 李依环，孙竞．写作与沟通课程：清华经管学院九年思考与实践[EB/OL]．http://edu.people.com.cn/n1/2018/0703/c367001-30113756.html．（2018-07-05）；曹旺祺，詹萌．“写作与沟通”课程：春风化雨立德树人[EB/OL]．https://www.tsinghua.edu.cn/info/1370/79653.htm．（2021-04-02）．

（二）科学设计每门课程的学习发展目标，特别是高阶认知发展目标

人才培养的质量标准和水平最终要靠一门门具体的课程来达成。换句话说，在校院系专业人才培养目标的规格与标准确定后，最终要在微观教师层面科学设计每一门课程在人才培养目标与标准体系中所承担的能力培育内容，明确表达每门课程促进学生发展的目标，最终构建起“课程-能力”结构图式，形成人才培养“课程-能力”目标体系。

美国教育学家、心理学家布卢姆及其后继者①所研制的教育目标分类体系，构建起由低到高的分层次知识与能力培育体系（如认知目标中的记忆、理解、运用、分析、评价、创造六级目标），各层次之间具有从简单到复杂、由低级到高级递进的序列特征。笔者认为，借鉴上述国际优秀经验，以扎根中国大地从实践中探索出来的具有中国特色的素质教育理论可以作为具体的目标体系设计的理论指导，但还需要进一步的概念化和操作化的深入研究与实验。事实上，我国于 2018 年颁布的本科各专业教学质量标准即是综合了国际国内经验的一种有益探索。一般认为，好的课程应当覆盖认知过程所有的层级目标，并对其发展起促进作用，好的课程体系应该体现认知目标层级的梯度设计，进而实现所有层级目标的合理发展。2004 年针对三所综合性大学的调查发现，在实践中，大学对课程目标的设计和实施中比较重视认知目标而忽视过程与方法、情感态度价值观等方面的目标。②换句话说，国内高校在很大程度上还比较缺乏对课程认知发展目标的梯度设计，对高级思维技能目标（运用、分析、综合和评价）的覆盖不够。经过十余年的发展，这种情况有了很大的改善。2017 年针对 7 所“985 工程”大学的调查表明，我国研究型大学在教学理念及课程目标的制定上都已经意识到培养学生批判性思维、运用、创新等高级认知能力的重要性；但出现了另一个问题，即在具体的实施与评价环节中，课程目标与课程评价脱轨严重，课程理念与实践方面存在巨大落差，应试教育与功利主义倾向突出，不利于学生形成深层学习方式，不利于学生批判性思维、创新等高级认知目标的达成。③导致这一现状的原因很复杂，但有一点却

---

① 《布卢姆教育目标分类学》出版于 1956 年，于 2001 年出版了修订版，修订版根据最新的教育心理学、认知心理与学习心理学研究成果，将原来的目标一维结构修正为“知识-认知过程”二维结构，知识维度包括事实性知识、概念性知识、程序性知识、反省认知知识；认知过程包括记忆、理解、运用、分析、评价、创造。修订版已于 2007 年被翻译成中文出版，详见：[美]L. W. 安德森. 学习、教学和评估的分类学：布卢姆目标分类学（修订版）[M]. 皮连生，主译. 上海：华东师范大学出版社，2008.

② 周海涛. 大学课程目标与内容调查报告——对三所综合性大学本科课程的调查分析[J]. 教育研究，2004（1）：65-71.

③ 吴凡. 我国研究型大学课程目标与课程评价问题研究——基于“985 工程”高校大学生学习经验调查[J]. 中国高教研究，2017（10）：98-102.

是不容忽视的，即人才培养目标的具体化、操作化以及承载人才培养目标的课程目标设计与表述很少建基于教育心理学、学习科学等成熟的理论研究成果之上，且大多停留于宏观抽象的表述，而少有可测量、操作化强的清晰明确的目标陈述。比如，“培养学生创新意识与创新能力”这样一个目标很抽象，如何将其具体化，使其可测量、可操作而且可以落实到课程教学等各类教育教学活动中去呢？比如，至少可以将其具体化为以下三条标准：①学会提出问题的能力；②基于解决问题的自主学习能力；③具有综合运用新知识解决问题锲而不舍、持之以恒的精神与毅力。当然，如何科学评价大学生的思维与创新能力等高阶认知目标也已经成为新时期进一步深化大学综合改革、着力大学生创造力培育的一个重大政策与实践课题。

（三）大学人才培养目标设计的程序及质量标准体系的建立

经过前文几个步骤，一个大学的人才培养目标的类型定位、规格及质量标准就全部建立起来了，图 5.1 比较直观地说明了人才培养目标体系的制定过程。

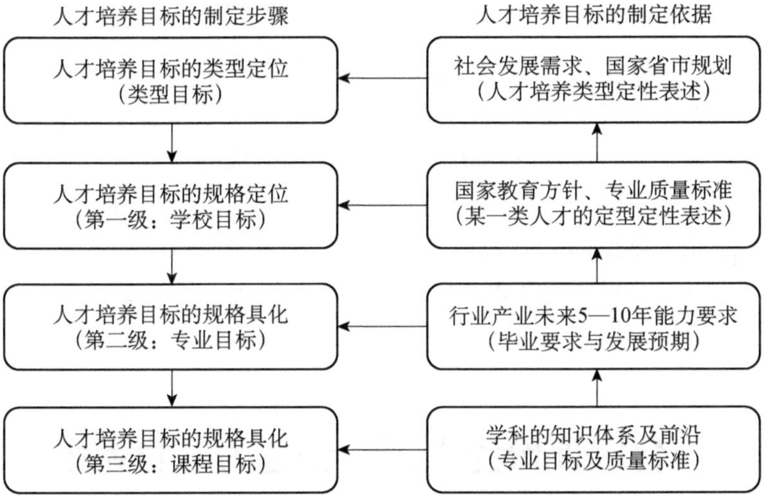

图 5.1　人才培养目标系统制定模型图示

根据图 5.1，人才培养目标的制定总体上分为类型定位和规格定位两大部分。类型定位即类型目标是人才培养目标系统的最高层次，是首先要明确设定的，这是第一步。它主要是依据经济社会发展需求，对人才培养类型（学术型或应用型）进行整体定性描述，当前从国家对大学的设置办法及各省（区、市）制定的高等教育分类发展体系框架来看，大都是以人才培养的类型来确定高校的发展类型，这一点在上海市的高校分类规划中体现得最为明确。宏观的类型目标确定后，就到了第二步，即学校目标的确定，通常由大学校长及教务处牵头组织，是本校人才培养类型目标在规格上的第一次具体化，是依据国家教育方针所确定的总的教育目标以及国家制定的专业质量标准来设计和表述的。其主要任务是围绕本校各专业人才培养所需的共同核心素养，或者如“专业质量国家标准”中所说的基础知识、基本原理和基本技能/方法进行通识教育模块的开发，特别是对于因 21 世纪以来科技飞速发展导致的未来不确定性而需对学生必备核心素养的目标及质量标准进行具体细化。第三步到了学院，学院作为具体专业人才培养规格与质量的责任主体，最核心的任务是确定专业质量标准，即该专业学生在知识、能力和素质或价值观等方面的具体要求和标准，然后根据专业质量标准，组织相关教师深入研讨，共同制定本专业的人才培养目标体系，实践上通常以专业矩阵来表征。第四步到了具体的系（专业）和教师那里，目前国内系级建制主要是作为最基层的教学组织形态存在的，系主任通常也是专业负责人①，其主要任务是组织与支持教师将专业目标落实到各自开设的具体课程及教学过程中去，深入开展课程教学设计并实施。

这样，任何一种类型的本科教育（学术教育系统或专业教育系统）的培养目标都是由类型目标、学校目标、专业目标、课程目标四个层级构成的目标系统。其中，类型目标是某类人才培养的基本要求，是目标系统的最高层次，它通过对下级目标的统领指导及逐层分解，实现“类型目标→学校目标→专业目标→课程目标”的逐步落地，构成环环相扣、相互保证与达成的目标链，并落实到具体的课程与教学活动当中，从而可以较好地避免人才培养的预期目标在教学实践中发生偏移，特别是大学生的创造力培育——当前及未来一段时期内，尤其要加强创造性人格的培养——要优先在人才培养目标中得到落实与落地。

第三节　深化以评价为引领的创造力培育系统协同改革

有了明确而可测量的创新人才培养目标及质量标准体系，如何将其贯彻落实到教育教学全过程当中，并建立一种有效防止目标与标准偏离甚至脱节的保证机

① 在实践当中，当前基层学术组织的设置多种多样，在有些高校，系主任就是本科专业的负责人，有些高校还另外单独设立专业负责人，也有些高校的系相当于学院，系里设有多个专业。

制，就成为首要鹄的，这种保证机制的核心即评价。2020 年 10 月 13 日，中共中央、国务院印发了我国第一个关于教育评价系统性改革的文件《深化新时代教育评价改革总体方案》，首次提出要“改进结果评价，强化过程评价，探索增值评价，健全综合评价”，这将成为高质量发展阶段创新人才培养改革与发展的价值导向和行动遵循。换言之，新一轮人才培养综合改革当以评价改进为价值引领，坚持以创新人才培养目标及标准为行动指南，以影响教育教学质量的课程、教学与学习三大改革联动为主要内容，以其他配套改革为协同，整体推进人才培养模式改革，切实提高基于创造力培育的大学人才培养质量和水平。

一、课程改革是基础，课程评价重在知识选择的适切性

课程及课程体系（人才培养方案）是人才培养活动的载体，是创新人才培养目标和标准的实体呈现；课程设置的合理性、科学性是人才培养目标得以实现和质量得以保证的前提。着力大学生创新能力培育，就需要我们由以“学科本位”和“社会本位”的课程观向“学生本位”的课程观转变，并以课程及课程体系对人才培养目标的适切性为标准开展课程评价，引领课程建设。

（一）树立并实施以学生发展为本的目标适切性课程评价观

课程是知识的载体，坚持以目标适切性引领课程建设，其本质就是要求构成课程及课程体系的知识选择和组织具有人才培养目标的适切性，并以此为标准来评价课程建设的效果，强调的是一种目标或结果导向的评价。办学实践中的专业评估及工程教育专业认证即采用这种教育理念，其中一个重要的评估内容即对专业课程体系目标适切性的评价，主要从社会需求、学科发展和学生发展三个角度来考察。

1. 从教育与社会的关系看，是否落实了理论联系实际的原则

首先，这是由作为子系统的教育必须适应其母系统社会之间的关系决定的。高校课程必须与社会生产生活实际紧密联系，使学生能够适应不断变化的社会生活世界，特别当与网络社会共生的“数字原住民”的“00 后”已成为大学生基本构成的“新常态”时，更需要大学课程理论联系实际，更需要关注学生的生活世界。其次，这也是由现代学术与职业的相互分离且以知识分类分层为基础所决定的。这种分离表现在学科课程教育与工作技能训练之间的分离，因此，以知识为

载体，重构工作和教育之间的关系，整合学科知识与工作世界知识技能之间的分离，使高校课程更具生产生活的关联性，使课程与工作经验相结合，就成为新时期教育工作者面临的重要课题。从某种程度上说，产教融合、科教融合以及产学研合作教育等不同模式的探索是这一方面的实践注脚。

2. 从学科知识发展的角度看，是否贯彻了少而精的原则

这是由知识无限增长与学习时间有限之间的矛盾决定的，因此要选择最切合人才培养目标和最有利于学生发展的知识。最切合的标准就是“什么知识最有价值”，即“什么知识最值得学生学习”这一经典问题的落地。首次提出“什么知识最有价值”这一命题的斯宾塞认为，“为将来完美的生活做准备”是教育的目的所在，他说：“为我们的完美生活做准备是教育应尽的职责；而评判一门教学科目的唯一合理的办法就是看它对这个职责尽到什么程度。”①。基于新时期我国社会发展的主要矛盾——人民日益增长的美好生活需要和不平衡不充分的发展之间的矛盾，教育目的也必须能够为“人民日益增长的美好生活需要”做准备，为这个目的的实现而尽责的程度就成为衡量课程与课程体系建设质量的评价标准。再从专业课程体系与创新人才培养目标的适切性来看，大学课程设置中的“二多一少”现象还比较普遍：一是学时多、学分多，从课程门数和学分总量角度比较，欧美大学每学期大概有 5 门课程，总共约为 120 学分，我国大学每学期课程为 6.46 门，总共为 140—170 个学分，每学年多出 3 门左右课程，总体上“我国相对于欧美高等学校存在学分总量高、课程门数过多的现象”②。相比较而言，我们的本科课程设置存在基础化、综合化、实践化和选修化不足等问题③；课程门数较多，学习内容的总体结构性与系统性偏弱，其结果是学生学习内容的支离破碎且杂多，学习内容的结构性与系统性较差，而这一点与认知结构学习理论的基本原理不符，实际上也与我们教育实践中一直秉持的“三基四性”④（基础理论、基础知识、基本技能和科学性、系统性、逻辑性、严密性）教育理念不符。二是思维和方法训练类课程少，在学科门类下，通常有学科原理课程、学科发展史课程和学科方法论课程，但在课程设置中，涉及方法论的课程设置明显偏少。

---

① ［美］斯宾塞. 斯宾塞教育论著选［M］. 胡毅，王承绪，译. 北京：人民教育出版社，1995：58.

② 阎光才. 研究型大学本科课程体系与结构的变革［J］. 教育研究，2022（8）：97-109.

③ 孟雅杰. 中外高校本科课程设置的比较研究［J］. 西北工业大学学报（社会科学版），2006（1）：71-75，89.

④ 刘道玉. 论大学本科课程体系的改革［J］. 高教探索，2009（1）：5-9.

3. 从学生发展的角度分析，是否坚持了以学生自主学习为主的原则

这是由知识社会、网络社会以及学习型社会的内在属性决定的，也是课程设计和教材编写应遵循的基本原则。一方面，梳理高等教育学习主体的演变历史，虽然中西方的发展路径几乎完全不同，但在某种程度上都有一个明显的功能指向，即保证和扩大学生的学习自由，让学生真正成为自主学习的主体；另一方面，从认识论角度看，归纳法而非演绎法往往成为认识世界的首要方法，它不仅是促进科学创新最有效的手段之一，而且是最适宜开展自学的方法。但客观地讲，我们的大学课程设计与教材编写，在内容上，往往更关注作为结果形态而存在的知识对于学习者社会化的重要性，而较为忽视过程性、方法性知识对于学习者认知和发展的启智性；在方法上，也多缺乏对归纳方法的训练，而更重演绎，不利于培养学生的创造性和学生自主学习。

（二）以目标适切性评价引领课程与课程体系建设

要达到目标适切性的课程与课程体系建设，当前比较迫切的是要明确课程建设的内涵——坚持“大课程”建设观。所谓“大课程”建设，是指课程建设不仅包括微观单门课程的建设，也包括中观课程群的建设，还包括宏观基于人才培养目标的课程体系建设。三个层次的课程建设，均需从社会需求、知识发展以及学生发展三个角度来有效开展课程知识的选择和组织，使其合力形成符合人才培养目标所要求的学生知识结构体系。但现实中的课程建设常局限于单门课程（如精品课程）或课程群（如通识课程、新生研讨课）建设，而少有基于人才培养目标与标准整体达成的课程体系建设，即体系化的知识选择与组织建设。即使是实践比较成熟的单门课程和课程群两类课程建设，除了缺乏课程高阶认知目标的梯度设计以及高阶目标达成度低以外，还缺乏对课程效果的目标适切性评价。这里主要就比较忽视的整体性课程体系建设做些说明。

在学科交叉频繁、科技飞速发展以及知识、信息爆炸时代，大学教育应着力提升学生的文化理解与传承、审辩思维、创新、沟通、合作等 21 世纪核心素养，这是课程体系设计的前提。正如美国卡内基促进教学基金会的波伊尔（Boyer）所说，“为了迎接 21 世纪的挑战，教育思想必须实现 5 个转变”，其中之一就是“从把知识分割过细、缺乏联系转变为强调知识的整体性和综合应用知识解决实际问题的能力”。[①]特别是当我国全面进入高等教育普及化阶段后，本科教育为研究生

① 转引自：国家教委国家教育发展研究中心，中国教科文组织全委会秘书处. 未来教育面临的困惑与挑战——面向 21 世纪教育国际研讨会论文集[M]. 北京：人民教育出版社，1991：46.

阶段输送生源的基础性特征越来越突出，这样一来，主要基于20世纪50年代初而建立起来以专业知识为主线的“三层楼”课程体系（也称作“金字塔”课程体系）因过分强调专业教育，可能会导致学生知识面比较狭窄，从而不利于学生后续更高教育阶段的学习和终身学习。对于这种现象，爱因斯坦曾经提出过尖锐的批评。他说：“通过专业教育，他可以成为一种有用的机器，但不能成为一个和谐发展的人，要使学生对价值有所理解并产生热烈的感情，那是最基本的。他必须获得对美和道德上的善有鲜明的辨别能力。否则，他——连同他的专业知识——就更像一只受过很好训练的狗。”因此，他主张，“学校的目标始终应当是：青年人在离开学校时，是作为一个和谐的人，而不是作为一个专家……”[①]在这里，爱因斯坦强调教育应当使学生对价值有所理解并且产生热烈的感情，获得对美和道德的鲜明辨别力，发展独立思考和独立判断的一般能力，只有这样，青年人才能更好地适应社会的持续进步和未来变化。改革开放以来，中国大学相继探索实践，形成了各具特色的“精英学院”、“专业学院”和“校级育人平台”三类不同责任主体的创新人才培养项目[②]，或者说是实验班、项目计划和精英学院三种创新人才培养组织模式[③]，其本质都是力求在强调专业教育的课程体系与强调个性化发展的课程体系之间取得一种科学合理的平衡，或者说科学平衡专业教育与普通教育之间的合理张力。

那么，如何开展基于目标适切性的整体性课程体系建设呢？一个基本原则就是要关注课程间的相互联系：首先是内含于课程体系中的不同知识模块间的整体性关联，即以形成学生整体性知识结构这一培养目标来指导课程体系的建设，当前重要的是要在课程体系中加强方法论模块课程的建设。关于这方面，早在2009年刘道玉先生所设计的“‘以方法论为主线的四板块’课程体系”[④]不失为一种很有见地的课程体系建设思路，与创办于2012年的密涅瓦大学所设计的课程体系有异曲同工之妙。其次是不同学科间的课程关联，包括前后关联（先修课程作为后修课程的基础）和迁移关联（不同学科课程学习的经验知识发生正迁移的作用）。最后是同一学科内课程之间（课程群）的顺序关联，把经验获得的逻辑顺序和学习者的心理顺序结合起来，促使“有意义的学习”持续发生。正如周光礼教授所

---

① [美]爱因斯坦. 爱因斯坦文集（第三卷）[M]. 许良英，赵中立，张宣三，编译. 北京：商务印书馆，1979：146.

② 陆一，史静寰，何雪冰. 封闭与开放之间：中国特色大学拔尖创新人才培养模式分类体系与特征研究[J]. 教育研究，2018（3）：46-54.

③ 姚小萍. 高校拔尖创新人才培养组织模式类型辨析[J]. 现代教育科学，2017（2）：120-124.

④ 刘道玉. 论大学本科课程体系改革[J]. 高教探索，2009（1）：5-9.

指出的，从某种程度上说，“双一流”建设中的学术突破，就在于学科、专业与课程的一体化建设。[①]故在“学科建设是龙头”的大学建设中，要超越科研单向度思维，将课程体系的建设纳入学科建设的整体框架中，学科带头人和整个学术团队要像重视科研一样地重视课程体系建设，要在全面系统的课程体系建设中，充分考虑课程间的关联性，具体设计不同年级、不同阶段、不同类型课程的教学目标、教学过程、教学方法和手段等，使课程体系建设成为学科建设与发展的有机组成部分。当然，因本科教育阶段高校的多类型、多层次性特征，各高校在研究或是采用某种课程体系时，必须从建立本校的特色出发，而非一味模仿。

二、教学改革是手段，教学评价重在教师发展的专业性

教学是人才培养方案即课程体系的具体实施，是实现人才培养目标与标准的具体过程，每一门课程通过教学所实现的目标达成度构成了整个课程体系即专业人才培养目标的达成度。单一课程教学的目标达成与整体课程体系而至人才培养目标达成的关系可以是“大于”、“等于”或“小于”三种情况。“小于”是我们必须全力避免的，“大于”则是我们全力追求的。[②]这就需要我们由以奖惩晋升为主的终结性评价向以持续改进与发展为主的过程性评价转变，并以评价模式的转变引导教学模式由以“教”为主转变为以“学”为主。

（一）改进以奖惩为主的终结性评价走向以教学专业发展为主的过程性评价

现行教学评价通常呈现三个特点：一是评价目的多为奖惩性评价，即多数高校将教学评价（如学生评教、专家评教、领导评教等）结果与教师评优推先、职称评定、工作绩效考核、津贴分配等挂钩，或者将教师的教学质量划分等级；二是评价标准多为统一性评价，即多数高校制定相对统一的评价指标开展评价，全校使用一张表或几张分表（如理论课、实验课、双语课等），一般涵盖教学环节的共性质量要求，反映了教学活动的一般规律和教学质量的主控点；三是评价形式多为终结性评价，学生评教等各类教学评价对教师课程教学效果进行以鉴定为目

① 周光礼.“双一流”建设中的学术突破——论大学学科、专业、课程一体化建设[J]. 教育研究，2016（5）：72-76.

② 从某种程度上说，此即杜威所说的“教育即生长”的总目标下的“教育无目的论”的追求。

的的定性或定量评价。应该说，这些评价实践对于保证和改进教学质量发挥了一定作用：奖惩性评价对于那些确实不适合当教师的人具有鉴别功能，以此为依据建议其转岗从事更合适自己的岗位或职业，从而对整体提高教师队伍的教学水平具有一定的作用。但这样的评价也已经产生了一些不良影响：一是学生评教产生了教师评学的课程成绩与学生评教的教学质量分数齐头并进的教学相“涨”现象，在某种程度上说，学生和老师之间围绕学生评教分数和课程分数产生了合作或者说“共谋”[①]，同时也出现了学生对那些对他们课程学习效果评价要求严格的老师的课程评教分数也比较低的现象。二是对于大多数教学经验还较为缺乏、教学能力有待提高的青年教师来说，他们可能会产生较大的心理负担和压力，从而影响其继续成长与发展。统一性评价易于操作、比较，也更客观、公正、公平，较少引起争议；但用同一尺子去衡量在专业背景、学历层次、学习经历等方面差异较大的教师，没有考虑教师的个性差异及学科与课程特点，无法反映教学评价的多样性和针对性，也难以发挥其对教师个人发展的促进作用。终结性评价也对教师的课程教学提出一些诊断性意见，间或也会指出需要改进和完善的地方，评价双方可能也有交流与探讨，但总体上对教师的纵向跟踪评价相对不足，关注结果重于关注过程，且常“以点代面”，致使对教师缺乏全面评价，从而不利于教师特别是青年教师的成长与发展。

过程性教学评价是一种以促进教师教学专业发展为目的的诊断性和形成性评价，是一种过程评价。其具体做法是：根据设定的发展性目标，对教师的教学活动过程进行评价和及时反馈，使受评教师在评价过程中不断地认识、完善自我，从而持续改进、优化自身素质，促进教师在理论知识和教学水平等方面得到发展。其特点是强调评价目标的发展性、评价内容的全面性、评价标准的个体性、评价过程的互动性和评价方式的多样性。面向教师个体未来发展，促进教师整体素质提高，是教学过程性评价的核心理念。

1966 年，UNESCO 于巴黎召开的一次会议上通过的《关于教师地位的建议》（Recommendation Concerning the Status of Teachers）认为，教育工作是一项专门的职业，教师必须要有专门的知识、技能、高度的责任感[②]；1990 年，卡内基教学促进基金会主席博耶发表的《学术水平的反思：教授工作的重点领域》（Scholarship Reconsidered：Key Areas of Professor ' s Work）提出了“教学学术”的概念，认为

---

① 哈巍，赵颖. 教学相“涨”：高校学生成绩和评教分数双重膨胀研究[J]. 社会学研究，2019（1）：84-105.

② 万勇. 关于教师地位的建议[J]. 外国教育资料，1984（4）：1-5.

大学教学拥有和科研同等重要的地位①。历30余年发展，教学学术逐渐得到广泛认可，并在实践中不断推进，奠定了教师作为一门专业性职业的科学基础，并成为过程性教学评价的重要理论支撑。所谓教学学术，是指促进学生学习的学术：第一，面向一个个具体的学生开展教学本身就具学术性；第二，教学的最终目的是要促进学生的学习，学什么、如何学、向谁学、在哪学、学习效果如何等是教师必须回答的学术性问题；第三，为了促进学生的学习，教师要积极主动地开展教学学术研究，包括公开（如专著、论文等出版物）和未公开发表研究成果（如研讨会交流论文、网络在线资源、合作研究方案、教学案例、经验总结等）。教师的专业就是促进学生发展，帮助学生学习的“专业”，即教学专业。诸多研究与实践表明，大学教学有效性不仅取决于教师专业知识的性质和结构，还取决于教师是否知道学生学习的特点和规律。只有同时掌握了这两方面，才算全面把握了大学教学的有效性问题。换句话说，专业好只是成为教好书的必要而非充分条件，“如果老师们既有良好的专业知识与能力，又对大学学生学习的一般原则与方法有很好把握，能把这些原则与方法适当地运用到教学中去，就能有效促进学生学习”②。

我们的教学评价要建立在促进教师个体自主专业发展的动力机制上，形成激励教师群体教学专业发展的评价与激励机制。但现实的情况是，教师更认同自己的学科专业，而很少认同“教学专业”，其原因主要在于现行评价体系不断强化这样的认知：只有学科专业的发展才能得到认同，才能晋升职称，而投入精力研究“作为教师的专业”并不容易为人们所接受。究其实质，这恰恰是由“教学专业”的特殊性所致。从教学专业的“专业性”来看，一般可以分为三个层次：一是通用的原理技术层次，主要包括教育学、心理学以及学习科学等关于教与学的一般原理、规则与方法论等方面的内容，这些内容也通常是作为教师资格的必备条件，实际工作中通过各级培训与考核而获得，同时各级各类组织开展培训也主要在这个层面展开；二是学科知识及学科教学法层次，主要包括构成学科基本结构的基础知识、基本原理与技能方法等方面内容的选择、组织与传递的方法与技术，实践中通常是通过相关学科或专业的学会协会或学校的学科专业机构来组织开展，如中华人民共和国成立初期的教研室，现在的各个学科专业委员会或专业教学指导委员会等；三是更多以个性化、艺术性的教学智慧、教育机智存在，主要靠个人的修为与感悟。也正因为教学的“科学”“艺术”两重性，有学者认为，对于各

① [美]E. L. 波伊尔. 学术水平反思——教授工作的重点领域[A]//吕达，周满生. 当代外国教育改革著名文献（美国卷·第三册）[M]. 北京：人民教育出版社，2004：18.

② 赵炬明. 聚焦设计：实践与方法（上）——美国“以学生为中心”的本科教学改革研究之三[J]. 高等工程教育研究，2018（2）：30-44.

有学科归属的大学教师而言，教学很难成为一门专门的学问，即使成为一门学问，其基础也在于其学科的理论逻辑和话语体系，是与发现、应用、综合的学问紧密结合在一起的，因而也只是实践取向而非理论取向的学问。[①]然而，恰恰是前两个层次的专门学问是教学成为“科学”的基础，使得当前国内外诸多大学普遍设立促进教师教学专业发展的“教学发展中心”，以帮助教师，特别是作为“青椒”的青年教师迅速掌握相关知识，使其能够从学生学习的角度审视自身教学，帮助他们改进课程与教学法，而不是让他们独自在岗位上摸索，从而缩短渡过“教学关”的时间。当然，也正是教学专业第二层次的学科属性，使得这种教学学问的通用性更多以学科边界为限。这恰恰揭示了教学专业及其评价的特殊性，即大学教学活动的同行评议，同时这也是完善大学教学评估的基础和途径；事实上，实践中教师之间的相互听课已成为大学教学活动中的一项基本学术性规范，也成为大学教学活动及其管理的一项重要制度。[②]所以，教学专业的发展更多地应该是建立在同行评价基础上的、基于教学改进与发展的过程性评价。从这个意义上讲，应尽快由以奖惩为主的终结性评价走向以改进为主的过程性教学评价，建立起教师分类发展的具体要求与内容。

（二）以过程性评价推动教学模式由以教为中心向以学为中心转变

在过程性教学评价的引领下，推动教学模式由“以教为主”向“以学为主”的模式转变，即教师要成为学生学习的引导者、促进者、支持者与共同成长的伙伴，使知识传授的过程成为学生掌握有效思维和科学研究方法、学会学习和开发学生智慧的过程，并有效促使学生形成主动学习与思考、提出与解决问题的意识与习惯，提高学生自主研究和独立探索的能力，成为师生共同成长与创生的过程。

1. 从教师讲得多、学生自主学习少的教学模式走向以培养学生自主学习能力为主的教学模式

哈佛大学前校长博克在其著作《回归大学之道：对美国大学本科教育的反思与展望》（Our Underachieving Colleges：A Candid Look at How Much Students Learn and Why They Should be Learning More）中认为，虽然美国大学拥有充足的资源、先进的教育技术、卓越的科学研究，但美国大学的本科生教育还是不能令人满意，学生在写作、批判性思维、数理能力和道德推理等方面的能力还远未达到期望的

---

① 阎光才. 大学教学成为学问的可能及其现实局限[J]. 北京大学教育评论，2017（4）：155-166，189.

② 谢维和. 相互听课：大学教学的学术规范[J]. 中国大学教学，2013（11）：4-6.

水平。[①]中国学者将其翻译成《大学教了没——哈佛校长提出的 8 门课》[②]，可能很多人对此会说："我们大学教学好冤啊，教师课堂上讲得还少吗？怎么会有'教了没'之问？"理想很美好，现实很残酷。"教了没"之问背后实际是"学了没"、"学了多少"和"学得如何"之问。讲得太多，有时会成为冗余，学生无收获，还延长了"学时"，增加了"学分"，减少了学生自主学习与研究、自主参加校内外实践实习的时间。更进一步讲，讲授多、学时学分多与学生知识、能力的增长并未成正比，相反可能还会有损学生的学习意愿、动力和能力。这种教师讲得太多或一讲到底的教学形式，在国内被称为"填鸭式教育"，在国外被称为"食欲过盛型教育"（bulimic education）。特别是在数智时代的今天，在知识传授在很大程度上可由人工智能替代的今天，讲什么、讲多少，已成为大学课堂教学的核心与前沿命题。

正因为此，改变讲得太多，已成为高等教育界的共识，并且很多高校已有实际行动。首先是精简"讲授时间"，一些高校不仅为课堂教学互动和多样化教与学腾出时间，也使进一步减少学时、降低学分、真正推行学分制成为可能。其中最重要和可行的路径是，在设计教学、组织教学和教学方法上充分体现学习者的需要，并将其与课程教学总目标相关联。综合不同学科名师的经验，在以下几方面做些改进效果会比较好：一是改进备课，重点关注如何设计好理论联系实际（如好的案例可以激发和培养学生的兴趣），如何使学生学习经历多样化，以不断优化学生知识结构；二是使教学对学生富有挑战性，但又遵循"跳一跳，摘桃子"的"最近发展区"原理，既符合学生知识内在逻辑，也符合学生认知发展逻辑，训练学生思维，提高学习效率；三是挖掘教学的教育性，如何将学科发展中的优秀人物事迹及背后精彩的社会发展背景以故事化形式呈现，科学引导学生的价值观，既可活跃气氛，也使教育水到渠成。高等教育发达国家的大学课堂有些明确要求教师只讲 1/3 或不超过一半的时间，其他由学生讲或讨论，而且每堂课之前都需要学生阅读大量的材料。某知名教授曾言："一节课，你如果一半时间是学生活动，一半时间是教师活动，你是个及格的老师；如果三分之二时间让学生活动，老师讲解等活动只占三分之一，这样的老师是优秀的老师；你要是把时间都给了学生，老师只是几句话点到而已，最后来个小结，最多占十分之一，你就是特级教师。"[③]这

---

① ［美］德雷克・博克. 回归大学之道：对美国大学本科教育的反思与展望[M]. 侯定凯，梁爽，陈琼琼，译. 上海：华东师范大学出版社，2012：5.

② ［美］德瑞克・伯克. 大学教了没——哈佛校长提出的 8 门课[M]. 张善楠，译. 台北：天下文化出版，2008.

③ 朱华忠. 在"逆转课堂"中泛舟[J]. 今日教育，2022（3）：62-64.

位教授的话，虽非真理，但有道理。国内有些高校为此专门开发出“自学型课程”，其目的主要就在于培养学生的自主学习能力。

2. 从低阶认知目标多、高阶认知目标少的教学模式走向重点达成高阶认知目标的教学模式

课程教育目标的达成状况不但会直接影响学生的学习水平，也是体现学校教育质量的核心指标。调查表明，我国本科课程教学整体上还比较强调“记忆”和“分析”等低阶或传统课程认知目标的达成，而对“综合”、“判断”和“运用”等高阶和带有创新因素的课程认知目标的强调较低、达成度较低。[①]如果从知识分类学的角度分析，低阶认知目标主要通过结果性（或陈述性）知识传授达成，而高阶认知目标则主要通过过程性和方法性（或策略性）知识传授达成。有学者曾在柏拉图的《理想国》中注意到，“古希腊时代的教育只对一部分贵族教授知识的论述方法，而对于大量的奴隶则施以作为结果的知识”，“面向作为结果的知识，不管如何去组织问题解决学习，不过是教授‘奴隶的修辞’罢了”。[②]“教授知识的论述方法”是指过程性、方法性知识。几乎同时代的东方圣人孔子的“民可使由之，不可使知之”(《论语·泰伯》)，强调的也是对普通民众施以“是什么”的结果性知识，只需要去做事就行，而无须明白“为什么”和“怎么做”。如果从现代教育思想与理念加以考量会发现：如何给学生呈现知识发生、发展的过程，并使学生真正掌握这一过程，要比只是让学生理解和掌握一些现成的结果性知识更重要；因为对这个过程的知晓和把握，本身就是学生未来创造新知和推进科学发展以及创造性解决问题的基础。从文明发展进程考察，及至反观“李约瑟之谜”“钱学森之问”，这一点非常值得深思。

近年国内兴起的研讨型教室、学习型图书馆以及基于人工智能的智慧教室等系列改造运动，互动式教学、研究性教学等风起云涌，即是基于以上认识的深刻反思。但道长路阻，系列教学方法改革实践对于培养学生的批判性思维与创新能力收效甚微。当主要在以知识传承为主要任务的教学模式下成长起来的教师群体成为新时代着力学生创新能力培育的教育教学改革主力军的时候，过往的教育记忆或烙印往往会自觉不自觉地成为制约创新教育模式改革进程的一股巨大隐性力量，我国当下教育教学改革举步维艰，很大程度上还跟正处于这个时间“拐点”有着千丝万缕的关系。[③]一方面，采取传统教学方式更符合教师自身利益，因为单

① 史静寰，涂冬波，王纾，等. 基于学习过程的本科教育学情调查报告 2009[J]. 清华大学教育研究，2011（4）：9-23；张进凤. N 大本科生课程挑战度的实证研究[D]. 南京：南京大学，2020：23-24.

② [日]佐藤学. 课程与教师[M]. 钟启泉，译. 北京：教育科学出版社，2003：49.

③ 邬大光. 教育的记忆与人才培养惯性[J]. 教育家，2021（13）：6-8.

纯讲课是最省力的教学方法，除了准备新课需要花费更多时间以准备课程大纲和每节课的内容外，以后每年只需略微调整更新讲课内容即可，因而改进和采用苏格拉底式的“习明纳”（seminar）教学方式就需教师具有开展研究性和主体性教学的自觉；另一方面，很多教师不愿意采用更有效的教学方法的一个重要原因是，大多数教师没有接受过教学方法的培训，而且对讲课之外的、更活跃的教学方法知之甚少，故由于没有更好的教学榜样，博士生毕业后第一次走进课堂时，就只能模仿自己上学时接受的教育方式来授课了。①笔者以为，后一个原因的制约条件正在改变，恰恰是前一个因素，即教师的主体性与自觉性相对不足正成为其中的主要障碍。这也正如明代思想家王阳明先生所说的“破山中贼易，破心中贼难”②的隐喻。但开弓没有回头箭，目标既定，路径已明，就只有行动，从高校自身和教师自我做起，从当下正在开设的课程做起。美国高等教育针对本科生开展有效教学方法改革的实践证明，经过“十年磨一剑”的坚持与努力，越来越多的高校通过主动选择参与一些探索评估学生获取重要技能和批判性思维能力的全国性评估项目，从而使得灌输式授课形式逐年减少，而应用诸如合作式学习、学生调研、计算机辅助教学、针对问题开展教学等有效教学方法的课堂越来越多（表 5.3）。是故，尽管困难重重，我们仍有理由坚信，只要坚持下去，重大进步终将实现。

表 5.3　本科生课程教师教学方法调研　　单位：%

项目	1991—1993 年	2010—2011 年
教师泛讲	54.2	47.4
课堂讨论	69.4	80.7
合作式学习	31.7	53.7
体验式学习/实地考察	19.8	23.4
小组项目	21.6	30.4
书面作业	14.4	21.7

资料来源：[美]德里克·博克. 大学的未来——美国高等教育启示录[M]. 曲强，译. 北京：中国人民大学出版社，2017：204

3. 从学科研究投入多、教学研究投入少的教学模式走向学科科研与教学科研并重的研究模式

教学投入是影响教学效果与教学质量的重要因素，但“影响教师教学投入的

① [美]德里克·博克. 大学的未来——美国高等教育启示录[M]. 曲强，译. 北京：中国人民大学出版社，2017：178-182.

② 温端政. 常用谚语辞典[M]. 上海：上海辞书出版社，2014.

因素，首要的是政策制度，其次是教师的态度和教学能力”[①]。当前通常认为，“重科研，轻教学”是影响教师教学投入的政策性因素，笔者诚然认为这也是一个重要因素，但有一个认识前提，即如何正确认识科学研究的内涵及其与教学的关系问题。立德树人是高校的本质属性，也是教师的本质属性，科学研究等其他属性或功能在相当程度上也是为了更好地育人。换句话说，教师的首要任务是育人，要通过科学研究等来进一步增强育人质量、提高教学水平。同时，从科学研究的内涵来看，教学也是一门科学，大学教学的一个非常重要的特点就在于它的学术性，即“教学学术”。实际上，把教学活动作为科学活动来看待，学界对此已有基本共识：一是大家都普遍认为“教学既是科学，也是艺术”，但教学首先是科学；二是将教育教学问题作为一个研究对象开展科学研究的学科，除了研究其普遍性问题的一级学科“教育学”以外，其他各个学科也均有其学科教学法的子学科。那么问题出在哪儿？问题在于，除了真正做这些方面研究的教师或科研人员（主要集中在师范院校，且主要针对中小学的教学法研究）以外，绝大多数高校的管理者和教师尚没有将教学活动作为一门需要进行专门研究的科学来看待并实践之，同时高校教学活动的学术性含量也还不是很高，因而还未能像各学科科学研究那样能够得到大家的重视和尊重。[②]

一般认为，教学成为学术，需满足三个基本条件：一是教室里的教学可以公开地被讨论和研究；二是研究成果对教学实务的启示等，都要经过学术社群的批判性和严谨的评估与审查；三是研究结果必须供学术社群使用，并且在此基础上延伸发展。[③]这样，教学研究的学术性内容就主要包括两方面：一是所教学科教学内容的科学选择，即“教什么”的问题，这需要学科科研的支持，否则就很难选择和组织好既符合学科特征又适合教育者身心发展的教学内容，所以没有学科科研支持，教学的学术性前提和基础就很薄弱，这一点国内外大学已有普遍共识，即科研能够使教授成为一名更好的教师；二是如何将科学选出的教学内容以合适的方式方法传播给学生，并在与学生互动中真正达到教学相长，即“如何教”的问题。所以，就教师而言，唯有研究型教师，才能够更好地选择课程教学内容，才能够知道选取什么样的重要话题与概念，也才能够科学设计教学并以更适当的方式把知识传播给学生。特别是在当今网络化和智能化时代，教师作为知识拥有者（甚至对于某些独门绝技来说是独有者）和传播者的时代已一去不复返了，其

① 刘振天. 高校教师教学投入的理论、现况及其策略[J]. 中国高教研究，2013（8）：14-19，47.

② 谢维和. 相互听课：大学教学的学术规范[J]. 中国大学教学，2013（11）：4-6.

③ 符碧真. 另类学术：教与学的学术[J]. 台湾教育政策论坛，2013（1）. 转引自：谢维和. 相互听课：大学教学的学术规范[J]. 中国大学教学，2013（11）：4-6.

个人魅力更多地体现在课堂教学本身的思想性、启发性与批评性上，或者说育人效果上。

三、学习改革是目的，学业评价重在学生发展的终身性

学习是人才培养方案的最终落脚点，学习效果是人才培养目标与标准实现程度的具体体现。课程改革也好，教学改革也好，其质量和效果如何，最终都需经学生学习效果的检验，因而学习效果也是人才培养质量的终极测量与评价指标。这就需要我们改革学业评价模式，由“一张试卷定乾坤”的平均学分绩点（grade point average，GPA）评价模式向以注重学生终身发展的过程性、个性化的学业评价模式转变，并以学业评价模式的转变引导学习观念与学习方式方法的变革。

（一）改进以分数或绩点导向的优秀评价为基于学生终身发展的形成性评价

哈佛大学前校长博克指出，教师和学生对大学的角色和本科教育的功能有着不同的认识：教师的价值取向更多的是探索和传授知识与思想，即以知识本身为目的；学生的价值取向更多的是将知识视为实现其目的的手段，如变得成熟、取得成功等。[①]教师愿意传授那些可证实的知识，即能被实证科学、数学、逻辑学证明的知识；学生则通过大学学习来实现个人的价值观，希望自己过上怎么样的生活、怎样的人生经历更有意义等。据对“985 工程”大学、“211 工程”大学和地方本科院校的一项综合调查发现，有 47%的学生不明确自己所学东西的意义，不清楚自己学习的意义何在，只有 19.1%的同学“不同意”在“很多时候我不知道所学的东西对我而言有什么意义”，且呈现出年级越高，学生的学习意义感越低的特点。[②]另一个对地方大学的调查也显示了相同的结果，对自己学习意义不明确、学习目的不清楚的学生占比是 46.1%，明确自己学习意义的学生占比是 19.2%。[③]导致意义感不强的原因很复杂，除前面所说的课程与学分多的原因外，高校普遍采

① ［美］德雷克·博克. 回归大学之道：对美国大学本科教育的反思与展望[M]. 侯定凯，梁爽，陈琼琼，译. 上海：华东师范大学出版社，2012：21.

② 史静寰，涂冬波，王纾，等. 基于学习过程的本科教育学情调查报告 2009[J]. 清华大学教育研究，2011（4）：9-23.

③ 杜友坚，陈云奔，孟美婷. 地方高校大学生学习心理状况调查研究[J]. 教育学术月刊，2014（6）：76-80.

取的唯分数或 GPA 学业评价模式是其主要原因。对某“985 工程”高校学生的深入访谈中可发现：因 GPA 与所有评优、评奖相联系，到底是应该为 GPA 学习还是为了“(自己)以后的发展或者人更本性的东西”而学习？这一问题为不少同学所困扰。“选课当然会受到 GPA(导向)的影响”，有时就是为“怕拉低自己的 GPA，所以不敢选自己真正感兴趣的课”，“很多同学在选课的时候很讲究这个策略，但这其实是一个无奈的选择，在这一过程中，很多人已经扭曲了对自我发展的预期了”。有学生认为，他最大的期盼就是能“翘一两天的课，看我喜欢的经济学和哲学的书”，不再为了“追逐眼前的利益，甚至是为了超过别人”而去学习。当然现实中他不能这么做，因为这“必然会影响到我的 GPA!”更进一步讲，即使是分数或 GPA 导向学业评价，其评价方式也显得单一和偏颇，有些课程教学完成后，学生于期末考试周内突击复习一二周，然后考完一场试就完事了，学业评价中没有作业、没有讨论、没有课堂小测验等。①

一般认为，学业成功是指学生就学期间提升了知识、能力和品德，维持了学业，获得了学位。故学业评价不只是对学生课程学习成绩的评价，而是包括课程学习成绩在内的学生知识、能力和品德的全面评价，并且这种评价是建基于学生终身发展的过程性、个性化的形成性评价。显然，现行课程分数或 GPA 导向的学业评价模式，窄化了基于学生终身发展的评价内涵，从而弱化了对学生情感、态度、价值观等品格的养成；忽视了学生发展和能力形成的过程性和形成性，从而影响学生认知能力、反思能力和自我发展能力的培养。多因素交织最终过多地限制了学生个性充分自由的发展。正如知名评价学家斯塔弗尔比姆(Stufflebeam)所言：“评价的最重要意图不是为了证明，而是为了改进。”②学生评价的目的不仅仅在于甄别与选拔，更重要的是分析问题、查找原因、做出选择、改善行为，从而促进发展。学业评价应该以学生终身发展为目的，内容全面，过程与结果相结合，并与培养目标紧密结合，应该是一种有利于刺激并挖掘学生内在潜能和各方面能力充分发展的激励机制。笔者以为，当前最为重要的是要在实践上切实重视如何开展对学生课程学习评价的学术思考与实践改革，强调课程学习评价的过程性与形成性特征，高度重视学生课堂外的学习活动，如作业、讨论、报告、论文、实验和微课题或问题解决等，明确或加大比例，连同期末考试成绩一起计入总成绩，

---

① 罗燕，史静寰，涂冬波. 清华大学本科教育学情调查报告 2009——与美国顶尖研究型大学的比较[J]. 清华大学教育研究，2009（5）：1-13.

② Stufflebeam D L. The CIPP model for program evaluation//Madaus F F，Scriven M，Stufflebeam D L（Eds.）. Evaluation Models：Viewpoints on Educational and Human Services Evaluation. Norwell：Kluwer Academic Publisher，1983：117-141.

开展过程性与结果性相结合的课程学习成绩评价模式改革，在此基础上探索增值评价。实际上这是杜威的“做中学”思想与建构主义学习原理在教学实践中的体现与应用：杜威一方面强调学习和认识活动的实用价值，强调通过类似于“手工艺活动”（学徒制和项目制的前身）这样的典型原型活动的具体、感性的实际问题解决活动；另一方面也非常关注通过类似于“科学研究”这一典型原型活动的抽象理性的纯粹科学活动，为知识而知识，为自由思维而思维。[①]建构主义认为，学习结果的最终测量是要看学习者在实际运用其知识结构中的知识来解决具体问题的过程在思维与业绩方面的有效程度如何，强调的是对知识与技能迁移的评价。[②]当然，新的课程教学模式与学习评价制度，必然要求新的教学方式与之相适应，教师需要投入更多的时间与精力，工作量大为增加。因此，需要有相关配套措施支持，如增加研究生助教、科学确定每位教师授课门数和工作量等。

（二）以学业评价模式的转变引导学习观念与学习方式的变革

在教与学这对矛盾关系中，“教”虽起指导作用，但终究是外在的东西，只有“学”才是内在的，学生只有通过积极主动地学习，才能把外在的知识内化为自己的认知与能力结构。所以，人才培养最关键的一环乃至最终目标就是要求我们在新的学业评价制度的引导下，推动学生的学习由“要我学”转向“我要学”。

1. 树立“大学习”观念，拓展课堂教学时空，丰富学生学习经验

所谓“大学习”观，是指观念上要超越课程教学的范畴，更加全面地认识和理解学生学习，不仅包括课堂上的正式学习，还包括课堂外、社会上以及人际中的各种活动和行为，它们都具有不可忽视的学习意义和教育价值；行动上要系统整合学生在校全部生活经验，综合设计和运用多种学习方式与经历，让学生通过多样化的“经历”进行学习，帮助学生进行学术整合和社会整合，并最终指向创新人才培养目标的实现。

一方面，要丰富课堂教学中学生的学习经历。学习科学研究认为，不同学习方式具有不同效果，整体呈金字塔模型，听讲（lecture）、阅读（reading）、视听（audio-visual）、示范（demonstration）、小组讨论（discussion group）、动手实践

---

① 张建伟，孙燕青. 从“做中学”到建构主义——探究学习的理论轨迹[J]. 教育理论与实践，2006（7）：35-39.

② Ertmer P A，Newby T J，盛群力. 行为主义、认知主义和建构主义（下）——从教学设计的视角比较其关键特征[J]. 电化教育研究，2004（4）：27-31.

（practice by doing）以及教别人或即学即用（teach others/immediate use）7种学习方法中，知识的平均保留率分别为5%、10%、20%、30%、50%、75%和80%。无独有偶，学者斯塔克和拉图卡的研究认为，借助“听”的学习，有时是学习，而通过经历的学习则几乎总是学习。①这些研究至少可给我们两方面启示：一是课堂教师讲了多少和学生学了多少并无确定关系，仅仅只是“有时候”学生学了，所以课堂教学不能被理解为或实践为“教师讲、学生听”的模式；二是替代教师讲解、提高教与学效果的方法有很多，而其中让学生经历所教事物的方法最为有效，如教学设计中多种媒体手段的综合运用，运用案例教学，开展小组讨论，让学生阅读一系列参考书和参考文献，撰写读书报告、文献综述或学术小论文，完成必要的作业和口头报告，让学生动手设计和完成实验等，因为这些办法使学生“总是在学习”。

另一方面，要整合校内外学习资源，设计多样化的学生学习经历。2007年，美国学院和大学协会在《为了新的全球世纪的大学学习》（College Learning for the New Global Century）报告中认定了日渐获得高等教育界关注的10种高效教育实践活动（high-impact educational practices），包括新生研讨课、学习共同体、通识体验项目、写作强化课程、合作作业和项目、本科生科研、多样性或全球学习、服务学习、实习和顶点课程，这些被证明非常有助于大学生的成功。②近年国内研究表明，对中国大学生具有高影响力的10项活动依参与度由高到低分别是社团活动、学生会、兼职、各类竞赛、跟着教师做课题或项目、辅修、发表学术论文或申请专利、创业、海外交流以及双学位。③这些高影响力教育实践活动均具有以下一些共同特点：使学生与他人广泛而深入地交流；为学生创造合作的机会和具有挑战性的任务；知行合一，让学生在实践中学习；有一定的学习自由度，促进学生自主学习；使学生感受到师者风范；能启发学生深入思考；为学生提供大量阅读或写作的机会；让学生体验多元文化。④它们涵盖了课内外、校内外、国内外以及线上和线下学习，目的就是一个：让学生更多地主动参与和接触实际，在参与

---

① Stark J S，Lattuca L R. Shaping the College Curriculum：Academic Plans in Action[M]. Boston：Allyn & Bacon，1997.

② 叶信治. 高影响力教育实践：美国大学促进学生成功的有效手段[J]. 中国高教研究，2012（9）：35-39.

③ 郭娇. 本科生高影响力活动与其毕业后预期目标的匹配——基于2019年中国本科教与学调查数据[J]. 教育发展研究，2019（23）：18-26.

④ 郭娇. 本科生高影响力活动与其毕业后预期目标的匹配——基于2019年中国本科教与学调查数据[J]. 教育发展研究，2019（23）：18-26.

实际活动或经历中学习，包括探索的实践、研究的实践、操作的实践、设计的实践、体验的实践等，鼓励学生进行研究和探索。这样就会大大丰富学生的各种学习经历，无异于为学生积累了诸多解决具体问题的案例图式。综此，我们要在课堂教学的基础上，不仅要充分开发和利用第二课堂、课外活动、学生人际交往的各种机会，还要更有效地整合校内外、课内外的多种教育和学习资源，促进师生、生生间更积极地交流与互动，使正规课堂教学和非正式课外活动指向共同目标——学生的学业进步、人格成长和综合素质的全面发展。

2. 重视学习型校园文化环境的建设与支持

学生的最终学习成效和校园生活的方方面面相互关联。在已坚持十余年的全国本科教育学情调查的指标体系中，“校园环境支持度”体现的是院校对学生支持和服务的情况，统计表明，在影响学生教育收获和大学生满意度的学习过程性指标（课程的教育认知目标、课程要求的严格程度、课堂上的学习行为、课堂下的学习行为、课程外拓展性学习、向学/厌学、校园环境支持度）中，“校园环境支持度”不仅是影响教育收获的最主要变量（相关系数与回归系数均最高，分别为0.514、0.324），也是影响满意度的最主要变量（相关系数与回归系数均最高，分别为0.510、0.596）。[①]这说明，院校对学生所提供的各种支持越充裕，学生在知识、技能、情感及价值观上获得的教育收获越多，对大学的满意度也越高。可见，学校是否构建起具有强大支持性的校园环境，特别是通过提高学习环境的联结性和改进学习文化来促进学习的发生[②]，是提高学生教育收获和满意度的重要条件和保障。因此，大学要从政策、行为、校园文化等多方面提高校园环境的支持度，在学习、生活、职业规划等各方面帮助学生更好地成长，以增加学生的教育收获，提高其满意度。

总体上，校园环境支持包括硬件与软件两方面：在硬件上，经过多年努力建设，全国各大学学习化的校园环境已有很大改善，如大学教室在设计与布置上普遍建有功能完备的多媒体、网络系统，桌椅设计和摆放也有很大的灵活性，可在相当程度上满足诸如讨论式、互动式、探究式等多样化教学需要；大学图书馆在当今学生的自主学习与发展上正发挥着越来越大的作用，有些大学的图书馆一天24小时开放，并且规定有些馆层可以讨论，有些馆层必须静声，还有些大学的图书馆设计了一些优先让学生开展团队学习与研讨的研讨室，学生按需依性选

① 史静寰，涂冬波，王纾，等. 基于学习过程的本科教育学情调查报告2009[J]. 清华大学教育研究，2011（4）：9-23.

② [美]R. 基思·索耶. 剑桥学习科学手册[M]. 徐晓东，等译. 北京：教育科学出版社，2010：49.

择；对于大学食堂，有些大学也将其改造成一个不只是吃饭的地方，而是将其改造成一个学生交流、交友、讨论、休息、静思冥想和开展多种活动的地方。在软件上，校园环境的支持不足主要表现在政策制度以及管理服务等方面，今后学校要更多地从政策、行为、校园文化等多方面提高校园环境的软件支持度，在学习、生活、职业规划等各方面帮助学生更好地成长，以增加学生的教育收获及提高其满意度。

第四节　完善着力创造力培育的教育教学质量保障体系

构建明确且可测量的创新人才培养目标及标准体系，并通过评价改革引领，将其贯彻到以课程、教学与学习三项基本改革为核心、以其他改革为协同的综合改革当中，应该说就比较完整地建立起了创新人才培育的教育教学体系。但如何保证这个体系科学而高质量地运转？这就还需要构建一个科学完善的着力创造力培育的教育教学质量保障体系。换句话说，还要以大学生创造力的培育和增强为根本目标，进一步健全与完善大学内部教育教学质量保障体系。

一、树立和坚持着力创造力培育的教育增值质量观

人才培养的质量及可持续发展，关键在于高校作为办学的主体从内部促进教育教学质量的持续提升，学界对这一点基本可以达成共识。正如欧洲大学协会（European University Association，EUA）所言，提升教学质量的关键不在于外部评估和监控，而在于大学内部促进与提高教学质量方面的持续性工作①，大学自身才是教学质量保障的最终决定因素②。

早在 2011 年，在广泛调查研究与充分听取社会意见的基础上，教育部颁布的

① Reichert S，Tauch C. Trends IV：European Universities Implementing Bolagna[R]. Brussels：European University Association，2005：20.

② 崔军，汪霞. 本科教学质量保障：麻省理工学院的教学促进系统[J]. 中国高教研究，2013（11）：51-56.

《关于普通高等学校本科教学评估工作的意见》提出，“高等学校应建立本科教学自我评估制度，根据学校确定的人才培养目标，围绕教学条件、教学过程、教学效果进行评估，包括院系评估、学科专业评估、课程评估等多项内容。应特别注重教师和学生对教学工作的评价，注重学生学习效果和教学资源使用效率的评价，注重用人单位对人才培养质量的评价。要建立有效的校内教学质量监测和调控机制，建立健全学校本科教学质量保障体系”。这就对作为办学主体的高校提出了明确的要求：①进一步强化高等学校质量保障的主体意识，要求高校要不断完善校内自我评估制度，建立健全校内质量保障体系；②要建立具有自身特色的校内本科教学自我评估制度，以人才培养目标为指针，构建基于教学条件、教学过程与教学效果的院系评估、学科专业评估、课程评估、教学评估、学习评估等多元化评价体系；③特别注重教师和学生对教学工作的评价，注重学生学习效果和教学资源使用效率的评价，注重用人单位对人才培养质量的评价；④建立有效的校内教学质量监测和调控机制，建立健全学校本科教学质量保障体系。2021 年教育部印发的《普通高等学校本科教育教学审核评估实施方案（2021—2025 年）》，即第二轮审核式评估的设计思路进一步强调，国家层面的评估并非是对高校教育教学质量的直接评估，而主要是通过考察学校内部质量保障体系建设及运行的有效性来间接评估高校的教育质量。[①]换句话说，审核式评估的本质就是对高校内部教育教学质量保障体系的评估[②]，其目的就是要“促使高等学校在评估过程从被动转向主动，成为质量保障的主体”[③]。换句话说，大学是大学生创造力培育及增强的质量保障主体。

此外，从历史的角度分析，对于“什么是大学教育的质量”，不同时期有不同的看法。概括来说，大致可以区分为资源观、产出观、声望观和增值观四种。资源观即大学质量评定依赖于办学经费、学校办学条件、师资硬件条件等，办学条件好，办学质量相对来说就高，一般在高等教育发展初期或大众化初期运用。产出观即关注学校科研项目、发表论文的数量、毕业生就业率等，目前许多高校教学质量的评价采取的是产出观。声望观即关注学校的声望和地位、学校的产出、优秀学生的数量等。增值观即人才培养质量如何，主要看学生在大学四年的教育经历能否给其成长带来“增值”，或者说成长幅度有多大，主要关注大学生从入学到毕业离校期间所发生的变化，或者完成大学学业后的收获与开始该段学业前的差异，它融合了对学习起点、过程、结果的多重考查，是一种发展性的质量观、

---

① 张晓鹏，姜洁. 美国的高等教育审核评估——以田纳西州为例[J]. 中国大学教学，2011（9）：92-95.

② 昌庆钟. 审核评估与高校内部质量保障体系建设的四个转变[J]. 中国大学教学，2013（7）：75-78.

③ 刘晖，李嘉慧. 中国高等教育质量保障体系的完型[J]. 教育研究，2019（11）：100-110.

评价观。实际上，早在 2000 年，UNESCO 在《达喀尔行动纲领》(The Dakar Framework for Action) 中便提出，全面提高教育质量，使所有受教育者都能取得公认的、可衡量的学习成果。[①]这个观点奠定了新时期质量观的基础，在此基础上形成了新的质量观——教育增值质量观，关注的是大学到底能给学生带来多大的变化。21 世纪以来，教育部于 2003 年组织开展的本科教学工作水平以及于 2011 年组织开展的第一轮审核式评估，到 2021 年推出的第二轮审核式评估，基本上体现了以上这些质量观的演进。国际工程联盟基于《华盛顿协议》(Washington Accord) [②]所组织的工程教育专业认证等国际性的人才培养项目的认证、评估实践均强调学生学习的增值评价。教育增值的大学教育质量观已成为国际上作为评价大学质量的主要指针。

近年来，国际高等教育人才培养质量评价理论与实践发展趋势就鲜明地呈现出这些特点：一是使用通用或可比较的国际化评价标准，建立起以“实质相当”(substantial equivalence) 为原则的跨国家互认学历的国际认证标准及程序，如工程教育领域的《华盛顿协议》；二是坚持以“学”为中心的增值评价视角，强调以“学”为中心 (student-centered)，突出教育过程（教育经验或经历）为学生成长与发展带来的成果及变化；三是坚持以“证据”为基础的可持续评价方式，通过长期积累、科学采集的数据和可显现的证据 (evidence-based)，运用现代科技手段和研究方法，全面系统地分析与评价高等教育人才培养的整体情况。例如，英国的“卓越教学评估”就将“教学质量”指标分成四个评价维度：一是有效激发、挑战和鼓励学生投身学习的程度；二是院校文化是否认可和奖励卓越教学；三是课程的设计、开发、标准和评估是否促进了学生知识和能力发展的潜力；四是将教学评价和反馈用于学生发展的情况。[③]

面对高等教育大众化阶段起点各不相同、差异甚巨的多样化学生，如何评价人才培养的质量？关键就在于，看大学生在大学四年期间到底发生了哪些变化，哪些是入校后发生的变化。例如，英国大学生满意度调查(National Student Survey, NSS)、澳大利亚大学本科生学习性投入调查 (Australasian Survey of Student Engagement，AUSSE)、美国的大学本科生学习性投入调查 (National Survey of

---

① 王燕，塞内加尔·达喀尔. 达喀尔全民教育行动方案[J]. 教育科学研究，2001（2）：74-76.

② 2013 年 6 月，在韩国首尔召开的国际工程联盟大会上，全会一致通过接纳中国为《华盛顿协议》签约成员，中国成为该协议组织第 21 个成员。该协议提出的工程专业教育标准和工程师职业能力标准，是国际工程界对工科毕业生和工程师职业能力公认的权威要求，是工程类学生走向世界提供具有国际互认质量标准的通行证。

③ 侯定凯. 英国大学卓越教学评估：为何评、评什么、如何看[J]. 高校教育管理，2018（2）：88-97.

Student Engagement，NSSE）、大学生就读经验调查（The College Student Experiences Questionnaire，CSEQ）等，这些调查的共同点是揭示学生作为学习主体在学习过程中所具有的不可替代的作用。近年来，国内的清华大学、北京师范大学、厦门大学、南京大学、华中科技大学、西安交通大学等借鉴国际教育经验，或引进修正或自主开发了适应中国大学生学习情况的学情调查量表，开展了系列调查研究，诸多大学参与进来，直接服务于大学创新人才培养过程及质量保障的改革实践，产生了重要影响。事实上，简单梳理教学评价发展历史，其基本观点是，评价是为了改进，基本的发展方向是从价值判断走向价值创造，即以评价为基础的高校内部质量保障体系是以持续改进和提升教育教学质量的螺旋式上升的“戴明环”［plan（计划）、do（执行）、check（检查）、act（处理），PDCA］循环系统。

如果从内部教育教学质量保障体系的建设与完善来看，基于网络与智能社会的新特点，需要从时间、空间和信息这三个基本维度出发，以院校研究为基础，以大数据建设为技术手段，围绕学生评价、教师评价、教学活动和院校教学文化等方面的评价，在已有质量保障体系的基础上加以进一步完善，以构建起一个精准的、系统的、自组织的教育教学质量的生成系统、治理系统和文化系统。

二、统筹和优化着力创造力培育的科学开放的质量生成系统

教育教学质量的核心是学生发展质量，学生在学习、成长和发展过程中的价值、能力和知识等方面的生成与增值是衡量教育教学质量的核心标准，也是评价高等教育质量的根本，更是内部质量保障体系建设的基石或骨架。因而，研究和构建教育教学质量保障体系，首先必须研究和寻找教育教学质量的生成过程及契机，即从育人的角度，以培育大学生创造力作为根本指导思想，分析教育教学质量生成的各构成要素，特别是核心要素。它们构成了教育教学质量生成的软硬条件和实施平台，因而既是研究和发现教育教学质量生成的对象，也是构建着力培育大学生创造力的教育教学体系之基础。根据教育学基本原理，学校教育是教育者根据一定的经济社会要求，有目的、有计划、有组织地对受教育者的身心施加教育影响，引导他们朝着期望方向发展与变化的活动，教育者、教育影响和受教育者是构成教育教学质量生成的三大要素（图 5.2）。

根据图 5.2，教育者是指全校教职员工，即全员；教育影响是学校基于一个完整的培养周期而整体设计的静态和动态相结合、历时性和历事性相结合的各类教

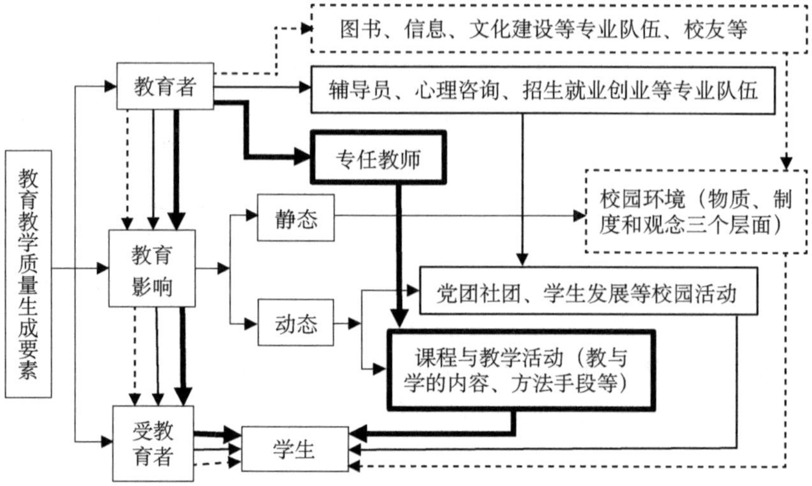

图 5.2 教育教学质量生成基本要素及质量生成过程示意图

育教学活动（或者说是隐性课程和显性课程），即全过程与全方位；受教育者主要是指学生。这三个方面构成了教育教学质量生成的三个子系统。

一是课程教学子系统，一般称为“第一课堂”，是质量生成的核心系统：从质量生成要素看，主要由作为教育者的专任教师（含实验教学等教辅系列的专业技术人员）和作为教育影响的课程与教学活动（教育学的内容、方法手段等），以及作为受教育者的学生这三大基本要素构成；从组织构成上看，主要是由校级层面的教学副校长、教务处和相关课程或教学指导委员会，以及院系层面的教学院长、教务科及相关课程与教学委员会、院系教研室（研究所）、课程教学团队及每个具体课堂（实验实践）的教学活动等所构成的日常教学学术活动运行系统。该系统在图 5.2 中由最内圈层最粗实线闭环构成。因符合当前绝大多数高校的实践，故比较好理解。

二是学生活动子系统，一般称为“第二课堂”，也是质量生成的重要系统：从质量生成要素看，主要由作为教育者的辅导员、心理咨询、招生就业创业等专业队伍和作为教育影响的党团社团、学生发展等校园活动，以及作为受教育者的学生构成；从组织构成上看，主要是由学校层面主管学生工作的副书记或副校长、学生处（学工部）、心理咨询中心、团委、就业创业学院（中心）及相关学生工作的委员会，以及院系层面主管学生工作的副书记或副院长、学生科、团委和相关学生工作委员会及具体工作和活动等所构成的学生日常教育与发展活动运行系统。该系统在图 5.2 中由中间较细实线圈层闭环构成。

三是校园环境子系统，可称为“第三课堂”，是质量生成的辅助系统或隐性系统，通常被称作学校的“潜在课程”：从质量生成要素看，主要由作为教育者的图书、信息、文化建设等专业队伍、校友等，作为教育影响的校园环境（物质、制度和观念三个层面，主要是指体现高校办学和育人思想及办学特色而建设的校园规划建筑、人文景观、标志符号等物态环境），以及作为受教育者的学生构成；从组织构成上看，主要是由学校层面的相关主管校领导和图书、信息、基建、后勤等职能部门及相关专业委员会，以及院系层面的相关负责人、办公室及具体工作和活动等所构成的学生日常学习生活环境系统。该系统在图 5.2 中由最外圈层的虚线闭环构成。需要说明的是，基于文字和音视频等视听互动等多样化载体的“即时学习”模式已成为数字化时代的一种新常态，数字化学习环境（如数字图书馆、虚拟或仿真实验室、智慧教室等智慧校园环境）建设越来越重要，正呈现出从辅助系统走向核心系统的趋势。

这三个子系统相互交融，整体上构成了一个完整的三全育人体系，各子系统既相互独立，又统一于人才培养目标达成的教育教学过程当中。不同于企业物质产品原材料只是作为主体加工的对象，作为人才产品的学生既是教育教学的对象，也是教育教学的主体。换言之，教育教学活动过程是教师与学生或教育者与受教育者双主体之间通过知识和活动载体在具体环境或情境中持续互动而共同发展成长的过程，具有鲜明的主体间性。同时，每个系统都是开放的。比如，作为子系统一的大学课程与教学过程在横向上通常要向社会和用人单位开放，通过产学研合作教育或产教融合等方式，聘请企事业单位专家学者参与培养方案设计、开设讲座，吸纳社会先进前沿的实践知识作为课程与教学内容，以保持课程与教学内容的先进性、前沿性和社会适应性；纵向上通常要向下（中学学段）、向上（研究生学段）开放，既要考虑高校课程与教学的内容与方法与中学学段相衔接，也要考虑如何面向更高一级的研究生学段打下进一步学习的基础。

综合分析已有相关研究与诸多高校实践，当前各高校所建立的教育教学质量生成系统总体上呈现出重视各子系统建设，而比较忽视各子系统之间的内在联系以及统一服务于人才培养目标达成的一体化教育教学质量生成系统建设的特点，具体如下：重视硬件投入与条件保障，而比较忽视质量生成的学习化校园环境等作为“潜在课程”存在的软件建设；非常重视第一课堂教学的教师队伍建设，比较重视第二课堂学习的学生工作专业队伍建设，比较忽视第三课堂“即时学习”的图书馆、信息化及校园环境建设等专业队伍建设；重视课程开设的多样性和学习的选择性，比较忽视课程设置所涉价值塑造、能力培育和知识传递“三位一体”的整体内在逻辑以及课程教学内容的适切性、前沿性和挑战性；重视教职员工作为教育教学主体的积极性，而比较忽视学生学习的主体性，特别是忽视对作为“数字原住民”的新时代大学生的学习规律、学习机制等学习理论已有研究成果的应用；在各主体中又重视学校主体和专任教师队伍主体的建设，而比较忽视院系主体及非专任教师队伍建设；重视各子系统内循环的建设，而比较忽视保持跟纵向中学和研究生不同学段、横向对家庭社会和用人单位开放形成人才培养过程的外循环建设；等等。当然，与经济社会改革相同，上述忽视或不足也主要是因为在实践改革和建设中比较容易的都改了，留下的都是比较困难的，都是改革的“深水区”，需要有坐冷板凳潜心研究和做深做细实践的心气与壮士断腕的勇气。

需要特别重视的是，整合已有多项信息技术的人工智能与教育新形态已悄然降临，其中，“场景化”理论与技术及自然语言处理工具 ChatGPT 具有广阔的教育与学习应用前景。场景化即将场所、事件、景物和背景等“硬要素”和时间、空间与氛围等“软要素”进行一体化设计，重点关注人类行为的时空体验和行为时间的整体性和关联性，进而理解人类的生活方式、行为模式、思维范式等规律；它更像是一种价值交换和情感诠释，以单个体验完整闭环、多个场景连接组合的应用形态，注重人的体验细节和过程的完整性，使人达到一种“人景合一”“情景交融”的境界，从而产生价值交流的获得感，触发人们对相关事物的联想或记忆，进而启发人们更好地理解和学习人际交往、知识传承、文明发展等；这样的场景化将驱动空间创新，大跨度地增强场景效能，使空间本身就具备“主动育人”的功能，进而帮助学习者实现高频、高创、高感知的学习形态。[①]ChatGPT 既能跨越时空界限纵观古今，也能突破地理障碍连通全球，还能以人类的方式进行交流、互动，从而帮助人们建立更深度的知识链接，培养更开阔的格局视野：可以帮助我们跨越语言的障碍，个体可在多种语言之间自由切换，用自己熟悉的语言来学习；帮助我们跨越教与学之间风格非个性化匹配的障碍，学生可在多种角色之间自由切换，选择自己最能接受的理解与学习方式；可以帮助我们填平知识储备之间的差异与障碍，师生可以有更多的时间进行思维的训练与能力的提升。可以想见的是，当这种“场景化”的教学环境和智能聊天工具与第一、第二及第三课堂深度融合、完美嵌套并一体化统筹设计的时候，谁主谁次，已难分辨！哪所高校最先吃“螃蟹”，或许“弯道超车”随之实现。

三、健全和完善着力创造力培育的科学协同的质量治理系统

建立起了科学开放的教育教学体系之后，要做的工作就是如何保证这套体系有

① 袁凡，陈卫东，徐铷忆，等. 场景赋能：场景化设计及其教育应用展望——兼论元宇宙时代全场景学习的实现机制[J]. 远程教育杂志，2022（1）：15-25.

效运行并可持续改进，这就需要从现代治理的角度分析影响教育教学质量的各要素，特别是基本要素，它们是教育教学质量标准达成与否的“守门人”，是构建科学有效的内部质量保障体系的“立柱”或“肌肉”。换句话说，内部质量保障体系既是一个科学开放的质量生成系统，也是一个科学协同的质量治理系统。从现代治理理论出发，人、财、物、时间、空间、信息六个方面构成了质量治理的要素，假设财与物都是有保障的①，则人（主要是教师跟学生）、时间、空间、信息就成为质量治理的四个基本要素，也是内部质量保障体系建设健全与完善的对象（图 5.3）。

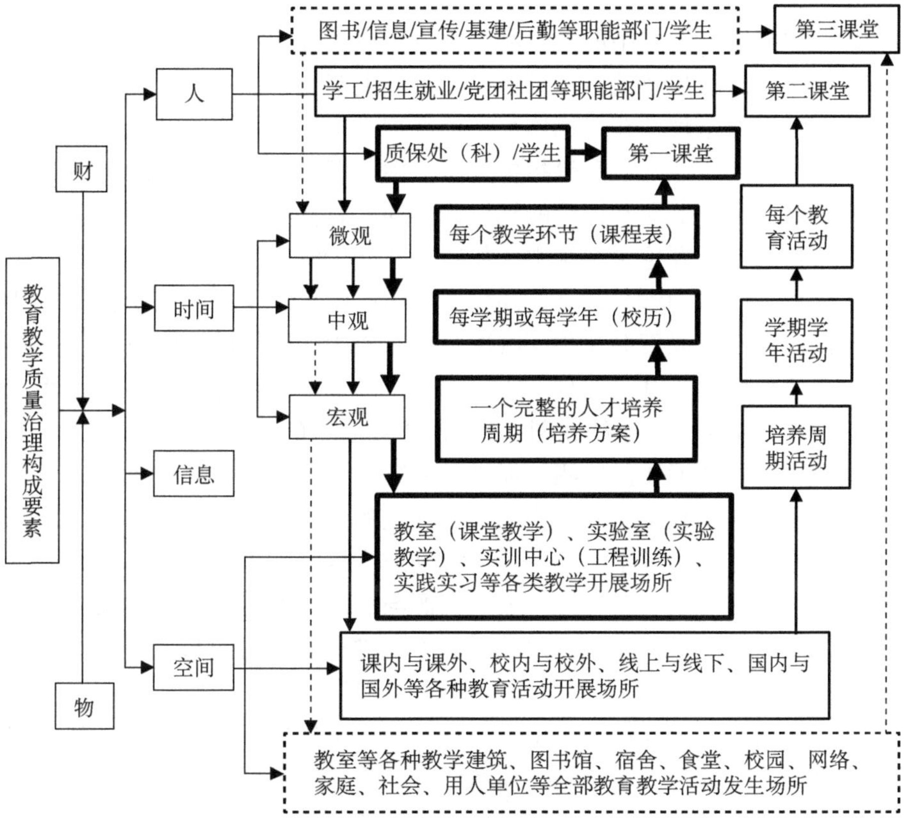

图 5.3　教育教学质量治理基本要素及治理系统运行过程示意图

教育教学质量治理体系也包括三个子系统。

① 本书研究中将“财”“物”两要素作为管理的先决条件保障和理论分析的先行存在，或者说作为一个类似于韦伯提出的“理想型”的先在状态存在。在整个教育教学质量保障体系建设的过程中，“财”“物”整合在一起实际上就涉及质量保障体系建设中的资源配置问题，这是另外一个专题，需要进行专门的研究和讨论，特此说明。

一是课程教学质量监测与促进子系统，是质量治理的核心系统。其监测与促进的对象是第一课堂的课程学习质量生成情况，实践中通常由校级层面的教学质量管理或评估部门[①]及教学质量委员会、督导专家团组及教师教学发展和学生学习发展支持部门等，以及院系层面的教学质量管理办公室及相关质量委员会等机构来完成。该系统各高校在水平/合格评估和首轮审核式评估的引导下已初步建立，如质量标准、质量队伍、质量过程及效果监测、质量反馈等，但校际差异较大。该系统在图 5.3 中由最内圈层的粗实线闭环表示。

二是学生活动质量监测与促进子系统，是质量治理的重要组成部分。其监测与促进的对象是第二课堂中的学生活动质量生成情况，在以往外部评估实践中通常是被纳入学校的思想政治教育评估中，实际上窄化了该系统的内涵与功能。当然，各阶段外部教学评估在指标体系中也都把学生活动及质量纳入了进来，主要放在“学风”或“学生发展”等指标观察点中。但在各高校的实践中还很少发现有这方面的专门质量监测和评价的机构和活动，有些高校参照外部教学评估将其纳入教学质量监测与评价子系统中，如在日常评价院系教学质量时要求院系的教学与学生工作部门共同参与；有些高校在校级层面形成了教学质量管理部门和学生管理部门定期召开联席会议共同解决育人过程中的问题的协同模式；还有些高校干脆成立本科生院，其目的也在于以服务于人才培养目标而对第一和第二课堂进行统筹设计与实施。该系统在图 5.3 中由中间圈层的较细实线闭环表示。

三是校园学习环境质量监测与促进子系统，也是质量治理的重要组成部分。其监测与促进的对象是第三课堂中的学习环境的质量生成状况，在以往外部教学评估实践中通常是作为教学质量保障的辅助或支撑条件进行评估的，如作为“教学条件与利用”、“教学资源”或“教学资源与利用”等指标的重要观察点。在校内质量保障实践中也很少发现有单独对这方面进行质量监测与评价的，相关研究也不多。该系统在图 5.3 中由最外圈层的虚线闭环表示。

需要说明的是，分开作为三个子系统是为了论述的清晰与方便，而从科学有效的“理想型”人才培养质量治理体系的角度看，三者应该是一个有机整体，共同服务和统一于人才培养目标与质量标准的达成，且这三个子系统所属校内行政机构之间通过协同合作、共商共治、相互交融，共同构成一个完整的质量治理系统，调控与保证质量生成系统朝向整体人才培养目标达成的方向发展。然而，实

---

① 该部门在实践中一般有两种情况：一是在教务处下设质量科；二是通过几轮评估后，有些高校将原属于教务处内部职能之一的质量科或质量科中的评估职能独立出来，成立了评估办/处或质量保障处，这样管在教务处，办在学院（或部或系），评在质量保障处或评估处，此即为校内的管办评分离，但独立的目的也主要是在对接教育部的教学评估时起组织的作用。从实际运行效果来看，这两种设置各有利弊。

践中虽有少数高校将原设于教务处的教学质量科独立成正处级的评估办或质保处，作为一个应对外部评估的全校性协调结构，但也主要局限于教学质量评估，个别高校由规划处或校办来承担这种统合职能，但总体上在绝大多数高校，这三个子系统各自独立运行，很少有高校设有一个综合性组织来统筹和协调各个子系统的质量治理活动。这样的组织构架主要存在以下两个问题：一是涉及教育教学质量保障的校内各部门并没有明确的职能分工，彼此之间也缺乏有效的联动机制，行政部门与行政部门之间相互隔阂，行政部门和学术部门之间相互隔阂，各院（部）系之间壁垒较多；二是组织内部科层化管理层级多，管理效率低。①

除此之外，再综合分析已有相关研究与诸多高校实践，经历水平评估和首轮审核式评估而逐渐建立起来的质量治理系统具有以下几个特点或不足：在质量保障责任主体上，重视教学管理部门而忽视其他管理或职能部门，重视专任教师的主体责任而忽视其他教职员工和学生的主体责任；在质量监测与评价系统上，重视信息的收集处理与评价而忽视信息的及时反馈与用于改进，重视纵向时间（以校历、课程表、人才培养方案为代表）维度上质量监测与评价而忽视横向空间（如图书馆、学生活动中心、食堂、运动场、网络虚拟等）的质量监测与评价；在课程教学质量监测与评价子系统中，又强调单个的课程教学质量评价（如通过学生、专家和领导多方面的评教）而忽视作为整体的专业课程知识体系及相应的课程体系的质量监测与评价等。这在一定程度上还表明，相当一部分高校对内部质量保障体系的功能认识还存有偏差：一是直接把它等同于教学质量保障体系，窄化了质量保障体系的内涵；二是更多地仅仅把它作为高校的一项管理职能或权力范畴，而非学校的一项综合性改革，从而使这些活动本身所具有的教育意蕴和所包含的教育价值并没有被充分认识和发挥出来。

四、凝练和构建着力创造力培育的科学共识的质量文化系统

实践与研究表明，即使建立了包括专任教师、专业管理和服务的三支队伍，也建立了涵盖质量机构、标准、程序等“硬约束”的内部质量保障体系，但也并不一定能保证质量。②其道理就在于，教育教学质量的生成与提升只有全都落实到“最后一公里”的每个具体机构及成员身上才能实现。因此，如何使质量成为校内

① 李国强. 高校内部质量保障体系建设的成效、问题与展望[J]. 中国高教研究，2016（2）：1-11.

② Yorle M. Developing a quality culture in higher education[J]. Tertiary Education and Management，2000，6（1）：19-36.

各机构及所有成员共同的价值观，由外在的质量保障形式与话语变成内在的具体质量内容与行动？“质量应当是每个组织的文化和管理体系的一部分”[①]，特别是在高校必须面对办学资源紧缺、在校人数日益增多且多元，以及高等教育全球化竞争等硬约束的新时代，“大学要保持质量或提高质量就必须寻求文化上的改变……只有依靠组织文化的创新，才有可能在低投入的情况下实现高等教育质量的持续改进”[②]。换句话说，高校内部质量保障体系建设不仅是一个组织机构和制度建设的过程，也是一个文化建设的过程[③]；质量文化作为一种整体性观念，致力于将现有认识、态度、行为、价值和信念转化为一种新范式[④]，以在内部形成推动质量持续改进的一种组织文化。这样的一种文化，即教育部在第二轮审核式评估中所倡导与推动建立的“自觉、自省、自律、自查、自纠的大学质量文化”，构成了质量保障体系建设的砖瓦或血液，共同作用于质量生成系统与质量治理系统，因而也成为质量保障体系建设的生命源与动力源。

但除非是新建高校，否则所有高校都已形成了自己的组织文化甚至是质量文化，只是由于缺乏有效的引导和自觉意识，这种质量文化并没有明确和彰显出来，或者说积极的质量文化并没有自然产生，因为任何大学的发展都是基于遗传与环境的产物，特别是创始校长、创业型校长、知名教授和知名校友学生时代，以及其他学校发展史上的英雄人物留下有关追求质量和卓越的故事及文化符号标志等传统。换句话说，需要构建的质量文化，并非从零开始或另起炉灶，而是在原有校内组织文化基础之上来建设的，是在学校与外部环境的互动中逐渐发展完善起来的。这样，质量文化建设的问题就转化为，如何基于高校自身办学传统与特色来培育、构建并不断完善富有特色的高校质量文化，或者说如何对既有的高校组织文化进行创新，发展积极的质量文化，促进内部质量的持续改进。

为回答这一问题，还须从质量文化的构成入手。一方面，就质量文化的静态构成看，国内学者一般认为质量文化同于文化本身，由外而里主要包括物质、制度、观念与行动四要素（或物质、制度与观念三要素），其中，质量观念文化是高校质量文化的核心[⑤]，并且深深地内嵌和体现在物质、制度与行动文化当中；国外

---

① ［美］詹姆斯・R. 埃文斯，［美］小詹姆斯・W. 迪安. 全方位质量管理[M]. 吴蓉，译. 北京：机械工业出版社，2004.

② 王建华. 高等教育质量管理：文化的视角[J]. 教育研究，2010（2）：57-62.

③ 齐艳杰. 高校质量文化建设现状与改进策略——基于“高等教育第三方评估”个案调研[J]. 中国高教研究，2016（3）：22-30.

④ Berry G. Leadership and the development of quality culture in schools[J]. International Journal of Educational Management，1997，11（2）：52-64.

⑤ 谷陟云. 高校教育质量文化研究：脉络梳理与路向展望[J]. 高教探索，2021（5）：26-33.

如欧洲大学协会认为质量文化主要包括结构/管理和文化/心理两个要素：前者旨在提高质量并协调个人努力，主要是由测量、评估、保障和提升质量的工具与机制等构成的质量结构；后者旨在生成质量并引导个人行动，主要是由价值观、信念、期望和承诺等构成的质量文化情境，两者通过沟通、参与和信任的过程机制彼此连通起来，以此推动质量持续改进和转化①。另一方面，从质量文化的动态生成看，质量文化是促进质量持续改进的一种治理策略和治理过程，主要由质量结构（quality structures）、过程（processes）、行动者（actors）三个基本要素构成，它们在很大程度上决定了大学能否在已有组织文化中成功嵌入、培育乃至创新出一种积极的质量文化。②比较质量文化的动静态构成要素可发现，静态构成要素实际上是从质量文化已经生成或成型后的结果呈现状态来说的，更多的是揭示出其构成的层次特征，回答的是“是什么”的问题；而动态构成要素实际上是从质量文化生成或建设的过程路径来说的，更多的是揭示其生成过程中所需要做的工作任务或建设内容方面的特征，回答的是“怎么做”的问题。同时，文化的物质与制度层相当于结构/管理要素，指向机构内部以质量的组织结构为基础的质量治理系统；观念和行动层相当于文化/心理要素，指向机构内部以质量的个体行动为基础的质量生成系统。基于以上分析与认识，我们可以勾勒出高校内部质量文化生成与发展路径（图 5.4），并以此探讨建立和健全校内教育教学质量保障体系的文化之维。

1. 质量文化生成中的结构要素

质量结构是指能够系统处理质量问题的高校内部机构、部门等，主要包括质量治理或保障部门、院校研究与数据信息部门，以及教师与学生发展支持部门等，其目的是要通过建立起一整套适合本校传统与特色的质量治理工具与技术，包括质量标准、测量、评价、反馈和改进提高等方面的程序、工具、手段和规则等，以建立起健全、完善的质量治理组织体系，维持和促进全体成员的质量责任意识，因而是质量文化生成与建设的组织、物质和制度基础。

应该说，在水平评估与首轮审核评估这两轮评估的引导下，通过改革开放以来 40 余年的建设，各高校已普通建立起了较为完善的质量组织结构，如教务处、质量/评估办（或质量/评估处）、信息数据中心、基于校本研究的高教研究或院校

---

① European University Association. Quality Culture in European Universities：A Bottom-up Approach：Report on the Three Rounds of the Quality Culture Project 2002-2006[R]. Brussels：European University Association，2006：10.

② European University Association. Developing an Internal Quality Culture in European Universities：Report on the Quality Culture Project 2002-2003[R]. Brussels：European University Association，2005：17-25.

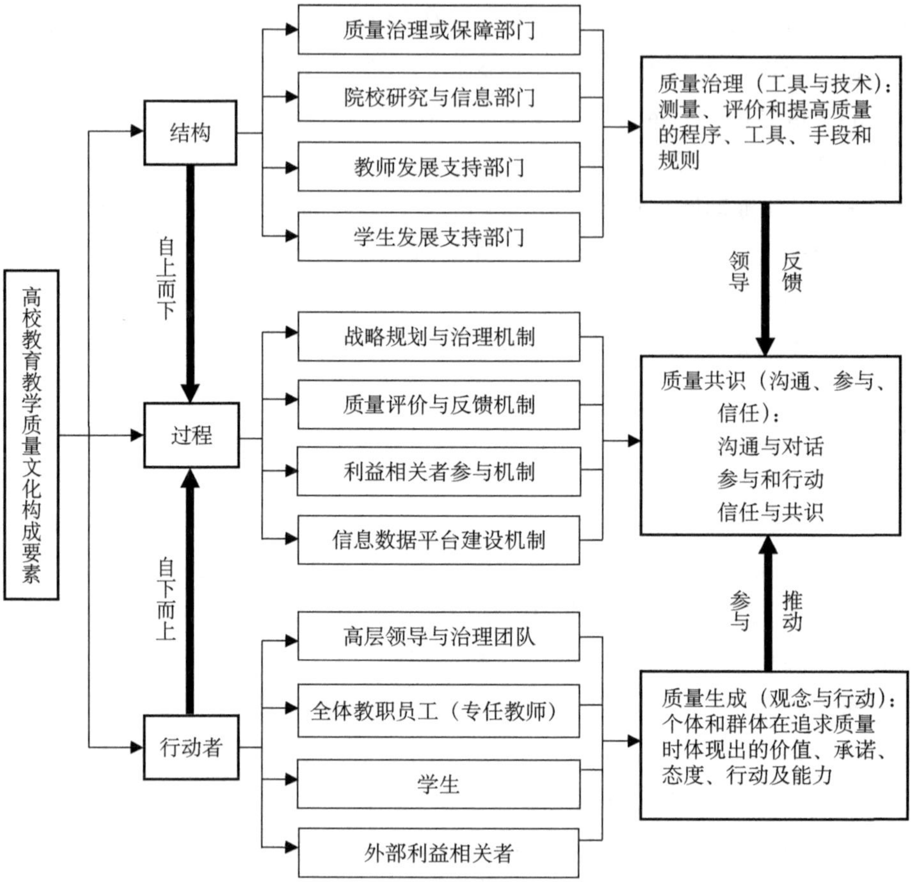

图 5.4　高校教育教学质量文化基本要素及质量文化生成过程示意图

研究机构、校院有关质量的各种委员会，以及教师发展中心和学生发展中心等。总体来看，尚需进一步建立或完善的地方主要有以下两个方面。

一是多数高校缺乏一个全校统一的质量保障部门来做协调统筹工作，或者质量保障主要还局限在教学系统，主要成为教务处或评估办的任务，严重窄化了质量保障的内涵。对此，可以通过重新划分职能，赋予某个现有机构来承担这个职责，如校长办公室或规划部门等，或者创建新的机构以更加系统地处理内部质量问题，如质量保障处，这是实施质量文化建设的重要举措。

二是有些质量相关内容与职责没有机构承担或尚未发挥出来，如完善的质量管理闭环包括质量信息数据的收集（又包括收集哪些数据信息、谁来收集和怎么收集等具体任务）、研究与分析、反馈与发布以及相关改进与支持等。但在实践中，多数高校尚没有将分散在不同职能部门的孤岛式的信息数据统一成全校可识别和共享的大数据平台，有些高校对所收集的质量信息数据没有很好地进行研究和分析或者及时反馈以形成质量闭环，有些高校没能对师生提供有效的发展支持，特别是对教师的专业发展等。为改变这种状况，可通过进一步明确相关职能部门以重要的质量保障职责与任务（如赋予外联部门对毕业生及校友有关质量信息数据的收集与分析，赋予院校研究与信息机构整合本校的质量信息数据以分析与研究的职能等），也可整合或新建机构，分析鉴别学生发展中的成功与风险因素，包括全面的评估方案来评价课程质量、讲座和学生活动，以及学生满意度、学生退学肄业、延迟毕业、就业模式等，以为大学规划与管理提供数据支持，并在此基础上进一步完成质量的测量、评价和持续改进的工具、程序、手段和规则等。这其实主要是对接校内教育教学质量治理体系或为使其进一步健全与完善而需要完成的任务。

2. 质量文化生成中的过程要素

过程要素是指那些涉及大学战略规划、评价与反馈闭环、数据信息流动、利益相关者参与以及领导与管理等内容，目的是要通过沟通与对话、参与和行动，建立起彼此相互信任的质量共识，形成高效的质量保障运作机制，主要包括战略规划与治理机制、质量评估与反馈机制、利益相关者参与机制以及信息数据平台建设机制等。通过这些机制，过程要素就把指向机构的结构要素和指向个体的心理要素连通为一体，因而是质量文化生成与建设的重心。

（1）普遍共识的高校战略规划是质量文化生成与建设的起点

与国家五年规划保持一致，五年规划甚至是十年左右的中长期发展战略规划已成为各高校改革与发展过程中的重大参照依据，且作为一种制度化存在，通常是一把手工程；同时，成熟的 SWOT[优势（strengths）、劣势（weaknesses）、机会（opportunities）和威胁（threats）]分析模型与技术也在战略规划中得到普及和应用。在培育或创新质量文化的过程中，需有意识地在规划与战略中纳入质量文化规划，其中最为重要的是如何充分发动或邀请校内外利益相关者，特别是作为核心利益相关者的师生广泛参与、充分沟通与对话，明确各方质量需求，审视和分析自身优势、劣势、机会和威胁，厘清自身质量职能和使命，从而更好地确定质量政策和目标，以在不断变化的环境里建立一个促进质量可持续改进与发展的长期未来，并达成共识。

（2）科学闭环的质量评估与反馈是质量文化生成与建设的核心环节

该环节通常包括常态化的学期学年日常调查评估和定期开展的系统化评估。日常调查评估通常用于质量意见收集、反馈与日常改进，其对象主要是学生和用人单位，间或也包括教师。对学生的调查评估通常有针对课程的学期学生评教、学期学年的院系教学质量调查或评估，以及新生调查（当前主要是心理健康调查）、毕业生调查，有些高校还设有校长午餐会，以及新生和毕业生座谈会等，以多方收集学生意见。系统化评估主要用于整体性的质量诊断、反馈与系统性改进，又包括自我评估和同行评估两种：一是自我评估，主要是高校根据教育部的教学评估、工程教育专业认证，以及学科、学位点评估等外部评估在正式评估之前主动开展的自查、自纠的校内评估，又主要分校内专家自评、校内外专家搭配或完全委托第三方（如中国高教评估学会）评估。实践表明，院校自我评估过程配以校外专家实地考察的效果更好。①二是同行评估，主要是有些高校直接聘请行业协会或国际同行对某些专业或学科进行评估，如清华大学、上海交通大学等高校的经管学院开展的 AACSB（The Association to Advance Collegiate Schools of Business，国际精英商学院协会）认证评估等。根据有关调查研究，有助于质量文化生成和建设的内部评估与反馈环节具有如下五个特征：一是整合评估过程到整个质量治理体系构建之中，力戒沦为只是编辑文字数值的行政工作；二是引入经广泛讨论认可的规则程序，并在院校范围内予以公布交流；三是鼓励评估过程体现出院校独特的质量精神，而不是盲从于外部标准和指标；四是邀请学术人员、行政人员、学生和外部利益相关者参与内部评估流程；五是实施与评估结果相关的后续反馈和改进等相关程序，以保持参与者的积极性。②对比以上特征，此环节在当前实践中尚有以下需进一步健全的地方：一是质量标准与测量工具主要是移植或借鉴国外的情况较多，真正根据本校学科专业特征以及办学定位并将其纳入质量治理体系以进行整合研究设计的情况较少；二是很多质量调查与评估没有及时反馈利用以形成闭环；三是不同的质量调查与评估分散在不同的部门，少有进行系统的汇总分析、开放和共享；四是广泛的对话沟通、参与和信任以达至全校性的质量共识，特别是全体专任教师的共识还有改进与提升空间。

（3）代表广泛的利益相关者的充分参与是质量文化生成与建设的关键

质量文化建设既包括有形、可见的结构化要素——质量机构、工具、手段和规则等的建设，也包括无形、不可见的文化要素——教育观、质量观、质量承诺

① European University Association. Developing an Internal Quality Culture in European Universities: Report on the Quality Culture Project 2002-2003[R]. Brussels: European University Association, 2005: 26.

② European University Association. Quality Culture in European Universities: A Bottom-up Approach: Report on the Three Rounds of the Quality Culture Project 2002-2006[R]. Brussels: European University Association, 2006: 18-19.

等的生成；结构化要素属于质量文化的治理机构及工具与技术层面，通常是以一种自上而下的方式来运作与建设，文化要素属于质量文化的个体心理层面，通常是以一种自下而上的方式来运行与生成，在两者的共同作用下，质量文化就能得到进一步的发展。因此，质量文化的建设需要校内外不同利益相关者的共同参与，其中又主要是校内利益相关群体，特别是构成教育教学质量生成的核心主体——教师、学生和高校高层领导及团队的参与。从某种程度上说，教育的本质即对话。只有通过对话与沟通，广大师生员工才会把真实想法表达出来。对话与沟通既是参与的第一步，也是建立彼此信任的前提。只有通过建立在彼此信任基础上的有效沟通与参与，才能形成质量共识，才能使高校内部成员形成共同的教育教学质量观，从而促进质量文化氛围的形成。研究也表明，沟通、参与、自上而下与自下而上的方式交互结合恰恰是质量文化良好发展的关键。①换句话说，普遍共识的高校战略规划的制定和科学闭环的质量评估与反馈机制的形成，均是建立在基于沟通、参与和信任而形成的共识与行动的基础之上的，即建立在利益相关者充分参与机制的基础之上。总体而言，我国高校的管理传统中更倾向和习惯于自上而下的运作方式，不太习惯于个体主体性充分发挥的自下而上、充分参与的运作方式，这一点是高校质量文化建设中需要着重注意与培育激发的。

（4）统一开放共享的信息数据平台是质量文化生成与建设的保障

信息是存在的事实，是想法产生的来源与材料，信息的自由流动有助于大学内外部的良好交流，以形成有效的反馈环，保证持续改进的治理过程。②战略规划的制定有赖于校内全面充分的数据信息，其有效实施更是依赖于信息的自由流动。质量评估与反馈也是如此，在测量、描述、判断与建构的四代教育评价发展历史与实践中，每一环节无不是建立在信息数据的基础之上。从信息数据流动过程来看，这一过程主要包括信息数据的收集、分析、整合及利用。首先，质量信息数据收集的范围要尽量广泛，通常包括学生数据（主要包括人口学数据、学习与发展数据）、教师数据（人口学数据和教育与文化背景数据、师生比、师职比等）、学习资源数据（学习内容、学习资料数据库等）等。在这方面，实践中主要还存在重视不够，不能及时获取有效数据；标准不统一，所收集的数据不开放、不共享，不利于院校内部的汇总分析和对比等问题。其次，建立在分析与整合基础之上的系统化信息数据是高校重要的知识资源，并且要与时俱进，随时调整与更新。就当前现状来看，只有在填报教育部的《高等教育事业基层统计报表》（简称“高

① Ehlers U D. Understanding quality culture[J]. Quality Assurance in Education，2009，17（4）：343-363.

② 徐赟，马萍. 欧洲大学质量文化建设：实践及启示[J]. 外国教育研究，2017（9）：3-12.

基表”）时，通常才由学校规划处或校办统一协调组织填报，但即使是这个数据，很多学校也只是留档，而少有进入学校的系统信息数据库中来进行分析与整合的；其他教学、科研、学生工作、社会服务等信息数据基本上是“九龙治水”“孤岛林立”，很少有高校设有对信息数据进行专门分析与整合的研究机构，或者即使有，其职责也不明确。根据国内外实践经验，这样的机构一般设立于校办的政策研究室或院校研究室，或归于规划部门职责比较可行，其主要职责包括：一是充分汇总各渠道的信息以确保信息数据的完整性和综合性；二是对全部信息数据进行甄别筛选分类，建立系统化的数据体系；三是赋予信息数据系统以个性化色彩，为校内各使用者根据自身的目标和兴趣多样化地使用创造条件。①最后，通过质量信息数据的科学、有效利用（包括反馈、发布与共享等）以促进教育教学质量的提升是信息时代高校信息数据平台建设的最终目的。在各高校的实践中，这是最为薄弱的一环，特别是信息数据综合分析后的反馈机制没有建立起来，已有信息数据也主要是供某一部门使用，而很少在全校层面进行整合分析后对校内各院系及研究机构进行开放与共享。

3. 质量文化生成中的行动者要素

行动者是指高校质量文化生成与建设的内外部利益相关者，主要包括高校内部的高层领导及治理团队、全体教职员工、学生及外部利益相关者等，其目的是通过高校内外利益相关者的充分互动，最终将达成共识的质量观内化为全体教职员工的价值观，并外化为高校内部个体和群体在追求质量时体现出的价值、承诺、态度、行动及能力，即转化为全体成员的日常工作行为习惯乃至日常工作文化，从而促进方向一致的教育教学质量的生成和持续提升，因而是质量文化生成与建设的最终落脚点。

（1）高校高层领导及治理团队是质量文化生成与建设的引领者

高校高层领导及治理团队主要包括校长、副校长及处长、院长或系主任等，他们的主要责任是制定和实施战略规划，掌控质量文化方向，明确院校质量建设职责与重点；协调不同职能部门及人员之间的关系，推进全校质量共识的形成；创造有利于质量文化的条件，积极营造质量文化氛围，不断提升质量意识；监督质量活动实践，顺畅质量评估与反馈闭环，支持质量持续改进。他们往往集决策者、促进者和监督者等多重角色于一身，因而是质量文化生成的灵魂与根本。②就具体程序来说，上下双向充分互动被证明是可行的路径：高层领导通过自上而下的精心传承或引入，

---

① 高飞. 欧洲高校质量文化生成机制研究[J]. 现代教育管理，2015（10）：120-123.

② 王振洪. 高职院校长质量文化领导力及其提升路径[J]. 教育研究，2013（1）：108-112.

描述并阐释质量文化理念，特别是积极呵护和宣传已作为机构或组织即集体行动者所传承、积累与创造的文化内容或集体心理，正如德国学者乌尔夫·丹尼尔·埃勒斯（Ulf Daniel Ehlers）所说的质量文化模型中质量文化层的内容，包括人工制品、传说与故事、礼仪与仪式、英雄、符号、价值观等。①同时，通过自下而上地听取来自各基层团队及个人的意见和建议，并深入挖掘、总结和凝练基层的质量治理智慧，一方面发现、总结、转化新时代可以纳入学校已有的质量文化层的鲜活故事、人物、观念等；另一方面发现、提升、转化可以纳入学校政策层面的基层质量治理智慧，从而达到学校和院系之间的共治、共建和共享的理想境界，所谓“基层出政策”即是此理。②有句顺口溜说道，“校风看学风，学风看教风，教风看管风，管风看作风”，即校风最终是由领导干部的工作作风来决定的。换句话说，高校的校长、副校长及其团队的工作作风在质量文化的生成与建设中起着全局性的作用，责任重大。

（2）全体教职员工是质量文化生成与建设的具体承载者

质量不仅是高校高层领导及其团队的责任，还要成为全体教职员工所关心的事情，并切实落实到专任教师、行政人员与服务人员的具体工作场所、工作内容及工作过程当中，即“三全育人”。专任教师是质量文化生成最核心的力量。教师的招聘、培训和考核、晋升、奖励等工作都要与教师个人发展紧密相连，使追求高质量和持续改进内化为教师日常工作的习惯与行动：招聘方面除了关注学术水平外，更要重视其教学态度与教学素养；培训方面如教师教学发展中心主要是营造环境，搭建新老教师之间、不同学科教师之间对话与沟通的交流平台，充分激发教师的主体性；考核、奖励和晋升重在树立并落实“教学学术”观念，并通过科学评价引导教师加强教学研究，持续改进教学过程。行政与服务人员需要进一步加强服务意识，提高办事效率和服务质量。

（3）学生是质量文化生成与建设的重要参与者

人才培养质量如何，尽管不同的人有不同的质量观，但学生满意不满意，是其中最重要的一条标准，因此，“大学应该在质量保证和提升中充分发挥学生的作用”③，这也是“办好人民满意的教育”的题中之意。当前实践中，学生参与高校质量治理的主要渠道有学生评教、质量信息员、校长座谈会、学生组织，以及参与学校的调查访谈等，但总体上这些参与还处于中低层次和比较被动的地位，而“在高级层次参与中有关决策的拟订方案、筛选评价、比较择优、组织实施、监督

---

① Ehlers U D. Understanding quality culture[J]. Quality Assurance in Education，2009，17（4）：343-363.

② 谢维和. “工字厅不空转”：大学治理的故事与启示[R]. 郑州：2020 高等教育国际论坛年会，2020.

③ 谢维和. 大学生有资格当教学质量裁判员[A]//谢维和. 我的教育觉悟[M]. 北京：人民教育出版社，2016：466-467.

反馈等阶段的工作，普遍缺乏学生有组织的、高质量的、实质性的参与”[①]，因此，健全学生参与高校质量文化的生成与建设，还要提高大学生的参与意识，增强参与能力，拓展参与途径，健全参与机制。

（4）外部利益相关者是质量文化生成与建设的建言者与参照系

外部利益相关者既包括各级政府、专业团体、工商界和雇主单位，也涉及校友、家长和生源基地、未来学生以及合作院校等。越来越多的高校认识到与外部利益相关者加强联系的重要性，如有助于大学及时了解行业发展动态，收集更为丰富的信息数据，制定更加全面的质量战略，更有针对性地改善内部评估机制，以及可能拥有更多的学生就业机会、有针对性地实施课程与教学改革等，因而有些大学还参照国外大学建立了董事会制度，以定期保持与外部利益相关者持续对话，努力回应外部利益相关者和社会的普遍需求以满足雇佣和问责的目标等。

综合而言，当利益相关者，特别是作为核心利益相关者和行动者的全体教职员工对质量具有了共同信念，积极参与并承诺为质量提升而不断努力，且内化为一种习惯并外化为日常行动而全力提供优质的教育服务，不断改进各种教育教学活动，持续推进质量的改进与提升时，教育教学质量的生成和不断提升也就成为一种自觉、自省、自律、自查、自纠的过程了。这其实是对接校内教育教学质量生成系统或使其更加健全而需要完成的任务。

---

① 吴江. 大学生参与高校管理状况的调查分析与对策[J]. 思想理论教育，2014（9）：108-111.

第六章

大学生创造力培育：赢得未来与行动当下

面向未来，未来已来，可世界并不太平，发展并不平坦。一方面，国与国之间的全球化竞争越来越聚焦于教育与科技竞争，实乃创造性人才，特别是拔尖创新人才培养能力与水平之竞争；另一方面，在世界一体、全球一村的人类社会里，诸如战争与和平、气候与环境、资源与能源等关系人类生存与发展的全球性问题，有赖全球智慧和具有全球视野与人类情怀的世界级拔尖创新人才的培养与发展。不管是赢得未来的全球化竞争，还是关涉人类命运的全球化问题解决，对于正全力推进中华民族伟大复兴和人类命运共同体建设的中国而言，对各类创新人才，特别是拔尖创新人才的渴求，对各类院校加强大学生创造力培育，特别是拔尖创新人才的培养，无不显得日益突出与紧迫。

第一节　赢得未来的大学生创造力培育：奋斗百年复兴路

2022 年 10 月 16 日，中国共产党第二十次全国代表大会召开，习近平总书记指出："十八大召开至今已经十年了。十年来，我们经历了对党和人民事业具有重大现实意义和深远历史意义的三件大事：一是迎来中国共产党成立一百周年，二是中国特色社会主义进入新时代，三是完成脱贫攻坚、全面建成小康社会的历史任务，实现第一个百年奋斗目标。""从现在起，中国共产党的中心任务就是团结带领全国各族人民全面建成社会主义现代化强国、实现第二个百年奋斗目标，以中国式现代化全面推进中华民族伟大复兴。"①回顾百年奋斗目标实现历程，在不同的历史阶段，中国共产党根据革命或建设所面临的主要矛盾和中心任务及其对各类人才，特别是当前时代创新人才质量与规格的要求，对人才培养的目标定位进行与时俱进的调整，培养适应当前时代所需要的各类人才和拔尖人才。

一、不同历史阶段大学创新人才培养目标的规格定位与时俱进

新民主主义革命阶段（1921—1949 年），中国共产党和中华民族面临的社会主要矛盾是帝国主义和中华民族的矛盾，主要任务是实现民族独立、获得人民解放，教育特别是高等教育面临的主要矛盾是如何迅速培养能够满足新民主主义革命斗争所需人才，特别是优秀干部人才。中国共产党成立后，毛泽东等于 1921 年 8 月创办的"中国无产阶级第一所革命大学"②——湖南自修大学，为革命培养了一批工农运动的领导骨干。1923 年 4 月，湖南自修大学在其《新时代》月刊发刊词中

① 习近平：高举中国特色社会主义伟大旗帜 为全面建设社会主义现代化国家而团结奋斗——在中国共产党第二十次全国代表大会上的报告[EB/OL]. http://www.gov.cn/xinwen/2022-10/25/content_5721685.htm.（2022-10-25）.

② 刘宏煊. 崇教育以培国本：毛泽东的教育观[M]. 北京：中国政法大学出版社，1993：12.

提出，要“努力研究致用学术，实行社会改造的准备”，“同人自信都有独立自强的精神，都有坚苦不屈的志气”[①]，强调培养学生做好独立自强、学以致用、改造社会的准备。同期还有上海大学和广州农民运动讲习所，为全国培养了一批工农运动的优秀干部。[②]尔后，从土地革命到抗日战争，再到解放战争，中国共产党在不同时期根据革命形势发展的需要，适时灵活地创办了中国工农红军大学、马克思共产主义大学、苏维埃大学、中国人民抗日军事政治大学、陕北公学、华北联合大学、延安大学、北方大学、华中大学、华北大学、西北人民革命大学等多种高等教育机构，源源不断地为党政军等各条战线培养了大批堪称“革命的先锋队员”的领导干部和优秀人才。[③]抗日战争期间，中国人民抗日军事政治大学总校共举办8期培训班，培训学员2.9万名；先后成立分校12所，总校和分校共培养军政干部20余万名。[④]自创办第一所大学始，中国共产党就强调和重视人才培养的理论联系实践。毛泽东同志曾指出：“马克思、恩格斯、列宁、斯大林之所以能够作出他们的理论，除了他们的天才条件之外，主要地是他们亲自参加了当时的阶级斗争和科学实验的实践，没有这后一个条件，任何天才也是不能成功的。”[⑤]

社会主义革命和建设阶段（1949—1978年），中国共产党和新生的中华人民共和国面临的社会主要矛盾是建立先进的工业国要求同落后的农业国现实之间的矛盾，教育特别是高等教育面临的主要矛盾是如何迅速培养出能够满足工业化建设所需各类人才，特别是社会主义革命与建设各领域又红又专的人才。毛泽东认为，“红与专、政治与业务的关系，是两个对立物的统一……一方面要反对空头政治家，另一方面要反对迷失方向的实际家”[⑥]。“红”即胸怀祖国和人民，“专”即业务行家里手。1950年6月，第一次全国高等教育会议提出了高等教育的方针任务，即以理论与实际一致的方法培养具有高度文化水平的、掌握现代科学技术成就的、全心全意为人民服务的、高级的国家建设人才。[⑦]值得关注的是，为迅速培养一大批讲政治、有文化、敢担当、能作为的建国人才，1950年，中国共产党和中华人民共和国“以俄为师”，将“苏联先进经验与中国实际相结合”，探索创办了中国

---

① 民国湖南学生联合会，新湖南社，湖南自修大学. 湘江评论 新湖南 新时代[A]//湖湘文库编辑出版委员会. 湖湘文库：甲编[M]. 长沙：湖南师范大学出版社，2009：147.

② 刘蕴秀. 中国共产党高等教育事业百年历程——文献学视角的考察[J]. 教育史研究，2021（2）：52-69，117.

③ 刘齐，张睦楚. 中国共产党与中国高等教育的百年发展[J]. 重庆高教研究，2021，9（1）：12-24.

④ 冯世平. 抗战档案：纪念中国人民抗日战争胜利60周年（下卷）[M]. 北京：中央文献出版社，2005：947.

⑤ 毛泽东. 毛泽东选集（第一卷）[M]. 北京：人民出版社，1991：287.

⑥ 中共中央文献研究室. 毛泽东文集（第七卷）[M]. 北京：人民出版社，1999：351.

⑦ 何东昌. 中华人民共和国重要教育文献（1949—1975）[M]. 海口：海南出版社，1998：42.

人民大学，成为满足中华人民共和国迫切干部需求和教育需求之典范。[①]

改革开放阶段（1978—2012 年），党和国家面临的社会主要矛盾转变为人民日益增长的物质文化需要与落后的社会生产之间的矛盾，教育特别是高等教育面临的主要矛盾转化为如何培养出能够满足经济建设服务的各类人才，特别是服务于改革开放和经济建设要求、适应高端科学技术发展的拔尖创新人才。1978 年党的十一届三中全会召开，邓小平提出了“科学技术是第一生产力”[②]的著名论断，并提出要创造一种环境，使拔尖人才能脱颖而出，将以“红”为主、“红”中渗“专”的人才规格，发展为“又红又专”、以“专”为主、“专”中渗“红”，反对只看政治不管业务专长的人才观[③]。20 世纪和 21 世纪之交，科技竞争加剧，吸纳人才和创新科技成为世界潮流。江泽民提出“人才资源是第一资源”[④]的论断，人才规格由“又红又专”开始转向看重“能力”，尤其是创新能力。1995 年，江泽民在全国科学技术大会报告中指出，“创新是一个民族进步的灵魂，是一个国家兴旺发达的不竭动力。如果自主创新能力上不去，一味依靠技术引进，就永远难以摆脱技术落后的局面。一个没有创新能力的民族，难以屹立于世界先进民族之林”[⑤]。“面对世界科技飞速发展的挑战，我们必须把增强民族创新能力提到关系中华民族兴衰存亡的高度认识。教育在培育民族创新精神和培养创造性人才方面，肩负着特殊的使命。”[⑥]1999 年，《中共中央 国务院关于深化教育改革全面推进素质教育的决定》提出，“高等教育要重视培养大学生的创新能力、实践能力和创业精神，普遍提高大学生的人文素养和科学素质”[⑦]。党的十六大以来，党和国家明确提出要深入贯彻落实科学发展观，开创教育改革创新新局面，推动教育事业科学发展。2003 年 12 月，胡锦涛在全国人才工作会议上指出：“只要具有一定的知识或技能，能够进行创造性劳动……在建设中国特色社会主义伟大事业中作出积极贡献，都是党和国家需要的人才。”[⑧]2007 年，党的十七大报告确定了“优先发展教育，建

---

① 周光礼，公钦正. 中国共产党创建新型高等教育百年：一项问题史的研究[J]. 中国高教研究，2021（5）：1-10.

② 邓小平. 邓小平文选（第三卷）[M]. 北京：人民出版社，1993：107

③ 薛其林，蒋晓东. 中国共产党百年人才战略的伟大成就——庆祝中国共产党成立 100 周年[J]. 城市学刊，2021（4）：1-6.

④ 江泽民. 江泽民文选（第三卷）[M]. 北京：人民出版社，2006：319.

⑤ 江泽民. 论科学技术[M]. 北京：中央文献出版社，2001：55.

⑥ 江泽民. 国运兴衰系于教育 教育振兴全民有责[N]. 人民日报，1999-06-16（1 版）.

⑦ 中共中央 国务院关于深化教育改革全面推进素质教育的决定[J]. 中华人民共和国国务院公报，1999（21）：868-878.

⑧ 中共中央 国务院关于进一步加强人才工作的决定(2003 年 12 月 26 日)[N]. 人民日报，2004-01-01（1 版）.

设人力资源强国”的奋斗目标。为落实这一战略部署，《国家中长期教育改革和发展规划纲要（2010—2020年）》强调，“努力培养造就数以亿计的高素质劳动者、数以千万计的专门人才和一大批拔尖创新人才”。由此形成了“人才是第一资源”和“人人都可成才”的新人才观，新的人才观是在坚持德才兼备原则的前提下，更强调“才”即能力和业绩。换句话说，随着素质教育的提出，“以培养学生的创新精神和实践能力为重点，造就‘有理想、有道德、有文化、有纪律’的、德智体美等全面发展的社会主义事业建设者和接班人”[①]就成为人才培养的主旋律。

新时代中国特色社会主义阶段（2012年至今），人民日益增长的美好生活需要和不平衡不充分的发展之间的矛盾上升为社会主要矛盾，教育特别是高等教育所面临的主要矛盾就是如何培养出人民满意和能够担当民族复兴大任的时代新人，特别是自主培养出能够担当民族复兴大任的拔尖创新人才。习近平总书记指出，要“加快实施人才强国战略，确立人才引领发展的战略地位，努力建设一支矢志爱国奉献、勇于创新创造的优秀人才队伍”[②]。“努力培育数以亿计的高素质劳动者和技术技能人才。”[③]“努力造就一批世界水平的科学家、科技领军人才、工程师和高水平创新团队，注重培养一线创新人才和青年科技人才。”[④]2017年，党的十九大报告指出，“创新是引领发展的第一动力”，“加快建设创新型国家”；“人才是实现民族振兴、赢得国际竞争主动的战略资源”，要“培养造就一大批具有国际水平的战略科技人才、科技领军人才、青年科技人才和高水平创新团队”。2019年2月，中共中央、国务院印发的《中国教育现代化2035》指出，“将服务中华民族伟大复兴作为教育的重要使命”，“加强创新人才特别是拔尖创新人才的培养”。2019年3月，习近平总书记在学校思想政治理论课教师座谈会上进一步强调：“新时代贯彻党的教育方针……要努力培育担当民族复兴大任的时代新人，培养德智体美劳全面发展的社会主义建设者和接班人。”[⑤]由此，从新时代实施人才强国战略和建设创新型国家出发，我国形成了新时代人人皆可成才与造就堪当民族复兴大任的拔尖创新人才兼顾，高素质劳动者与一线创新技术技能人才兼重，青年科技人才和高水平创新团队培养统筹的人才观。

通过以上分析可知，百余年来党和国家对人才培养，特别是高等教育人才培

① 何东昌. 中华人民共和国重要教育文献（1998—2002）[M]. 海口：海南出版社，2003：286.

② 本书编写组. 人才强国战略干部读本[M]. 北京：中共中央党校出版社，2004：263.

③ 习近平. 在全国组织工作会议上的讲话[N]. 人民日报，2013-06-29（1版）.

④ 习近平. 在全国职业教育工作会议上的讲话[N]. 人民日报，2014-06-24（1版）.

⑤ 习近平. 思政课是落实立德树人根本任务的关键课程（2019年3月18日）[M]. 北京：人民出版社，2020：9-10.

养目标的定位，依据的均是中国社会主要矛盾的变化，每一次社会主要矛盾的变化总会带来人才培养目标的变化，这是时代赋予教育的使命担当，也是人才培养对时代变迁的响亮回答。[①]

二、第二个百年奋斗目标对大学人才培养的新定位和新要求

实现现代化是中华民族伟大复兴的历史任务，许多先进人物为之进行了艰苦卓绝的奋斗与探索，但真正把它提到历史进程的是中国共产党。在中国共产党的带领下，根据中国历史与国情不断推进现代化建设，成为全国各族人民共同奋斗的目标，也成为高等教育人才培养目标定位调整的社会参照系。概括而言，“一个初心”、“两个百年奋斗目标”和“三步走战略”擘画出中华民族伟大复兴的中国梦的奋斗进程，不同时期各类创新人才的培养、聚集与作用发挥构成并丰富了实现中国梦的中国式现代化路径的重要内涵。

习近平总书记在庆祝中国共产党成立100周年大会上的讲话中指出：“中国共产党一经诞生，就把为中国人民谋幸福、为中华民族谋复兴确立为自己的初心使命。”“一百年来，中国共产党团结带领中国人民进行的一切奋斗、一切牺牲、一切创造，归结起来就是一个主题：实现中华民族伟大复兴。”[②]新民主主义革命阶段，中国共产党和中华民族的主要任务是实现民族独立、获得人民解放。中华人民共和国成立之初，即将实现现代化提上社会主义建设议程。

1954年，毛泽东、周恩来在第一届全国人民代表大会上首次提出了“四个现代化”的目标，但由于历史条件局限，当时人们对现代化的内涵、中国实现现代化的艰巨性和长期性的认识不足。改革开放后，邓小平从实际出发，对中国现代化建设的目标和步骤进行了深入思考，提出了“三步走”的发展战略，即“通过国民经济翻番地增长，第一步，到1990年，解决温饱问题；第二步，到20世纪末实现小康；第三步，到21世纪中叶，达到中等发达国家水平”[③]。1987年，党的十三大报告指出，“第一步，实现国民生产总值比一九八〇年翻一番，解决人民的温饱问题。这个任务已经基本实现”。

---

① 王枬，雷安娜，马玮岐. 中国共产党百年人才培养的目标定位与价值取向[J]. 国家教育行政学院学报，2022（5）：9-17.

② 习近平. 在庆祝中国共产党成立100周年大会上的讲话（2021年7月1日）[M]. 北京：人民出版社，2021：3.

③ 杨胜群. 邓小平提出“三步走”发展战略[EB/OL]. http://cpc.people.com.cn/n1/2019/0307/c69113-30961722.html.（2019-03-07）.

1997 年，党的十五大报告首次提出“两个一百年”奋斗目标，“展望下世纪，我们的目标是，第一个十年实现国民生产总值比二零零零年翻一番，使人民的小康生活更加宽裕……到建党一百年时，使国民经济更加发展，各项制度更加完善；到世纪中叶建国一百年时，基本实现现代化，建成富强民主文明的社会主义国家”。尔后，党的十六大、十七大和十八大就“两个一百年”奋斗目标作了进一步的细化和部署。

2017 年，党的十九大报告清晰描述了“三步走”发展战略以实现第二个百年奋斗目标的进程，并擘画了实现第二个百年奋斗目标、全面建成社会主义现代化强国的具体时间表和分阶段路线图：“第一个阶段，从二〇二〇年到二〇三五年，在全面建成小康社会的基础上，再奋斗十五年，基本实现社会主义现代化……第二个阶段，从二〇三五年到本世纪中叶，在基本实现现代化的基础上，再奋斗十五年，把我国建成富强民主文明和谐美丽的社会主义现代化强国。”

2022 年，党的二十大报告在坚持党的十九大报告对实现第二个百年奋斗目标时间表、路线图的基础上，进一步对基本实现现代化的第一阶段目标进行了细化安排，“到二〇三五年，我国发展的总体目标是：经济实力、科技实力、综合国力大幅跃升，人均国内生产总值迈上新的大台阶，达到中等发达国家水平；实现高水平科技自立自强，进入创新型国家前列……建成教育强国、科技强国、人才强国、文化强国、体育强国、健康中国，国家文化软实力显著增强”。接着，该报告对实现第二个百年奋斗目标的路径进行了系统设计，首要就是“实施科教兴国战略，强化现代化建设人才支撑”。因为“教育、科技、人才是全面建设社会主义现代化国家的基础性、战略性支撑”，所以“必须坚持科技是第一生产力、人才是第一资源、创新是第一动力，深入实施科教兴国战略、人才强国战略、创新驱动发展战略，开辟发展新领域新赛道，不断塑造发展新动能新优势。我们要坚持教育优先发展、科技自立自强、人才引领驱动，加快建设教育强国、科技强国、人才强国，坚持为党育人、为国育才，全面提高人才自主培养质量，着力造就拔尖创新人才，聚天下英才而用之”。

相比于以往大会报告结构，党的二十大报告首次将“实施科教兴国战略，强化现代化建设人才支撑”作为专章放在显要位置，将教育对于实现第二个百年奋斗目标的战略地位和作用提高到前所未有的高度，为加快建设“教育强国”“科技强国”“人才强国”指明了前进方向、提供了根本遵循。

一是实施科教兴国战略，重在人才，根在教育。党的二十大报告将教育、科技、人才三者统筹考虑，共同作为“全面建设社会主义现代化国家的基础性、战略性支撑”，强调“科技是第一生产力、人才是第一资源、创新是第一动力”（简称“三个第一”)，这是基于全球视野下中国现代化所面临的主要矛盾变化及所处历史方位——中华民族伟大复兴的战略全局、世界百年未有之大变局——的战略谋划。教育是国之大计、党之大计，具有基础性、先导性和全局性；科技、人才、创新都要基于教育，高等教育更是作为三者之重要结合点，角色不可替代，作用不可或缺。[①]为坚持和发展好这“三个第一”，要树立“发展是第一要务”“教育是第一根基”的强烈责任意识。[②]只有教育质量提高了，实现科技自立自强、实施人才强国和创新驱动发展战略才能拥有更强有力的支撑。这是教育的历史使命，更是高等教育的历史使命，特别是“双一流”建设高校义不容辞的责任。一方面，肩负民族伟大复兴历史使命，前所未有，使命光荣；另一方面，在国际力量对比发生巨大变化的世界大变局中来推进现代化进程，风险与机遇并存，任务艰巨。在百年未有之大变局中来实现第二个百年奋斗目标，对教育特别是高等教育的创新人才培养提出了全新要求和更高标准，突出表现在“自主”和“拔尖”两个特点上。

二是全面提高人才自主培养质量，重在自主，路在开放。世界历史实践表明，科技、人才、创新均系于教育，世界科学中心、人才中心和高等教育中心基本同构；一个国家先成为世界高等教育中心，然后才成为世界科学、人才中心，我国要成为世界重要的科学中心和人才中心，首先必须成为世界重要的高等教育中心。[③]从现代世界高等教育中心的转变来看，意大利、英国、法国、德国、美国先后成为世界高等教育中心：近代大学肇始的意大利博洛尼亚大学，适应当时经济社会发展的需要，主要以人才培养为主，并先后迁移形成了以英国剑桥大学和法国巴黎大学为代表的古典大学高等教育中心；被誉为“现代大学之母”的洪堡大学在古典大学人才培养的基础上，将科学研究纳入大学职能，进行教学与科研相统一的人才培养，大学也成为教学与科研双中心；美国在独立过程中，先是派遣大量学生到欧洲特别是德国学习，在应用于本土大学建设与改革的过程中，适应经济社会发展的需要，依托《赠地法案》而建立的以威斯康星大学为代表的美国高等教育系统，将服务社会的职能纳入大学职能中来，将人才培养、科学研究与服务社会三者合一，铸就了美国高等教育处于世界高等教育中心的地位。从中国共产党百年创新人才培养目标定位的历史演变来看，中国的高等教育也正走着一条扎根中国大地，适应经济社会发展需要，将主动学习世界优秀高等教育实践经验及成果与中国优秀教育传统及国情相结合的一条中国式的创新人才自主培养之路。

---

① 吴岩. 中国式现代化与高等教育改革创新发展[J]. 中国高教研究，2022（11）：21-29.

② 杨振斌. 勇担高等教育使命 奉献教育强国蓝图[J]. 中国高教研究，2022（11）：3-4.

③ 周光礼. 教育科技人才三位一体 共同支撑高质量发展[N]. 光明日报，2022-11-01（15版）.

这条自主之路既包括源于中国古典书院，经湖南自修大学、陕北公学传承创新而形成的“延安模式”，也包括源于欧洲大陆罗马传统、经 20 世纪 50 年代中国人民大学转换创新形成的“苏联模式”和源于盎格鲁-撒克逊传统、经民国时代诸大学引进吸收再创新形成的“美国模式”。[①]百年创新人才自主培养实践探索的成败得失经验，既是新时代我们全面提高人才自主培养质量的自信来源，也是我们自主培养各类创新人才的实践基础。显然，不管是从国际上世界高等教育中心的演变看，还是从百年中国高等教育发展及创新人才培养的实践经验看，自主并非封闭，而是在充分吸收世界高等教育优秀实践与研究成果的基础上，扎根中国大地与经济社会建设而进行再创造的自主；同时，这种自主又是基于两个百年未有之大变局背景下的自主，因而对于扎根中国办大学的创造性理论与实践需求显得更为强烈与紧迫。正如习近平总书记指出的，“我国有独特的历史、独特的文化、独特的国情、独特的优势制度，决定了我们必须走自己的教育现代化之路”，“我们要认真吸收世界上先进的办学治学经验，更要遵循教育规律，扎根中国大地办大学”。[②]

三是着力造就拔尖创新人才，重在拔尖，基在全体。教育与经济社会发展的关系在相当程度上是一种线性或螺旋式上升的关系。也就是说，当产业形态发展主要以劳动密集型产业为主时，国家和社会主要通过发展基础教育来满足需要；当产业形态发展到以技能密集型为主时，经济发展主要依靠高等职业和技术教育来满足需要；当产业形态发展到以科技密集型为主时，经济发展就更多地要依赖高等教育；当产业形态发展到以创新密集型为主时，经济发展就需要科技创新体系支撑。[③]换言之，产业越升级，对人才培养的规格要求就越高。第二个百年奋斗目标实现的一个标志是以创新型产业形态为主要特征的创新型国家的建成，因而我们需要着力培育一批面向未来“无人区”的各领域拔尖创新人才。但我们经济社会发展的国情是发展不充分、不平衡，放眼全国，劳动密集型、技能密集型、科技密集型和创新密集型产业并存，共同构成了一幅类型多样、创新价值层次鲜明的产业全景图。所以，我们的拔尖创新人才绝不只是瞄着创新密集型产业这一种形态，各个产业形态都需要培育创新人才。换句话说，层级类型丰富多样的教

---

① 周光礼，公钦正. 中国共产党创建新型高等教育百年：一项问题史的研究[J]. 中国高教研究，2021（5）：1-10.

② 本报评论员. 坚持扎根中国大地办教育——五论学习贯彻习近平总书记全国教育大会重要讲话精神[EB/OL]. http://www.moe.gov.cn/jyb_xwfb/xw_zt/moe_357/jyzt_2018n/2018_zt19/zt1819_gd/mtpl/201809/t20180917_348988.html.（2018-09-17）.

③ 周光礼. 教育科技人才三位一体 共同支撑高质量发展[N]. 光明日报，2022-11-01（15 版）.

育体系都需要培养学生的创新能力，我们的教育系统也只有面向所有学生培养和发展他们的创造潜能，才能使为数不多的拔尖创新人才的培养有了选择、脱颖而出的发展根基。也正因为如此，党的二十大报告中强调，“加快建设高质量教育体系，发展素质教育”，“培养造就大批德才兼备的高素质人才……努力培育造就更多大师、战略科学家、一流科技领军人才和创新团队、青年科技人才、卓越工程师、大国工匠、高技能人才”。这样看来，作为最高学段的高等学府，着力所有大学生的创造力培育就成为其最基本的要求和日常工作，即要把大学生创造力培育贯穿于人才培养目标当中，贯穿于学科与课程体系、教学与评价体系等培养全过程当中，以及贯穿于学校、家庭和社会协同培养的公共事业当中。

三、新时代大学生创造力培育的世界观与方法论

《中国教育现代化 2035》提出，到 2035 年的目标是：“总体实现教育现代化，迈入教育强国行列……为到本世纪中叶建成富强民主文明和谐美丽的社会主义现代化强国奠定坚实基础。”整体上，我国进入教育强国行列的时间安排要比本世纪中叶建成社会主义现代化强国早 15 年左右。这表明，一方面，教育现代化是中国式现代化的重要组成部分；另一方面，优先发展教育，率先实现教育现代化又是实现中国式现代化的基础支撑和动力引领，也即“要实现中国式现代化必须率先实现中国式教育现代化”①。

党的二十大报告指出，“实践没有止境，理论创新也没有止境……继续推进实践基础上的理论创新，首先要把握好新时代中国特色社会主义思想的世界观和方法论，坚持好、运用好贯穿其中的立场观点方法”。作为率先实现中国式现代化重要内容的教育，其在创新人才培养上同样需要遵循与运用好这些立场观点方法。

一是坚持人民至上。一方面，创新教育，率先实现中国式教育现代化，需要教育理论创新，而人民的创造性教育实践是教育理论创新的不竭源泉，我们期待大量像基于中国实践创新的“素质教育”理论的诞生；另一方面，中国式教育现代化要以造福人民为基础，办人民满意的教育。

二是坚持自信自立。一方面，百年中国高等教育的发展实践是在吸收中国传统高等教育优秀做法、吸收世界多种优秀高等教育模式实践经验的基础上，结合中国国情而创新发展的，这一过程本身就体现了一种内在的自信、自立的精神；

① 吴岩. 中国式现代化与高等教育改革创新发展[J]. 中国高教研究，2022（11）：21-29.

另一方面，科学的理论诞生，特别是人文社会科学理论的创新恰恰是因为有丰富的实践事实，中国高等教育已是世界上规模最大、类型最多、综合了世界主要高等教育模式优秀经验的实践场域，故面向未来率先实现中国教育现代化，扎根于广阔中国大地上的高等教育实践一定会产生原创的教育理论。

三是坚持守正创新。一方面，十年树木，百年树人，人才的培养具有跨越时空的共性与培养过程的连续性和滞后性，共性的教育规律和人才培养的接续需要坚守；另一方面，人才的培养又具有民族特色和时代个性，民族特色需要传承，更需要与时俱进地进行挖掘与创新。

四是坚持问题导向。一方面，教育问题是永恒存在的，正是对一个个教育问题的解决才促进了今日教育之进步与繁荣；另一方面，不同时代、不同国家的教育具有不同的问题，今天我们教育所面临的主要问题是在百年未有之大变局的全球化背景下如何能够自主培养承担民族复兴大业的拔尖创新人才。

五是坚持系统观念。一方面，万物相连相依，教育也不是孤立存在的，而是与政治、经济、科技等各社会子系统紧密相连，故有些教育问题的解决需要跳出教育范畴来思考；另一方面，创新人才的培养也不只是学校的任务，既需要学校、家庭和社会的协同，也需要不同学段学校教育系统的协同，还需要教育过程中培养目标、课程、教学与评价的协同。

六是坚持胸怀天下。一方面，民族的才是世界的，不同民族和不同国家的教育和人才培养模式均是基于其历史与传统，都有其可取之处，既要虚心学习，又要保持“美人之美，美美与共”的包容心态；另一方面，中国五千年文明孕育发展了“人类命运共同体”这一新时期处理国际关系的价值观，当今许多全球性问题需要全人类携手共同解决，因此我们培养的各类创新人才，特别是拔尖创新人才一定是具有世界眼光、承担全球责任的全球化人才。

第二节　知己知彼的大学生创造力培育：明确核心问题集

中国教育现代化同中国现代化一样，既具有世界各国教育现代化的共同特征，也有基于自己国情的中国特色。新时期我们对创新人才培养的设计与改革，既需要全面分析世界高等教育创新人才培养的态势，也需要科学认识我国当前高等教育创新人才培养发展特征及存在的问题。

一、世界高等教育创造性人才培育发展的总体趋势

早在 1972 年，UNESCO 在其报告中指出，全球问题千头万绪，人类面临的最大问题是怎样开发人的创造力，因为在未来的挑战面前，人类已不能依靠有限的资源，也难以依靠历史的经验，只有通过发明创造，才能取得突破。[①]美国哈佛大学前校长普西（Pusey）曾说："一个人是否具有创造力，是一流人才与三流人才的分水岭。"[②]对创造力的培育与开发，成为世界各个国家和国际组织重点关注与推进的事业。系统梳理和总结 UNESCO 自 2009 年以来举办的三次世界高等教育大会[③]，可以发现，"质量、公平、创造力"是三届大会的主题词。具体来说，世界高等教育创新人才培养的基本态势呈现出以下特点：一是全球高等教育规模扩张速度进一步加快，并向普及化方向深入发展；二是世界高等教育格局和发展中心正在发生变化，亚洲越来越呈现出与欧洲、北美并列为 21 世纪世界高等教育中心的强劲趋势；三是重视质量，建立完善的高等教育质量保障体系，重塑世界高等教育发展新路径正在成为国际共识；四是强调培养学生面向未来的 5C 核心素养，即文化理解与传承、审辩思维、创新、沟通、合作[④]。创造力不仅成为未来人才的核心素养，而且成为高等教育领域新的质量标准。正如 UNESCO 高等教育负责人彼得·威尔斯（Peter Wells）所说："我们正在创建一种全球对话模式，让每个人都思考，重新思考，重新创造。"[⑤]无疑，数智时代的科技及经济社会发展又为着力大学生创造力培育奠定了更多更好实现的技术基础，这种基础主要体现在

---

① 转引自：石中英. 石中英：加强对青少年创造力的培养[J]. 国家教育行政学院学报，2006(3)：27-28.

② 转引自：瞿博. 21 世纪需要什么样的人才[N]. 中国教育报，1998-03-06（2 版）.

③ 这三次大会分别是：首届大会于 1998 年 10 月 5—9 日在 UNESCO 总部巴黎召开，大会通过了《21 世纪的高等教育：展望与行动》（Higher Education in the Twenty-first Century：Vision and Action）公报；第二届大会于 2009 年 7 月 5—8 日仍在巴黎召开，会议通过了《社会变革与发展中高等教育与研究之新动力》（The New Dynamics of Higher Education and Research For Societal Change and Development）公报；第三届大会于 2022 年 5 月 18—20 日在西班牙巴塞罗那召开，大会为 2030 年世界高等教育制定了一个共同的路线图——《超越极限：重塑高等教育的新路径》（Beyond Limit：New Ways to Reinvent Higher Education）。

④ 魏锐，刘坚，白新文，等. "21 世纪核心素养 5C 模型"研究设计[J]. 华东师范大学学报（教育科学版），2020（2）：20-28.

⑤ Tweet. World Higher Education Conference 2022 Opens in Barcelona[EB/OL]. https://www.universityworldnews.com/post.php?story=20220515085613729.（2022-05-15）.

以下四个基本的改革方向与发展趋势中。

（一）从知识教育向创新教育转变

“知识教育”从字面上理解，是为知识而知识的教育，即主要是以知识传授为教育之核心，主要是为相对静止态的传统社会服务的。其基本特征是：在学生观上，主要把学生当成是接受知识的客体或容器，比较忽视学生是一个主动求知、主动创造的主体，是社会上通常批评的“灌输式”“填鸭式”教育；在教师观上，强调教师是知识的化身，师生之间在知识方面应该是“一桶水”对“半桶水”的关系，或教师比学生要有更多的知识储备。在教学过程方面，对教师的教来说，主要甚至单纯地强调对现有知识的传授和积累，割裂知识的本质联系，是比较忽视知识的生成过程及其应用和社会实践的教学模式；对学生的学来说，主要采用的是以强调模仿、操练和背诵为特征的学习模式。如果根据布卢姆的认知目标体系，纯粹的知识教育往往过分强调教育目标的最低层次——“知识”，因而把90%的教学时间用于这一层次，而很少把时间花在更高层次的智力活动上，让学生创造性地应用知识。①换句话说，在这样的教学模式下，学生的探索能力、知识综合能力和应用知识分析问题、解决问题的实践能力很少或基本上没有得到有计划、有目的、有组织地训练与发展。

从字面上理解，创新教育是为培养学生创新能力的教育，即主要指利用遗传与环境的积极影响，发挥教育的主导作用，充分调动学生认识与实践的主观能动性，注重学生创新意识、创新精神、创新技能的主体唤醒和开发培育，形成创新人格，以适应未来社会需要和满足学生主体充分发展的教育模式。②知识与信息社会是一个知识与信息大爆炸的社会，知识以指数速度增长，知识教育这种模式不适应这一社会迅速发展的要求，而必须培养学生以批判性思维为核心的创造力。换句话说，新时代的创新教育在教育目标上是高度重视创造能力的培养，把尊重学生的个性放到首要地位，把学生视为教学过程的主体，并从教学方法和手段、教学内容等方面培养学生的主体性和创造性。用安德森和索斯尼克的话说，“需要证明的是学生能运用知识，即能把信息用于新的情境和问题。同时，也希望学生能获得用来处理新问题和新材料的综合化的技术。这就要求学生在遇到新的问题

---

① ［美］L. W. 安德森，［美］I. A. 索斯尼克. 布卢姆教育目标分类学——40年的回顾［M］. 谭晓玉，袁文辉，等译. 上海：华东师范大学出版社，1998.

② 张立昌. 创新·教育创新·创新教育［J］. 华东师范大学学报（教育科学版），1999（4）：26-32，38.

或情境时，会选择解决问题的恰当办法，会运用必要的信息”[①]。“创新教育不仅仅是教育方法的改革或教育内容的增减，而是教育功能上的重新定位，是带有全面性、结构性的教育革新和教育发展的价值追求。”[②]以培养学生创新精神为首要目标的创新教育，主要围绕创新的三层核心内容展开，即通过学校各种教育形式，培养学生发现知识的探索精神，培养他们重新组合知识的综合能力，以及培养他们准备创造前所未有事物的创造意识和创造能力。在知识经济社会里，因为知识生产模式是新知识的生产与社会应用同构了，所以重要的不仅在于创造新思想，而且在于新思想的运用，并且形成产品，创造新价值。

从知识教育向创新教育转变，并不是说就不要知识教育，而是说不要进行适合静止态的传统社会以“认同-接受”为基本特征的“灌输式”“填鸭式”知识教育模式。不同类型的知识具有不同价值：科学知识重在求真，工具知识意在得法，人文知识旨在崇善，艺术知识为了尚美。如果从个人获取知识的过程与结果及其在个体成长中的作用来看，每种知识又兼具认识价值、智力价值和思想价值等多方面的教育价值属性，但这些价值的实现不是知识自身所能实现的，在很大程度上是基于教育工作者对知识教育固有价值属性的充分认识，通过学校培养目标、课程内容和教学方式等创新性改革和创造性转换而达成的。[③]正是在这一意义上，我们说，创新教育离不开知识教育，即使在人工智能迅猛发展的今天也是如此。但正如有学者所指出的，在人工智能时代，知识教育的价值需从以下三方面来重新定位：“人类和人工的智能活动依然需要立足于知识；智能的离岸化和制造化意味着人需要更高的智能；知识需要在已有知识的基础上得到生产与创新。”[④]知识与信息时代以及人工智能的飞速发展，一方面对单纯的知识教育向创新教育转变提出了迫切要求；另一方面又为这种转变奠定了坚实的物质与技术基础。

（二）从一次性教育向终身教育转变

所谓“一次性教育”，顾名思义，是指把学校教育置于全部教育中心的制度性安排，把学校教育视为一生教育的全部，认为一次性学校教育就可完全满足人生工作和生活之需。一次性教育是与知识发展和更新速度较为缓慢的传统社会相适

---

① [美]L. W. 安德森，[美]I. A. 索斯尼克. 布卢姆教育目标分类学——40年的回顾[M]. 谭晓玉，袁文辉，等译. 上海：华东师范大学出版社，1998.

② 王磊. 实施创新教育 培养创新人才——访中央教育科学研究所所长阎立钦教授[J]. 教育研究，1999（7）：3-7.

③ 张成武. 知识教育的价值及其实现策略[J]. 现代教育科学，2007（11）：67-69.

④ 余清臣. 人工智能时代的知识教育[J]. 人民教育，2019（9）：47-53.

应的，在当时，通过一次性教育就可以满足人一生的职业发展需要。

终身教育/学习是由20世纪60年代中期法国成人教育学家保罗·郎格朗在第三届世界成人教育促进国际会议上首次提出的，其基本内涵是指“教育应贯穿于人的一生”（即从出生到死亡），是围绕人的一生发展而展开，从制度设计上把学校教育、社区教育和家庭教育，未成年人教育（即国民教育）、成人教育和老年教育，知识教育、技能教育和休闲教育，正规教育与非正规教育等从整体上予以有机统合和衔接，最终形成一个具有宏观意义的终身教育体系。这里需要强调的是，终身教育重视非正规教育或非正式教育，并非就意味着排斥或舍弃学校教育；正好相反，终身教育的核心理念就在于强调“统合”，它的基本宗旨就在于要把包括学校在内的各种教育资源，围绕人的一生发展而整合成一个具有宏观意义的立体型体系——终身教育/学习体系。①

类似终身教育的思想实际上在中国古代早已存在，如“活到老，学到老，还有三桩学不到”的古老格言来深刻阐述终身学习的必要性。而在知识与信息社会里，知识更新周期快，机器设备与工业产品陈旧周期不断缩短，国际合作与竞争将更为激烈，职业更迭日益频繁并成为一种新常态，这些发展趋势使得一次性教育或仅仅依靠学校教育已不能适应新时代之需，以知识社会的创造力要求与信息社会的批判性思维要求为核心的新时代教育，必然要求以终身教育取代一次性教育，并促进教育的社会化和学习的社会化，真正促进学生的个性发展，从而使人的整个一生都处于不断“学习”和“充电”的积极进取状态中，使人保持旺盛的创造欲望和动力。教育必将肩负起培育创新人才和推动社会发展的重大职责，终身教育/学习则是与人的创造力培育相适应的，也是真正实现人的全面发展的教育。

（三）从专才教育向专通结合教育转变

所谓专才，是指专业方向较为集中，在某一个领域或某一个领域中的某一个方向或某几个方面具有专门知识和技能技巧的人才。②培养专才的教育就被称为专才教育，它以工具理性为导向，以培养能够从事某种职业或进行某个领域研究的专门人才为基本目标，注重向学生进行“专门化”“工具性”的学科或领域的基本理论、专业知识和专门技能的教育，使学习者成为某领域或某职业方面的“专家”，为学生毕业后直接从事某一职业做准备。一方面，专才教育有其优势：主要通过

---

① 吴遵民. 走出理解误区——对当代终身教育理论内涵的深层思考[J]. 杭州师范大学学报（社会科学版），2008（3）：107-111.

② 顾明远. 教育大辞典·增订合编本（下）[M]. 上海：上海教育出版社，1998：2124.

分科或分专业进行；教学内容与社会生产生活紧密联系，偏重应用，不太关注学生能力和素质的全面发展，而将重点放在学生基本知识与实践技能是否能够胜任职业或行业的实际需要，注重学生实际工作能力的培养；培养的人才“上手快、动手能力强”，短期内具有不可替代性，毕业后能较快适应社会工作需要。另一方面，专才教育也有其不足：培养出来的学生通常基础较弱、底子较薄、知识面较窄、技能较为单一，因而虽能在所学范围内或专业领域内有效地开展工作，但缺乏灵活调整职业前途和继续发展的潜力；专才教育发展到极端，容易出现“重专业，轻基础”“重智育，轻德育”的现象，分门别类、越来越窄的专门化教育发展到极端，学生成了没根之人，过早地专业学习会造成学生知识面狭窄，不利于他们的可持续发展。在知识与信息社会，学科越来越朝向综合化方向发展，生活环境变化迅速，知识面过窄、过专、过偏的人，也越来越难以适应社会的需要。

所谓通才，是指发展比较全面、知识面比较广、活动领域比较宽的人才，培养通才的教育就是通才教育。“通才教育”来源于英文“general education”，也译为“通识教育”。它以全人教育为基本理念，强调以人为本，以人的自我实现为根本目标，把学生培养成具有一定自然科学、社会科学和人文科学的基础理论、基本知识和技能，个性得到全面而均衡发展的人，为后续可持续发展奠定坚实基础；通才教育关注学习自由、平等和个性解放，十分看重普遍化、综合化、基础化、自由化和人文化。换言之，通才教育首先关注“人”的培养，其次才将学生作为职业人、专业人来培养。一方面，通才教育的优势非常明显：主要表现为知识的基础性和经典性、内容的综合性和广泛性、教育形式的多样性和灵活性等方面。通才教育培养出来的学生基础扎实、知识面广、视野开阔，这不仅有利于个人的智力开发、人格完善和创造力的充分发挥，而且个人在实际工作中更有继续发展的空间，更适合在瞬息万变、迅猛发展中的社会生存。另外，当今社会，新科学技术的生长点，理论上的重大突破，越来越多地出现在学科之间的空白地区，因此通才教育培养出来的人才更能适应现代科技综合化的发展。总之，通才教育将使学生具有创造性地适应环境的能力，使学习者具有开拓求知领域、推动社会发展的创造力，从而有利于学习者人格的全面发展和促进其创造能力的形成。另一方面，其不足也是存在的：因现代知识呈指数级急剧增长，一个人实现“通”的难度不断增大，即使穷其一生追求，也断不可能通晓多个领域，“什么都懂一点，什么都会一点”的“万事通”在当今知识爆炸的时代很可能意味着什么都不懂。本科生就业上的压力有时恰恰是因为什么都会，但却不能专长解决某一方面的问题。所以，当今社会，各种学科都通的“全科通才”是没有的，所谓的“‘通才’，一般是指那些从事基础学科研究、进行纯学理研究的人，和那些在专业领域从事宏观决策与组织管理的‘学科通才’”[①]。

从终身教育/学习的视野来看，高等教育普及化阶段的本科教育在相当程度上已经成为高等教育体系和后续继续教育的基础教育，通才教育应该成为一个主要的价值取向与追求。当然，由于当代科学技术加速发展和学科交合的趋势，它对人才的需求是多样性、全方位的，即不仅需要高层次的通才与专才，也需要中、低等各层次的通才与专才；与之对应的是高校的类型也越发多样，对应的培养人才目标也是各种各样，既有专才，也有通才，但不同类型与不同层次的人才都应该是具有创新意识和创新精神的人才。

（四）从整齐化教育向个性化教育转变

所谓整齐化教育，也称划一性教育或同质化教育，是以班级授课制为基础，统一教学目标与考核标准，统一教学内容与教学进度，统一教育形式与教学方法，面向全体学生，塑造同一规格人才产品的模式化教育。通常情况下，这种教育模式视学生为加工对象和材料，视教师为加工者，视学校为加工厂，教育过程即加工者按既定的统一目标、标准和要求，在同一时空内，用同一工序进行加工的过程，保证了劳动力规格的统一性及规范性；但教育过程中忽视受教育者的个性特点，忽视学生培养的个性和创造性，忽视教师与学生之间互动的主体性，最终使具有个性差异的学生通过学校这一流水线被打磨了棱角而被加工改造成一个个标准产品，并被批量生产和统一评估，学生也因没了个性而无法挖掘其特长与潜能。一方面，这种整齐划一的同质化教育模式具有以下优势：大规模和批量化的人才生产适应了近代化、工业化所需要的大量受过系统训练的“标准化”人才的要求，在形式上大大降低了未来劳动力生产的成本，适应了当时经济社会发展的需要，是教育史上的一大进步，直至今天它仍是最高效的教学组织形式之一。这种优势主要源于班级授课制自身所具有的优点：第一，可同时开展大规模教学，一个教师可同时教很多学生，提高了教师的教学效率；第二，教学时间统一安排；第三，通过课表保证学习活动循序渐进，可使学生获得系统的科学知识；第四，由教师系统讲授，并在此基础上直接指导学生全程学习，保证了教师主导作用的发挥；第五，以班级为单位的集体教学过程是一个生生之间、师生之间相互交往的过程，特别有利于培养学生的集体意识和组织纪律性。[②]另一方面，这种模式也具有其不

---

① 王义遒. 高等教育培养目标中的“博通”与“专精”[J]. 北京大学学报（哲学社会科学版），2008（3）：5-15.

② 吴刚. 大数据时代的个性化教育：策略与实践[J]. 南京社会科学，2015（7）：104-110.

可克服的弊端：划一性易使教育退化和僵化，教育无竞争和进步机制，缺乏活力和生机；划一性还不重视甚至否定人的个性和个体的独立价值，经由这样的教育方式培养出来的人，通常是缺少良好个性素质的“标准件”，由这样的个人组成的社会往往会成为千人一面、单一无生机的世界。①

所谓个性化教育，作为与划一性教育相对应的教育，顾名思义是指针对学生个性而实施的教育，即培养受教育者良好个性素质的教育。个性化教育既可作为一种教育思想来认识，也可作为一种教育活动来理解。作为一种教育思想，它强调尊重个性和独特的生命价值，通过适合每个独特生命的教育方式，发展个体生命潜能和个性优势，培养独立人格和独特个性，促进个体生命自由全面和谐发展，并提倡教育特色化；作为一种教育活动，它是培养、强化受教育者良好个性素质与预防、改造受教育者不良个性素质的统一过程，是促使受教育者的现实个性素质向理想个性素质转化的过程，是个性化与社会化、他人教育与自我教育的统一体。②个性化教育具有其独特优势和教育意蕴：有利于加强教育的针对性、实效性；有利于改变学生被动学习的状况，进一步调动广大学生学习的主动性、积极性；有利于发展广大学生的优势潜能，有效培养其创新能力，遵循教育规律和人才成长规律，尊重广大学生的主体地位，体现教育以人为本的核心理念和促进实现公平、提高质量的战略目标。③同时，开展个性化教育是大众化、普及化阶段高等教育的内在诉求，有利于将教育公平从受教育机会均等向受教育过程乃至结果均等的方向进一步推进，从而在更深层次上实现教育公平。

个性化教育之所以可能，是基于人的可教育性和人的差异性这两大前提，而这恰恰是人区别于其他动物所具有的基本特征；但同时，个性化教育要可行，也需要基于两大前提：一是能够识别和发现学生的个性；二是建立适宜的个性化教育/学习系统，以为学生的个性化发展提供支撑。对于如何识别和发现学生个性，认知风格理论和多元智能理论为此提供了先行突破口，遵循这些理论所揭示的要义，符合学生智力风格的教育是最适宜的，因而教学设计应依智力风格而采取相应的类型化方式，以给每个学生合适的学习机会并帮助其发现更好的学习方式。对于建立适宜的个性化学习系统，21世纪以来，教育多样性的现实条件日趋成熟，特别是建基于认知科学、教育心理学、计算机科学、人类学、社会学、神经科学和其他领域等多学科交叉的专门研究学与教的学习科学异军突起，人们对学习本

---

① 刘文霞. 完整地理解个性教育[J]. 内蒙古师范大学学报（哲学社会科学版），1997（2）：1-8.

② 刘文霞. 完整地理解个性教育[J]. 内蒙古师范大学学报（哲学社会科学版），1997（2）：1-8；刘献君. 高等学校个性化教育探索[J]. 高等教育研究，2011（3）：1-9.

③ 陈至立. 大力提倡个性化教育[J]. 中国教育学刊，2011（10）：卷首语.

质的认识日益深入，从而也为教育机构与社会建立起适宜的个性化学习系统奠定了理论基础；随着以“互联网+教育”和人工智能为标志的新时代的到来，学生接受教育的时空不再局限于课堂与学校，而是课上课下、校内校外、国内国外、线上线下等多维时空的组合，学习可随时随地进行学习，优质课程资源也在大多数情况下随手可得，“即时学习”成为一种新常态，从而为建立适宜的个性化学习系统奠定了物质和技术基础。随着这两个前提条件的逐渐成熟，个性化教育的具体实施与推广的可行性也随之进一步加强，从而为学生个性的发展、为每个学生创造性精神和创造能力的形成提供了新的空间和机遇。同时，随着教育技术的蓬勃而深入发展，知识和技能学习已不再局限于学校，符合个人特长、兴趣和意愿的个性化学习正逐渐成为世界主流，个体创造潜能的发展也恰恰在这种教育格局的变化中获得了前所未有的机会。①2006 年，OECD 发表报告《面向明日之学校教育：使教育个性化》(Schooling for Tomorrow：Personalising Education)，将个性化教育作为应对变革时代的重要教育议程，认为“一刀齐”的学校知识和组织安排既不适合个人需要，也和知识社会的发展格格不入。②

二、中国高等教育创造性人才培育面临的基本态势

经过中国共产党百年高等教育发展谋划、中华人民共和国成立 70 多年来的学习借鉴与自主探索相结合，特别是改革开放以来的特色化发展和党的十八大以来的矢志笃行，中国高等教育发展的整体水平进入世界第一方阵，创新创业教育领跑世界③。人才培养也逐渐从传统的人才培养模式向创新型的人才培养模式转向。综合而言，中国高等教育创造性人才培育总体上正呈现出以下基本发展态势。

（一）高等教育发展的基础化与多样化

随着中国高等教育普及化的推进，高等教育正成为新增劳动人口及个人成长发展过程中的“基础教育”。一般认为，以 1999 年为界，中国高等教育在此之前为精英化阶段，之后逐渐向大众化、普及化阶段迈进；2002 年毛入学率达到了 15%，正式跨入大众化高等教育国家行列；2019 年突破 50%大关，正式步入国际上比较

---

① 戴耘. 总序[A]//Beghetto R A，Kaufman J C. 培养学生的创造力[M]. 陈菲，周晔晗，李娴，译. 上海：华东师范大学出版社，2013：2.

② OECD. Schooling for Tomorrow：Personalising Education[M]. Paris：OECD Publishing，2006：10.

③ 吴岩. 历史性成就 格局性变化——高等教育十年改革成效[J]. 中国高等教育，2022（11）：8-10.

公认的普及化阶段。[①]2022年中国高等教育毛入学率达到59.6%[②]。高校扩招大大增加了我国适龄人口的高等教育入学机会，是否接受了高等教育已成为个人终身发展的必备条件，接受高等教育也成为全体国民的一项基本义务，高等教育不再是严格意义上的大学教育，而是演变成“中学后教育”或“第三级教育”，本专科教育阶段的基础性特征越来越突出。

同时，高等教育普及化发展，适应社会经济文化多样化人才需求和个体个性化需求，高等教育的类型与层次也越来越多样丰富。从高等教育的类型层次来说，作为以培养各行业精英为核心的研究型大学继续存在并进一步加强，大量的专业性大学、应用型院校、职业技术技能型院校更为多样化、复杂化；应用型与学术型两种类型教育的专科、本科、硕士、博士的层次教育体系已经形成，并且正在推进两种教育类型之间交互打通的立交桥建设。这些院校之间及其内部学科专业结构与组织结构的界限日渐模糊融合，呈现出研究型—专业型—应用型—职业技术技能型逐渐模糊变化的多彩“色带”。[③]从高等教育的主办形式看，公办、民办、中外合办、公私混合所有制、股份制，校内与校外、国内与国外、巨型与微型、实体与虚拟、正规与非正规、面授与远程教育、线上与线下以及跨境高等教育等办学体制与形式更加多样化、复杂化。从高等教育的办学规模及学习方式来看，有些院校学生类型单一同质，只有几百几千人，有些院校学生类型多样异质，达到几千几万人；有些院校只登记入学，有些院校学习工作生活边界消失。高等教育的多样化形态使个体接受高等教育的选择性和个性化需求大大增强。

（二）接受高等教育的需求机会均等化

随之高等教育普及化发展进程，人们对高等教育的追求呈现出依次从起点上追求入学机会的平等、到教育过程中追求参与各种教育教学活动的机会平等、再到结果上追求获取成功的机会均等的特点；国家对高等教育发展的内涵式推进也呈现出依次从满足人们在高等教育起点上满足入学机会的平等、到教育教学过程中满足参与的机会平等、再到结果上努力推进获取成功的机会均等的特点。2007年党的十七大报告提出，“要通过发展保障社会公平正义、不断促进社会和谐”，“实现社会公平正义是中国共产党人的一贯主张，是发展中国特色社会主义的重大任

---

① 高众. “十四五”规划提出，提高高等教育毛入学率[N]. 中国教育报，2021-04-16（1版）.

② 教育部：我国高等教育毛入学率达59.6%[EB/OL]. http://www.moe.gov.cn/fbh/live/2023/55167/mtbd/202303/t20230323_1052379.html.（2023-03-23）.

③ 董立平. 多样化：高等教育普及化阶段的基本特征[J]. 中国高等教育，2016（17）：10-11.

务”，从而将推进社会的公平与正义提高到作为社会主义的本质属性和核心价值的高度来认识，并将其作为构建社会主义和谐社会的一条有效途径来实践。在教育领域，强调“教育公平是社会公平的重要基础”，要“办好人民满意的教育”，“提高高等教育质量”。2007 年，我国开始实施“高等学校本科教学质量与教学改革工程”，同年发布的《教育部关于进一步深化本科教学改革全面提高教学质量的若干意见》强调要“通过推进学分制、降低必修课比例、加大选修课比例、减少课堂讲授时数等，增加学生自主学习的时间和空间，拓宽学生知识面，增强学生学习兴趣，完善学生的知识结构，促进学生个性发展”。《国家中长期教育改革和发展规划纲要（2010—2020 年）》提出：“树立科学的质量观，把促进人的全面发展、适应社会需要作为衡量教育质量的根本标准。树立以提高质量为核心的教育发展观，注重教育内涵发展，鼓励学校办出特色、办出水平，出名师，育英才”，至此，我国高等教育发展跨入高质量发展的新阶段。2012 年颁布的《教育部关于全面提高高等教育质量的若干意见》指出：“建设优质教育资源共享体系……鼓励地方建立大学联盟，发挥部属高校优质资源辐射作用，实现区域内高校资源共享、优势互补。加强高校间开放合作，推进教师互聘、学生互换、课程互选、学分互认。加强信息化资源共享平台建设，实施国家精品开放课程项目，建设一批精品视频公开课程和精品资源共享课程，向高校和社会开放。”“加强省级政府统筹。加大省级统筹力度，根据国家标准，结合各地实际，合理确定各类高等教育办学定位、办学条件、教师编制、生均财政拨款基本标准，合理设置和调整高校及学科专业布局。”某种程度上讲，这些政策与措施在价值取向上是从入学机会均等向受教育机会均等的价值取向发展。

正是在中国社会和国家政策层面的相互推动和促进下，中国高等教育发展的价值取向已非常明确地开始从“优胜劣汰”的教育价值取向朝“机会均等”的方向转轨，全面发展、人人成才有了顶层坚实的认识与政策基础。2021 年颁布的《中华人民共和国国民经济和社会发展第十四个五年规划和 2035 年远景目标纲要》将“人民生活水平显著提高，教育公平和质量较大提升”作为未来社会发展的重要目标，其中公平居于前列，也正是这种观念与政策的继续。

（三）高等教育学习智能化和个性化

一方面，网络和人工智能促进了大学课程教育与学习资源实现共享。互联网和人工智能将原来静止的、近距离学习的知识形态转化为流动的、可远距离学习的知识形态，不仅即时性的论文已变得数字化且随手可查可阅，而且原有图书馆资源的数字化和数字图书馆的建设日益发展迅速，并向世界共享。[①]中国自20世纪末开始，相继通过三项重大公共数字文化工程——全国文化信息资源共享工程、数字图书馆推广工程和公共电子阅览室建设计划，全面构建起了覆盖全国、免费开放的现代公共文化服务体系。[②]据教育部官网，截至2017年底，有关高校和机构自主建成10余个国内慕课平台，460余所高校开设的3200多门慕课上线，5500万人次高校学生和社会学习者选修慕课；更为重要的是，教育部首次正式推出了490门“国家精品在线开放课程”，这490门精品课程质量高、共享范围广、应用效果好、示范作用强。[③]据2019年4月召开的中国慕课大会公布的数据：上线慕课数量由2017年的3200门增加到2019年的12 500门，增加近3倍；学习人次由5500万人次增加到2亿多人次，增加2.7倍；国家精品在线开放课程数量由490门增加到1291门，增加1.6倍；国内高校和机构陆续建成10余个各具特色的慕课平台，已有1000余所高校在网上开设慕课；基于“智能+教育”的虚拟仿真实验教学项目上线数量已超过1000个，注册用户接近80万人。[④]2022年3月，教育部推出了国家高等教育智慧平台，该平台包括课程、教材、教研、课外成长等共十大板块，并将德智体美劳五育并举、课内和课外教育横向联通、本科和研究生纵向贯通；覆盖了全部高等教育14个学科门类、92个专业，提供了2.7万门优质慕课和6.5万条教材课件，注册用户达3亿人，访问总量在两个半月时间达180亿人次，特别是国际用户已经突破了1300万人，覆盖了146个国家和地区，并通过爱课程国际平台和学堂在线国际平台，以14种语言资源向全世界进行传送。[⑤]另外，Google于2005年推出数字图书馆计划，并以“组织全球信息，并使之在全球范围内获取和利用”为其使命。[⑥]据国际知名第三方在线教育机构Class Central的数据，截至2018年底，全球已有900多所大学推出了至少一门慕课课程，全球慕课课程数量为1.14万门，比2017年增加了约2000门课程；慕课平台学习者用户注册数

① 李庆丰. 知讯时代大学课程知识选择实践逻辑发展与变革趋势探析[J]. 湖南师范大学教育科学学报，2012（5）：48-54.

② 丁宁宁. 从“三大公共数字文化工程”的实践看中国数字图书馆发展[J]. 图书馆理论与实践，2017（3）：80-83.

③ 丁雅诵. 教育部推出首批490门“国家精品在线开放课程”——中国慕课，与世界一流比肩[EB/OL]. http://www.moe.edu.cn/jyb_xwfb/xw_fbh/moe_2069/xwfbh_2018n/xwfb_20180115/mtbd/201801/t20180116_324677.html.（2018-01-16）.

④ 董鲁皖龙，万玉凤. 中国教育报[N]. 2019-04-11（11版）.

⑤ 吴岩. 国际共识，中国创新[R]. 广州：2021年高等教育国际论坛年会•建设高质量高等教育体系，2022.

⑥ 周青建. Google数字图书馆计划的发展及影响[J]. 河南图书馆学刊，2014（9）：87-90.

量由 2017 年的 0.78 亿人增长至 2018 年的 1.01 亿人，增长率达 29.5%。[①]在个人信息化条件许可的情况下，从全世界获取学习资源已成为一件非常便利的事情；同时，网络免费学术资源尤其是开放存取资源的迅速增长，还为个人数字图书馆的构建提供了丰富的资料来源。[②]这种变化使传统意义上的教育与学习具有了很强的突破时空限制的张力，正如有学者所说："当大学的人造围墙在科学技术的冲击下岌岌可危之时，在电子网络无限延伸校园功能之时，高等教育的影响将会扩大……任何有学习愿望的人都能接受到优秀的教授的授课。"[③]2019 年底突如其来的新冠疫情虽给全世界人民带来了深重灾难与生存危机，但也大大促进了在线教育/学习在全世界范围内的推广和质量提升。

另一方面，学习的灵活性促进了学生学习的主体性和个性化的充分发展。随着人工智能在高等教育领域的深入发展，以往我们往往需要在校园定时定点才能听到大学教师的授课，而现在我们可以将网上各种课程资料和知识信息下载到自己的电脑、iPad，或者通过各种学习 APP、云空间等直接在线收听收看，甚至一部手机就能解决所有问题，可随时随地听和看教师讲课，也可参与即时课程与互动，"即时学习"已成为学习新常态；以前我们通常需要到书店或图书馆去才能看书或买书，而现在我们足不出户就可以在家中通过网络直接开展阅读或买书；过去我们常常需要去图书馆查阅大量文献来做研究，但现在我们可以很方便地通过各种搜索引擎来完成翻阅书架和大量筛选的过程。甚至在不久的将来，电脑或手机可以让每个人都能把人类几乎所有的知识装到口袋里。事实上，早在 2004 年，新闻出版总署就批准设立了首批 50 家互联网出版机构。未来已来，网络出版已在并将成为真正意义上的"5W"出版[即任何人（whoever），在任何地点（wherever），在任何时间（whenever），与任何人（whomever），采取任何方式（whatever）的出版]。"一切知识"和"每个人"正成为网络时代青年学生的流行语。网络正推动着大学生的学习方式由被动向自主、参与、互动和合作的学习方式转变。这意味着，在前信息社会，课程知识或教育知识是教育者（这里将所有直接或间接参与课程知识选择的组织和个人称为教育者）已选择好了的知识，学习者只需学习、接受或者更进一步在此基础上创造新的知识，其话语形式是"学习""传递""传播"等；而在信息社会，课程知识或教育知识要经历两个不同过程：一是课程知

① 陈滨跃，李志民. 2018 年全球主要慕课（MOOC）平台发展简介[EB/OL]. https://www.sciping.com/34970.html.（2020-08-07）.

② 申舒. 基于网络免费学术资源的个人数字图书馆构建[J]. 情报探索，2013（1）：86-89.

③ [美]帕克・罗斯曼. 未来高等教育：终生学习与虚拟空间[M]. 范怡红，主译. 青岛：中国海洋大学出版社，2006：1.

识存在于信息平台的共享空间中，其本身已经历了“教育者选择”这样一个过程；二是在共享信息平台中，学习者面对有如超市琳琅满目的知识产品，需要根据自己的兴趣、学习目的来进行选择，而这种选择在信息社会中更为重要，其话语形式是“选择”“开发”“利用”等。所以，未来教育的唯一机会是个体的自主学习能力及学习新兴技术的能力得到有效而恰当的使用。

三、大学生创造力培育发展的基本特征与核心问题

综合世界高等教育与中国高等教育发展的特点，进一步创新教育发展，提高人才自主培养质量，着力培育大学生的创造力，特别是造就具有国际顶尖竞争力、能够决定国际竞争胜负关键的拔尖创新人才，就成为“制定高等教育高质量发展战略的基础条件和基本判断，是走好人才自主培养之路的自信所在和主攻方向”①，也是实现第二个百年奋斗目标的核心基础。总体而言，我国高等教育人才培养整体质量较高，但世界级拔尖创新人才较少，即呈现出“均值高、方差小”的特点。②因此，在这个特点的基础上，进一步明确大学生创造力培育的主要问题，意义非常重大。本书前文的调查在一定程度上呈现了大学生创造力培育发展方面存在的主要问题，它们构成了下一步针对性改革改进的对象。综合梳理本书调查分析所得出的结论，可抽取出大学生创造力培育与发展的基本特征及主要问题。

（一）大学生创造力和创造性思维发展良好，个体差异相对较大；创造性人格发展一般，个体差异相对较小

调查发现，大学生创造力及创造性思维的发展良好，这一特点整体上反映了我国经济社会和高等教育的改革与发展所取得的成就，也为我们未来更好地培养和开发大学生的创造力奠定了物质和智力基础；创造力和创造性思维的个体差异相对较大，一方面，这可能与我国高等教育普及化发展所带来的大学生群体越来越多样化、异质化有关；另一方面，这也符合创造性思维和智力发展的基本规律。这样，如何在整体促进全体大学生创造力发展的基础上，将创造性思维拔尖的那一小部分人选择出来，促进他们更好地发展或为他们提供创造性思维能够自由发展的环境，就显得更为重要了。相对而言，大学生创造性人格的发展一般，即大

---

① 吴岩. 中国式现代化与高等教育改革创新发展[J]. 中国高教研究，2022（11）：21-29.

② 钱颖一. 对中国教育问题的三个观察——均值与方差[J]. 基础教育课程，2015（1）：9-10.

学生在创造性人格的冒险性、好奇性、想象力和挑战性4个模块上的发展一般，且相比于创造力和创造性思维，创造性人格的个体差异较小，说明求稳正成为大学生的普遍心态和未来发展取向。这个特征似乎与近年来公务员考试、教师资格与编制考试，以及研究生入学考试新的“三大国考”热相互印证了，这是今后我们高等教育培养和开发大学生创造力需要大力反思、关注和加强的方面。

（二）大学生创造性人格中，挑战性发展较好，个体差异相对较大；想象力发展较差，个体差异相对较小

调查发现，大学生创造性人格中，挑战性发展较好，个体差异大，一方面说明当前大学生整体愿意探究各种复杂的问题，寻找解释或解决问题的各种可能性，了解事情与现实之间的可能差异，能够从杂乱中理出秩序等，他们愿意和敢于接受一些问题与挑战；另一方面说明也有部分大学生不太愿意面对各种复杂问题，不敢接受具有挑战性的任务，这是今后大学生创造力培育与开发中需要继续加强的方面。大学生想象力发展较差，个体差异相对较小，且在专业、性别、生源地和是否独生子女各变量上无显著差异，说明当前大学生在建立视觉化的形象、幻想尚未发生的事情、利用直觉推测事物因果、超越感官限制分析、重组和产生新的创见等方面的发展和表现普遍不佳，特别是随着年级升高，想象力发展反而显著下降，想象力发展的这一特点对我们的人才培养而言是一个警醒，更是未来大学生创造力培育与开发中需要重点关注并进行专题研究的问题。

（三）大学生创造性思维中，评估力和投射未来发展较好，独创性发展较差

调查发现，大学生创造性中，评估力和投射未来发展较好，个体差异大，一方面说明大学生在依据某种标准分析事物好坏是非和适当与否、进行价值判断和决定取舍等方面，以及保持开放心态、将自己的世界投向无限的未来等方面发展较好；另一方面说明还有相当部分大学生在分析事物好坏、开展价值判断与取舍方面有所欠缺，这一特点说明在培养和开发大学生创造力过程中，评估力和投射未来还有进一步拓展空间。大学生的独创性发展较差，且随着年级升高，其发展呈下降趋势，说明大学生在多角度和独辟蹊径地分析、探讨与处理问题方面发展不佳，且大学四年培养对独创性发展起着负面作用，不升反降，这一特点同想象力一样，也是未来大学生创造力培育过程中需要警醒和重点关注，并值得进行专题研究的问题。

（四）大学生创造力发展整体上，人文社会科学专业好于其他专业，女生好于男生，城市大学生好于农村大学生，低年级好于高年级

调查发现，大学生创造力及其创造性人格与创造性思维的发展上，人文社会科学专业普遍好于理学或医学、工程技术科学两大类专业学生，仅在创造性人格的好奇性和想象力模块上无显著的专业差异，这一特征至少说明这两大类专业学生在创造力培育上还有所不足，进一步加强理工科大学生的人文素质的培养依然任重道远；女生普遍好于男生，仅在创造性人格的好奇性和想象力模块上无显著的性别差异，这一特征反映了经济社会和高等教育发展在女大学生创造力发展上所取得的成就，也在相当程度上与近年来不时有女性在各方面脱颖而出的报道相映衬，对于今后培育大学生创造力的性别观念方面具有启迪作用；城市大学生好于农村大学生的特征，在创造性人格的好奇性和想象力、创造性思维的综合整理与投射未来模块上无显著的生源地差异，这一特征说明，农村大学生的创造力培育与开发是今后大学生创造力培育过程中需要重点关注与研究的课题；低年级创造力发展好于高年级，这一特点在一定程度上反映了大学四年对大学生创造力的培养与发展没有起到很好的促进作用，特别是高年级阶段，大学生的创造力不升反降，这一点非常值得未来进行持续深入的反思与研究。

第三节　行动当下的大学生创造力培育：攻克关键突破口

通过本次调查可以明确：一方面，大学生创造性思维发展良好，说明大学生是“会”创新的，创造性思维也是可以培养的，但创造性思维中的独创性发展不高；另一方面，创造性性人格发展一般，说明大学生“愿”创新的意愿不强，特别是大学生想象力发展均值得分不高。所以，中国大学生创造力的发展与培育除了应继续关注和加强对大学生的批判性思维与创造性思维的培养①，特别是独创性的培育外，重点突破方向就在于如何培育和增强大学生的创造性人格，即如何培

① 钱颖一. 批判性思维与创造性思维教育：理念与实践[J]. 清华大学教育研究，2018（4）：1-16.

育大学生的挑战性、冒险性、好奇心和想象力，其中重点又是如何呵护和提升大学生的想象力。

一、率先率直领航，着力大学生创造性人格养成

创造性人格是创造力培育的重要构成要素，解决的是“愿不愿”创造的问题。通常情况下，创造性人格主要“是指主体在后天学习活动中逐步养成，在创造活动中表现和发展起来，对促进人的成才和促进创造成果的产生起导向和决定作用的优良的理想、信念、意志、情感、情绪、道德等非智力素质的总和”①。有研究者通过科学技术史以及对古今中外上百位杰出科学家、发明家的传记进行反复研究后认为，创造性人格对个人成才、对创造活动的成功和创造成果的产生起着导向作用、内在动力作用、创造力放大作用、引导创造过程作用、长期坚持最终成功的作用等。②例如，高尚的理想和信念、坚定的信念与坚强的意志，能够在一个人的成才过程中起导向作用；某些创造性人格的素质能够对创造者的创造历程起到内在动力作用；在科学和艺术史上，有一类重大成果，需要创造者数十年的奋斗才能够获得，在这一类长时间的创造过程中，持之以恒、坚持到底的创造性人格，对于创造活动起到了促进作用。

创造性人格包括的基本素质是多方面的。有研究者通过对几十位中国著名科学家的传记、文献的研究，概括出中国当代科学家的 10 种创造性人格的基本素质，分别是高尚的理想与志向，爱国主义精神，善于合作的精神，善于提出和讨论问题的精神，善于综合、勇于创新的精神，甘于奉献、敢冒风险的精神，求实严谨的治学精神，逆境发愤、老当益壮的精神，尊敬师长、关爱晚辈的精神，争取一流、再创辉煌的精神。③科学家创造性人格中所包含的这些基本素质都可通过后天的培养和学习而发展形成。高度的社会责任感和使命感是新时代大学生创造性人格培养的核心内容，也是我们国家的优良传统。分析 2010 年以来各“985 工程”大学《本科教学质量报告》，在人才培养目标的设计与表征中，除“创新”的词频数最高以外，“家国情怀、社会责任感、爱国精神、民族复兴”所占的比重越来越大，特别是“社会责任感”的词频数。④对拔尖创新人才的培养，更是强调“社会

① 甘自恒. 创造学原理和方法——广义创造学（第二版）[M]. 北京：科学出版社，2015：41.

② 甘自恒. 中国当代科学家的创造性人格[J]. 中国工程科学，2005（5）：35-42.

③ 甘自恒. 中国当代科学家的创造性人格[J]. 中国工程科学，2005（5）：35-42.

④ 雷金火，黄敏. 中国拔尖创新人才培养：实践、困境、优化——基于中国部分一流大学人才培养实践的研究[J]. 上海师范大学学报（哲学社会科学版），2022（4）：126-135.

责任感”这一点。[①]

在本书研究的分析框架中，创造性人格主要包括冒险性、好奇性、想象力和挑战性4个模块。两相比较，这4个模块所具有的创造性人格品质是上面10种创造性人格基本素质中的核心要素。调查发现，大学生创造性人格随年级升高而下降，其中挑战性模块在四年间的下降最厉害，冒险性次之。是什么原因让大学生的挑战性和冒险性大幅降低了呢？前文已有论述，这很大程度上是因为缺少一种“鼓励创新、宽容失败”的创新环境。诚如鲁迅先生所言，在未有天才之才，就让我们都来当这天才成长之土壤。[②]“天才”成长的宽容宽松环境的营造是今后创造性人才培育过程中需要特别注意的问题。

二、全程全域呵护，着力大学生想象力保护与激发

从心理学角度看，想象力是人在已有形象的基础上，在头脑中创造出新形象的能力，具体而言就是在人的头脑中创造一个念头或思想画面的能力。从一般意义上讲，想象是在掌握一定知识面的基础上完成的。想象力在人类思维发展中主要属于右脑功能，随着人类大脑进化而越来越形象化，想象力对应的脑区主要分布于大脑最外层，属于最高级思维。

没有想象力，就没有人类任何发明创造和艺术创作。想象力是人类保持自身活力和发展动力的原始文化基因，是人类把自身从有限现实世界带向无限可能世界的不竭动力，是贯穿人类精神生活一切方面的最隐秘、最伟大的力量；想象把过去、现在与未来凝聚融通成一种奔腾不息向前运动的内在精神结构，由此构成了我们存在的最重要的智慧基础；丧失想象力，心灵将无处栖居，生活就会失去存在价值。[③]爱因斯坦曾说：“提出一个问题往往比解决一个问题更为重要，因为解决一个问题也许只是一个数学上或实验上的技艺问题。而提出新的问题、新的可能性，从新的角度看旧问题，却需要创造性的想象力，而且标志着科学的真正进步。”[④]想象力的伟大是我们人类能比其他物种优秀的根本原因。正是因为有想

---

① 严粒粒. 西湖大学施一公：培养富有社会责任感的拔尖创新人才[J]. 中国中小企业，2022（7）：32-34.

② 鲁迅. 未有天才之前——1924年1月17日在北京师范大学附属中学校友会讲[J]. 成才之路，2008（4）：10-11.

③ 潘庆玉. 想象力的教育危机与哲学思考（上）[J]. 当代教育科学，2010（15）：3-6，9.

④ [美]爱因斯坦，[波]英费尔德. 物理学的进化[M]. 周肇威，译. 上海：上海科学技术出版社，1962：59.

象力，我们才能创造发明，才能发现事物运行规律。

应该没有人会否认想象力在诸如科学发明、艺术创造与工程技术创新设计中的作用，也没有人会否认想象力在教育中的价值。然而，在我们的教育制度、教育教学管理活动、课程设置和教学过程中，尤其在我们的教育教学评价中，很少给想象力留下应有的发展空间。我们对想象力的重视更多的还是作为口号和意念，更多还是停留在教育话语层面，而“作为严肃的教育理论研究的想象力还处在蛮荒状态，作为教育实践智慧的想象力还被排斥在片面的科学理性主宰的课堂之外，作为学习过程核心动力机制的想象力还被钳制在以理性认知为主导的单一模式中，作为教育评价核心价值尺度的想象力还被标准化意识践踏在虚假的客观性的泥潭中”；导致想象力在教育上的这种境遇与其丰满形象在教育实践中受到一定挤压和扭曲认知有关，长期以来，想象力“被减缩为与逻辑思维相对立的形象思维而蜗居在人文艺术教育领域得以暂时栖身；它被视为不切实际、毫无用处的幻想和胡编乱造的虚构而沦为教育所极力回避和抵制的不良因素”。[①]若是人们在教育实践中还将想象力与理性对立起来，质疑其创造价值，担忧其破坏作用，更是疑惧它那难以驯服的自由本性，那么想象力将逐渐滑落到教育的边缘。

想象力从来都是哲学思考所面对的最困难的问题之一，因而想象力在教育实践中面临的以上不幸遭遇也是与想象力在哲学史上的坎坷命运分不开的。[②]从哲学层面考察，西方初创时代的哲学只是把想象作为一种低级的思维形式，柏拉图把人的认识能力从低到高分为想象、信念、理智和理性四个阶段，想象只是感性事物的影像，是认识的最低等级，只有理念才是永恒的[③]；“想象仅仅是我们的思维对外界事物的一种简单模拟，它对于我们认识理念世界的伟大任务并没有什么帮助”[④]。亚里士多德虽然赋予了想象力以重要的理性功能，认为“没有心理的画面，思维甚至是不可能的”，想象力在感知觉转化为理念或者在世界的质料演变成心灵的质料的过程中起着转换的作用；但同时他也认为“想象就是萎褪了的感觉”“一切可以想象的东西本质上都是记忆的东西”，想象只是“感觉”的副产品。[⑤]中世纪的欧洲，人们认为只有把想象力审慎地控制在理性的范围之内，它才能成为理性的一种潜在的有用的“奴仆”。启蒙时代的早期，笛卡儿吸收了亚里士多德关于

① 潘庆玉. 想象力的教育危机与哲学思考（上）[J]. 当代教育科学，2010（15）：3-6，9.

② 潘庆玉. 想象力的教育危机与哲学思考（上）[J]. 当代教育科学，2010（15）：3-6，9.

③ 张世英. 论想象[J]. 江苏社会科学，2004（2）：1-8.

④ 贾江鸿. 笛卡尔的想象理论研究[J]. 现代哲学，2006（3）：100-107.

⑤ 中国社会科学院外国文学研究所外国文学研究资料丛刊编辑委员会. 外国理论家、作家论形象思维[M]. 北京：中国社会科学出版社，1979：8.

想象所具有的积极认识功能，认为想象不仅具有一种生产性的功能，还具有一种类似于记忆与时间上的联结作用，想象是思维转向物体性广延的重要中介；但另一方面，他也认为想象往往具有一定和欺骗性，因为想象必须面对的是直接呈现的物体性的东西。[①]到文艺复兴的后期，想象力的积极作用被进一步挖掘出来，并被赋予了全新的内涵。休谟认为想象力不仅能把感觉印象转变成观念，也能把短暂易逝的、局部的、不断变换的感觉印象带到连贯的、稳定的世界观中，因而想象具有对观念的复合和创造功能，是一切知识的最终基础；当然休谟同时也认为，想象也具有虚构的功能，它是一切荒谬的根源。[②]康德进一步认为想象力建构了我们的感知觉，它具有联想、再生、复现、复制、建构和创造的能力，这种能力是派生地表现对象的能力；创造性质的想象力是离不开感性材料和感官观念的，“即使想象力是一个很伟大的艺术家，甚至是个魔术家，然而它却不能创造出什么，而必须从感官那里汲取自己形象的素材”[③]，从而将想象力区别于任意的幻想，为其确定了正当性的基础。作为一种具有生产力和创造力的现代意义上的想象力概念，则主要是来自浪漫主义时代。浪漫主义者吸收了康德的主体性思想，认为人类心理的本质是由我们如何感知世界的方式所决定的，想象力则被看作人类理解世界过程中的核心要素，是按照事物的可能性来思考事物的一种能力，是我们的创新、创造和生产能力的源泉，也正是想象力延伸了人的思想触角，扩展了可能性的边界。[④]海德格尔超越康德哲学的想象力，进一步赋予了先验的想象力[⑤]以新的价值，他认为，先验想象力与时间是同一个东西，“生产性的想象力是主体性的能力的根源。由于想象力从自身中释放了纯粹时间，正如我们显示的（这意味着想象力包含作为一种可能性的纯粹时间），所以它是本源的时间性，并且由此是存在论知识的根本能力”[⑥]。由此，在海格德尔看来，想象力是完成自身超越的本源性力量，不仅独自构成了一切对象知觉的最原始条件，还是人类理性得以从有限的在场者中超越出来的根本原因，由此想象力作为哲学概念超出了知识论层面，

---

① 贾江鸿. 笛卡尔的想象理论研究[J]. 现代哲学，2006（3）：100-107. 因音译不同，本书对“笛卡儿”“笛卡尔”不做统一。

② 雷德鹏. 论休谟想象学说的内在张力[J]. 现代哲学，2006（3）：108-113.

③ [德]康德. 实用人类学[M]. 邓晓芒，译. 重庆：重庆出版社，1987：50.

④ 潘庆玉. 想象力的教育危机与哲学思考（上）[J]. 当代教育科学，2010（15）：3-6，9.

⑤ 康德将想象力分为两种：一种是再生的想象力，也就是想象力的经验性使用，其功能是按照经验的联想把不同时段出现的知觉保持在同一序列中；另一种是先验的想象力，即具有生产性、创造性的想象力。详见：靳宝. 本源的想象与此在的有限——论海德格尔对康德先验想象力的解读[J]. 江汉大学学报（人文科学版），2010（5）：61-66.

⑥ 靳宝. 本源的想象与此在的有限——论海德格尔对康德先验想象力的解读[J]. 江汉大学学报（人文科学版），2010（5）：61-66.

打开了存在论的视域。伽达默尔进一步把想象力拓展为一种内在于哲学解释学方法中的基本精神，"诠释学是整版幻想力或想象力"，"在我们这个充满科学技术的时代，我们确实还需要一种诗的想象力，或者说一种诗或诗文化"。[①]至此，想象力超越了主客认识和单纯艺术想象的工具价值，而具有了存在本体意义，想象也就成为贯通人类意识所有方面的存在之思。正是在这个意义上，我们说，想象力延伸了人的思想触角，扩展了可能性的边界。

如此，当我们把想象力纳入教育领域来考量时，就必须从想象力的哲学命运中汲取智慧和教训，超越心理学上狭隘的想象力定义——把生成表象的能力作为想象力的核心来界定。从哲学层面来考察，"想象力不仅涉及到表象能力，而且作为更深刻的一种内部心理生成机制，它还涉及到意象综合、概念创生与逻辑推理等能力"[②]。由此观之，想象力在人的心理过程中处于非常重要的位置，从它参与整个心理活动的过程来看，"它正处在由感觉、知觉、记忆、隐喻、概念、情感，毫无疑问，还包括其他显明的生命特征所交汇而成的十字路口上"[③]。这样看来，在我们的教育中，想象力就应该成为所有的教育教学过程所关注的焦点之一，成为大学生培养的重要核心素养。英国教育哲学家怀特海曾将想象力的培养作为大学"存在的理由"。他说："大学存在的理由是，它使青年和老年人融为一体，对学术进行充满想象力的探索，从而在知识和追求生命的热情之间架起桥梁。至少这是它对社会所应起的作用。一所大学若不能发挥这种作用，它便失去了存在的价值……青年人富有想象力，如果通过训练来加强这种想象力，那么这种富于想象的活力便很可能保持终生。人类的悲剧在于，那些富有想象力的人缺少经验，而那些有经验的人则想象力贫乏。愚人没有知识却凭想象办事；书呆子缺乏想象力但凭知识行事。而大学的任务就是将想象力和经验融为一体。"[④]这段话对于我们如何培育大学生的想象力和创造性非常具有启发性。

三、系统协同推进，着力创造力过程个性化培育

大学生创造力是可以培养与开发的，创造力培育有其自身规律，这一点基本

---

① 洪汉鼎. 作为想象艺术的诠释学（上）——伽达默尔思想晚年定论[J]. 河北学刊，2006（1）：17-23.

② 潘庆玉. 想象力的教育危机与哲学思考（下）[J]. 当代教育科学，2010（17）：3-7.

③ Egan K，Stout M，Takaya M. Imagination，Past and Present，Teaching and Learning Outside the Box：Inspiring Imagination Across the Curriculum[M]. Ontario：The Althouse Press，2007：8.

④ [英]怀特海. 教育的目的[M]. 徐汝舟，译. 北京：生活・读书・新知三联书店，2002：137-138.

上已成为人们的共识。创造性人格的加强培养和想象力的全力呵护是新时期大学生创造力培育的突破方向。

在信息与网络社会成长起来的新时代大学生创造力培育已具备更好的条件，同时形成并呈现出与以往大学生不同的特征。除了大学生（18—22 岁）这一年龄阶段的身心与认知发展为其创造力的培养与潜能开发奠定了基础之外，新时代的大学生越来越自信，他们拥有自信的行动、自信的表达、自信的展示。本次调查研究分析表明，大学生的创造力及其重要构成成分创造性思维整体发展良好，但作为创造性思维的重要构成模块独创性发展水平较低；作为大学创造力另一重要构成成分的创造性人格培养发展一般，创造性人格的重要构成模块想象力发展水平较低，且在专业、性别、生源地和是否独生子女等人口学变量上无显著差异，并随年级的升高而逐渐降低。所以，营造出一种鼓励年轻人勇于挑战、敢于冒险、鼓励创新、宽容失败的微观学习与生活环境，从而加强大学生创造性人格的培养，呵护和提升他们的想象力，将是今后一段时间内大学生创造力培育的重要突破口。

影响大学生创造力培育的主要因素是教育目标或人才培养目标、课程与教学、过程及评价，以及制度与文化环境共四个方面，它们共同回答了创造性人才培育“要不要”“会不会”“想不想”“让不让”四个关键问题。这四个问题是进入高等教育综合改革“深水区”必须直面的问题，对其实践解答既需勇气，也需定力：明确大学创新人才培养的类型定位，并将其具体细化到培养规格与标准中，构建体现学校办学特色、优先创造性培养的人才培养目标与标准体系；深化以评价改革为引领，课程改革、教学改革和学习改革“三改联动”，课程评价重在知识选择结果的适切性，教学评价重在教师教学发展的专业性，学习评价重在学生发展的终身性，三者系统协同整体推进人才培养模式改革；树立以大学为主体、着力创造性培养的教育增值质量观，统筹和优化着力创造力培育的科学开放的质量生成系统，健全和完善着力创造力培育的科学协同的质量治理系统，凝练和构建着力创造力培育的科学共识的质量文化系统，持续完善着力创造力培育的教育教学质量保障体系。换句话说，大学生创造力培育，特别是创造性人格与想象力的缺失是需要通过大学教育全过程和全环节来贯通培养的，需要教育各阶段全链条的一体化培养，需要有意识地将创造性人格的培养和想象力的呵护与激发贯穿于大学教育的全过程和全环节。

行动当下，首先在于树立起对大学生创造力培育的科学态度与坚定信念。态度和信念对于创造力和批判性思维质量的决定作用往往出乎我们的意料，态度的改变是提高大学生创造力培育与发展的先导。诸多对学生创造力培育与发展不科学的态度及认知范式往往在无意中甚至是“好意”中抑制甚至扼杀了创造力。这些不科学的态度与认知如下[①]：“有些人生来具有创造力，有些人生来不具有创造力。”“创造力是一种让人联想到神经质疯子天才的负面属性。”“创造力是一种模糊的，难以捉摸与理解的东西。”“创造力在一个群体里能得到提升。”等等；在教学中对创造力发展具有抑制作用的态度与认知如下[②]：“坚持完成任何一项任务都只有一个正确的答案，任何一个问题有且只有一个正确答案。”“培养起学生对权威，尤其是对老师毫不质疑的服从感，最好是恐惧感。”“纠正学生认为他们应该有创新思维的想法。”“倡导知识分界的观念。”“用经典格言口号来证明观点。”等等。在数智时代，人工智能正在改变着我们的学与教的方式，从而也将以知识传授为主、学习者被动学习的传统教学范式推向以创造力与批判性思维培养为主、学习者主动学习的个性化教学范式转变。在一个充满任何可能的虚拟世界与网络社会里，在鼓励创造创新和创业正成为时代洪流的新时代，大学生创造力的培育迎来了最好的时刻。

① Plucker J A，Dow G T. 态度改变是提高创造力的先导[A]//Beghetto R A，Kaufman J C. 培养学生的创造力[M]. 陈菲，周晔晗，李娴，译. 上海：华东师范大学出版社，2013：332-348.

② Nickerson R S. 如何挫抑课堂里的创造性思维[A]//Beghetto R A，Kaufman J C. 培养学生的创造力[M]. 陈菲，周晔晗，李娴，译. 上海：华东师范大学出版社，2013：5-9.

后　　记

本书来源于实际工作中遇到的问题而开展的实践探索及相关研究。我于北京工业大学工作期间（2002—2021 年），曾参与制定学校“十一五”（2006—2010 年）人才培养规划，提出了培养具有“独立思考、自由表达、国际视野、首都情怀，善于沟通、勇于创新，数学、英语和计算机能力等通用素质较强的，具有高度的社会责任感和公民道德、创新精神和实践能力强”的应用型创新人才的目标定位；紧接着参与组织了全校第四次教育教学大讨论和人才培养方案修订（2006—2007 学年），在全面深入调研的基础上，学校设计了“自学型课程”与“创新学分”两项制度，其中设置“自学型课程”的目的主要有二：一是培养学生独立学习新知识、新技能，发现问题、分析问题、解决问题的自主学习能力；二是探索有利于创新人才培养的教学模式和考核方法；设置“创新学分”的目的是通过设计和组织贴近工程实际的实验、制作、设计、科研训练、学科及科技竞赛、社会实践等学生自主创新的实践活动，由学生根据自己的需要、兴趣、能力、特长和爱好选修相关课程，以培养学生的实践能力和创新能力。2011 年 9 月—2012 年 7 月，我又参与组织了全校第五次教育教学大讨论。这次大讨论基于学校建校 50 年来人才培养的历史经验和问题，面向未来 50 年的发展战略目标及经济社会发展的新形势和新特征，系统讨论“培养什么样的人，怎样培养人”这一大学永恒课题；讨论进一步明确和深化了本科“应用型创新人才”的培养目标定位，确立起“加强基础，强化实践，引导探索，突出创新，推进复合，面向世界”的新一版人才培养方案修订的基本思路，将大学生创新能力培育放到前所未有的高度，系统总结了培养学生创新能力的十大举措：研究性教学、实践不断线、创新学分、本科生科研、学科竞赛、实践实习基地、辅修双学位、工程大师论坛、社团与俱乐部、教育国际化。

那么，通过这么多年的实践，大学生创新能力培育得如何呢？早在 2010 年，学校跟社会第三方教育调查公司签订了连续三年的大学生毕业半年后的跟踪调查，以根据调查结果不断反思、修订和完善培养方案及培养过程。三年结束后，这一调查不仅延续了下来，还拓展到了研究生培养。为进一步了解多年来大学生创造力培育的改革实践效果，我申请的“大学生创新素质现状调查及提高对策研究”获得2014年北京市青年拔尖人才培育计划研究项目的立项支持。研究以信效度均比较高的专门测量创造性人格的《威廉斯创造力倾向测量表》和测量创造性思维的《典型行为的创造性思维能力测验量表》为工具，于2014年春季学期首先对全校本科生共12 000余人开展普查，并对一年级大学生进行抽样跟踪，三年后对已升至四年级的大一学生用同样的工具进行了第二次测试，共发放579份问卷，最终有效问卷400份。比较发现，追踪数据统计分析结果基本上与横断面全样本数据统计结果一致，且追踪样本数相比横断面数据太少，故本书研究最终选择横断面全样本数据来做实证分析。

在研究思路上，一方面，本书在系统梳理和吸收相关理论研究成果和研究方法的基础上，致力于从心理学、教育学和社会学等多学科交叉视角来阐释和剖析大学生创造力研究的时代意义和实践价值，探求契合新时代大学生创造力培育特征和规律的教育理论基础；另一方面，通过案例校横断面全样本调查明确大学生创造力培育发展的基本特征和存在的主要问题。最后，本书结合我多年从事本科教学质量监测、评价与保障的工作经历、经验及研究，从大学生创造力培育角度做进一步的理论探索与实践反思，以为高校深化创新人才培养改革提供理论支持、实践经验和具体范例。可以说，本书的成果来源于实践，又服务于实践，既具有一定的理论分析，又具有一定的实践与应用指向。但其中肯定还存在不少问题，且实际效果也尚待实践检验，因而特别需要一线教师和教育工作人员、高校管理人员和改革实践者，以及高等教育研究人员和高等教育行政管理者等专家学者和实践家的批评指正。为此，斗胆呈上，求见方家。

如果从课题立项开始算起，研究与撰写前前后后已历近十载。即使如此，本书最终得以完成，还得益于诸多支持与帮助。北京工业大学为我提供了一个近距离切身体验和触摸本科教学的机会与平台。自2002年入职北京工业大学，我先后在教务处、高教所、规划处（“211办”）、文法学部及高等教育研究院等部门工作，其中在教务处工作12年，在高教所和规划处工作3年，在文法学部及高等教育研究院工作4年。近20年的经历既有学校宏观整体层面的教学管理与研究工作，也有基层院（部）层面的中微观教学与管理工作，从而使我能够较为全面地观察、感受、体验和触摸本科教学及人才培养活动。没有这些实践经验作为基础，也就没有本书的成果。

承蒙北京外国语大学王定华书记和国际教育学院秦惠民院长的厚爱和同事们的支持，我于 2021 年 8 月有幸入职北京外国语大学国际教育学院。一年多来，得益于学院良好的工作环境与相对宽松的自由研究与学习氛围，一方面，我有更多时间投入到研究的全面梳理和书稿的撰写修改过程中，除对全书进行反复通读和修订以外，再根据高等教育发展的最新实践和研究将其中部分章节全部推倒重来，对其中涉及的数据统计、图表又专门进行认真梳理与前后对照统一，并请数位统计专业的教师继续审查指导；另一方面，我带着研究生一起读书、研讨和交流，虽有些著作是重读，但感觉越读越惶恐，越读越无知。

2023 年春节，我去看望景仰的导师谢维和教授时，在谢老师问及最近我都在做些什么研究时，我对本书做了简单汇报。谢老师在激励的同时，也就创造力研究本身及研究方法提出了一些很好的建议和见解。对于谢老师的这份厚爱、支持与激励，学生表示衷心的感谢和由衷的敬意！

在书稿写作过程中，陕西师范大学教育学院讲师胡万山博士、中央民族大学教育学院副教授白华博士对前期数据资料的收集、整理与统计分析给予了很多帮助，中央民族大学教育学院杨秀芹教授、北京外国语大学国际教育学院祝军副教授、北京电子科技学院吴培群教授等对数据分析解释提供了很好地指导。谨向他们表示诚挚的谢意！

本书的完成还得益于家人的大力支持。感谢我的爱人李雪丽女士，她辅导孩子学业、陪伴孩子成长，承担了更多；感谢我的姐姐李继红女士、妹妹李小红女士，她们不远数千里来京帮着我们轮流照看幼小的二宝李卓昱小朋友；也感谢大女儿李卓林同学的独立自主，2021 年 9 月秋季学期，她一上初中就选择了寄宿，使我也有了更多的时间与精力。

书稿的最终付梓还幸得科学出版社各位编辑的辛勤劳动，特别是编辑朱丽娜女士，她多次督促，时时提醒；编辑冯雅萌女士，细致精心地详细标注需要修改的地方，不放过哪怕一个小小的标点符号和注释页码。正是有了她们的督促与把关，本书才得以紧张而有序地推进和完成，谨向她们致以诚挚谢意。

在本书写作过程中，对于参考引用的文献，笔者虽全力核查出处并予以标注，但难免挂一漏万，在此对所有作者表示衷心的感谢，对可能的疏漏敬请谅解。

衷心感谢帮助过和正在帮助我的领导、同事和亲人们，请接受我无言的谢意与深深地鞠躬！

“后记”到此应该结束了，但至今萦绕于怀、恍如昨日而不得不提的是，正在本书紧锣密鼓的修订定稿过程中，2022 年 1 月 15 日，我收到忘年交老友、首届国家级教学名师、清华大学荣休教授、北京工业大学和南京航空航天大学特聘教授范钦珊先生发来的“关于分享‘材料力学自主学习系统’教学资源的公告”，该公告将“三所高校材料力学创新教学团队”多年潜心探索研制的基于网络社会的自主学习系统及资料公布共享于世，供全国全球需要的教师使用。这一资料对其长年探索总结形成的“材料力学课程‘自主学习+精讲+深度研讨’”这种新教学范式进行了详细论述，这无疑对于我在本书着重强调的网络社会要重点培养学生自主学习能力，进而培养学生创新思维与创新能力有异曲同工之妙，其思想（特别是强调问题设疑导学）也与我不谋而合。欣喜之余，想着尽快将书出版后呈送范教授批评指正，也借机看望范教授。但遗憾的是，在我又陆续收到范教授发来的关于新教学范式的经验总结和理论提升——“点滴成溪”系列，一直到 2022 年 4 月 24 日的“点滴成溪（2022-7）”后就戛然而止了。没承想，范教授于 2022 年 5 月 22 日因病与世长辞了。每当看着《光明日报》对范钦珊教授 60 余载坚守讲台、将毕生献身中国力学教育事业的报道[①]，曾被吸引而坚持听范教授为新生开出的“世纪工程”的新生研讨课的课堂教学情境便跃然脑中，不禁潸然泪下。范教授的课，常听常新。“甘为航灯引阑珊，愿化基石撑栋梁”，范教授作为新时代的大先生，高山仰止，景行行止，吾虽不能至，然心向往之。

此情可待成追忆，只是现时已惘然。谨以此纪念范教授“大先生”。

李庆丰

2023 年 3 月 20 日

---

① 苏雁，王伟，柯龙婕旻.“只要能站起来，我就会站着讲课”——南京航空航天大学教授范钦珊 60 余年坚守讲台的故事[N]. 光明日报，2022-07-04（8 版）.